B.C.Info

스크래치와 함께하는

창의적 사고와 코딩

이애리 · 홍석미 공저

Creative thinking coding

머리말 Preface

다양한 교육 분야에서 '4차 산업 혁명'이란 키워드가 폭넓게 사용되고 있습니다. 이 4차 산업 혁명을 대표하는 빅데이터, 인공지능, 사물인터넷, 3D 프린터, 드론 등과 같은 새로운 기술들은 앞으로 우리가 살아가는 데 있어 반드시 필요한 핵심기술이 될 것입니다.

지능정보화 사회를 살아가기 위해서는 비전공자도 컴퓨팅적 사고(Computational Thinking)를 갖추어야 하며, 이러한 역량을 향상시키기 위해 소프트웨어 교육이 전 세계적으로 유행하고 있는 상황입니다. 소프트웨어 교육은 프로그램 개발자를 양성하기 위해서가 아니라 디지털 세상을 살아가기 위해 필요한 새로운 소통 방식을 배우고 이해하는 과정입니다. 이러한 경험을 통해 논리적이고 창의적인 문제 해결 방식을 배울 수 있습니다.

본 교재는 대표적인 블록 코딩 언어인 스크래치(Scratch) 3.0을 기반으로 하고 있습니다. 스크래치는 MIT(Massachusetts Institute of Technology)에서 개발한 교육용 프로그래밍 언어로, 기존의 텍스트 코딩과는 달리 블록 모양의 스크립트를 연결하여 코딩하는 방식이며, 컴퓨터 프로그래밍에 입문하는 사람들이 프로그래밍의 기본 개념과 기법을 쉽게 익힐 수 있다는 장점을 가지고 있습니다.

본 교재는 다음과 같은 특징을 가지고 있습니다.

- 각 블록별로 책의 내용을 구성하여 초보자들이 스크래치를 익히는 데 부담감이 없도록 하였습니다.
- 다양한 기본 활용 예제를 통해 각 블록들이 어떻게 사용되는지, 다른 블록들과 어떻게 연결될 수 있는지 충분히 연습할 수 있도록 하였습니다.
- 실전 예제를 통해 실생활에서 사용할 수 있는 문제들을 간단하게 코딩해 볼 수 있도록 함으로써 프로그램에 대한 두려움을 없앨 수 있도록 하였습니다.

본 교재는 강의 교재로뿐만 아니라 프로그래밍에 대한 개념을 잡고 싶은 초보 프로그래머들을 위한 교재로도 효과적으로 사용될 것이라 생각합니다. 또한 4차 산업 혁명 시대를 살아가는 독자들에게도 컴퓨팅적 사고 역량을 높여주는 데 많은 도움이 될 것입니다.

마지막으로 본 교재가 나오기까지 많은 도움을 주신 복두출판사 직원분들께 감사의 말씀을 전합니다.

2022년 8월
저자 일동

목차 Contents

PART 3 스크래치 프로젝트

PART 1
스크래치 시작하기

CHAPTER 1 | 스크래치 시작하기

SCRATCH

CHAPTER 01

스크래치 시작하기

1.1 스크래치 언어의 특징

스크래치(Scratch)는 2007년 5월 미국 MIT MediaLab과 UCLA 대학의 협력연구와 인텔, 미국과학재단이 공동으로 개발한 교육용 프로그래밍 언어이다. 스크래치는 프로그래밍 초보자를 위해 개발되었기 때문에 다른 언어에 비해 배우기 쉽고, 애니메이션·게임·음악 등의 멀티미디어 자료나 스토리텔링, 프레젠테이션 자료를 손쉽게 제작할 수 있다. 스크래치는 블록이라는 퍼즐 모양의 명령어를 사용하고 디버깅 과정과 구문 오류의 위험을 제거하였으므로 초보자에게 적합한 비주얼 프로그래밍 환경이다.

스크래치의 특징은 다음과 같다.

- 비주얼 기반의 블록 프로그래밍 방식이다. 스크래치는 블록 쌓기 개념을 바탕으로 개발되어 사용자가 원하는 동작을 프로그래밍하기 위해 적합한 블록을 조립하는 방식으로 프로그래밍을 한다. 명령어와 자료형에 따라 블록이 다른 모양과 색으로 구분되어 있어서 오류가 없을 경우에만 명령어 블록이 조립된다. 이는 초보자들이 구문 오류를 고민하지 않고 프로그래밍을 할 수 있으며, 누구나 쉽게 프로그래밍할 수 있다는 장점이 있다.
- 다양한 미디어 자료를 활용할 수 있다. Scratch에서는 소리, 그림, 애니메이션, 동영상을 프로젝트에 쉽게 포함시킬 수 있다. 이를 바탕으로 게임, 상호작용이 가능한 스토리텔링, 애니메이션 등을 쉽게 제작할 수 있다.
- 전 세계에 프로젝트 공유가 가능하다. Scratch에서는 자신이 만든 프로젝트를 바로 Scratch 공식 사이트에 업로드할 수 있으며 웹사이트에서 바로 실행이 가능하다. 누구나 다른 사람이 만든 프로젝트를 보고 피드백을 주며, 자신의 프로젝트를 공유함으로써 서로의 아이디어를 교류하는 장이 마련되어 있다는 것이다.
- 다양한 언어를 지원하며 커뮤니티가 활성화되어 있다. 한국어뿐만 아니라 전 세계 다양한 언어를 현지 커뮤니티 회원들의 노력으로 제공되고 있으며, 특히 교사와 학생을 중심으로 하는 커뮤니티가 활성화되어 있다. MIT 미디어랩의 Scratch 팀에서는 ScratchEd 커뮤니티나 Scratch Day 행사를 통해 개발자-교사-학생의 커뮤니티를 구축하고 다양한 행사를 개최 및 지원하고 있다.

1.2 스크래치 에디터

1.2.1 스크래치 온라인 에디터

스크래치 온라인 에디터(Online editor)는 스크래치 사이트에 접속하여 회원가입하여 사용하는 방법이다. 온라인 에디터를 사용하면 PC에 스크래치 에디터를 설치하지 않아도 스크래치를 사용할 수 있는 클라우드 환경을 제공해준다. 회원가입을 하여 계정을 생성하면 내가 만든 프로젝트가 자동으로 저장 및 관리되어 인터넷으로 연결만 가능하면 언제 어디서나 내가 만든 프로젝트를 불러와 사용할 수 있다. 또한 다른 사용자와 서로의 프로젝트를 공유하고 협업할 수 있다.

(1) 스크래치 회원 가입하기

스크래치에서 작성한 프로젝트를 저장하거나 다른 사용자와 프로젝트를 공유하기 위해서는 회원가입을 해야 한다.

크롬 웹브라우저를 실행하여 스크래치 웹사이트(http://scratch.mit.edu)로 이동한 후 화면 오른쪽 상단의 "스크래치 가입" 또는 화면 중간의 "가입하기"를 클릭한다.

이후의 과정은 아래 그림과 같다.

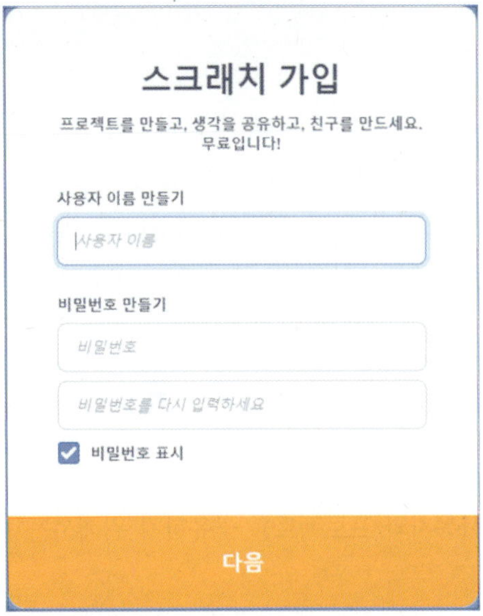

① 사용할 ID와 비밀번호 입력

② 국가 선택(Korea, Republic of 선택)

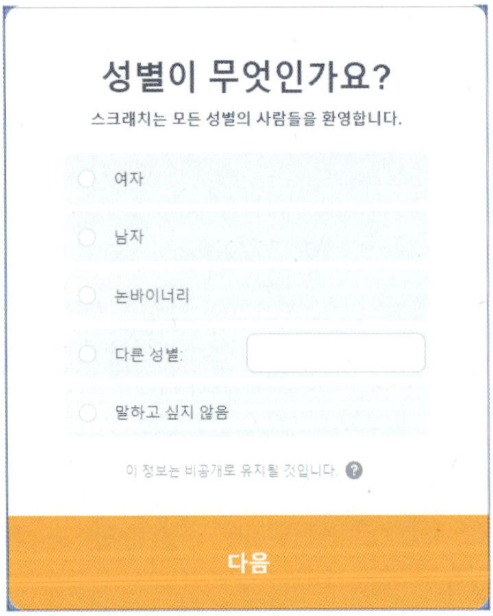

③ 생일 입력 후 성별 선택

④ 인증 받을 이메일 주소 입력

(2) 스크래치 프로젝트 작업 공유를 위한 이메일 인증하기

④까지 작업하면 스크래치 회원가입이 완료되어 계정이 생성된다. 이때 스크래치에서 작업한 프로젝트를 다른 사용자와 공유하여 사용하기 위해서는 ④에 입력한 이메일 주소로 발송된 메일의 링크를 클릭해야만 한다. 이렇게 이메일 인증까지 끝나면 스크래치를 이용하여 코딩할 수 있다.

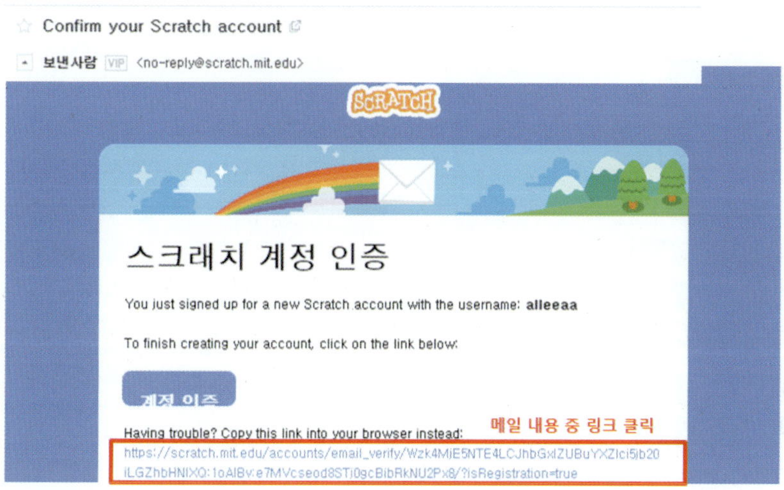

(3) 스크래치 온라인 에디터 실행하기

① 화면 오른쪽 상단의 "로그인"을 클릭하여 회원가입 시 사용한 ID와 비밀번호를 입력하여 로그인한다.

② 화면 왼쪽 상단의 "만들기"를 클릭하면 온라인 에디터가 실행된다.

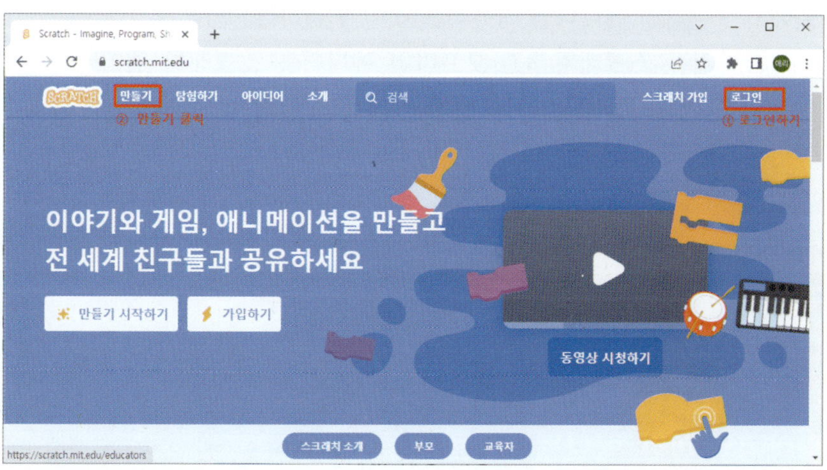

③ 스크래치 온라인 에디터는 아래 그림과 같다. 메뉴 표시줄의 지구본 모양 아이콘을 클릭하고 언어를 "한국어"로 선택하여 모든 메뉴가 한국어로 변경되도록 설정한다.

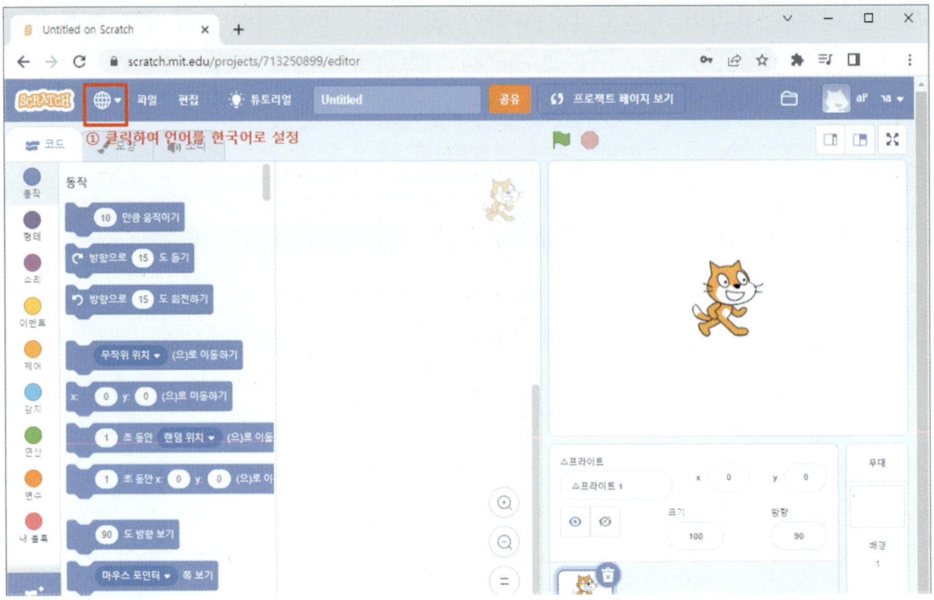

1.2.2 스크래치 오프라인 에디터

스크래치 오프라인 에디터(Offline editor)는 스크래치에서 프로그래밍을 하기 위한 편집기로, 스크래치 사용자 계정 없이 인터넷에 연결되어 있지 않은 환경에서도 프로그래밍 작업을 할 수 있다. 그러나 여러 사람과 아이디어를 공유하고 어디에서나 자신이 만든 프로그램을 편집하기 위해서는 온라인 에디터를 사용하는 것이 편리하다. 현재 스크래치는 3.0 버전이며 스크래치 사이트에서는 스크래치 3.0 오프라인 에디터를 스크래치 앱이라고 칭한다.
스크래치 오프라인 에디터를 설치하는 방법은 다음과 같다.

(1) 크롬 웹브라우저를 실행시킨 후 스크래치 웹사이트(http://scratch.mit.edu)로 이동한다.

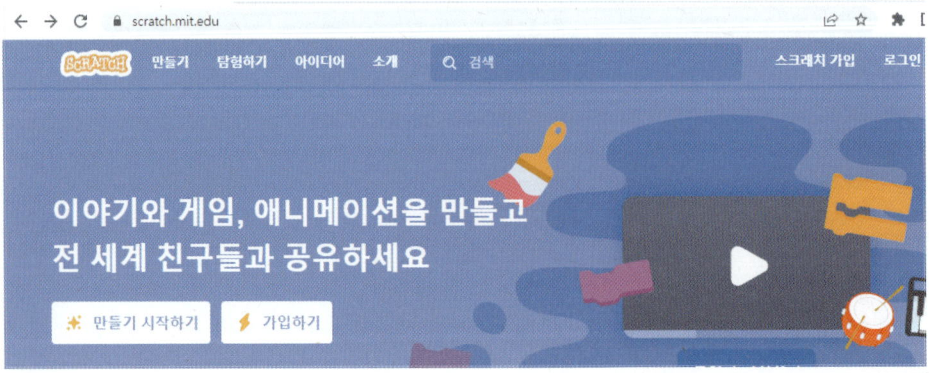

(2) 스크롤을 아래로 내려 다운로드를 클릭한다.

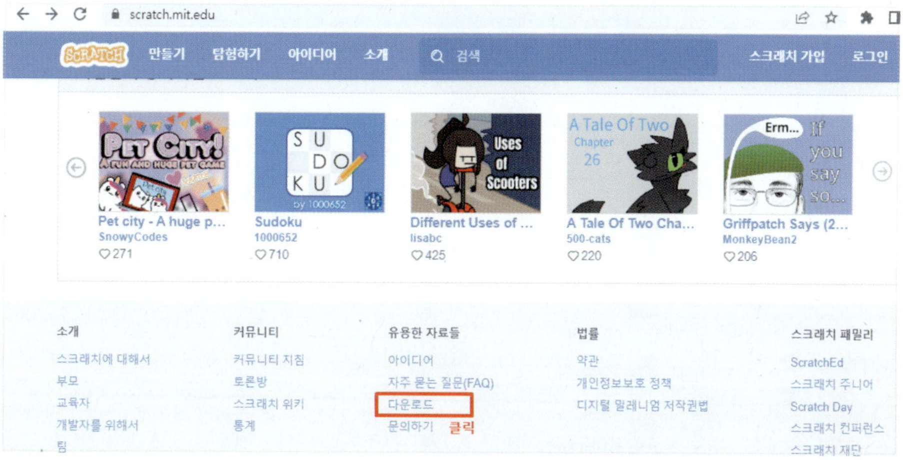

(3) 자신의 운영체제에 맞는 스크래치 오프라인 에디터(스크래치 앱)를 다운받아 설치한다.

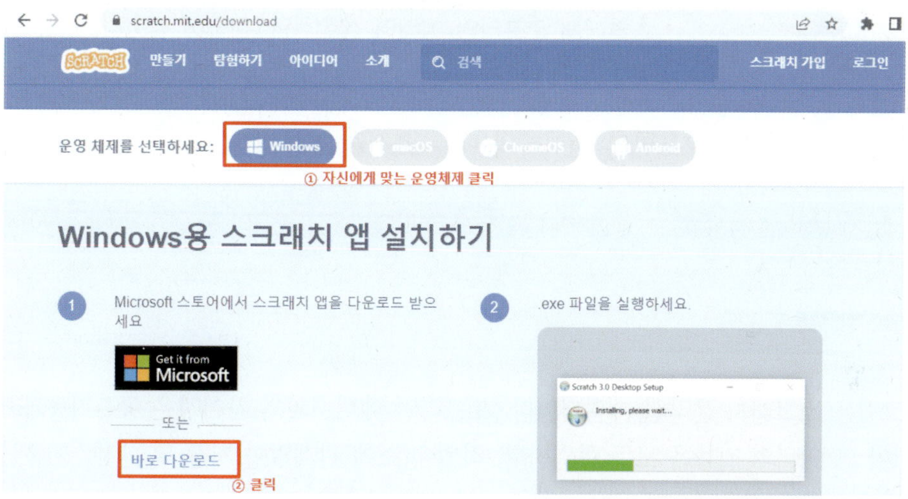

(4) 정상적으로 스크래치 오프라인 에디터가 설치되면 바탕화면에 "Scratch Desktop" 단축아이콘이 생성된다. 이 아이콘을 더블 클릭해서 실행하면 다음 화면과 같이 스크래치 오프라인 에디터가 나타난다.

오프라인 에디터도 온라인 에디터처럼 메뉴 표시줄의 지구본 모양 아이콘을 클릭하여 언어를 "한국어"로 선택하여 모든 메뉴가 한국어로 변경되도록 설정한다.

단축아이콘

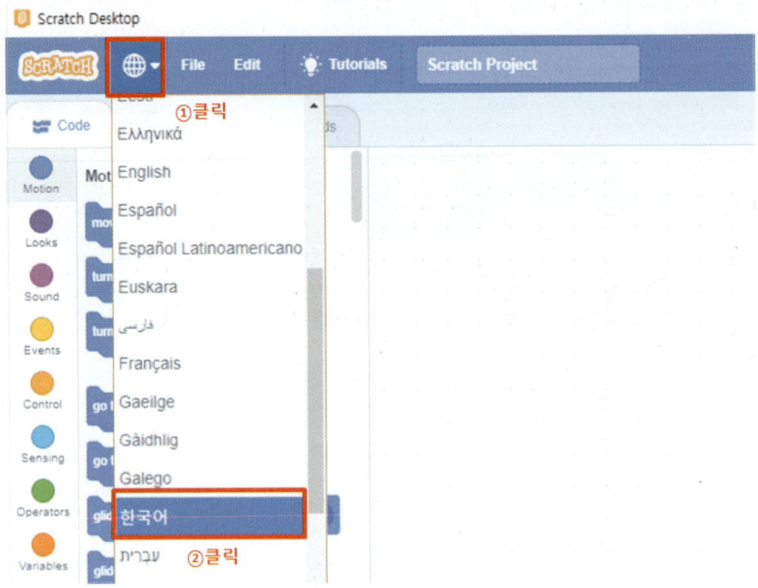

스크래치 오프라인 에디터 실행화면, 한국어 설정하기

다음 그림은 스크래치 오프라인 에디터의 메뉴 표시줄 부분이다.

다음 그림은 스크래치 온라인 에디터이다. 오프라인 에디터와의 차이점은 공유기능과 개인저장소이며 그 이외의 기능은 모두 동일하다. 작업 장소에 관계없이 저장 및 액세스가 가능하고 다른 사용자에게 공유가 가능한 온라인 에디터의 사용을 권장한다.

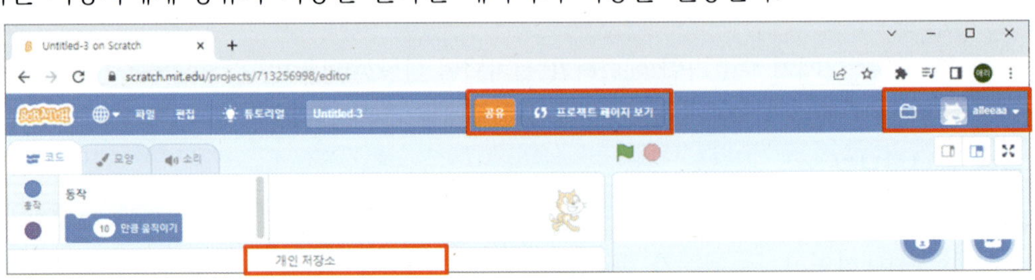

1.3 스크래치 프로그래밍 환경

1.3.1 스크래치 사이트의 화면 구성과 스크래치의 기본 용어

스크래치 사이트의 화면 구성은 아래와 같다. 로그인하면 아래와 같은 화면이 나타난다.

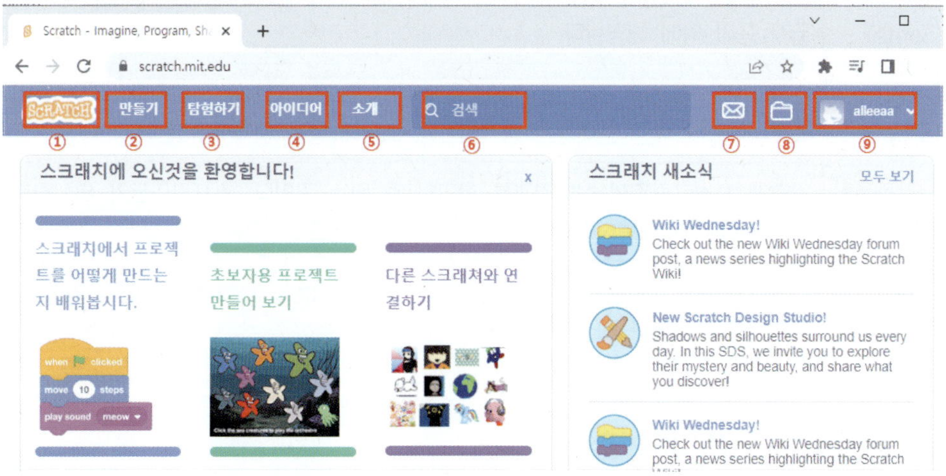

메 뉴	기 능
① SCRATCH	스크래치 사이트의 홈화면으로 이동한다.
② 만들기	스크래치 온라인 에디터를 실행시켜 준다.
③ 탐험하기	스크래치 사용자들이 공유해 놓은 프로젝트를 확인해 볼 수 있다.
④ 아이디어	스크래치 각 활동의 튜토리얼, 코딩 카드 모음 다운로드, 교육 지도서를 볼 수 있다.
⑤ 소개	스크래치에 대한 QnA, 교육자를 위한 정보, 연차보고서 등에 대해 소개한다.
⑥ 검색	키워드를 입력하여 스크래치 공유 프로젝트를 검색할 수 있다.
⑦ 메시지	프로젝트 댓글 알림이나 사용자의 메시지를 확인할 수 있다.
⑧ 내 작업실	스크래치 온라인 에디터에서 작성한 프로젝트들이 저장되어 있다.
⑨ alleeaa	내 정보, 내 작업실, 로그아웃, 계정설정 등의 작업을 할 수 있다.

스크래치 프로그램을 작성하기 위해 알아두어야 할 기본 용어는 다음과 같다.

용 어	설 명
스프라이트 (Sprite)	스크래치 프로그램에 등장하는 주요 객체로, 스크립트에 의해 동작할 수 있는 그림, 도형, 글자 등이 이에 해당한다.
스크립트 (Script)	스크래치로 작성한 프로그램 덩어리, 명령어 블록의 집합을 의미한다. 무대 위의 스프라이트나 배경이 어떻게 동작하는지 코딩해 넣은 것을 의미한다.
무대 (Stage)	스크래치 스크립트의 실행결과를 확인할 수 있는 곳이다. 스프라이트가 위치하며 스크립트에 의해 움직이고 다른 스프라이트와 상호작용하는 공간이다.
블록 (Block)	스크래치 프로그램의 명령어를 의미한다. 스크래치는 프로그래밍 언어의 명령어를 블록으로 표현하여 제공한다.

1.3.2 스크래치 에디터 화면 구성

스크래치 에디터를 실행하면 나타나는 화면은 크게 4개의 영역으로 나눌 수 있다. 스크래치 프로그램의 실행결과를 볼 수 있는 무대 영역, 스크래치 프로그램 실행의 주체가 되는 스프라이트 정보·스프라이트 목록·무대 배경 정보·무대 배경 목록 등을 다룰 수 있는 스프라이트 영역, 스크래치 프로그램을 작성하는 스크립트 영역, 블록 팔레트·명령어 블록·탭으로 구성된 블록 영역이다.

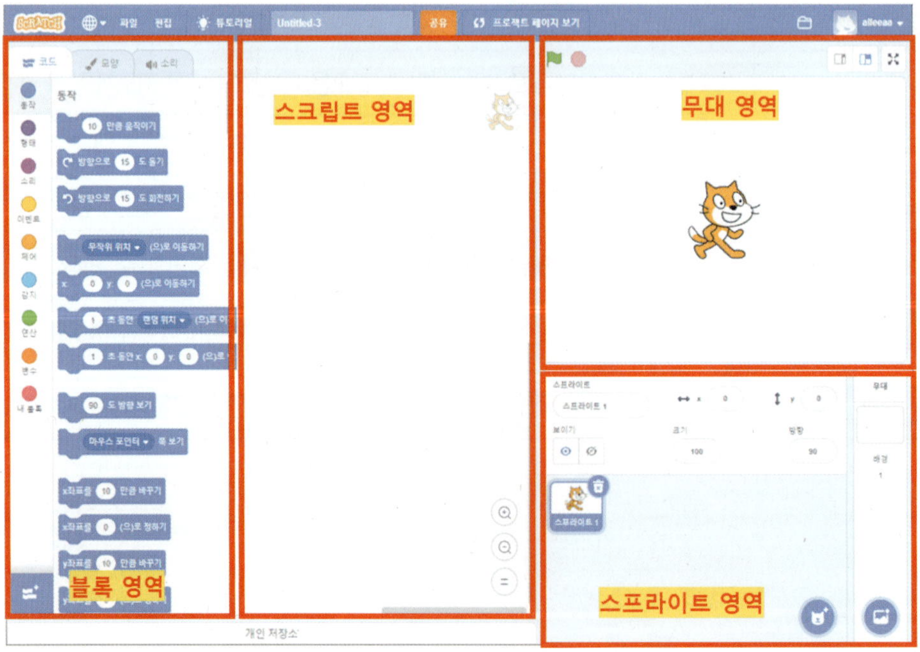

【1】 무대 영역

①	 에 해당하는 스크립트 실행
②	실행 중인 스크립트 중지
③	무대 영역을 작게 나타냄
④	무대 영역을 기본 크기로 나타냄
⑤	무대 영역만 전체화면으로 나타냄. 취소 시 Esc 키를 눌러주면 됨

① 무대 영역과 스프라이트 위치

무대 영역은 스크래치 프로그램의 실행결과를 볼 수 있는 공간이며 스프라이트가 스크립트의 순서에 맞게 동작한다. 무대 영역은 가로는 480, 세로는 360의 크기를 가진다. 이외의 영역에 스프라이트가 위치하면 보이지 않게 된다. 무대의 가로를 x좌표, 세로를 y좌표로 표시하며, 무대의 중앙은 x좌표가 0이고 y좌표도 0이다. 무대의 중앙을 기준으로 오른쪽이나 위쪽은 +값을, 왼쪽이나 아래쪽은 -값을 가지게 된다. 무대에서 스프라이트의 x좌표는 -240~240까지, y좌표는 -180~180까지 나타낼 수 있다.

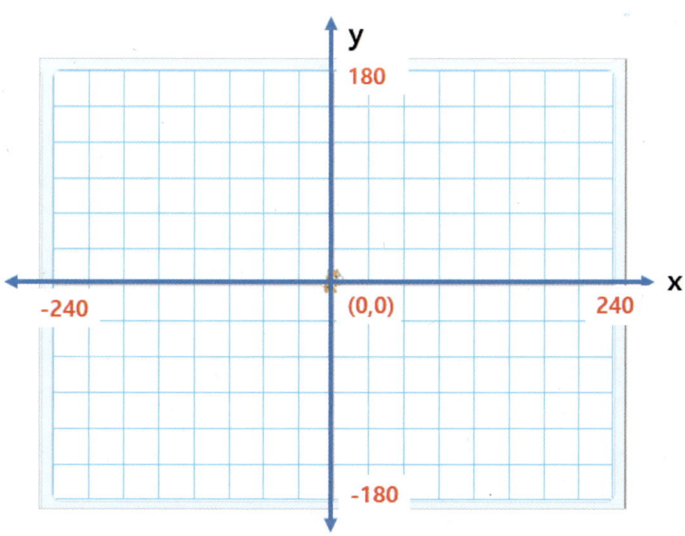

아래 그림에서 스프라이트의 위치는 x좌표 : 100, y좌표 : -100이며, 무대 영역 아래쪽 스프라이트 영역의 스프라이트 정보창에서 이 좌표를 확인할 수 있다.

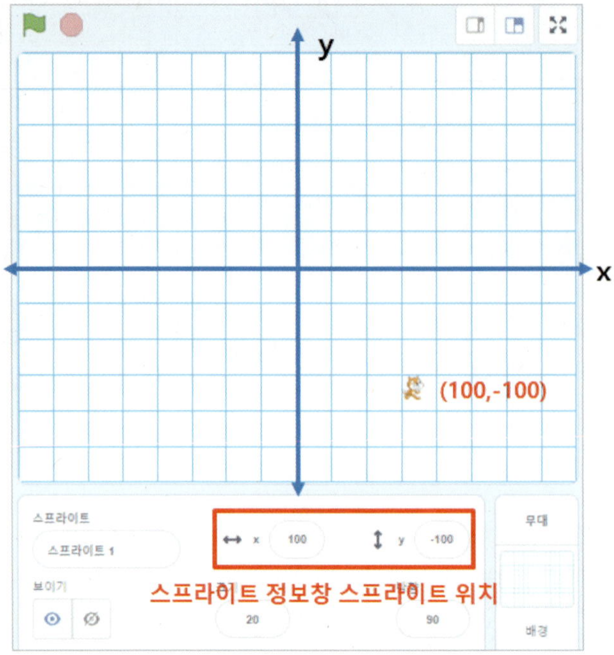

【2】 스프라이트 영역

스프라이트 영역에서는 스크래치 프로그램 실행의 주체가 되는 스프라이트나 무대 배경의 정보를 변경하거나 확인하고, 스프라이트 목록에서 작업할 스프라이트를 선택할 수 있으며, 스프라이트나 무대 배경을 추가할 수 있다.

① 스프라이트 목록

스프라이트 목록에서는 현재 프로젝트에서 사용하는 스프라이트를 보여준다. 이 목록에서 스크립트를 작성할 스프라이트를 클릭한 후 스크립트 영역에 명령어 블록을 쌓아주면 된다.

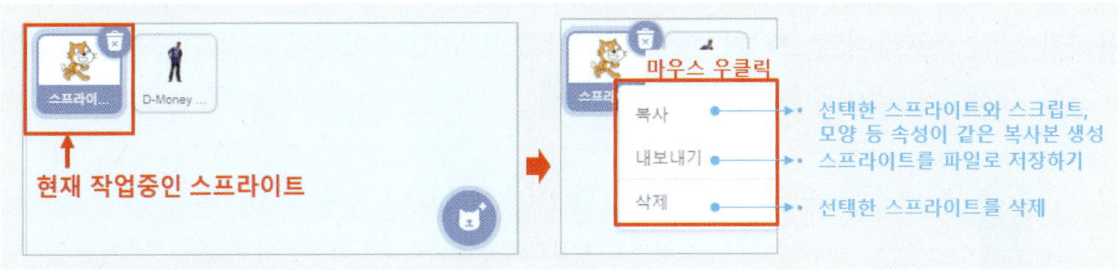

스프라이트를 선택한 후 마우스 우클릭하면 스프라이트를 복사·내보내기·삭제할 수 있다. 스프라이트를 복사하면 스크립트도 같이 복사된다. 내보내기 기능은 다른 프로젝트에서 스프라이트를 사용할 수 있도록 파일 형태로 저장된다. 스프라이트를 삭제할 때는 마우스 우클릭하여 나타나는 삭제 메뉴를 이용하거나 스프라이트를 선택했을 때 나타나는 휴지통 모양 아이콘을 클릭하면 된다. 무대에 대해 스크립트를 작성할 경우 스프라이트 목록에서 스프라이트를 클릭하는 것처럼 무대 썸네일을 클릭하면 된다.

② 스프라이트 정보창

스프라이트를 클릭하면 윗부분의 스프라이트 정보창은 해당 스프라이트에 대한 정보를 나타내준다. 스프라이트 정보창에서는 스프라이트 이름, 스프라이트의 x좌표와 y좌표, 스프라이트를 보이기 또는 숨기기, 스프라이트의 크기, 스프라이트가 바라보는 방향을 나타내며, 이를 수정할 수 있다.

스프라이트의 초기값(위치, 보이기, 숨기기, 크기, 방향)을 스크립트 상에서 블록으로 코딩할 수도 있고 스프라이트 정보창에서 처음 값을 지정하여 사용할 수도 있다. 스프라이트의 식별을 위해 스프라이트 이름은 스프라이트를 대표할 수 있는 이름으로 변경해 주는 것이 좋다. 스프라이트의 정보창은 아래와 같다.

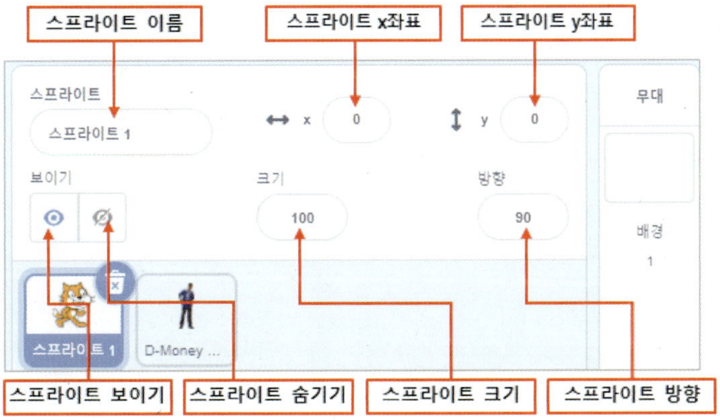

③ 스프라이트 추가하기

스프라이트를 추가하기 위해서는 스프라이트 영역의 오른쪽 하단 에 마우스를 위치하면 아래 그림과 같은 메뉴들이 나타난다. 이를 통해 스크래치 사이트에서 제공해주는 스프라이트, 사용자가 직접 스프라이트 그리기, 랜덤 선택된 스프라이트, 이미지 파일을 통한 스프라이트 업로드를 통해 스프라이트를 추가할 수 있다.

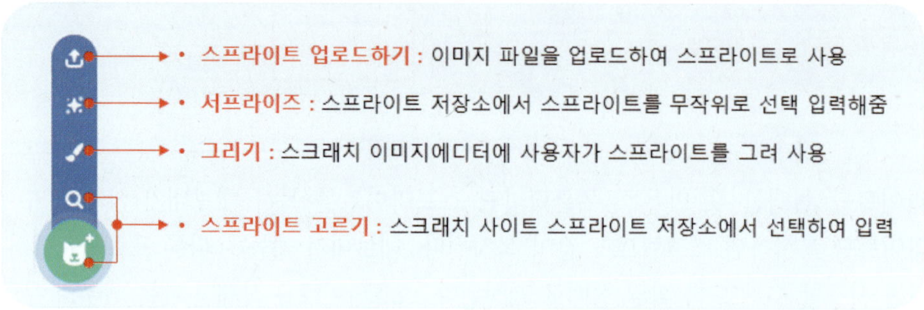

스프라이트 고르기는 아래 그림과 같이 두 가지 방법으로 선택할 수 있다.

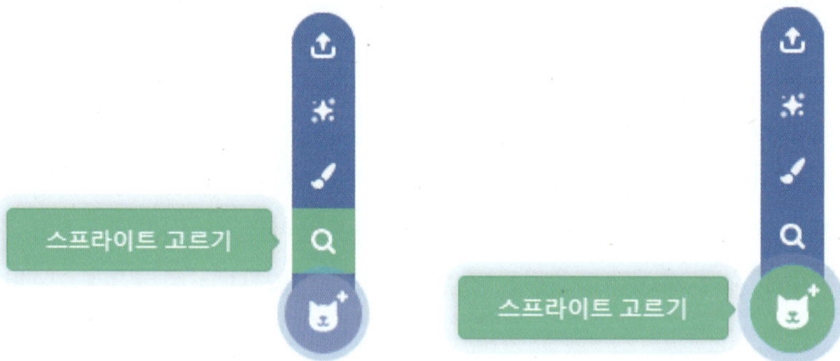

스프라이트 고르기를 클릭하면 아래 그림처럼 스프라이트 저장소의 그림 목록들이 나타난다. 원하는 스프라이트는 클릭하거나, 상단의 카테고리를 먼저 클릭한 후 카테고리 내에서 스프라이트를 선택할 수 있고, 검색란에 검색어를 입력하여 원하는 스프라이트를 빠르게 검색하여 선택할 수 있다.

스프라이트를 추가할 때 그리기를 이용하면 아래 그림과 같이 스크래치 이미지 에디터가 나타난다. 이 에디터의 도구들을 이용하여 사용자가 원하는 스프라이트를 그려 넣어 만들 수 있다.

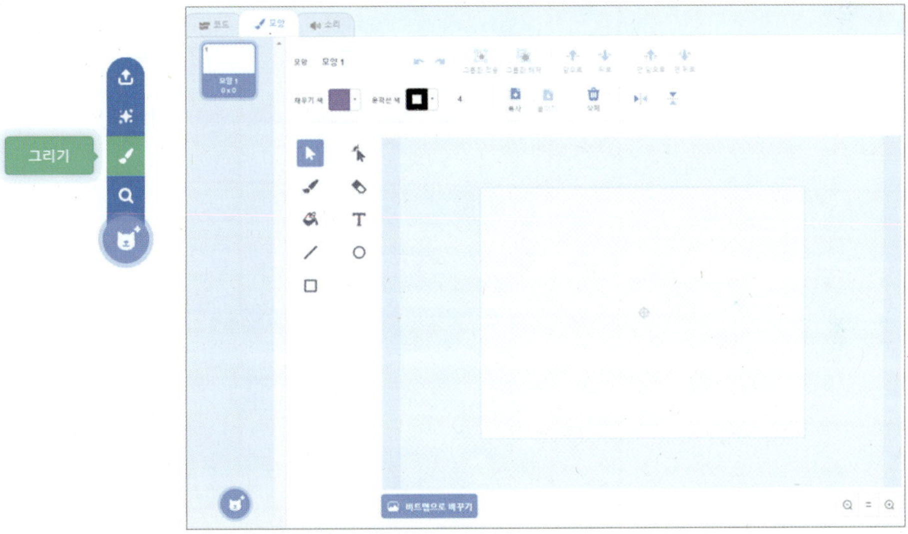

④ 배경 추가하기

무대의 배경을 추가하기 위해서는 스프라이트 영역의 무대 썸네일 하단 에 마우스를 위치하면 다음 그림과 같은 메뉴들이 나타난다. 이를 통해 스크래치 사이트에서 제공해주는 배경, 사용자가 직접 배경 그리기, 랜덤 선택된 배경, 이미지 파일을 통한 배경 업로드를 통해 배경을 추가할 수 있다. 스프라이트를 추가하는 메뉴와 기능이 거의 동일하다.

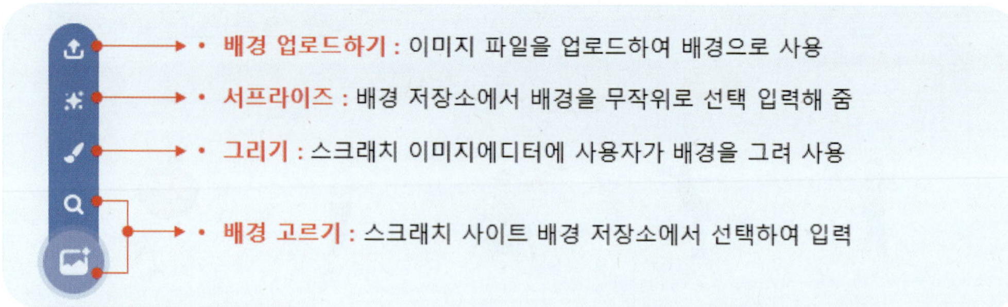

【3】 블록 영역

블록 영역은 블록 팔레트와 명령어 블록과 탭으로 구성되어 있으며 스크래치에서 제공하는 명령어 블록을 표시해준다.

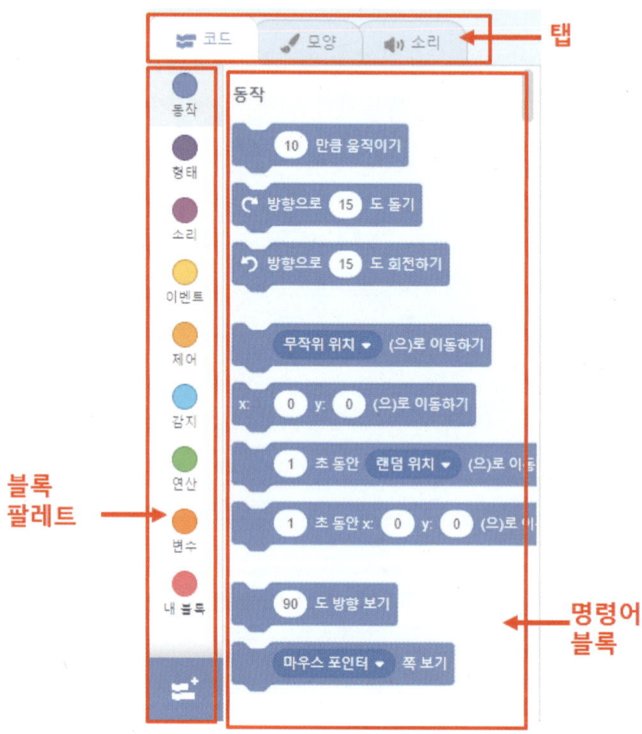

① 탭

블록 영역의 위쪽 부분은 코드, 모양, 소리 세 개의 탭을 제공한다. 각 탭별로 편집할 수 있는 요소가 달라서 편집하려는 요소에 맞게 선택하면 된다.

• 코드 탭 : 코드 탭은 스프라이트를 제어할 수 있는 명령어 블록들을 쌓아 새로운 스크립트를 만들 때, 즉 프로그램을 작성할 때 사용되는 탭이다. 코드 탭을 클릭하면 블록 팔레트와 블록 영역, 스크립트 영역을 나타내준다.

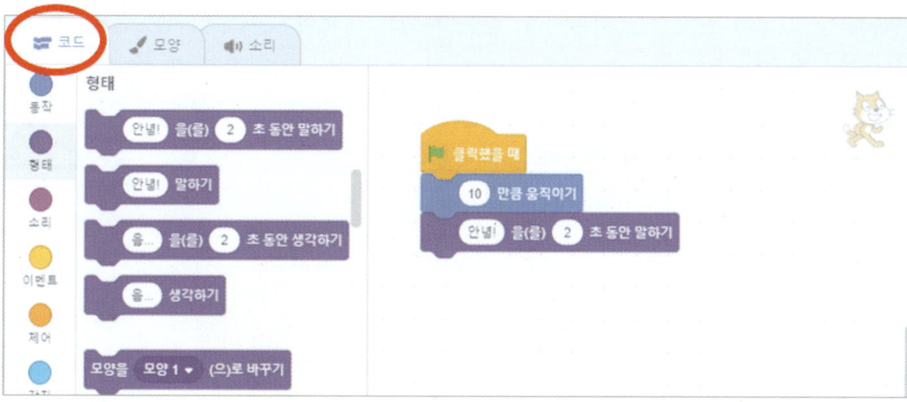

• 모양 탭 : 모양 탭은 스프라이트나 배경 그림을 관리하고 이미지 파일을 선택하거나 가져오며 편집 기능을 활용하여 스프라이트나 배경을 필요한 이미지로 만들 때 사용한다. 스프라이트 또는 배경 목록과 이미지 에디터로 구성되어 있다. 배경을 수정할 때는 배경 탭이라는 이름으로 나타난다.

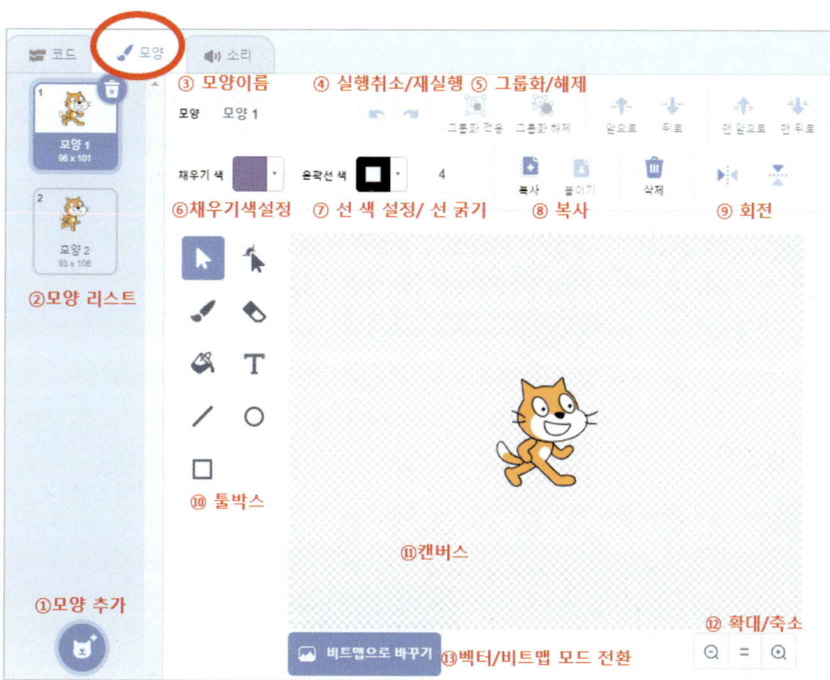

스크래치에서 이미지를 만드는 방법은 비트맵 모드와 벡터 모드 등 두 가지 모드가 있다. 여기서 비트맵이나 벡터는 이미지를 저장하는 파일 형식을 의미한다. 스크래치에서 두 가지의 가장 큰 차이점은 비트맵 모드에서 그린 그림은 나중에 수정하기 어렵고 벡터 모드는 수정이 가능하다는 것이다. 비트맵, 벡터 모드를 알맞은 용도로 지정하여 사용하면 된다.

(1) 비트맵 모드 : 한 픽셀(네모 모양)의 형태로 되어 있으며, 용량이 작아 웹상에서 반응속도가

빨리 사용될 수 있도록 만들어진 형식이다. 많은 픽셀로 정교하고 다양한 색상을 가진 이미지를 만들 수 있는 장점이 있으나 이미지를 확대해서 사용하면 이미지가 깨질 수 있다.

(2) 벡터 모드 : 점과 점, 선분과 면의 수학적인 관계로 이미지를 표현해 선과 면을 만들어내는 것을 말한다. 벡터는 확대하거나 축소해도 해상도에 영향을 끼치지 않으며, 크기를 크게 늘리더라도 용량이 많이 늘어나지 않는다는 장점이 있다.

비트맵 모드에서 그린 원

벡터 모드에서 그린 원

• 소리 탭 : 소리 탭은 스프라이트나 배경에서 사용할 소리를 관리하고 소리 파일들을 추가하거나 직접 녹음 편집할 때 사용한다. 스프라이트나 배경에 있는 소리 목록과 소리 편집 창으로 구성되어 있다.

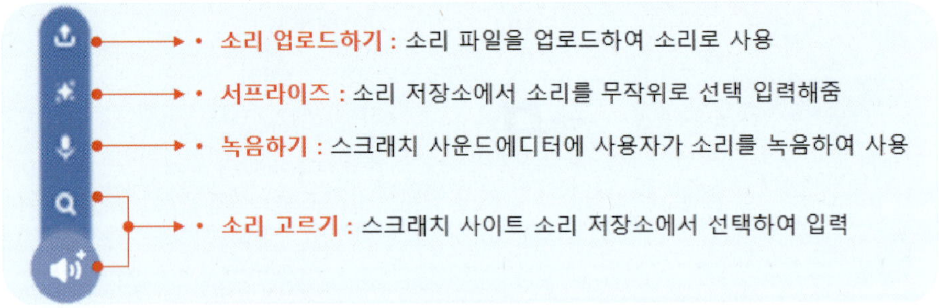

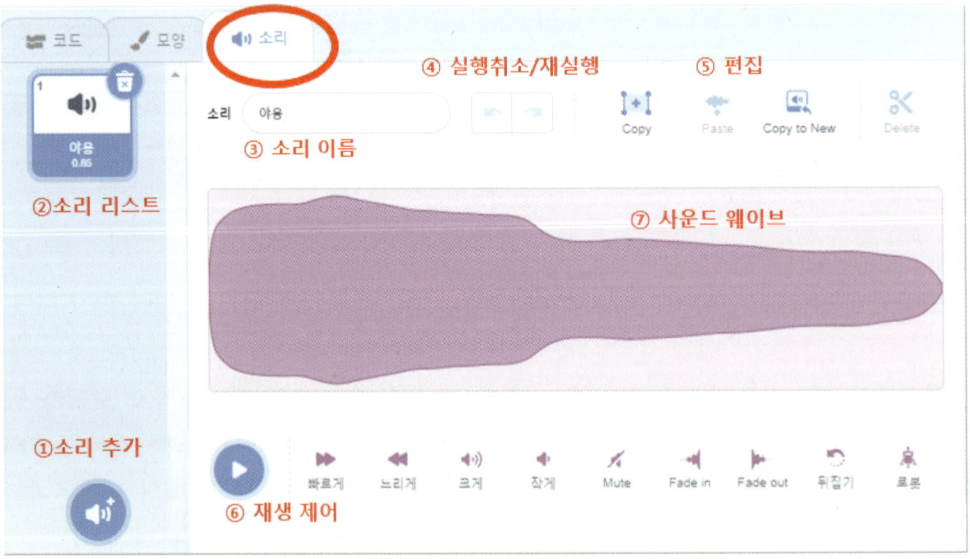

② 블록 팔레트

스크래치는 명령어 블록의 특성에 따라 팔레트로 제공해준다. 동작, 형태, 소리, 이벤트, 제어, 감지, 연산, 변수, 내 블록, 확장기능의 영역을 포함하며, 각 영역마다 고유의 색이 있어 명령어의 특성을 직관적으로 판단할 수 있게 구성되어 있다. 블록 영역 상단의 탭에서 코드 탭을 클릭해야 블록 팔레트와 블록들을 나타내어 프로그래밍 작업을 할 수 있다.

③ 명령어 블록

스크래치 블록은 동작, 형태, 소리, 이벤트, 제어, 감지, 연산, 변수, 내 블록의 9개 영역으로 블록 팔레트에 나타나며, 블록 팔레트의 각 영역을 클릭하면 오른쪽에 해당 영역의 블록들이 나타난다. 블록 팔레트의 아랫부분의 (확장기능 추가하기)를 클릭하면 기본으로 제공되는 9개의 영역 외에 확장기능을 추가하여 사용할 수 있다.

블 록		설　　명
	동작	스프라이트의 동작과 관련된 블록들로 구성
	형태	스프라이트의 모양과 관련된 블록
	소리	소리 재생, 음높이 음량 등과 관련된 블록
	이벤트	이벤트를 발생시키는 블록
	제어	반복, 선택 등 프로그램의 제어를 실행하도록 하는 블록
	감지	스프라이트의 외부 요소들의 상태를 감지하여 그 값을 저장하고 있는 블록
	연산	산술연산, 논리연산, 난수, 수학 함수 등의 연산을 제공하는 블록
	변수	변수, 리스트(배열)와 관련된 블록
	내 블록	사용자가 원하는 기능을 갖는 사용자가 만들어 사용하는 블록(함수)
	확장기능	스크래치를 이용하는 다른 확장 프로그램을 사용할 수 있도록 하는 블록

【4】 스크립트 영역

스크래치에서 프로그래밍한 소스를 스크립트라고 한다. 스크립트 영역은 블록 영역으로부터 블록들을 드래그해 다른 블록들과 조합하여 쌓아 프로그래밍을 작성하는 공간이다.
스크립트 영역을 보면 오른쪽 상단에 현재 코딩하고 있는 스프라이트의 모양이 나타나며, 중간에 비어 있는 공간은 스크립트를 작성할 수 있는 곳이다. 스크립트 영역의 스크립트를 크게 또는 작게 보며 작업하고 싶을 때는 오른쪽 하단의 확대/축소 버튼을 이용하면 편리하다.

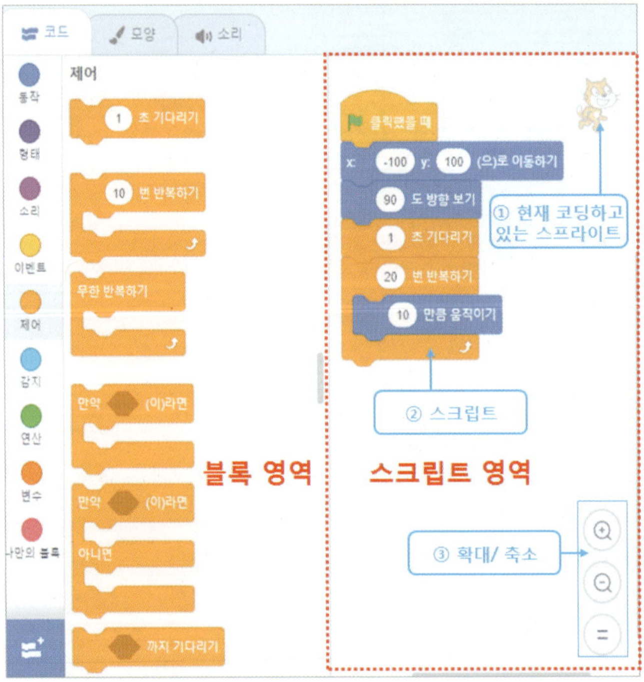

① 현재 코딩하고 있는 스프라이트 : 스크립트 영역의 오른쪽 상단에는 현재 선택된 스프라이트의 모양을 보여준다. 현재 코딩해야 하는 스프라이트가 맞는지 확인하며 작업해야 한다.

② 스크립트 : 스크래치에서 코딩한 소스이며, 블록의 집합이다. 왼쪽의 블록 영역에서 필요한 블록을 드래그해 스크립트 영역으로 끌고 와 차례로 쌓아주면 된다.

③ 확대/축소 : 스크립트 영역을 확대하거나 축소할 때 사용한다. 확대 버튼을 클릭할수록 스크립트가 점점 커지고, 축소 버튼을 클릭할수록 스크립트가 점점 작아진다. 스크립트를 다른 스프라이트에 복사할 때는 축소 버튼을 사용하여 스크립트를 아주 작게 만들어 작업하면 편리하다.

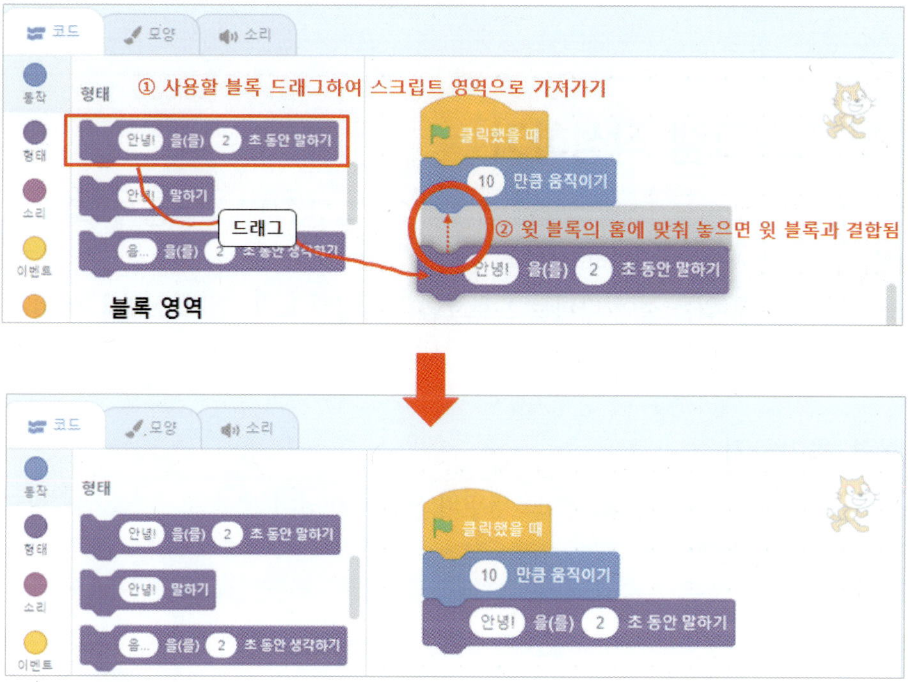

【5】 스크래치 에디터의 메뉴 표시줄

아래 그림은 스크래치 온라인 에디터를 기준으로 한다. 오프라인 에디터는 온라인 에디터의 메뉴 표시줄과 거의 같으나 공유와 프로젝트 페이지 열기 메뉴가 있고, 파일 메뉴의 저장하기, 복사본 저장하기 메뉴가 없다.

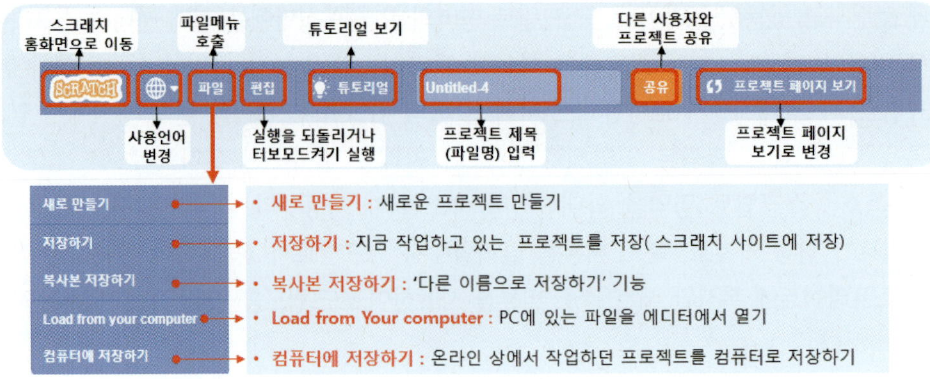

1.4 첫 프로그램 작성하기

아직 명령어 블록들과 프로그래밍 개념에 대해 배우지 않았으므로 간단한 예제를 따라 하며 스크래치 에디터의 사용법을 익혀 보도록 한다.

두 스프라이트가 무대 위를 걸어 다니는 프로그램을 작성해 보자. 먼저 스크래치 에디터에서 파일-새로 만들기를 클릭하여 새 프로젝트를 시작한다.

【1】 배경 추가하기

무대의 배경을 추가하기 위해 스프라이트 영역의 오른쪽 하단의 배경 고르기를 클릭하여 나타난 배경 중 하나를 선택한다.

【2】 스프라이트 추가하기

프로그램을 작성할 때 먼저 필요한 스프라이트를 추가하고 불필요한 스프라이트는 삭제한다.

① 스프라이트 추가하기

스프라이트 영역의 오른쪽 하단의 스프라이트 고르기를 클릭하여 나타난 스프라이트 중 [사람들]-[Avery Walking]과 [판타지]-[Pico Walking]을 추가한다.

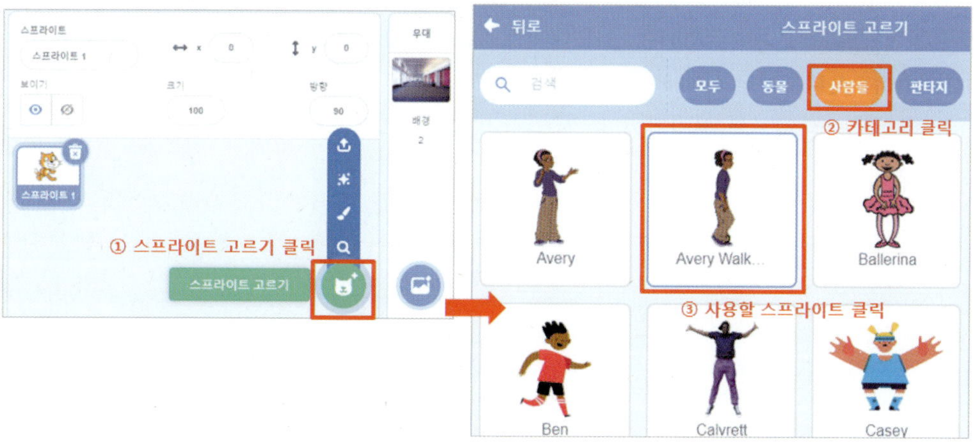

② 스프라이트 정보(이름 크기) 변경

Avery Walking 스프라이트는 이름을 주인공으로, 크기를 70으로 변경하고, Pico Walking 스프라이트는 스프라이트 정보창의 내용 중 크기를 50으로 변경한다.

③ 스프라이트 삭제하기

불필요한 스프라이트는 삭제한다. 스프라이트 1(고양이) 스프라이트는 사용하지 않을 것이므로 삭제한다. 스프라이트 목록에서 삭제하고자 하는 스프라이트를 클릭한 후 마우스 우클릭하여 나타난 메뉴 중 삭제를 클릭하거나, 스프라이트의 오른쪽 위에 있는 휴지통 아이콘을 클릭하면 삭제된다.

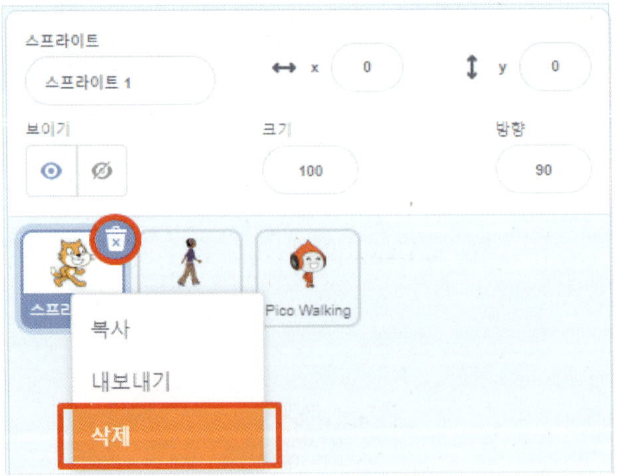

【3】 스크립트 작성하기

스프라이트 목록에서 스크립트를 작성할 '주인공' 스프라이트를 클릭한다. 블록 영역에서 코딩에 필요한 명령어 블록을 드래그해서 스크립트 영역에 놓는다. 블록 내의 숫자는 필요한 값을 입력하여 변경한다. 스크립트 작성 후 무대의 초록색 깃발을 클릭하여 실행해 본다.

[작성할 스크립트]

영역	블록
이벤트	클릭했을 때
동작	x: 0 y: 0 (으)로 이동하기 10 만큼 움직이기
형태	다음 모양으로 바꾸기
제어	10 번 반복하기 1 초 기다리기

[사용 블록]

① 스크립트 내의 블록 삭제

삭제할 블록을 드래그하여 블록 영역으로 가져가거나, 삭제할 블록 위를 마우스 우클릭하여 나타난 메뉴 중 '블록 삭제하기'를 선택한다.

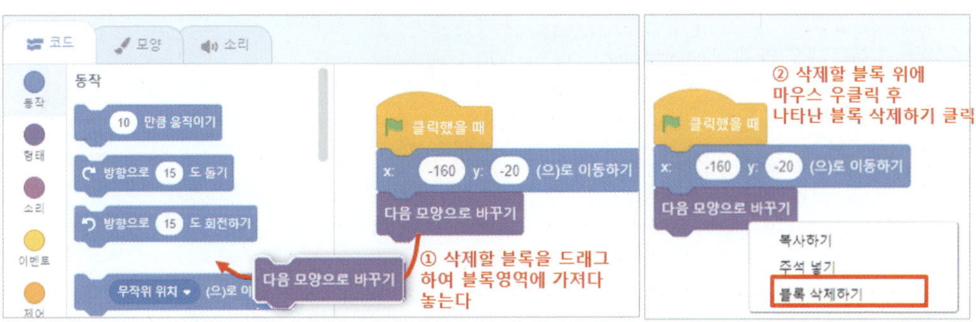

② 스크립트 내의 블록 복사

복사할 블록 위를 마우스 우클릭하여 나타난 메뉴 중 '복사하기'를 선택하면 복사할 블록이 나타나는데, 이를 원하는 위치에 가져다 놓으면 된다. 여러 개의 블록을 복사할 경우 제일 첫 블록 위에 마우스를 위치하면 된다.

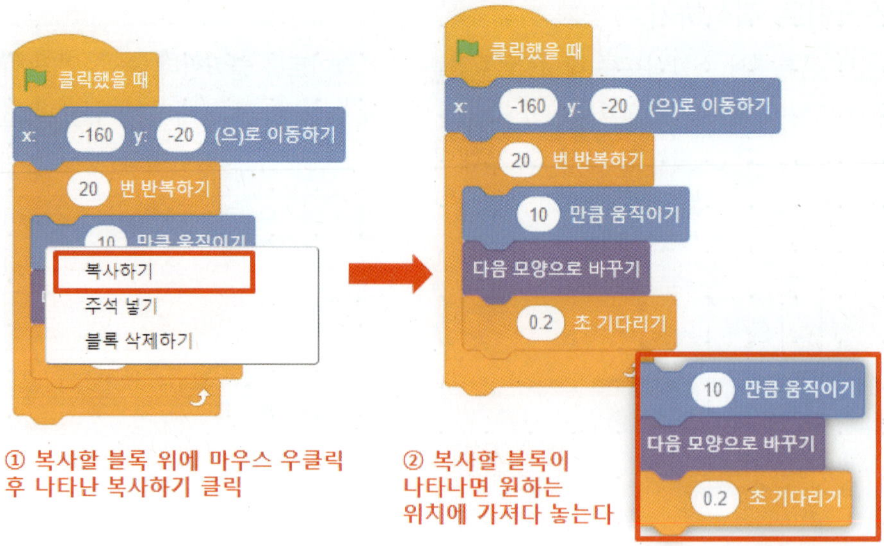

③ 주석 사용하기

어떤 프로그램을 작성할 때 프로그래머의 의도 또는 설명이 필요한 경우에 주석을 사용한다. 프로그래밍 언어마다 주석을 사용하는 방법이 조금 다른데, 스크래치는 주석을 넣고자 하는 블록 또는 스크립트 위에 마우스 우클릭 후 나타난 메뉴 중 '주석 넣기'를 클릭한 후 주석의 내용을 입력하면 된다. 주석은 실행되지 않으며 스크립트에 대한 자세한 설명을 넣을 수 있다.

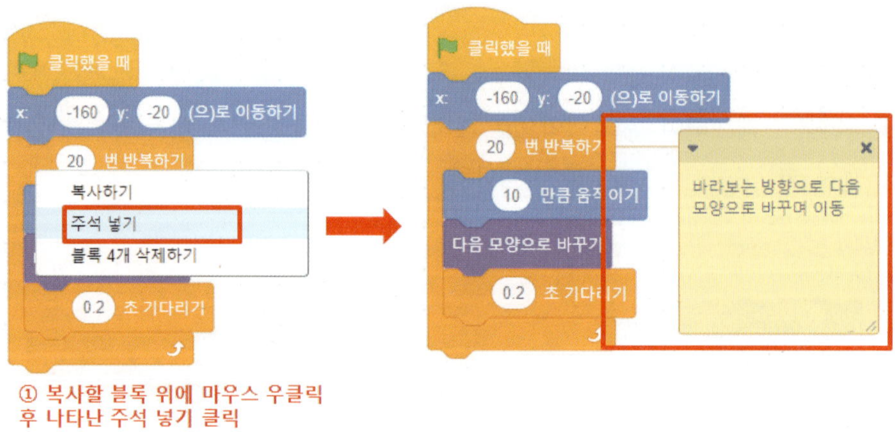

④ 주인공 스프라이트의 스크립트를 Pico Walking 스프라이트에 복사

'주인공' 스프라이트의 스크립트의 이벤트 블록 위에서 마우스를 드래그하여 스프라이트 목록에 있는 'Pico Walking' 스프라이트로 가져가 드롭하면 동일한 스크립트가 'Pico Walking' 스프라이트로 복사된다. 이때 복사 대상인 스크립트를 축소 버튼을 이용하여 축소시키고, 드롭하기 전 목적지 스프라이트가 파랗게 되며 흔들흔들하는 순간 드롭하면 복사가 쉽게 된다.

⑤ Pico Walking 스프라이트의 스크립트 수정하기

[복사된 스크립트]

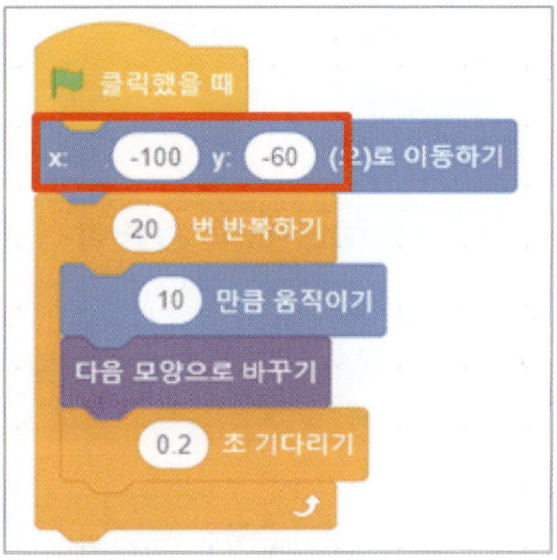

[스크립트에서 스프라이트의 첫 위치 수정하기]

【4】 스크립트 실행하기

프로그램이 키보드의 누름이나 마우스의 이동과 같은 이벤트를 끊임없이 감시하고 그에 반응하도록 하는 프로그래밍 방식을 이벤트 기반 프로그래밍(event-driven programming)이라고 하며, 스크래치도 이벤트 기반으로 실행된다. 스크래치의 스크립트는 이벤트 블록으로부터 시작하도록 작성하고 해당 이벤트가 발생해야 실행된다.

우리가 작성한 스크립트를 실행하기 위해서는 첫 블록인 이벤트 블록에 해당하는 이벤트를 발생시키면 된다. 스크래치에서 가장 많이 사용하는 이벤트는 '초록 깃발을 클릭했을 때'이다. 아래의 그림의 경우 왼쪽 스크립트를 실행하기 위해서는 무대의 '초록 깃발을 클릭했을 때' 이벤트가 발생해야 하며, 오른쪽 스크립트가 실행되기 위해서는 스페이스 키를 눌러야 한다.

【5】 프로젝트 저장하고 공유하기

① 프로젝트 저장하기

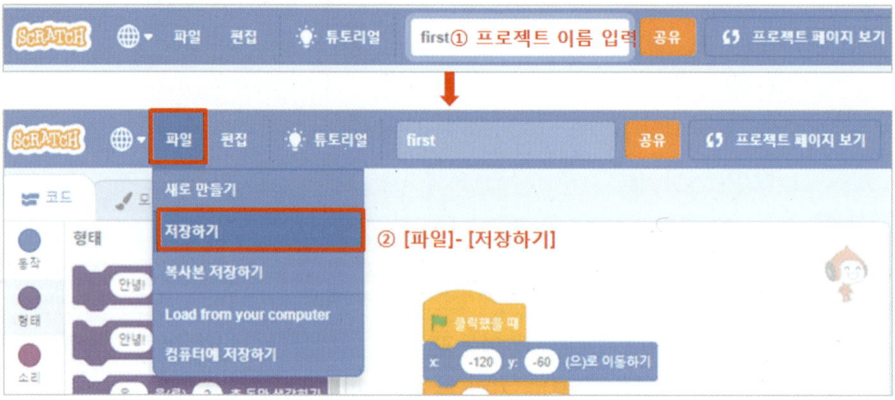

② 프로젝트 공유하기

메뉴 표시줄의 '공유' 버튼을 클릭한다. 이 버튼이 나타나지 않는다면 이미 공유하였거나 또는 회원가입 시 이메일 인증을 받지 않았기 때문이다.

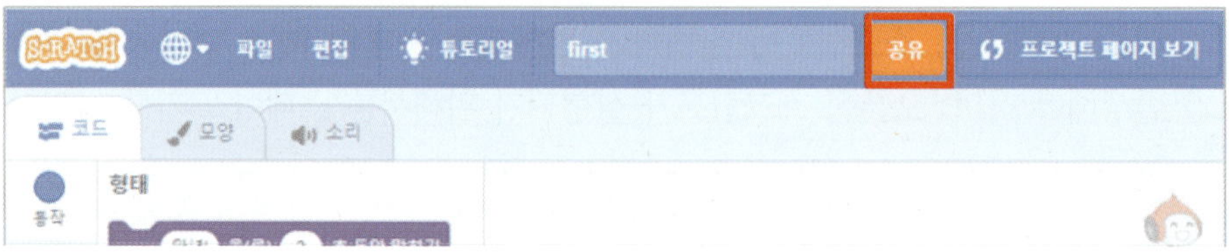

메뉴 표시줄의 '프로젝트 페이지 보기'를 클릭하면 '공유'를 하거나 이미 공유된 프로젝트의 링크를 복사할 수 있다.

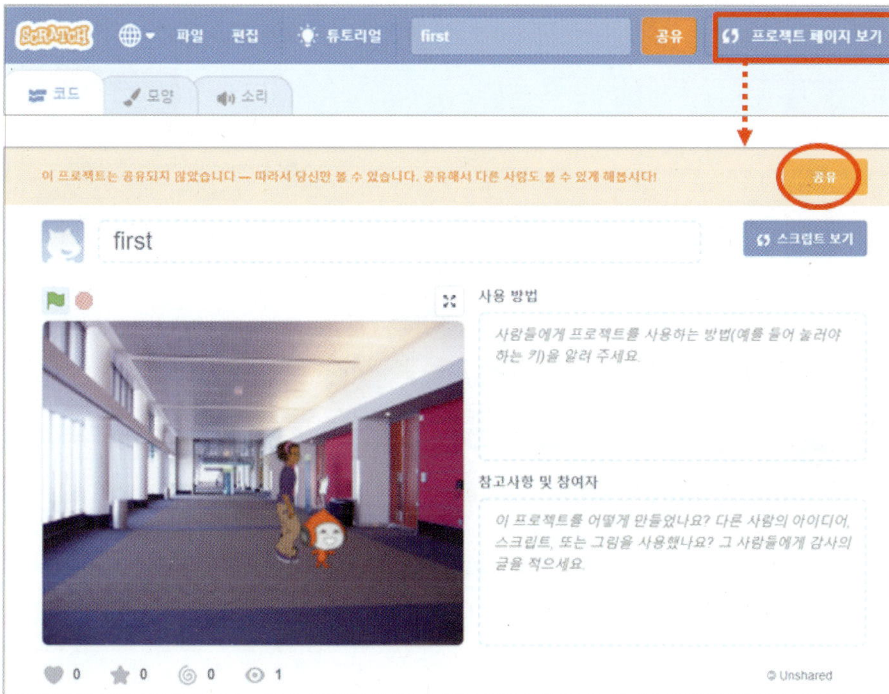

'공유' 버튼을 클릭하면 다음 그림처럼 '프로젝트 페이지'로 이동한다. 화면 하단의 '링크 복사'를 클릭하면 링크가 들어 있는 창이 나타난다. 이 창에서 '링크 복사'를 클릭한 후 이메일이나 원하는 위치에 붙여넣기를 하여 공유하면 된다.

【6】 프로젝트 페이지 보기, 스크립트 보기, 내 작업실

① 프로젝트 페이지 보기

메뉴 표시줄에서 '프로젝트 페이지 보기'를 클릭하거나 공유하면 아래 그림처럼 프로젝트 페이지 보기로 이동한다. 여기서 오른쪽 상단의 '스크립트 보기'를 클릭하면 프로그래밍할 수 있는 스크래치 에디터로 돌아간다.

② 스크립트 보기

'프로젝트 페이지 보기' 상태에서 '스크립트 보기'를 클릭하면 아래 그림처럼 스크래치 에디터로 돌아가 스크립트를 수정할 수 있다.

③ 내 작업실

'내 작업실'은 스크래치 사이트에 작업한 프로젝트가 저장되는 저장소이다. 온라인 에디터를 이용해 작업한 프로젝트는 이곳에 저장되며 이곳에서 파일을 불러올 수 있다. '스크립트 보기'를 클릭하면 스크래치 에디터로 해당 프로젝트를 불러온다.

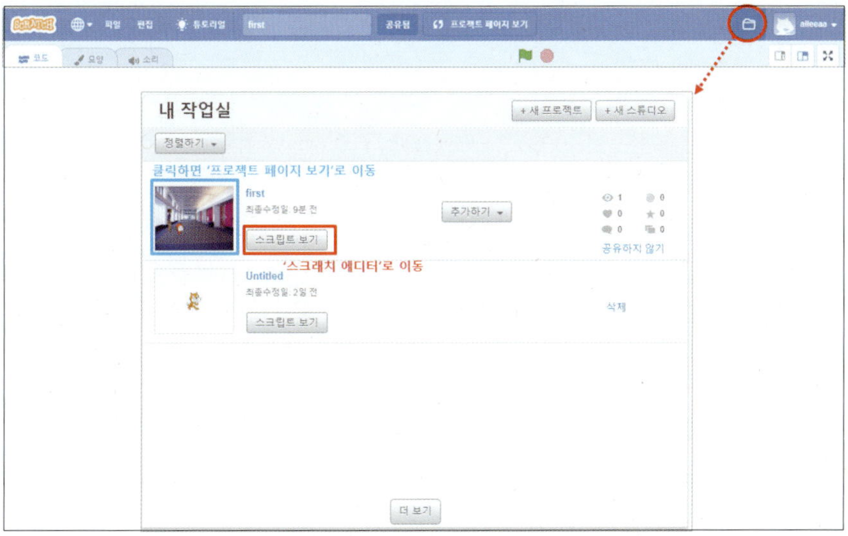

PART 2
스크래치 기본

CHAPTER 2 | 동작 블록
CHAPTER 3 | 형태 블록
CHAPTER 4 | 소리 블록, 음악 블록
CHAPTER 5 | 펜 블록
CHAPTER 6 | 이벤트 블록
CHAPTER 7 | 제어 블록
CHAPTER 8 | 감지 블록
CHAPTER 9 | 변수 블록
CHAPTER 10 | 연산 블록
CHAPTER 11 | 리스트
CHAPTER 12 | 내 블록

SCRATCH

CHAPTER 02

동작 블록

스프라이트의 위치, 방향, 회전, 움직임을 제어하기 위한 블록인 동작 블록에 대해 살펴보자.

2.1 동작 블록의 종류

동작 블록	특　징
10 만큼 움직이기	스프라이트를 바라보는 방향으로 입력된 값만큼 움직임. 앞(양수) 또는 뒤(음수)로 이동
↻ 방향으로 15 도 회전하기	스프라이트를 시계 방향으로 입력된 각도만큼 회전
↺ 방향으로 15 도 회전하기	스프라이트를 반시계 방향으로 입력된 각도만큼 회전
90 도 방향 보기	스프라이트가 바라보는 방향 변경
마우스 포인터 ▾ 쪽 보기	스프라이트가 설정한 쪽(마우스 포인터나 다른 스프라이트)을 향하도록 방향 변경
x: 0 y: 0 (으)로 이동하기	스프라이트가 지정된 x, y좌표로 이동
무작위 위치 ▾ (으)로 이동하기	스프라이트가 무작위 위치, 마우스 포인터, 다른 스프라이트의 위치로 이동
x 좌표를 10 만큼 바꾸기 y 좌표를 10 만큼 바꾸기	스프라이트의 현재 좌표를 기준으로 입력된 값만큼 스프라이트의 x, y좌표를 변경

블록	설명
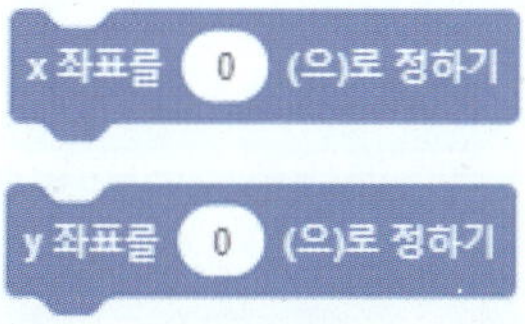	스프라이트의 현재 좌표와 관계없이 입력된 값으로 스프라이트의 x, y좌표를 설정
	스프라이트가 지정된 위치로 지정한 시간 동안 움직임
	스프라이트가 무대의 가장자리에 닿으면 반대 방향으로 방향 전환
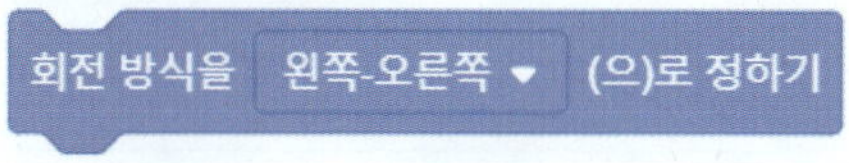	스프라이트의 회전 방식을 변경
	스프라이트의 현재 x, y좌표를 저장하고 있는 변수

2.2 동작 블록의 기능

2.2.1 스프라이트가 바라보는 방향 변경하기

이 블록들은 스프라이트가 바라보는 방향은 진행 방향을 특정 각도로 지정하거나, 마우스 포인터 및 다른 스프라이트를 향하게 지정할 수 있다. 스프라이트 정보창에 보면 현재 스프라이트가 바라보는 방향을 확인할 수도 있다.

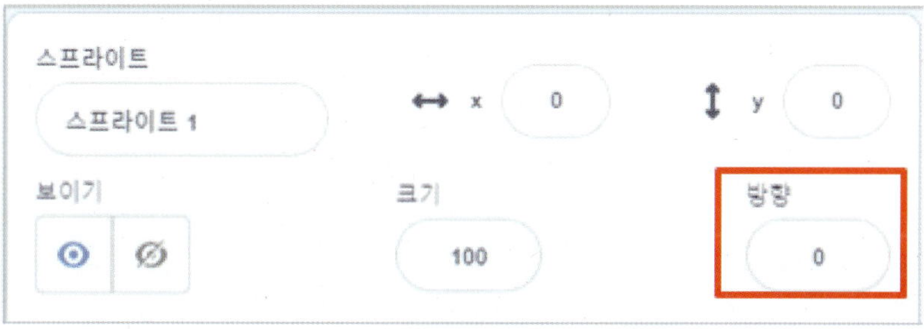

〈스프라이트 정보창에서 방향 정하기〉

【1】 스프라이트 진행 방향을 특정 각도로 지정하기

스프라이트가 바라보는 방향을 정할 때는 왼쪽 그림과 같이 90 부분을 클릭하면 나타나는 회전판을 드래그하여 각도를 정하거나 직접 각도를 입력할 수도 있다. 스프라이트는 설정하는 각도에 따라 90도는 오른쪽을, -90도는 왼쪽을, 180도는 아래쪽을, 0도는 위쪽을 향하게 된다.

무대의 Y축을 기준인 0도로 두고 시계 방향으로는 양의 값을, 반시계 방향으로는 음의 방향 값을 나타낸다.

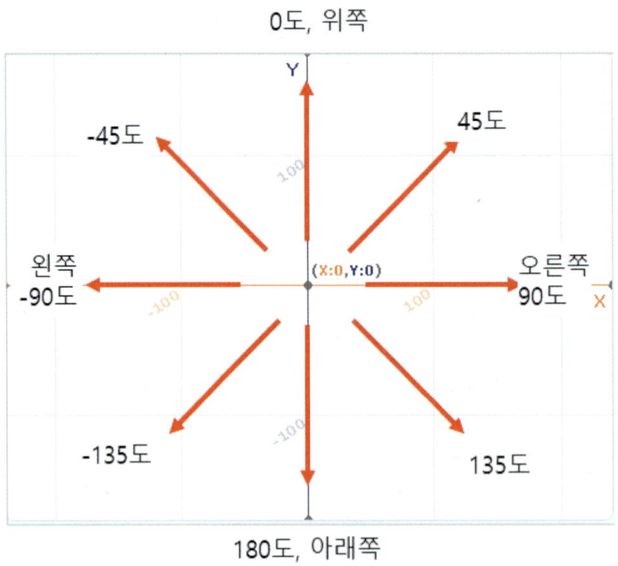

〈스프라이트의 방향각도〉

【2】 마우스 포인터 및 다른 스프라이트를 향하게 지정

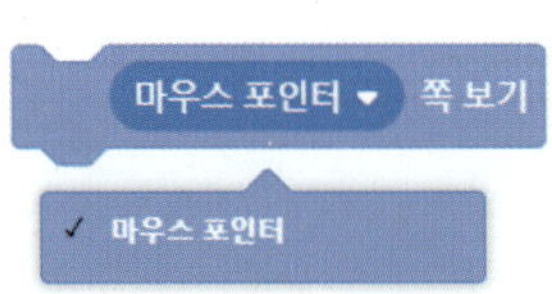

스프라이트가 1개일 때

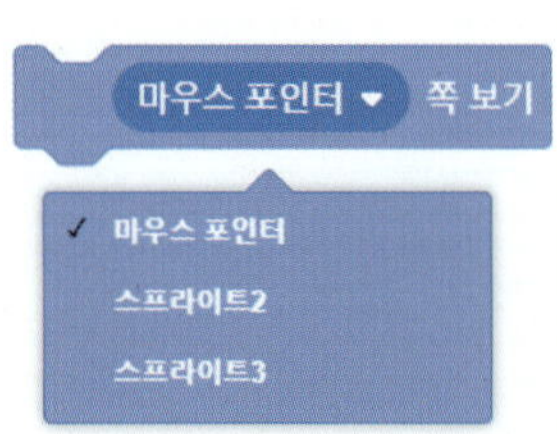

스프라이트가 여러 개

이 블록의 경우 ▼를 클릭하면 왼쪽 그림과 같이 메뉴에서 선택할 수 있다. 스프라이트가 하나만 있을 경우는 다른 스프라이트 쪽 보기는 나타나지 않는다. 하나의 스프라이트를 마우스 포인터나 다른 스프라이트의 움직임에 따라 바라보는 방향을 바꿀 수 있다.

2.2.2 스프라이트 회전하기

【1】 회전 방식 정하기

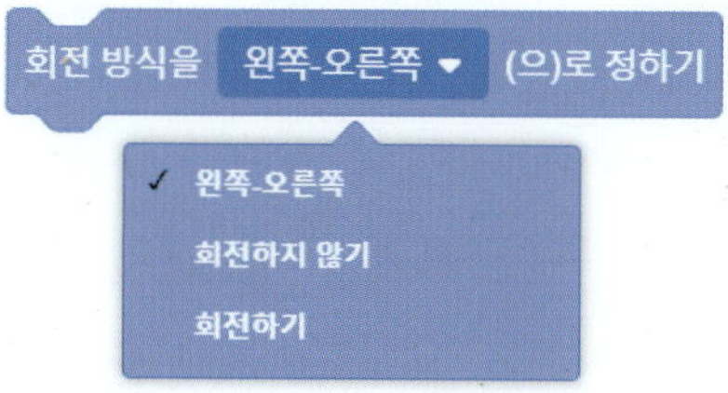

이 블록은 스프라이트의 회전 방식을 변경하는 블록으로, '회전하기', '왼쪽-오른쪽', '회전하기 않기' 세 가지 방식 중에서 선택할 수 있다. '회전하기'는 스프라이트가 바라보는 방향을 정면으로 바라보도록 회전하게 되고, '왼쪽-오른쪽'은 방향을 왼쪽 오른쪽만 바라보도록 회전할 수 있고, '회전하기 않기' 는 바라보는 방향에 상관없이 회전하지 않고 각도 값만 저장한다.

방향각도 (실제 방향) / 회전 방식	90 도 방향 보기 (오른쪽)	-90 도 방향 보기 (왼쪽)	180 도 방향 보기 (아래쪽)	0 도 방향 보기 (위쪽)
회전 방식을 회전하기 (으)로 정하기				
회전 방식을 왼쪽-오른쪽 (으)로 정하기				
회전 방식을 회전하지 않기 (으)로 정하기				

【2】 회전하기

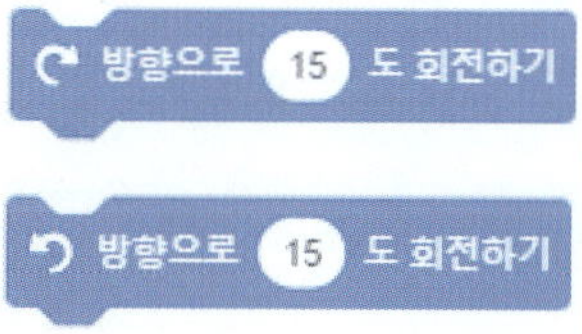

이 블록은 스프라이트가 입력한 숫자만큼 시계 방향(오른쪽) 또는 반시계 방향(왼쪽)으로 회전하는 기능을 한다. 회전 방식이 '회전하기'일 때 스프라이트가 주어진 각도만큼 회전하는 것을 확인할 수 있다. 시작 각도는 현재 스프라이트가 바라보고 있는 방향을 기준으로 한다.

다음 예제들을 통해 회전 방식과 스프라이트가 바라보는 방향에 따라 회전하기 블록이 실행된 결과의 차이를 확인해 볼 수 있다.

회전 블록 \ 회전 방식	90 도 방향 보기 ↻ 방향으로 45 도 회전하기	90 도 방향 보기 ↺ 방향으로 45 도 회전하기
회전 방식을 회전하기 ▾ (으)로 정하기		
회전 블록 \ 회전 방식	**-90 도 방향 보기 ↻ 방향으로 45 도 회전하기**	**-90 도 방향 보기 ↺ 방향으로 45 도 회전하기**
회전 방식을 회전하기 ▾ (으)로 정하기		

【3】 벽에 닿으면 튕기기

벽에 닿으면 튕기기

이 블록은 스프라이트가 무대의 가장자리에 닿으면 반대 방향으로 방향을 전환하는 기능을 한다. 아래 그림과 같이 스프라이트가 움직이다가 벽에 닿으면 튕겨서 반대로 방향을 바꾼 뒤 바꾼 방향으로 계속 움직이게 된다. 회전 방식에 따라 벽에 닿은 후 모습이 달라진다.

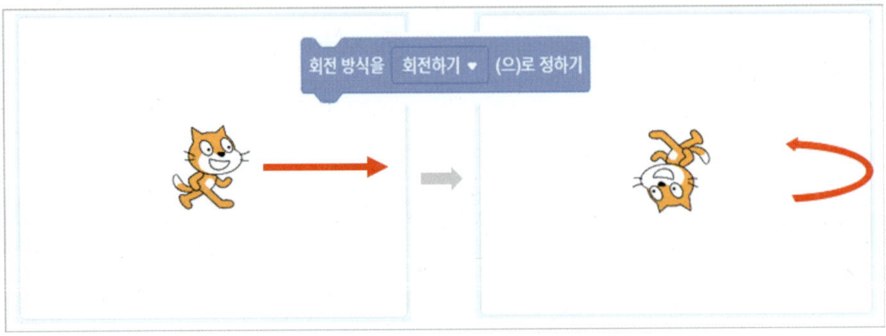

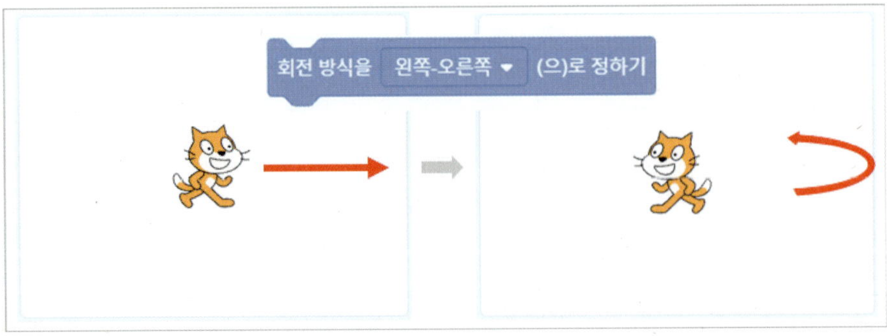

2.2.3 스프라이트의 위치 이동하기

스프라이트의 위치는 스프라이트의 좌표를 변경하거나 바라보는 방향으로 움직이거나 또는 마우스 포인터 위치로 이동하거나 일정한 시간 동안 이동하는 등 다양한 방법으로 이동할 수 있고 동작 블록에는 이러한 기능들을 제공한다. 스프라이트의 현재 위치는 무대 아래에 있는 스프라이트 정보창에서 확인할 수 있다.

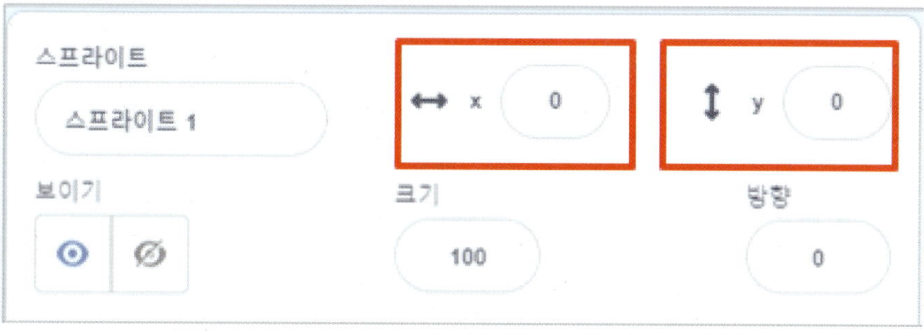

〈스프라이트 정보창에서 스프라이트 위치 확인하기〉

【1】 스프라이트가 바라보는 방향으로 이동하기

이 블록은 입력한 숫자만큼 스프라이트가 이동한다. 이때 스프라이트가 현재 바라보는 방향으로 이동한다. 입력한 숫자가 음수일 경우 반대 방향으로 움직인다.

아래의 그림은 회전 방식은 '회전하기'로, 시작 위치는 x : 0, y : 0으로 가정하자. 스프라이트를 이동하기 전 바라보는 방향에 따라 이동되는 방향이 달라짐을 확인할 수 있다. 스크래치에서 다른 설정이 없었을 경우 바라보는 방향은 90도 방향 보기가 기본값이다.

시작좌표(0, 0)		
	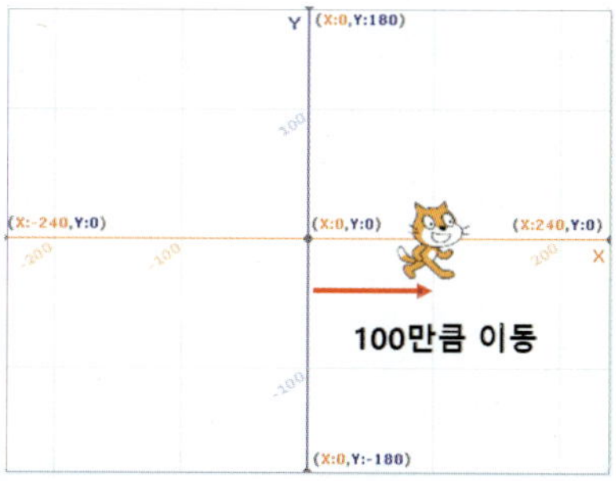	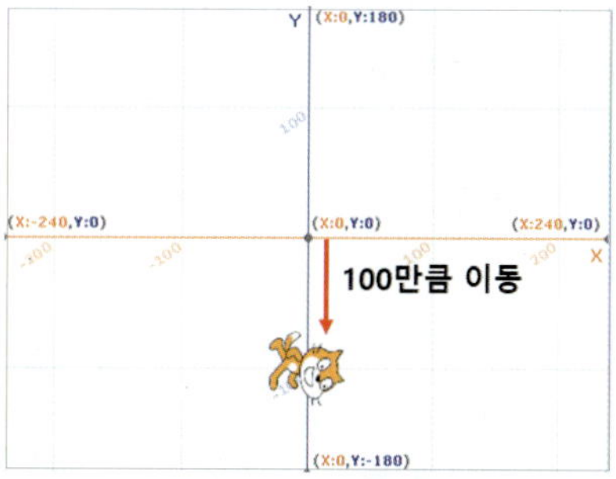
블록 실행 후 위치	x : 100, y : 0	x : 0, y : -100

-100 만큼 움직이기		
블록 실행 후 위치	x : -100, y : 0	x : 0, y : 100

【2】 스프라이트를 지정한 x, y좌표 값만큼 이동하기

x 좌표를 10 만큼 바꾸기

y 좌표를 10 만큼 바꾸기

이 블록들은 스프라이트의 방향과 상관없이 스프라이트의 현재 좌표를 기준으로 입력된 값만큼 스프라이트의 x, y좌표를 변경해 주는 기능을 한다.
예를 들어 현재 스프라이트의 위치가 x : 100, y : 100일 때, "x좌표를 50만큼 바꾸기" 블록을 실행할 경우 스프라이트의 위치는 x : 150, y : 100으로 이동한다.

x 좌표를 0 (으)로 정하기

y 좌표를 0 (으)로 정하기

이 블록들은 스프라이트의 현재 좌표와 관계없이 입력된 값의 좌표로 스프라이트의 x, y좌표를 설정하는 기능을 한다.
예를 들어 현재 스프라이트의 위치가 x : 100, y : 100일 때, "x좌표를 50으로 정하기" 블록을 실행할 경우 스프라이트의 위치는 x : 50, y : 100으로 이동한다.

시작좌표	x: 100 y: 100 (으)로 이동하기	x: 100 y: 100 (으)로 이동하기
실행 블록	x 좌표를 -50 만큼 바꾸기	y 좌표를 20 만큼 바꾸기
실행 후 스프라이트 위치	x : 50, y : 100	x : 100, y : 120
시작좌표	x: 100 y: 100 (으)로 이동하기	x: 100 y: 100 (으)로 이동하기
실행 블록	x 좌표를 20 (으)로 정하기	y 좌표를 -20 (으)로 정하기
실행 후 스프라이트 위치	x : 20, y : 100	x : 100, y : -20

【3】 스프라이트 한 번에 이동하기

이 블록들은 스프라이트의 위치를 한 번에 순간 이동시킬 수 있는 기능을 한다.

스프라이트를 보내고 싶은 무대영역 내(x : -240~240, y : -180~180)의 좌표를 확인한 후 블록 내에 각각의 좌표를 입력하면 해당 좌표로 순간 이동한다. 이 블록은 스프라이트의 초기 위치를 지정할 때 자주 사용한다.

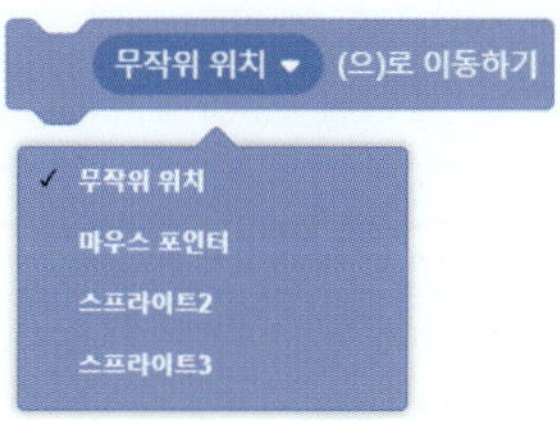

이 블록은 ▼를 클릭하여 나타난 메뉴에서 선택하여 지정된 곳으로 스프라이트를 이동할 수 있다. 스프라이트가 하나만 있을 경우는 다른 스프라이트는 나타나지 않는다.
스프라이트를 무작위 위치나 마우스 포인터 위치 또는 다른 스프라이트 위치로 순간 이동할 때 사용한다.

을 이용하여 스프라이트를 이동할 때

- 무대 영역에서 스프라이트를 이동할 위치로 드래그하여 옮긴다.
- 블록 영역의 

블록에 옮겨진 스프라이트의 위치 값이 자동으로 나타나게 된다. 해당 블록을 스크립트 내에 가져다 사용하면 편리하다.

【4】 일정한 시간 동안 이동하기

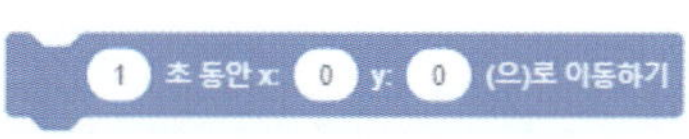

스프라이트를 일정한 시간동안 정해진 무대의 좌표로 이동시킨다. 입력한 시간 동안 이동하므로 이동하는 과정을 볼 수 있다.

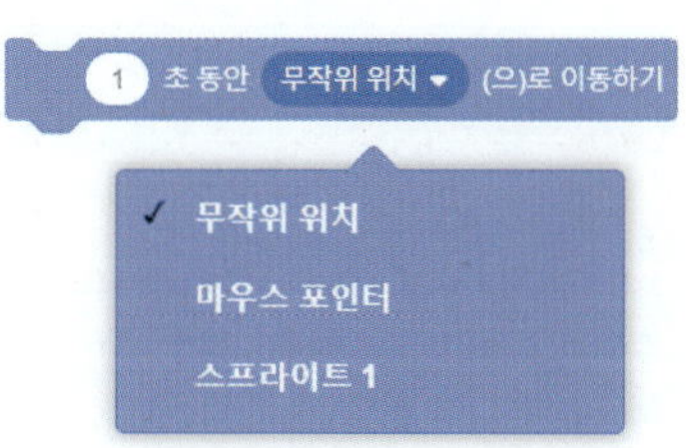

지정한 시간 동안 무작위 위치나 마우스 포인터, 다른 스프라이트로 이동한다. 이동과정이 보인다. 시간이 길어지면 천천히 움직이는 것처럼 보인다.

블록	[무작위 위치 ▾] (으)로 이동하기	(1) 초 동안 [무작위 위치 ▾] (으)로 이동하기
차이점	이동과정이 보이지 않고 순간 이동하는 것처럼 보인다.	이동과정이 보인다. 시간이 길어지면 천천히 움직이는 것처럼 보인다.
실행	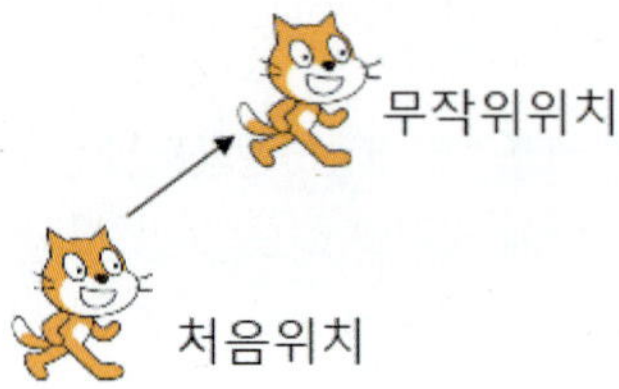	

2.3 동작 블록 활용하기

2.3.1 아래 스크립트에 있는 명령이 실행되었다면 별 스프라이트의 위치는 어떻게 달라질지 예측해보자.

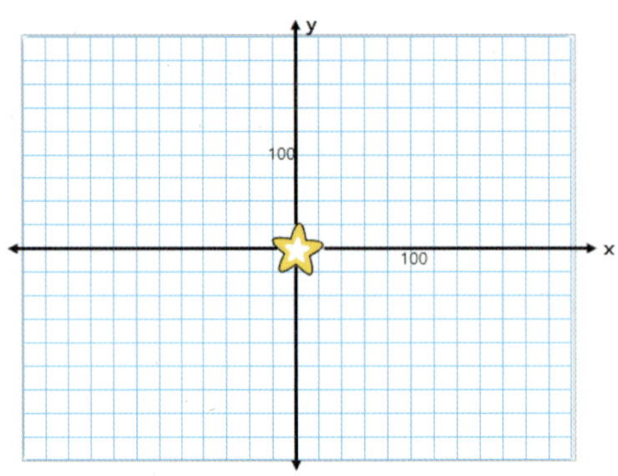

무대와 별 스프라이트

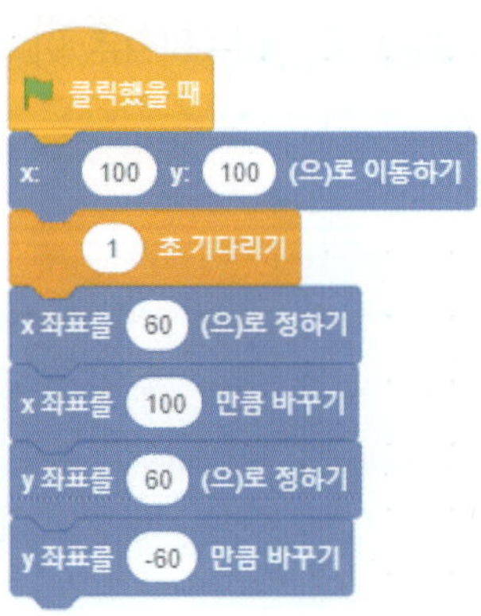

(a) 스크립트

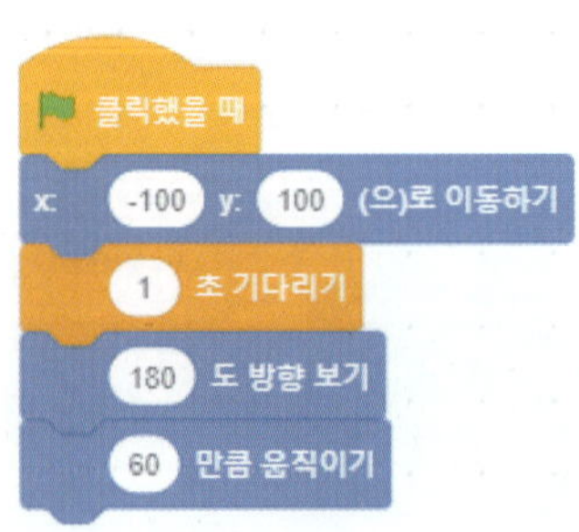

(b) 스크립트

2.3.2 마우스 포인터나 다른 스프라이트를 따라다니는 프로그램을 작성해보자.

(1) Mouse1은 마우스 포인터를 따라다닌다. 즉, 사용자가 마우스로 스프라이트를 조정한다.

(2) Cat은 Mouse1을 따라다닌다.

마우스 포인터를 따라다니는 스크립트

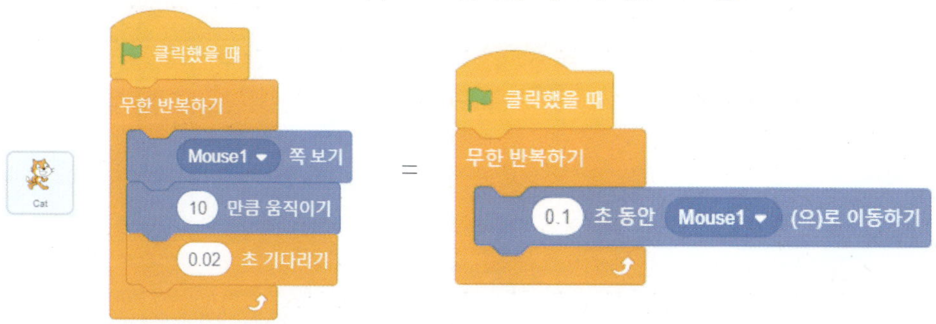

다른 스프라이트(Mouse1)를 따라다니는 스크립트

2.3.3 스프라이트가 걸어가는 스크립트를 작성해보자.

프로그램을 작성할 때는 스프라이트의 위치, 방향, 회전 방식 등에 대한 초기 값을 작성해주는 초기화가 이루어져야 프로그램 실행 시 항상 동일한 실행결과가 가능하다.

(1) 하나의 스프라이트가 이동하는 스크립트

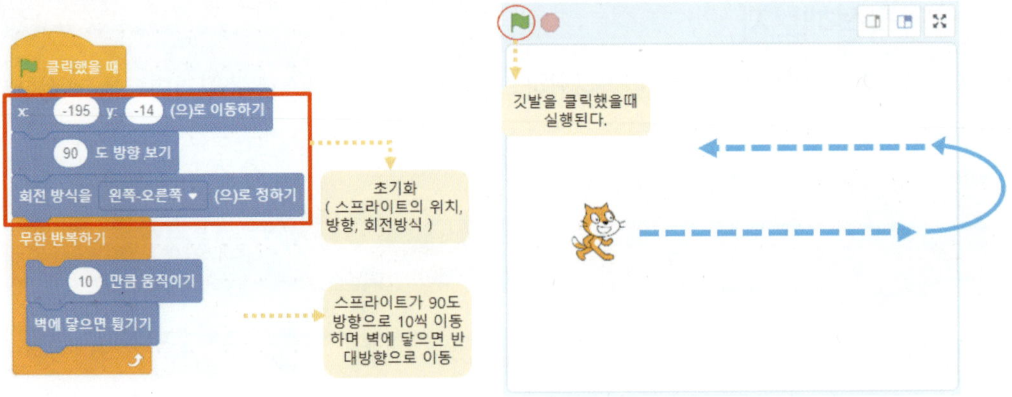

(2) 고양이 스프라이트 2개가 무대 중앙에서 좌우로 이동하는 스크립트로 확장해 보자. 2개의 스프라이트에 처리하는 동작이 유사할 경우, 하나의 스프라이트에 스크립트를 작성한 후 해당 스프라이트를 복사하면 스크립트까지 복사된다. 복사 후 필요한 부분만 수정하여 사용하면 편리하다.

스프라이트를 복사하는 방법은 아래 그림과 같다.

- 첫 번째 스프라이트의 시작 위치를 무대 중앙(0, 0)으로 수정하기
- 스프라이트 정보창에서 스프라이트의 이름을 '오른쪽'으로 변경하고 크기를 50으로 정한다.

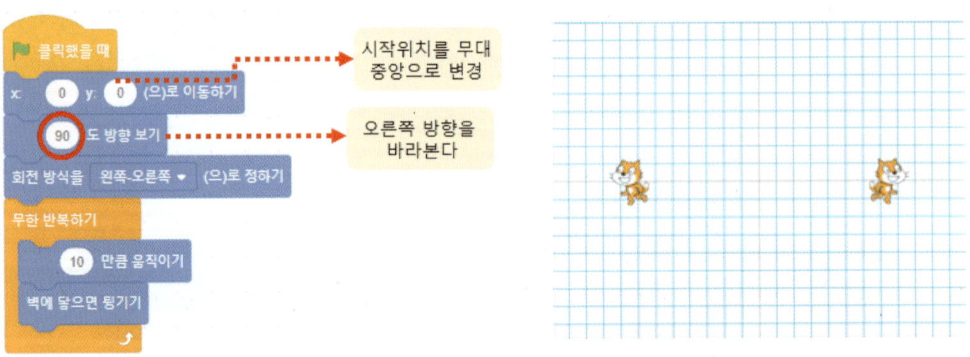

- '오른쪽' 스프라이트를 복사한다. 복사된 두 번째 스프라이트의 이름을 '왼쪽'으로 변경하기

• '왼쪽' 스프라이트의 스크립트의 스크립트 수정하기 : 스프라이트를 복사한 후 스프라이트 이름을 '왼쪽'으로 바꾸고 스크립트 중 방향 보기를 '-90도'로 수정한다.

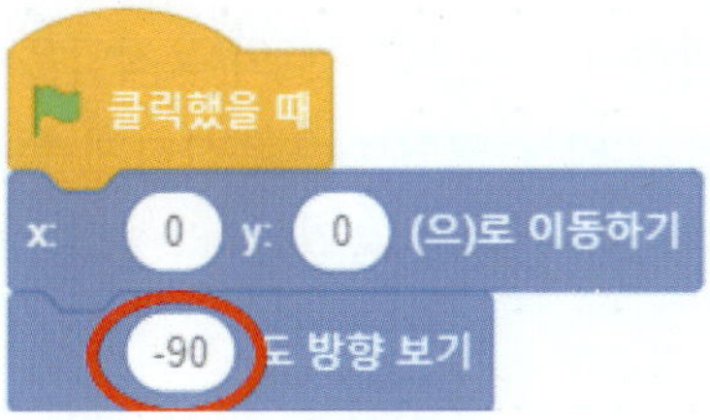

(3) 고양이 스프라이트를 복사하여 사방으로 이동하는 스크립트로 확장해 본다.

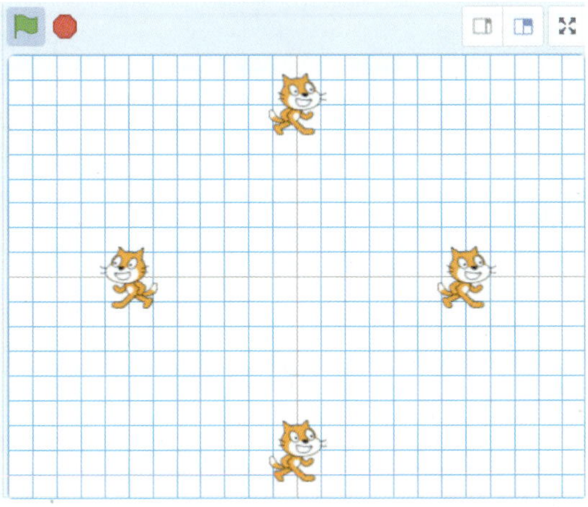

[실행결과]

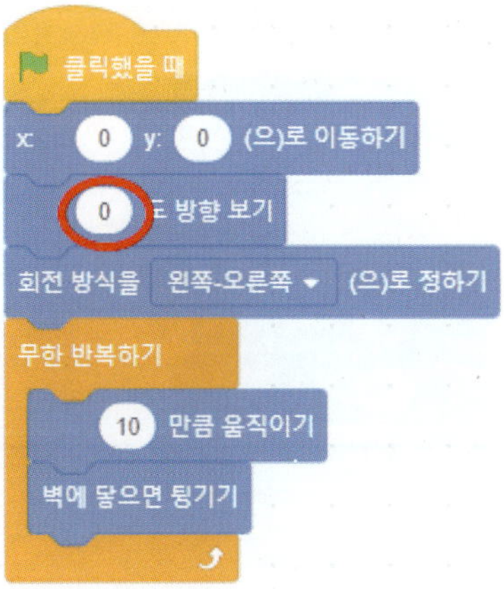

'위쪽' 스프라이트

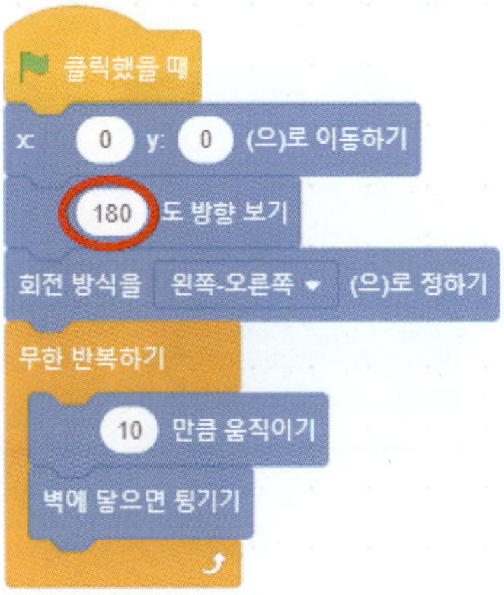

'아래쪽' 스프라이트

2.3.4 키보드의 방향키로 스프라이트의 움직임을 조정하는 스크립트

아래 그림은 키보드로 스프라이트의 움직임을 조정하는 스크립트이다. 뒷장에서 다룰 이벤트 블록을 함께 사용하면 키보드의 방향키로 스프라이트의 움직임을 조정할 수 있는 스크립트를 작성할 수 있다. ①의 스크립트와 ②의 스크립트는 유사하게 동작하는데, ①의 스크립트는 스프라이트가 이동하는 방향을 바라보지 않고 움직이며, ②의 스크립트는 이동하는 방향을 바라보며 움직인다.

키보드의 방향키를 이용하여 스프라이트를 조정하는 스크립트를 작성할 때, 이벤트 블록보다는 감지 블록과 제어 블록에서 제공하는 블록들을 조합하여 작성하는 것이 스프라이트의 움직임을 더 매끄럽게 조정할 수 있다. 이는 뒷장에서 다루도록 한다.

	왼쪽으로 이동	오른쪽으로 이동
①	오른쪽 화살표 ▾ 키를 눌렀을 때 x 좌표를 10 만큼 바꾸기	왼쪽 화살표 ▾ 키를 눌렀을 때 x 좌표를 -10 만큼 바꾸기
②	오른쪽 화살표 ▾ 키를 눌렀을 때 90 도 방향 보기 10 만큼 움직이기	왼쪽 화살표 ▾ 키를 눌렀을 때 -90 도 방향 보기 10 만큼 움직이기
	위쪽으로 이동	**아래쪽으로 이동**
①	아래쪽 화살표 ▾ 키를 눌렀을 때 y 좌표를 -10 만큼 바꾸기	위쪽 화살표 ▾ 키를 눌렀을 때 y 좌표를 10 만큼 바꾸기
②	아래쪽 화살표 ▾ 키를 눌렀을 때 180 도 방향 보기 10 만큼 움직이기	위쪽 화살표 ▾ 키를 눌렀을 때 0 도 방향 보기 10 만큼 움직이기

2.4 실전 연습

스프라이트가 계단을 따라 걷는 스크립트를 작성해보자.

① 배경 : 판타지 - Castle 3

② 스프라이트 : 사람들 - Avery Walking

CHAPTER 03

형태 블록

형태 블록은 스프라이트의 모양과 크기를 변화시키고 스프라이트에 다양한 그래픽 효과를 줄 수 있으며 말풍선 기능을 제공한다. 또한 무대의 배경을 변경할 수 있는 기능을 제공한다.

3.1 형태 블록의 종류

형태 블록	특 징
안녕! 을(를) 2 초 동안 말하기	입력된 단어를 지정된 시간만큼 스프라이트의 말풍선으로 표시
안녕! 말하기	입력된 단어를 스프라이트의 말풍선으로 표시
음... 을(를) 2 초 동안 생각하기	입력된 단어를 지정된 시간만큼 스프라이트의 생각풍선으로 표시
음... 생각하기	입력된 단어를 스프라이트의 생각풍선으로 표시
모양을 모양 1 ▾ (으)로 바꾸기	스프라이트를 지정한 모양으로 변경
다음 모양으로 바꾸기	스프라이트 모양 리스트에서 현재 모양을 다음 모양으로 변경
배경을 배경 1 ▾ (으)로 바꾸기	무대의 배경을 지정된 배경으로 변경
다음 배경으로 바꾸기	무대의 배경을 배경 리스트에서 다음 배경으로 변경
크기를 10 만큼 바꾸기	스프라이트의 크기를 변화시키는 기능, +값을 넣으면 현재크기보다 커지고, -값을 입력하면 작아지게 됨
크기를 100 %로 정하기	스프라이트의 크기를 백분율 크기로 변화시키는 기능, 기본크기는 100%이며 150%를 입력하면 1.5배 커진다.
색깔 ▾ 효과를 25 만큼 바꾸기	스프라이트 또는 무대에 다양한 그래픽 효과를 누적되는 값만큼 적용

색깔 ▾ 효과를 0 (으)로 정하기	스프라이트 또는 무대에 다양한 그래픽 효과를 정해진 값만큼 한 번에 적용
그래픽 효과 지우기	지금까지 적용된 그래픽 효과를 없애고 스프라이트 원래 모습으로 되돌리는 기능
보이기 / 숨기기	스프라이트를 보이거나 숨기는 기능
맨 앞쪽 ▾ 으로 순서 바꾸기	여러 개의 스프라이트가 겹쳐 있을 때 가장 앞(뒤)으로 나올 수 있게 해줌
앞으로 ▾ 1 단계 보내기	여러 개의 스프라이트가 겹쳐 있을 때 입력한 수만큼 앞 또는 뒤로 나오거나 물러나게 하는 기능
모양 번호 ▾	스프라이트의 현재 모양 번호 또는 모양 이름을 저장하고 있는 변수
배경 번호 ▾	무대의 현재 배경 번호 또는 배경 이름을 저장하고 있는 변수
크기	스프라이트의 현재 크기를 저장하고 있는 변수(기본크기일 경우 100)

3.2 형태 블록의 기능

3.2.1 말하고 생각하는 스프라이트

말하기나 생각하기 블록에 내용을 입력하면 스프라이트의 위쪽에 말풍선 또는 생각풍선 안에 그 내용을 나타낸다. 이렇게 나타난 말풍선이나 생각풍선은 실행이 끝날 때까지 계속 남아있으므로 말풍선을 화면에서 지우려면 새로운 말하기 블록에 빈칸을 입력하거나, ~초 동안 말하기 블록을 이용하여 화면에 말풍선이 나타나는 시간을 지정해 주면 된다.

3.2.2 스프라이트의 모양 바꾸기

스프라이트의 모양을 확인하기 위해 새로운 스프라이트([사람]-[Pitcher])를 추가한다.

(1) 스프라이트의 모양을 바꾸는 기능을 가진 블록은 두 가지가 있다.

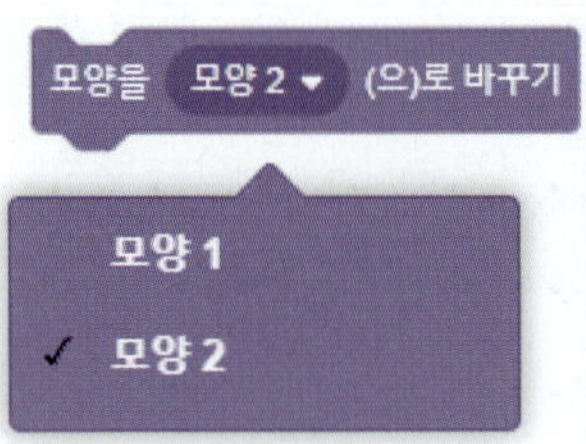

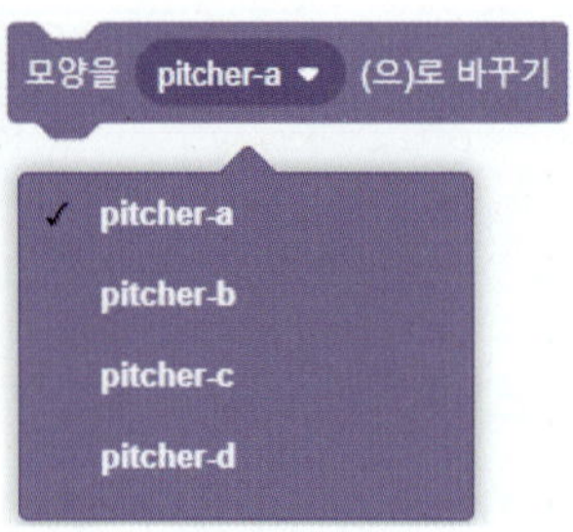

이 블록은 ▼를 클릭하여 나타난 스프라이트 모양 이름을 선택하여 스프라이트 모양을 직접 바꿀 수 있다.
바꾸고자 하는 모양 이름을 선택하면 된다.

이 블록은 스프라이트를 다음 모양으로 바꾸는 기능을 가지고 있다.

스프라이트의 모양은 1장에서 다룬 스크래치의 블록 영역에서 모양 탭을 클릭하면 확인할 수 있다.

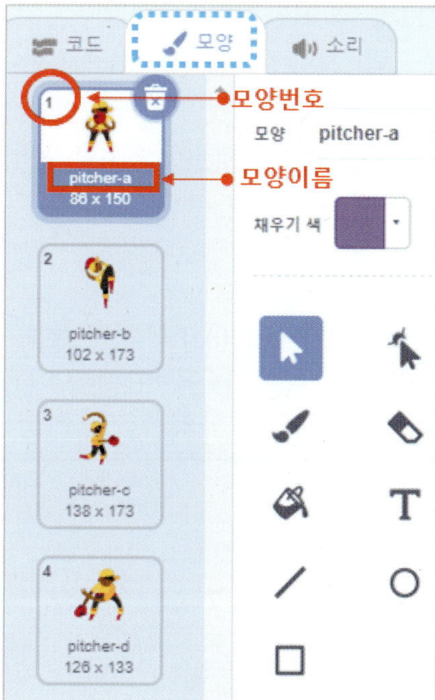

① 현재 스프라이트 모양

	모양 번호 : 1 모양 이름 : pitcher-a

② 

블록 실행 후

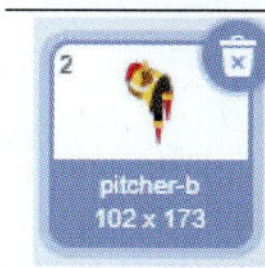	모양 번호 : 2 모양 이름 : pitcher-b

③ 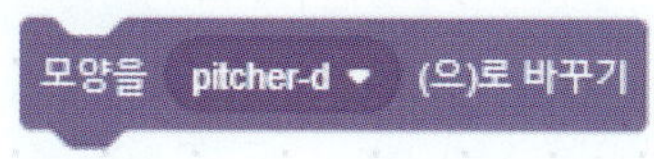

블록 실행 후

	모양 번호 : 4 모양 이름 : pitcher-d

(2) 모양을 이용하여 애니메이션 만들기

동작 블록의 예제에서 스프라이트가 이동하는 예제에서 좀 더 자연스럽게 걸어가는 동작을 나타내려면 형태 블록의 모양을 바꾸는 기능을 하는 블록들을 활용하면 된다. 스프라이트의 모양을 여러 개 준비해 놓고 모양을 빠르게 바꾸어 주면 무대에서 자연스럽게 움직이는 모습을 만들 수 있다.

[실행결과]

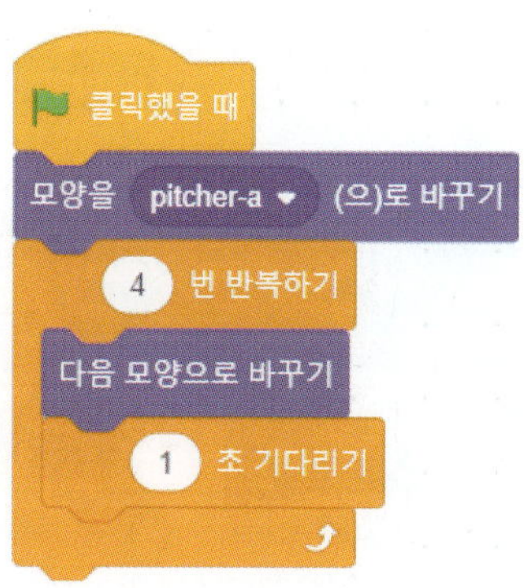

① 다음 모양으로 바꾸기 블록 이용

② 모양을 ~로 바꾸기 블록 이용

위 그림의 두 스크립트는 모두 'Pitcher' 스프라이트가 공을 던지는 것처럼 애니메이션 연속 동작으로 실행결과가 나타난다. ②번 스크립트는 ①번 스크립트보다 더 많은 블록을 사용한다. 만약 모양의 개수가 늘어난다면 사용해야 할 블록의 수는 더 많아질 것이다. 연속 동작을 만들 경우는 ①번 스크립트처럼 [다음 모양으로 바꾸기] 블록을 사용하는 것이 더 효율적이다. [모양을 ~ 로 바꾸기]의 경우 모양의 초기 값을 지정할 때 쓰는 것이 좋다.

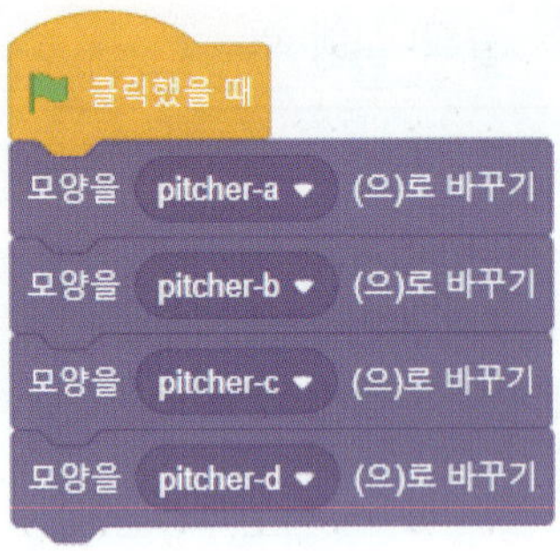

[생각해보기]
왼쪽 스크립트와 ②번 스크립트의 차이는 왼쪽 스크립트에 [1초 기다리기] 블록이 있다는 점이다. 두 스크립트의 실행 결과와 어떠한 차이가 있을까?

3.2.3 무대 배경 바꾸기

무대의 배경을 확인하기 위해 배경 고르기([실외]-[Urban], [Winter])를 추가한다.

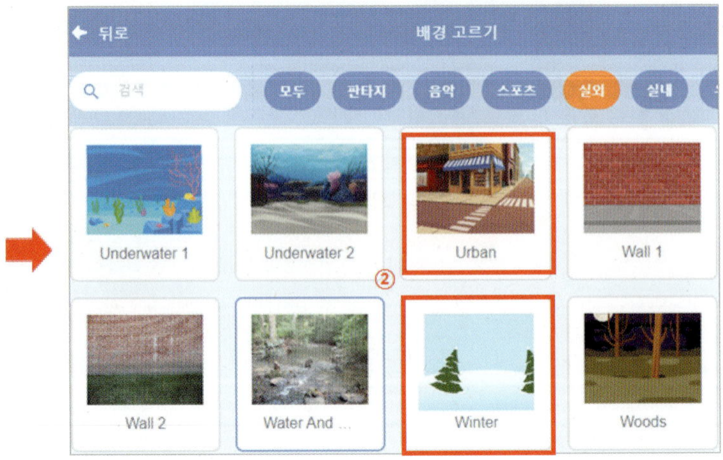

무대의 배경을 바꾸는 기능을 가진 블록은 두 가지가 있다.

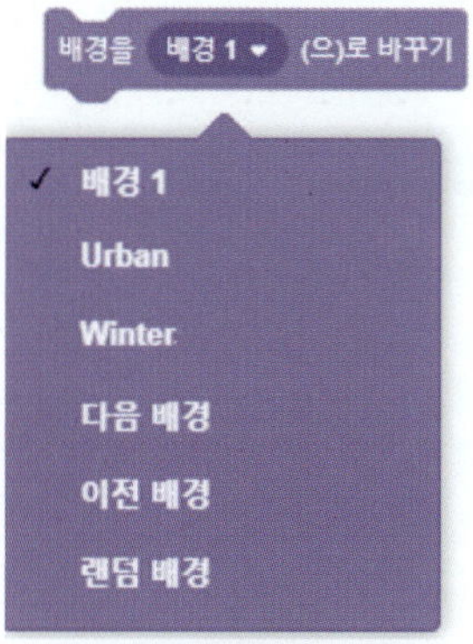

이 블록은 ▼를 클릭하여 나타난 배경 이름을 선택하여 무대의 배경을 직접 바꿀 수 있다. 바꾸고자 하는 배경 이름을 선택하면 된다.
스프라이트의 모양을 바꿀 때처럼 스프라이트 영역의 무대 썸네일의 배경을 클릭한 후 [배경 탭]을 선택하면, 다양한 배경을 불러오거나 사용자가 원하는 새로운 배경을 넣을 수 있다.

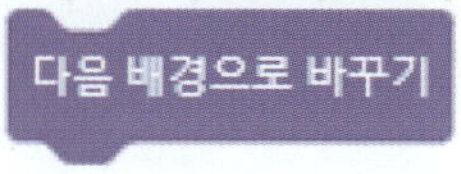

이 블록은 무대의 배경을 다음 배경으로 바꿀 수 있다.

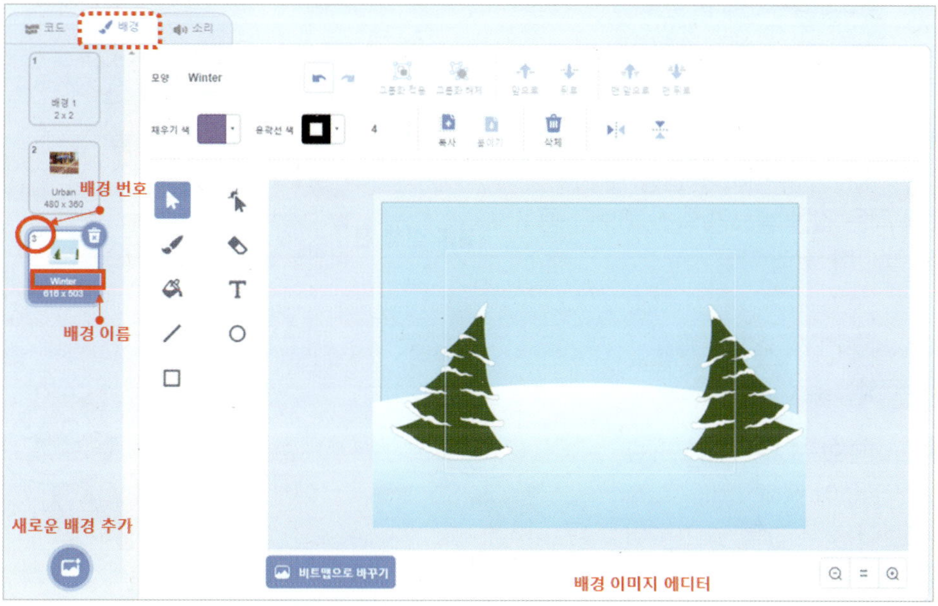

3.2.4 스프라이트 크기 조절과 스프라이트 보이기/숨기기

【1】 스프라이트 크기 조절

스프라이트의 크기를 저장하고 있는 변수로 체크박스에 체크하면 무대에 스프라이트의 크기 값을 보여줌(기본값 100)

스프라이트의 크기를 기존의 크기에서 입력한 값만큼 누적하여 변경
0보다 작은 값을 넣으면 축소, 0보다 큰 값을 넣으면 확대

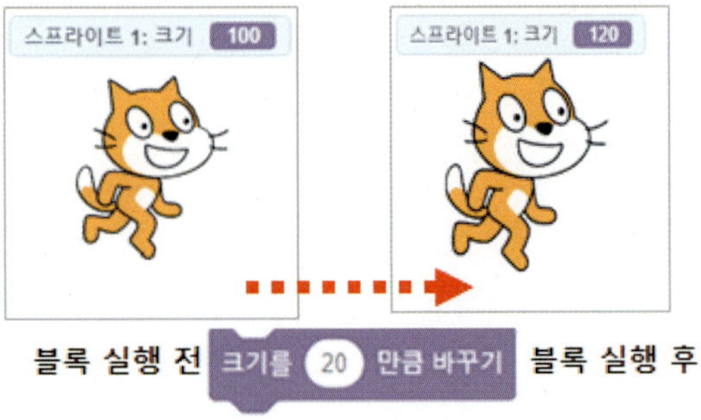

스프라이트의 크기를 기존의 크기와 상관없이 정해진 비율로 적용, 0보다 작은 값을 넣으면 어떠한 값을 넣어도 가장 작은 크기를 나타냄

【2】 보이기/숨기기 기능

스프라이트를 보이기/숨기기를 스프라이트 정보창에서 설정할 수도 있으나, 프로그램 실행 중 원하는 시기에 보이기/숨기기를 행할 경우는 블록을 이용하여 스크립트의 원하는 지점에 삽입하면 된다.

블 록	기 능	스프라이트 정보창에서 설정
	스프라이트를 무대에 나타나게 한다.	
	스프라이트를 보이지 않게 한다.	

3.2.5 그래픽 효과

스크래치의 그래픽 효과는 스프라이트와 무대의 배경 모두에 적용할 수 있다.

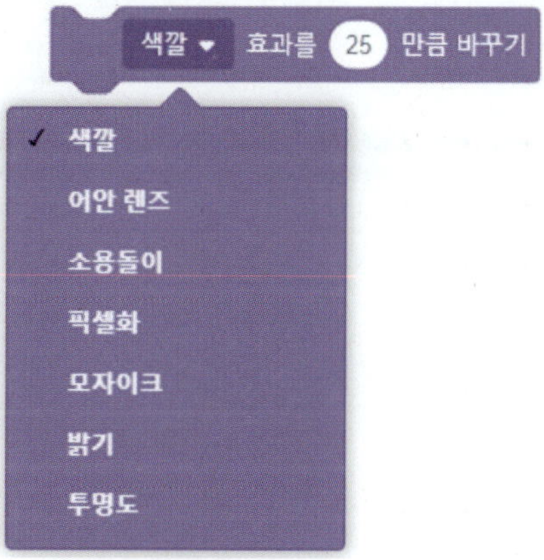

이 블록은 ▼를 클릭하여 나타난 그래픽 효과를 선택하여 스프라이트나 무대의 배경에 입력한 값만큼 바꾼다. 이때 적용할 수 있는 그래픽 효과는 색깔, 어안 렌즈, 소용돌이, 픽셀화, 모자이크, 밝기, 투명도이다. 이때 그래픽 효과의 값은 이전값에 영향을 받으며 입력값만큼 누적된다.

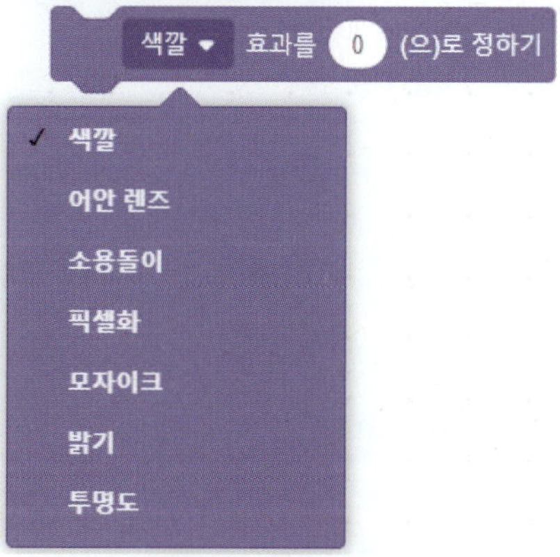

이 블록은 ▼를 클릭하여 나타난 그래픽 효과를 선택하여 스프라이트나 무대의 배경에 입력한 값으로 정한다. 이때 적용할 수 있는 그래픽 효과는 색깔, 어안 렌즈, 소용돌이, 픽셀화, 모자이크, 밝기, 투명도이다. 이때 그래픽 효과의 값은 이전값에 영향을 받지 않으며 입력값으로 재설정된다.

이 블록은 스프라이트나 무대의 배경에 적용된 그래픽 효과를 모두 지운다.

스크래치의 그래픽 효과는 색깔, 어안렌즈, 소용돌이, 픽셀화, 모자이크, 밝기, 투명도 등 7가지 효과를 제공한다. 입력값으로는 0보다 작은 값, 큰 값 모두 다 가능하다. 다만 픽셀화와 모자이크 효과는 음수와 양수의 입력에 따른 차이가 없다. 투명도는 0 이상의 값을 입력해야 한다.

3.2.6 스프라이트의 순서 정하기

스프라이트가 여러 개 겹쳐 있을 경우 스프라이트의 순서를 정하기 위한 블록을 제공해 준다.

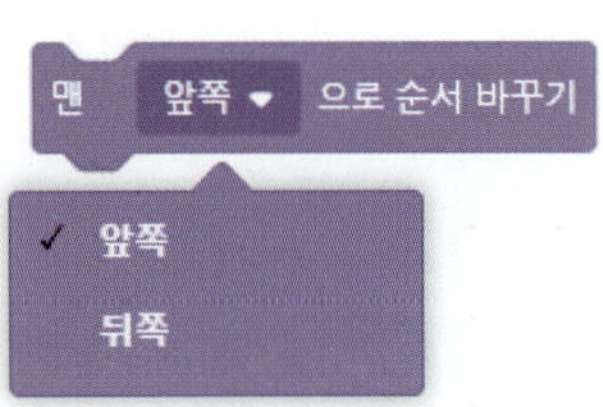

여러 개의 스프라이트가 겹쳐 있을 때 가장 앞이나 뒤로 순서를 조정해준다.

여러 개의 스프라이트가 겹쳐 있을 때 입력한 수만큼 앞 또는 뒤로 입력한 수의 단계씩 나오거나 물러나게 하는 기능을 한다.

'Bus' 스프라이트, 'Women' 스프라이트, 'Dog' 스프라이트 세 개가 왼쪽 그림처럼 겹쳐 있을 때 블록을 실행한 예이다.

[실행 전]

'Women' 스프라이트에서 블록 실행

3.3 형태 블록 활용하기

3.3.1 동작 블록 실습에서 하나의 스프라이트가 이동하는 스크립트를 자연스럽게 걸어가도록 수정해 보자.

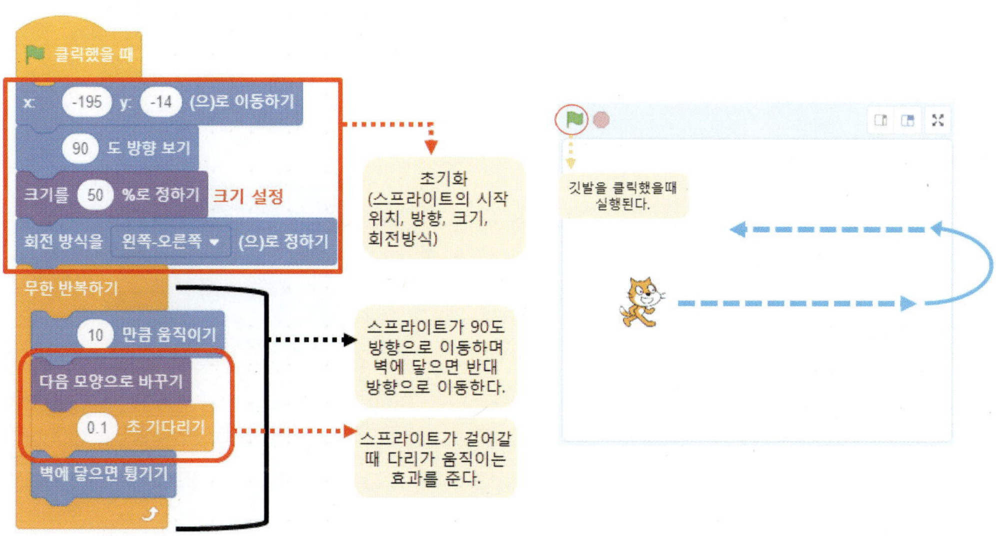

3.3.2 동작 블록 종합 실습에서 스프라이트가 계단을 따라 걷는 스크립트를 자연스럽게 걷도록 수정해 보자.

이때 스프라이트의 크기는 걷는 동안 점점 커지도록 수정한다.

아래의 ①, ② 두 스크립트는 동일한 결과를 나타낸다.

[스프라이트가 이동하는 스크립트]

[확대되며 걷는 스크립트]

① 이동하는 스크립트와 걷는 모양 스크립트 두 개를 병행 처리

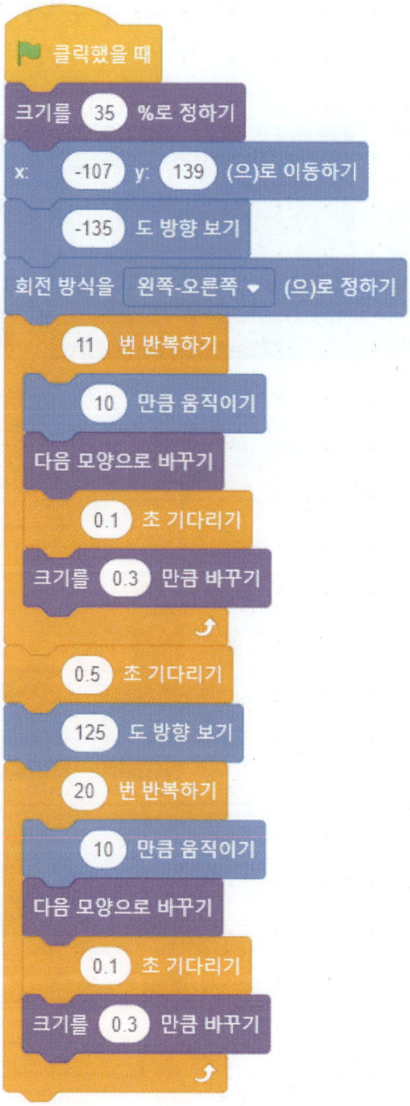

② 하나의 스크립트에서 순차처리

3.3.3 두 개의 스프라이트 사이에서 대화가 이루어지도록 스크립트를 작성해보자.

첫 장면은 무대의 양쪽에서 스프라이트가 각각 나타난다.	두 스프라이트가 대화를 주고받는다.	대화가 끝난 후 두 스프라이트가 무대의 양쪽으로 투명해지며 사라지도록 한다.

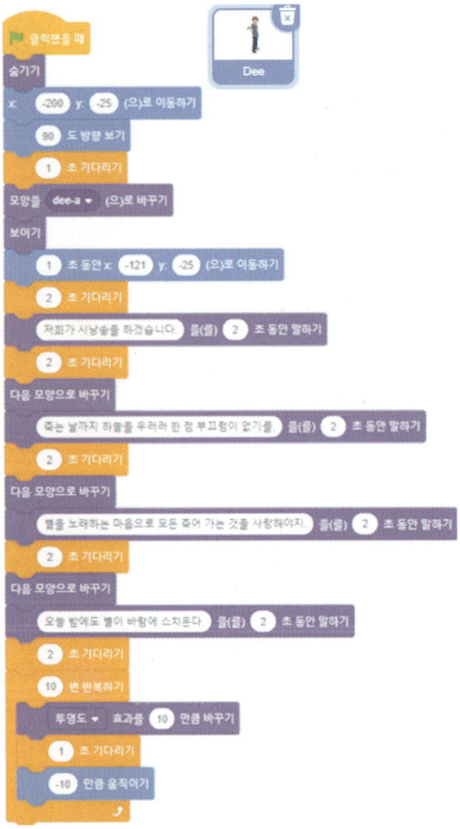

※ 확장기능 이용해보기

스크래치에서는 '확장기능 추가하기'를 통해 기본 블록들 이외에 다른 기능과 하드웨어 제어 도구 등을 제공하는 블록들을 추가하여 사용할 수 있다. 형태 블록의 말하기 블록이 말풍선을 무대에 보여주는 것이라면 확장기능에서 제공하는 "텍스트음성변환(TTS)" 기능을 활용하면 입력한 텍스트를 음성으로 들려줄 수 있어 프로그램을 다양하게 확장해 볼 수 있다.

(1) 텍스트음성변환(TTS) 블록의 기능

텍스트음성변환(TTS) 블록	특 징
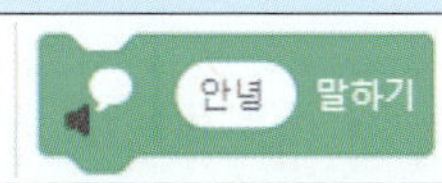	입력된 텍스트를 음성으로 읽어주는 기능
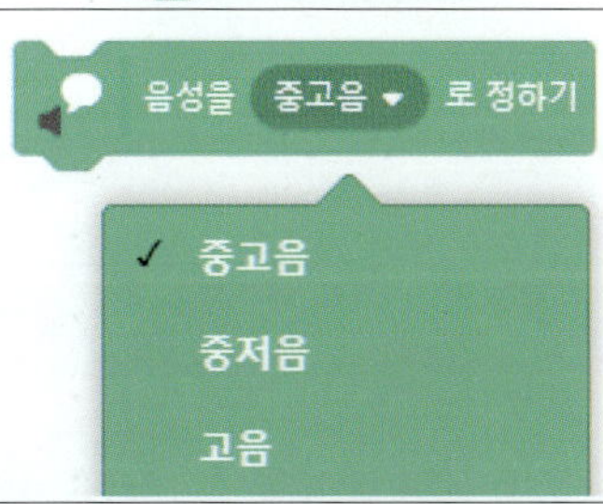	입력된 텍스트를 음성으로 읽어줄 때 음성을 선택하는 기능
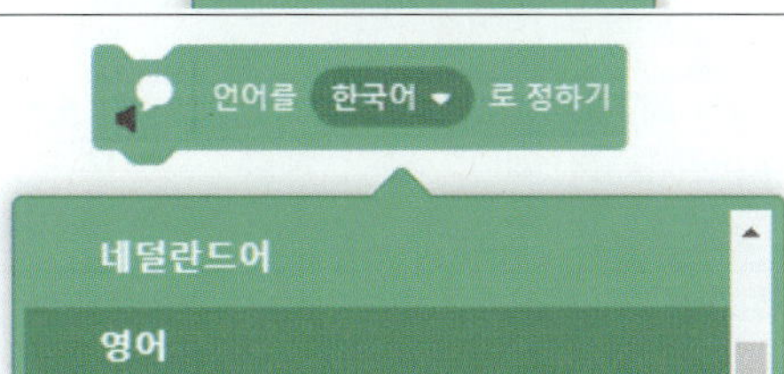	입력된 텍스트를 음성으로 읽어줄 때 언어를 선택하는 기능

(2) 대화하기 예제를 텍스트음성변환(TTS) 블록을 이용하여 수정해 보기

이때 말하는 시간을 설정할 수 없으므로 기다리기 블록에서 실행하며 적당한 시간으로 조정한다.

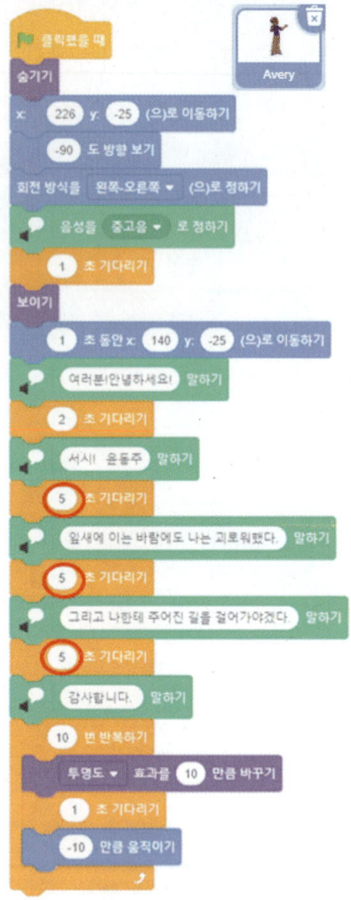

3.3.4 무대의 조명이 반짝이고, 댄서 스프라이트가 무대에서 춤을 추는 스크립트를 작성해보자.

【1】 프로그램 설계

무대에 스프라이트를 적당한 위치에 배치한다.	무대는 그래픽 효과를 이용하여 색이 반짝이도록 하고, 스프라이트는 춤을 추도록 스크립트를 작성한다.	

【2】 스크립트

무대 배경 : [음악]-[Spotlight]　스프라이트 : [댄스]-[Ten80 Dance], [Champ99], [LB Dance]

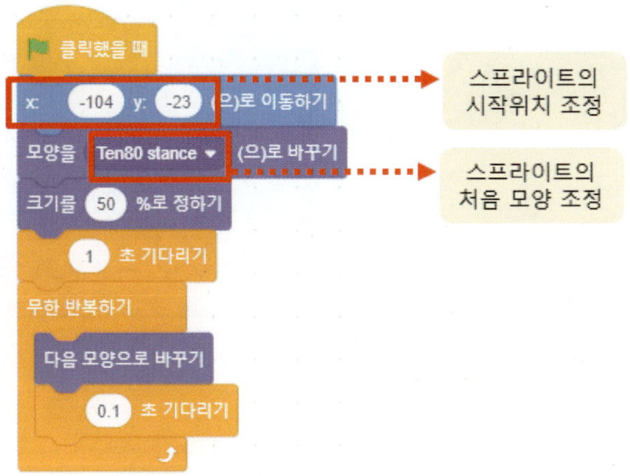

3.4 실전 연습

【1】 프로그램 설계

- 배경 : Underwater 1, Underwater 2 추가
- 등장 스프라이트 : Diver1, Diver2(Diver1을 코딩한 후 복사하여 수정), Pufferfish, Fish, Shark
- 스크립트
  - 배경은 처음엔 Underwater 1으로 나타난다.
  - Diver1은 색깔효과 주고 왼쪽에서 시작하여 오른쪽을 향해 움직이며 벽에 닿으면 튕기게 한다.
  - Diver2는 색깔효과 주고 오른쪽에서 왼쪽을 향해 움직이며 벽에 닿으면 튕기게 한다.
  - Pufferfish는 무대 오른쪽, 중간에서 위로 움직이다가 윗부분에서 멈춰 반짝이다 사라지게 한다.
  - 프로그램이 시작될 때 Diver1은 왼쪽, Diver2는 오른쪽에서 출발하도록 고정한다.
  - Fish는 프로그램 시작 2초 후 나타나 무대의 여러 곳으로 돌아다니도록 한다.
  - Shark는 프로그램 시작 4초 후 나타나 왼쪽 아래에서 시작하여 오른쪽을 향해 움직이며 벽에 닿으면 튕기게 한다.
  - 프로그램이 실행되고 4초 후에 무대의 배경이 Underwater 2로 바뀌도록 한다.

【2】 무대와 스프라이트

프로그램 시작

무대 배경 : Underwater 1
Diver1, Diver2, Pufferfish

프로그램 시작 후 2초 후

Diver1, Diver2, Pufferfish, Fish

프로그램 시작 후 4초 후

무대 배경 : Underwater 2
Diver1, Diver2, Fish, Shark

【3】 스크립트

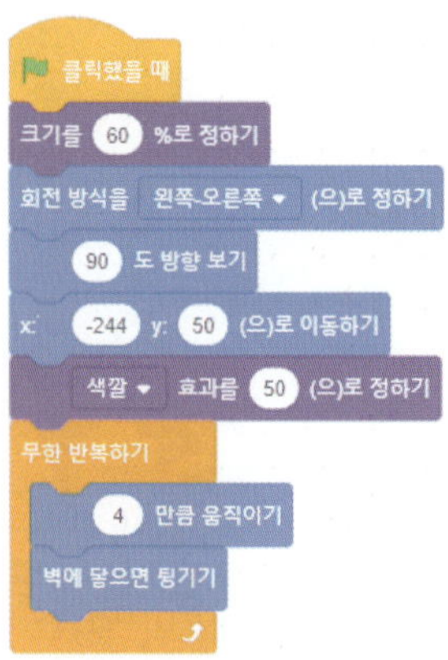

Diver1

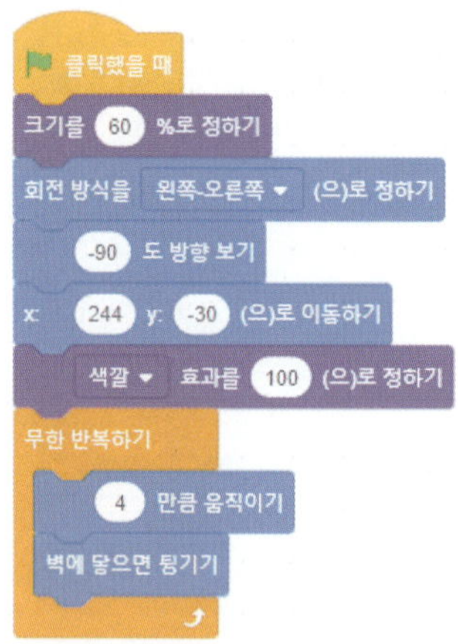

Diver2

Pufferfish

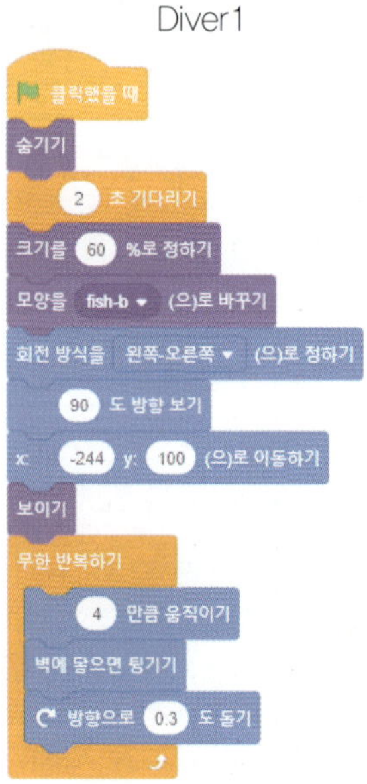

Fish

Shark

무대

CHAPTER 04

소리 블록, 음악 블록

소리 블록은 프로그램의 배경음악을 넣거나 스프라이트에 효과음을 넣을 때 사용하는 명령어 블록이다. 음악 블록은 드럼, 음계 연주 등의 악기 음, 소리의 설정 및 연주와 관련된 명령어 블록으로 구성되어 있다. 스크래치 2.0 버전에서는 소리 블록에 이 기능들이 다 포함하고 있었으나, 스크래치 3.0 버전부터는 악기 연주와 관련된 블록들은 음악 블록으로 구분하여 확장기능으로 포함되게 되었다. 음악 블록을 사용하기 위해서는 사용하기 전에 "확장기능 추가하기"를 통해 펜 블록을 블록 영역에 추가하여야 한다.

4.1 소리 블록, 음악 블록의 종류

4.1.1 소리 블록의 종류

소리 블록	특　징
pop ▾ 끝까지 재생하기	스프라이트의 소리를 끝까지 재생해준다. 이 블록의 다음 블록이 있을 경우 이 소리의 재생이 끝난 후 실행된다.
pop ▾ 재생하기	스프라이트의 소리를 재생해준다. 이 소리를 재생하면서 동시에 다음 블록을 실행한다.
모든 소리 끄기	모든 소리의 재생을 멈춘다.
음 높이 ▾ 효과를 10 만큼 바꾸기	소리 효과(음높이, 음향 위치)를 입력한 값만큼 누적하여 바꾼다.
음 높이 ▾ 효과를 100 로 정하기	소리 효과(음높이, 음향 위치)를 입력한 값으로 정한다.
소리 효과 지우기	모든 소리 효과를 지운다.
음량을 -10 만큼 바꾸기	소리의 음량을 입력한 값만큼 누적하여 바꾼다. +는 소리가 커지고, –는 음량이 작아진다.
음량을 100 %로 정하기	소리의 음량을 입력한 값으로 정한다. 이전의 음량과 관계없이 입력된 값으로 재설정된다.
음량	음량의 현재 크기를 저장하고 있는 변수(기본크기일 경우 100)

4.1.2 음악 블록

음악 블록	특　징
(1) 스네어 드럼 ▾ 번 타악기를 (0.25) 박자로 연주하기	타악기를 입력한 값의 박자로 연주해준다. 18개의 타악기 중에서 선택할 수 있다.
(0.25) 박자 쉬기	음표의 쉼표 기능으로 입력한 값의 박자만큼 쉰다.
(60) 번 음을 (0.25) 박자로 연주하기	선택한 음을 입력한 박자만큼 연주한다. 음의 입력 칸을 눌러 건반이 나오면 선택, 60이 기본 '도' 음을 나타낸다.
악기를 (1) 피아노 ▾ (으)로 정하기	음을 연주하는 블록을 사용할 경우 악기를 지정할 때 사용한다. 21개의 악기 중에서 선택할 수 있다.
빠르기를 (20) 만큼 바꾸기	빠르기를 입력한 값만큼 누적하여 바꾼다.
빠르기를 (60) (으)로 정하기	빠르기를 입력한 값으로 정한다. 이전의 빠르기와 관계없이 입력된 값으로 재설정된다.

4.2 소리 블록, 음악 블록의 기능

4.2.1 소리 블록의 기능

【1】 소리 재생하기

블록	기능
pop ▾ 끝까지 재생하기	스프라이트에서 정해진 소리를 재생하는 기능을 한다. 스프라이트의 소리가 끝나기 전에 다른 스크립트들이 실행되지 않는다. 소리의 전체 재생이 끝난 후에 다음 블록이 실행된다.
pop ▾ 재생하기	스프라이트에서 정해진 소리를 재생하는 기능을 한다. 스프라이트의 소리가 재생되는 동안 스크립트의 다음 블록도 실행된다. 소리 재생이 끝나지 않아도 다음 블록 실행된다.
모든 소리 끄기	스프라이트의 모든 소리를 정지하는 기능을 한다. 소리가 원하는 시기에 끝날 수 있도록 설정할 수 있다. 새로운 소리가 재생되게 설정하기 전에 이 블록을 넣으면 그전에 재생되던 소리가 종료되어 소리가 섞이지 않게 할 수 있다.

스프라이트에 다른 소리를 선택하거나 직접 녹음한 소리를 넣어서 사용할 수 있다. 소리를 선택하기 위해서는 블록 영역의 탭 중 [소리] 탭을 선택하면 된다. 여기서 선택한 소리는 스프라이트에 속하는 소리이며, 다른 스프라이트에서도 소리가 필요하면 스프라이트마다 별도로 소리를 선택해 입력해주어야 한다.

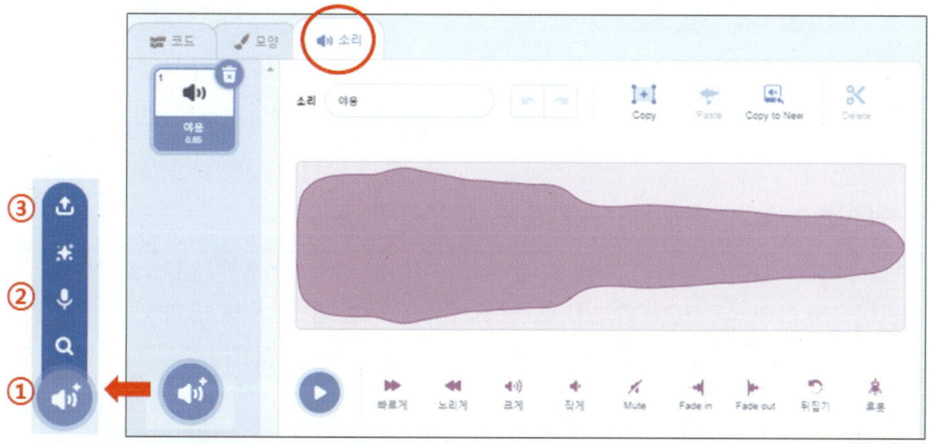

소리 탭 : 소리를 편집할 때 사용하는 탭, 소리 목록과 소리 편집 창으로 구성
① 소리 고르기 : 스크래치에서 기본 제공되는 소리 사용
② 녹음하기 : 마이크로 직접 녹음하여 소리 사용
③ 소리 업로드하기 : 보유하고 있는 음악이나 소리 파일 업로드하여 사용

① 소리 삽입하기 : 소리 고르기를 클릭한다. 카테고리 중 [반복]은 배경음악으로 사용할 수 있는 것들이고 그 이외의 카테고리에는 다양한 효과음이 들어있다. 재생 버튼에 마우스를 대면 미리 듣기가 가능하다.

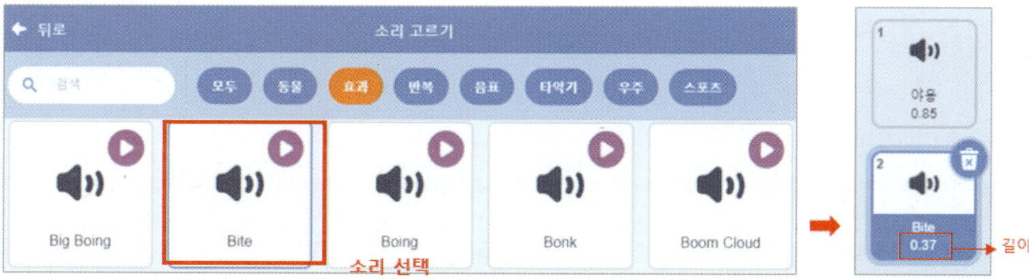

스프라이트에서 소리가 재생되게 하기 위해서는 재생하기 또는 끝까지 재생하기 블록을 사용하며, 이 블록을 사용하기 전에 먼저 소리 탭에서 필요한 소리를 선택하여 입력해야 한다.

	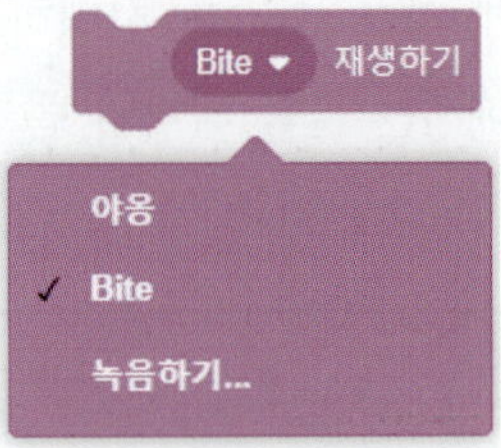
소리 삽입 전 스프라이트의 기본 소리만 소리 목록에 있다.	소리 삽입 후 블록의 목록에 삽입된 소리가 나타난다.

② 재생하기와 끝까지 재생하기 블록의 차이

다음 두 스크립트의 실행결과는 어떻게 차이가 날지 생각해보자. 만약 "Bossa Nova" 음악의 재생시간이 3초라면 두 스크립트의 총 실행시간은 어떻게 차이가 날까?

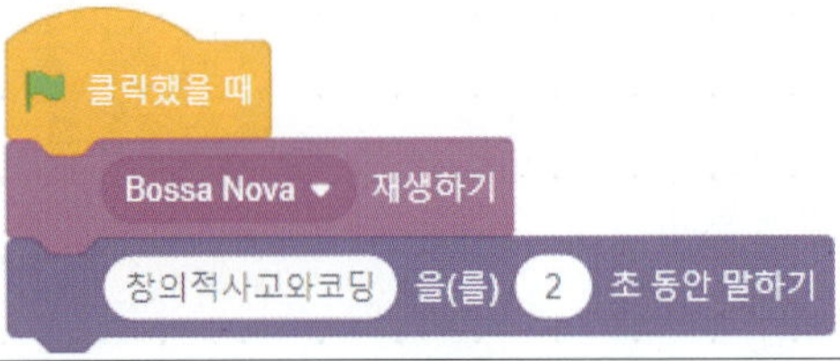	
"Bossa Nova" 음악이 재생되는 동안 "창의적사고와코딩" 말풍선이 동시에 나타난다.	"Bossa Nova" 음악이 모두 재생되고 난 후에 "창의적사고와코딩" 말풍선이 나타난다.
스크립트의 총 실행시간 : 3초	스크립트의 총 실행시간 : 5초

③ 배경음악 넣기

배경음악을 넣으려면 한 음악 파일을 반복해서 재생하면 된다. 아래의 왼쪽 그림처럼 "끝까지 재생하기" 블록을 사용하여 음악을 끝까지 재생한 후 다시 시작하게 반복하면 배경음악을 쉽게 넣을 수 있다.

무한 반복하기 블록 내에 "재생하기" 블록만 반복하면 "재생하기" 블록이 예측할 수 없는 횟수만큼 동시에 반복되어 재생이 제대로 되지 않는다. 이 경우 아래의 오른쪽 그림처럼 기다리기 블록을 이용해 음악 재생시간만큼 기다리도록 처리하면 된다.

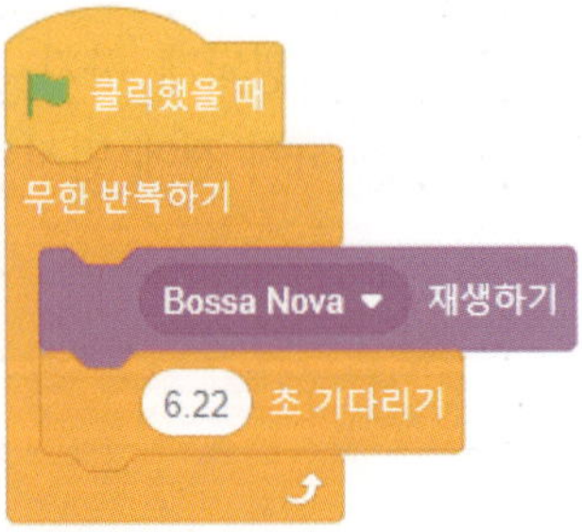

【2】 소리 효과 조절하기

현재 재생되고 있는 소리의 효과(음 높이, 음향 위치)를 입력한 값만큼 누적하여 바꾼다.
음향 위치 효과는 효과의 값에 따라 오디오를 좌/우 출력 트랙 쪽으로 이동시킨다.

현재 재생되고 있는 소리의 효과(음 높이, 음향 위치)를 입력한 값으로 정한다.
음향 위치 효과는 효과의 값에 따라 오디오를 좌/우 출력 트랙 쪽으로 이동시킨다.

재생되는 모든 소리 효과가 중지되는 동작을 수행한다.

【3】 음량 조절하기

상황에 따라 소리의 크기를 바꾸고 싶을 때 음량을 조절하는 블록을 사용할 수 있다. 소리가 점점 커지게 하거나 작아지게 할 수 있다. 이 블록들로 음량을 조절하면 블록이 속한 스프라이트나 무대의 소리만 작아지므로 여러 스프라이트가 각각 다른 소리 크기를 적용하고 싶을 때는 스프라이트마다 이 블록을 사용하면 된다.

스프라이트 소리의 음량을 입력한 값만큼 누적하여 바꾼다.
스프라이트 소리의 음량을 입력한 양만큼 바꾸는 기능을 한다.
+값을 입력하면 음량이 커지고, −값을 입력하면 음량이 작아진다.

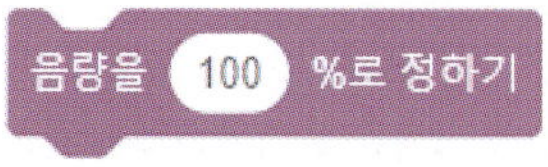

스프라이트 소리의 음량을 백분율로 나타내는 기능이다.
스프라이트 소리의 음량을 입력한 값으로 정한다. 이전의 음량과 관계없이 입력된 값으로 재설정된다.

음량의 현재 크기를 저장하고 있는 변수(기본크기일 경우 100)
체크박스에 표시하면 스프라이트의 음량을 무대에 표시할 수 있다.

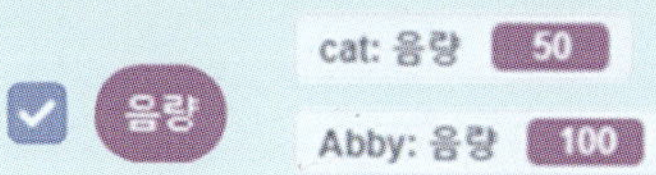

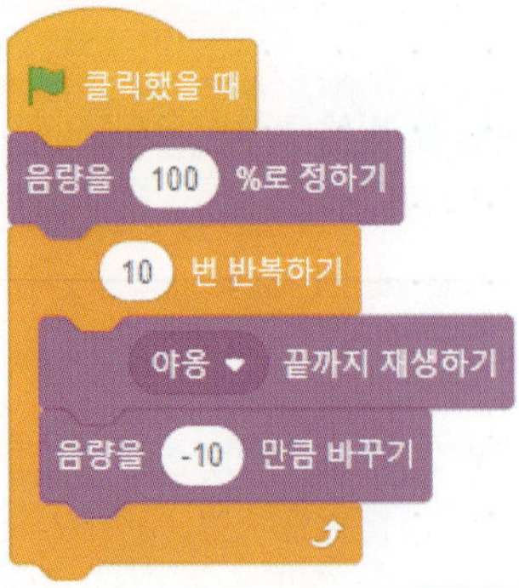	 
음량 초기값은 기본값으로 설정되었다가 실행되는 동안 스프라이트의 소리의 크기가 점점 작아진다.	음량 초기값은 70%로 설정되었다가 배경음악이 재생되는 동안 소리의 크기가 점점 작아진다.

4.2.2 음악 블록의 기능

음악 블록을 사용하기 위해서는 사용하기 전에 "확장기능 추가하기"를 통해 음악 블록을 블록 영역에 추가하여야 한다.

【1】 타악기 연주

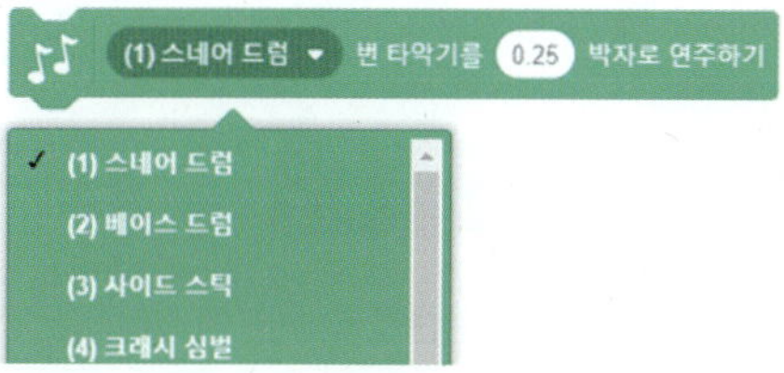

지정된 악기를 입력한 박자대로 연주하는 기능을 한다. 타악기의 소리를 고를 때는 악기 이름 오른쪽의 삼각형 표시를 클릭하고 스크래치가 제공하는 18개 타악기 목록 중에서 하나를 선택한 후, 타악기의 연주 박자를 입력해주면 된다.

스프라이트가 입력한 박자 동안 연주를 쉬는 기능을 한다. 이 블록을 사용하여 소리가 원하는 시기에 멈출 수 있도록 설정할 수 있다. 악보에서 쉼표를 뜻한다.

0.8박자당 1번씩 드럼연주를 두 번 반복	0.4박자당 1번씩 드럼연주를 네 번 반복
두 스크립트는 실행을 마칠 때까지 걸리는 시간은 같다.	

【2】 음계 연주

선택한 음을 입력한 박자만큼 연주한다.
이 블록을 사용할 때 음계 번호를 찾아 설정한다. 번호나 코드를 모르더라도 건반의 위치만 안다면 찾을 수 있다. 음계 번호는 0부터 127까지 정할 수 있고, 60이 중간 '도' 음이다.

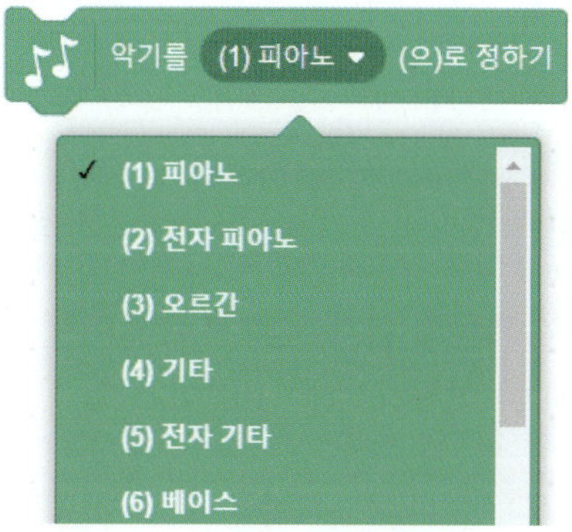

음계를 표현하는 악기를 정하는 기능을 한다.
스크래치 3.0 버전은 21개의 악기를 지원한다.
악기를 정한 후 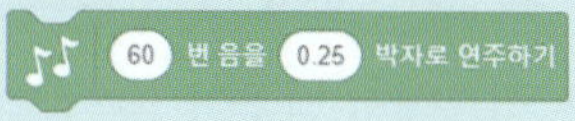 블록을 이용하여 음계를 지정하면 해당 악기로 연주가 된다.

도	도

파	파
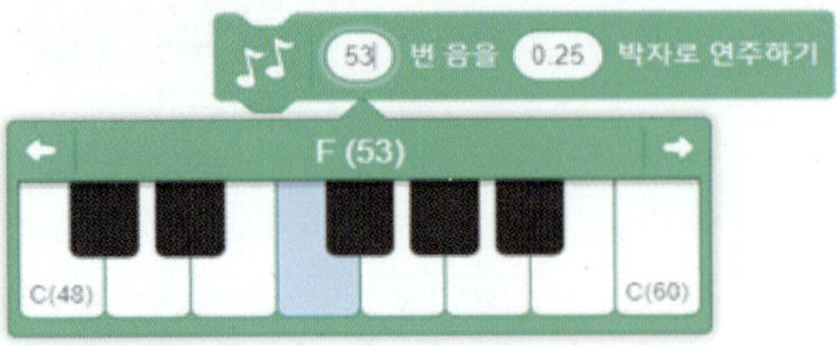	

【3】 소리 빠르기 조절

	스프라이트 소리의 빠르기를 입력한 양만큼 바꾸는 기능을 한다. 숫자가 클수록 빠르기가 점점 빨라지게 된다. 이 명령을 이용하여 지금 속도보다 더 빠르게 또는 더 느리게 소리를 재생하도록 설정할 수 있다.
	분당 비트 수 값을 입력값으로 정하는 블록이다.

4.3 소리 블록, 음악 블록 활용하기

(※ 제공하는 스크립트는 보지 않고 코딩해보도록 한다.)

4.3.1 숲을 지나가는 고양이를 코딩해 본다.

형태 블록 실습에서 다루어 본 예제를 소리 블록을 이용하여 확장해 본다. 숲속으로 들어갈수록 고양이의 크기는 점점 작아지고 고양이가 '야옹' 소리를 내며 이동하는데, 고양이가 멀어질수록 소리도 작아지도록 음량을 조절하여 코딩한다.

- 배경 : Castle 2
- 스프라이트 : Cat 2

【1】 실행결과

【2】 스크립트

	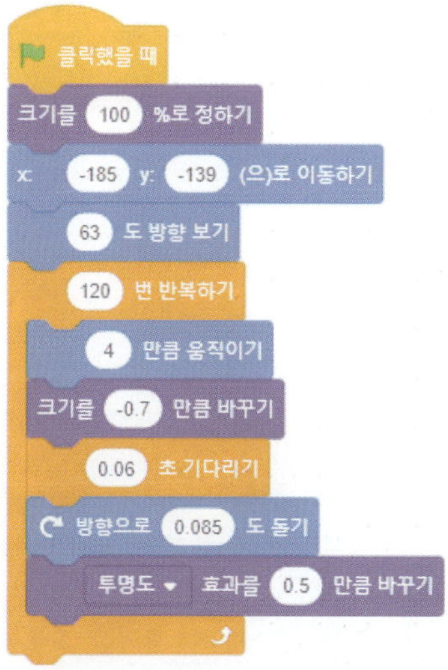	
	스프라이트가 이동하며 크기가 줄어들게 된다. 이 두 스크립트는 동시에 실행된다.	스프라이트가 이동하며 멀어질수록 소리가 작아지도록 한다.

깃발을 클릭했을 때 이벤트에 대한 스크립트가 두 개가 있는데, 이는 병렬 수행되는 구조이다. 독립적으로 각각의 블록을 동시에 수행하는 효과가 나타난다.

4.3.2 노래하는 스프라이트

을 이용하여 노래가 연주되도록 스크립트를 작성하고, 노래가 연주되는 동안 스프라이트는 동시에 노래의 가사를 말풍선으로 연주에 맞게 나타내도록 한다.

- 스프라이트 : Singer 1
- 배경 : Theater

【1】 실행결과

【2】 Singer 1 스프라이트의 스크립트

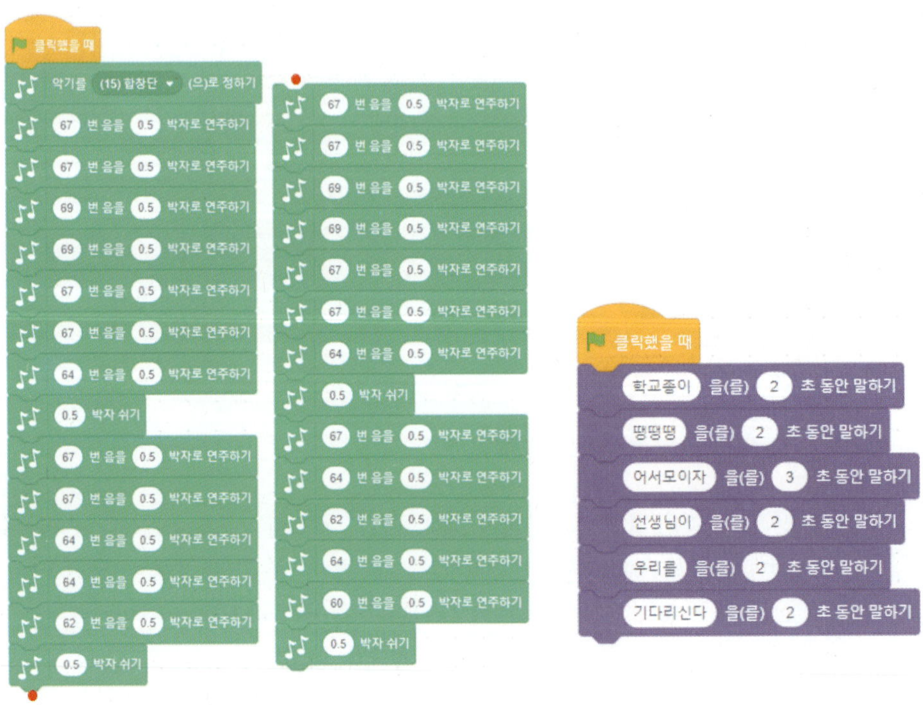

4.3.3 클릭하여 연주하는 타악기

무대 위의 타악기를 클릭하면 각각의 악기가 소리를 내도록 코딩해 보자. 무대 위에 여러 개의 타악기 스프라이트를 추가한다. 각 스프라이트를 클릭하면 스프라이트의 모양이 바뀌고 해당 악기의 소리를 내도록 코딩한다.

- 스프라이트 : Drums Tabla, Drum-highhat, Drum-snare, Drum Kit

【1】 실행결과

【2】 스크립트

드럼을 클릭하면 모양이 바뀌고 드럼 소리를 낸 후 다시 원래 모양으로 바꾼다.

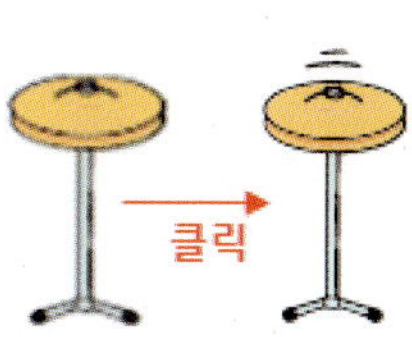

심벌즈를 클릭하면 모양이 바뀌고 심벌즈 소리를 낸 후 다시 원래 모양으로 바꾼다.

4.3.4 내가 연주하는 피아노

건반을 클릭하면 피아노의 각 음이 연주되도록 코딩한다. 사용자가 각 음에 해당하는 건반을 눌러 노래를 연주할 수 있게 한다.

먼저 스프라이트 그리기를 이용하여 흰 건반을 그린다. 흰 건반 스프라이트를 그리고 스프라이트의 이름을 "낮은 도"로 변경한다. 스프라이트를 클릭하면 낮은 도가 연주되도록 코딩한다. 스프라이트의 위치도 설정한다. "낮은 도" 스프라이트가 완성되면 이 스프라이트를 복사하고 이름을 "레"로 바꾼다. 스프라이트가 복사되면 스크립트도 함께 복사된다. "레" 스프라이트에 복사된 스크립트(위치, 음)를 변경한다. 이렇게 하여 도레미파솔라시도 8개의 건반을 완성한 후 검은 건반도 같은 방법으로 작업한다.

【1】 실행결과

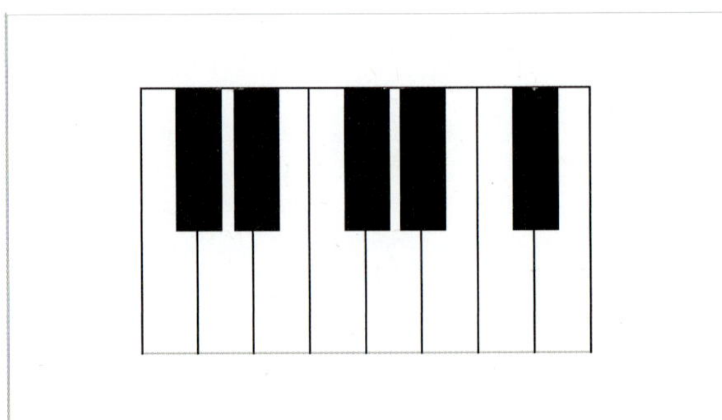

【2】 스프라이트 만들기

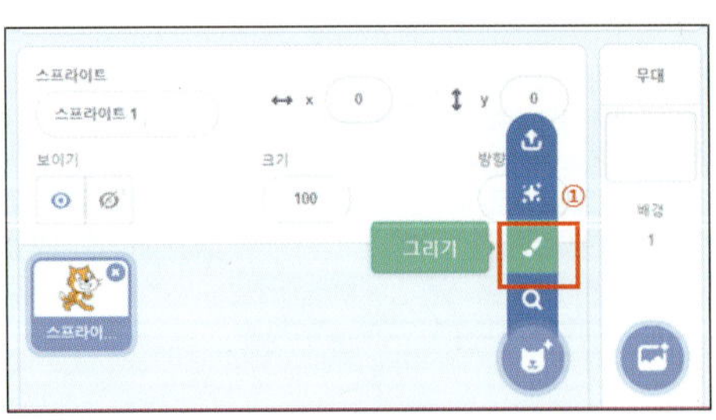	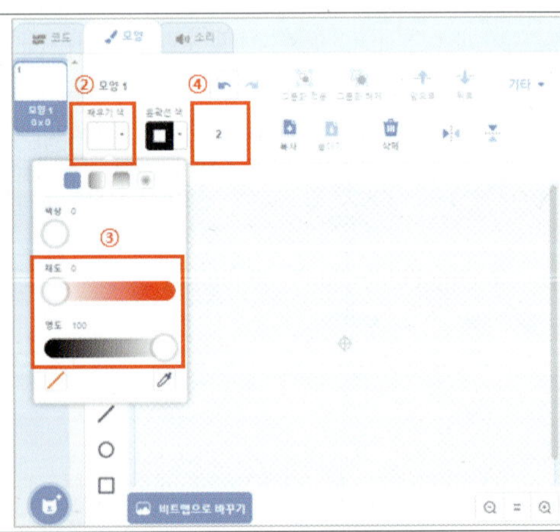
① 스프라이트 그리기 선택	② 채우기 색 클릭 ③ 채우기 색 흰색 설정 위해, 채도 : 0, 명도 : 100 설정 ④ 윤곽선 색(검정), 굵기(2) 설정

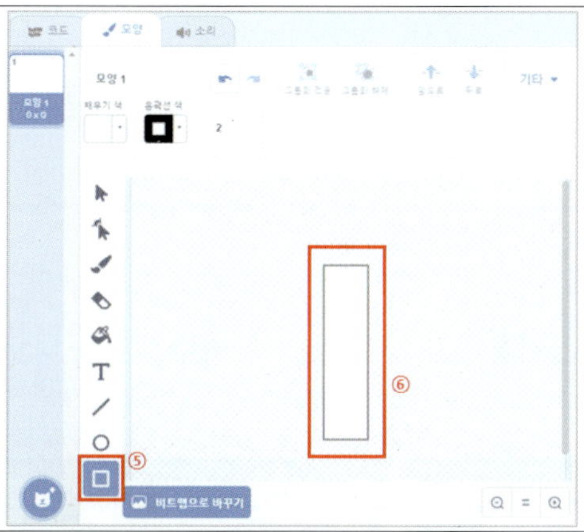

⑤ 사각형 도구 선택
⑥ 에디터 영역에 사각형 그리기, 이때 사각형 중앙과 에디터 상의 중심점을 맞추어 그린다.

⑦ 스프라이트 목록에서 스프라이트 이름 바꾸기
흰 건반을 복사해서 사용할 것이므로 식별을 위해 각 음계로 이름을 정한다.

【3】 스크립트

도	레	미
		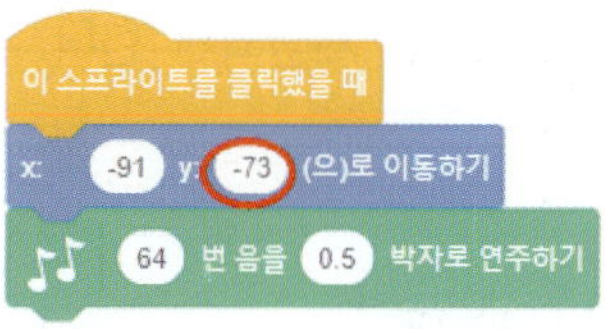

- 건반의 y좌표는 모두 같게 해야 비뚤어지지 않게 위치에 나타난다.

첫 번째 건반을 만들고 무대에서 마우스를 드래그하여 건반의 위치를 이동한 후 블록 영역의 동작 블록의  블록에 현재 좌표가 나타나므로 이 블록을 가져다 사용하면 편리하다. 그 다음 건반들은 스프라이트 복사 후 복사된 스크립트의 x좌표 값을 떨어진 위치로 수정하고 음계 값만 수정하면 된다.

도#	레#	파#

4.3.5 대화 실습 예제 수정

3장의 실습 예제에서 실습한 두 개의 스프라이트 사이에서 대화가 이루어지는 스크립트를 수정하여 배경음악이 재생되다가 대화가 끝나면 박수 소리가 나도록 한다.

【1】 실행결과

둘 사이에 대화는 3장에서 실습한 파일을 그대로 사용하고, 배경음악과 박수갈채가 나오는 부분만 추가한다.

첫 장면은 무대의 양쪽에서 스프라이트가 각각 나타난다.	두 스프라이트가 대화를 주고 받는다.	대화가 끝난 후 두 스프라이트가 무대의 양쪽으로 투명해지며 사라지도록 한다.
배경음악이 재생되게 한다.	배경음악이 조금씩 작아지게 한다.	대화가 끝나면 박수갈채 소리가 크게 나오도록 한다.

【2】 스크립트

① 배경음악의 음량을 50%로 초기화
② 전체 대화가 실행되는 데 약 20초 정도 걸리고, 배경음악으로 사용된 소리의 길이는 7.49이므로 3번 반복
③ 재생시간을 정확히 맞추기 위해 재생하기 블록과 기다리기 블록 사용(기다리기 블록 시간만큼 소리가 재생됨)
④ 배경음악은 (3번 반복*6.6초 =) 19.8초 재생됨, 전체 대화가 20초 걸리므로 근사한 값으로 계산, 기다리기 블록을 이용해 6.6초 기다리기로 재생시간 지정
⑤ 음량이 15씩 감소하게 설정
⑥ 배경음악이 재생되는 동안 음량이 감소했으므로 박수갈채 소리가 들리도록 음량을 100%로 재설정

배경음악으로 사용된 소리의 길이 : 7.49

CHAPTER 05 / 펜 블록

펜 블록은 무대 위에 가상의 펜으로 그림을 그리거나 도장 찍기 기능을 이용하여 특정 스프라이트의 모양을 무대 위에 찍어내기 위한 기능을 한다. 스크래치 2.0 버전에서는 펜 블록이 기본 블록으로 제공되었으나 스크래치 3.0 버전으로 업데이트되면서 펜 블록은 확장기능에 포함되었다. 펜 블록을 사용하기 위해서는 사용하기 전에 "확장기능 추가하기"를 통해 펜 블록을 블록 영역에 추가하여야 한다.

각 스프라이트는 상황에 맞게 가상의 펜을 하나씩 가지고 있다. 펜을 내리고 스프라이트를 움직이면 무대를 이동한 흔적인 펜 자국이 남으면서 그림이 그려지고, 펜을 올리고 스프라이트를 이동하면 아무 흔적도 남지 않는다.

동작 블록을 이용하여 스프라이트를 이동할 때 무대에 펜 자국이 남지 않았던 것은 펜 올리기 상태가 기본값으로 설정되어 있었기 때문이다. 펜 블록만 이용해서 무대에 그림을 그릴 수 없고, 동작 블록을 이용하여 원하는 모양으로 이동하도록 코드를 작성해야만 무대에 그림이 그려진다. 펜 블록은 펜을 올리고 내리고 펜의 크기, 색, 명암을 설정할 뿐이고, 실제 그려지는 모양은 동작 블록을 통해 코딩해야만 하는 것이다.

5.1 펜 블록의 종류

펜 블록	특 징
모두 지우기	펜 내리기 상태나 도장 찍기로 그려진 그림을 모두 삭제함
도장찍기	해당 스프라이트의 모양을 복사하여 무대에 도장처럼 찍어줌
펜 내리기	무대에 가상의 펜을 내려 선을 그릴 준비를 함. 동작 블록을 이용해 스프라이트를 이동하는 경로대로 그려짐
펜 올리기	무대에 가상의 펜을 올려 선이 그려지지 않게 함
펜 색깔을 ( ) (으)로 정하기	펜의 색깔을 지정함
펜 (색깔 ▾) 을(를) (10) 만큼 바꾸기	펜의 색깔, 채도, 명도, 투명도를 입력한 숫자만큼 변경, 이때 기존의 값에 입력한 값만큼 누적됨.
펜 (색깔 ▾) 을(를) (50) (으)로 정하기	펜의 색깔, 채도, 명도, 투명도를 입력한 숫자로 정함, 이때 기존의 값과 상관없이 입력한 값으로 재설정.
펜 굵기를 (1) 만큼 바꾸기	펜의 굵기를 입력한 숫자만큼 변경, 이때 기존의 값에 입력한 값만큼 누적됨.
펜 굵기를 (1) (으)로 정하기	펜의 굵기를 입력한 숫자로 정함, 이때 기존의 값과 상관없이 입력한 값으로 재설정.

5.2 펜 블록의 기능

5.2.1 모두 지우기

펜 내리기 상태나 도장 찍기로 그려진 그림을 모두 삭제해주는 기능을 한다. 즉 무대 위에 펜 블록을 통해 그려진 것들을 모두 제거해준다. 스크립트를 실행했을 때 이전에 그려진 그림이 계속 나타나지 않도록 이 블록을 이용하여 초기화를 해주는 것이 좋다.

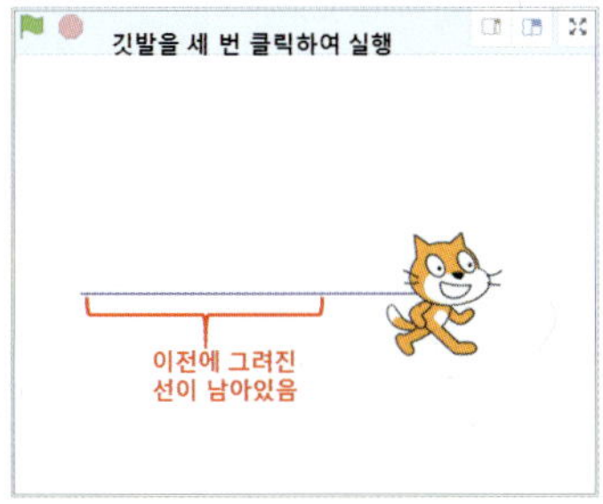

모두 지우기 블록을 사용하지 않으면, 세 번 실행했을 때 이전에 실행되어 그려진 선들이 지워지지 않고 계속 나타남

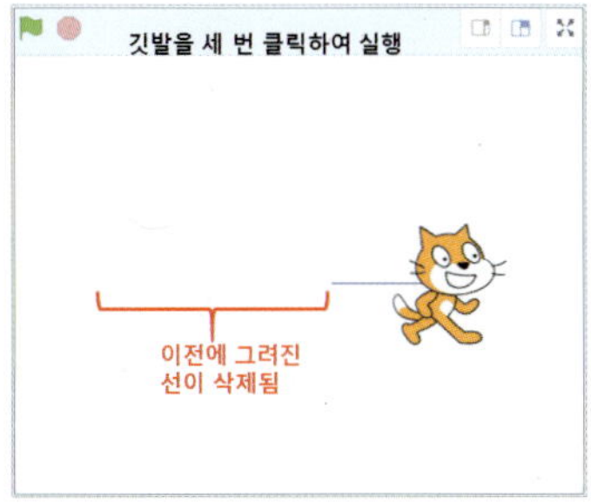

모두 지우기 블록을 사용하면 스크립트가 여러 번 실행되어도 이전에 그려진 선은 항상 삭제되어 동일한 상태를 유지함

5.2.2 도장 찍기

는 스프라이트의 모양을 무대 위에 도장처럼 찍어내는 기능을 한다. 이 블록도 동작 블록을 이용하지 않으면 제자리에 도장이 찍혀서 도장 찍힌 모양이 나타나지 않는다. 도장 찍기 블록도 동작 블록과 함께 사용해야 한다. 동작 블록을 이용하여 도장을 찍고 싶은 위치에 스프라이트를 이동한 후 이 블록을 사용하면 그 위치에 동일한 모양이 도장처럼 찍힌다. 이 블록을 사용해 찍은 도장은 지우기 블록을 이용해 삭제한다.

4번 반복하며 도장 찍기를 했는데 도장이 찍힌 모습은 나타나지 않는다. 그 이유는 동작 블록을 이용하지 않아서 스프라이트가 움직이지 않고 제자리에 도장 찍기가 되었기 때문에 보이지 않는 것이다.

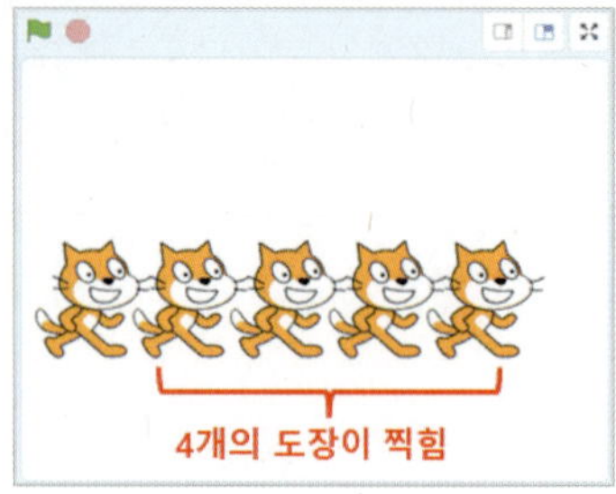

4번 반복하며 도장 찍기를 하고 80만큼 움직이기를 했기 때문에 도장이 찍히고 이동하는 것이 반복되어 4개의 도장이 찍힌 모습이 나타났다.

※ 펜 블록은 동작 블록과 같이 사용해야만 원하는 결과를 확인할 수 있다.

【1】 도장 찍기 예제

<table>
<tr><td>• 깃발을 클릭하면 실행
• x, y좌표, 방향 초기화
• 이전에 그려진 펜 지우기
• 아래쪽으로 50 이동하고 도장 찍기를 4번 반복 수행</td><td>
</td><td>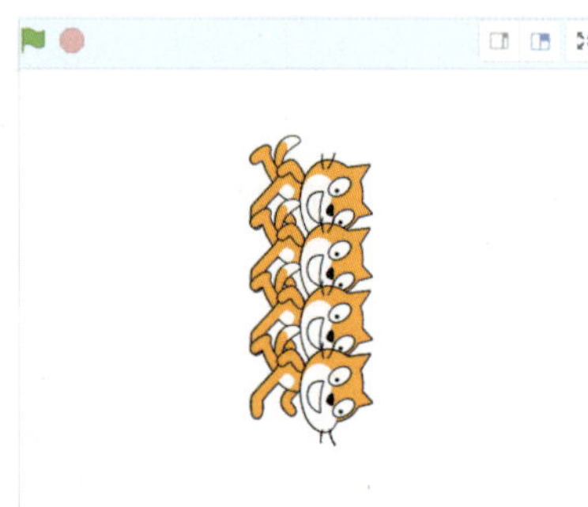</td></tr>
<tr><td>알고리즘</td><td>스크립트</td><td>실행결과</td></tr>
<tr><td>• 깃발을 클릭하면 실행
• 크기, x, y좌표, 방향 초기화
• 이전에 그려진 펜 지우기
• 바라보는 방향으로 30 이동하고 15도 회전하고 도장 찍기를 24번 반복 수행</td><td>
</td><td>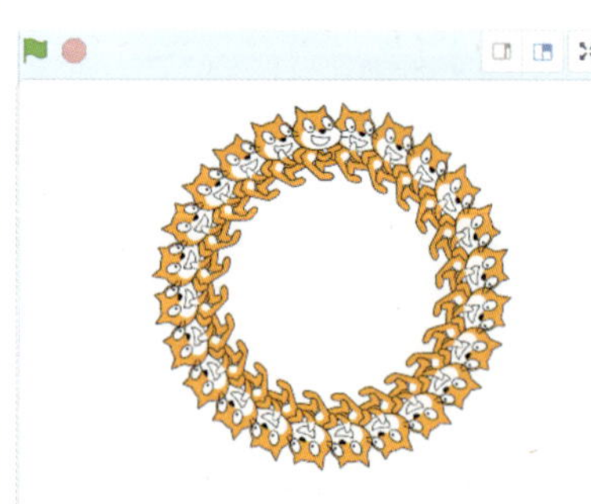</td></tr>
<tr><td>알고리즘</td><td>스크립트</td><td>실행결과</td></tr>
</table>

5.2.3 펜 내리기와 펜 올리기

는 스프라이트의 움직임을 선으로 표현하는 기능을 한다. 이 블록을 이용해야만 무대 위에 그림이나 선을 그릴 수 있다. 이 블록을 사용하지 않으면 스프라이트가 움직여도 선이 그려지지 않는다.

는 스프라이트의 펜을 들어 올려 스프라이트의 움직임이 그려지지 않게 하는 기능을 한다. 이 블록을 사용하면 스프라이트가 움직여도 선이 그려지지 않는다.

알고리즘	스크립트	실행결과
• 깃발을 클릭하면 실행 • x, y좌표 초기화 • 이전에 그려진 펜 지우기 • 펜 내리기 → 스프라이트의 이동 방향으로 선이 그려짐 • 펜 올리기 → 스프라이트는 선이 그려지지 않고 이동만 함 • 펜 내리기 → 스프라이트의 이동 방향으로 선이 그려짐	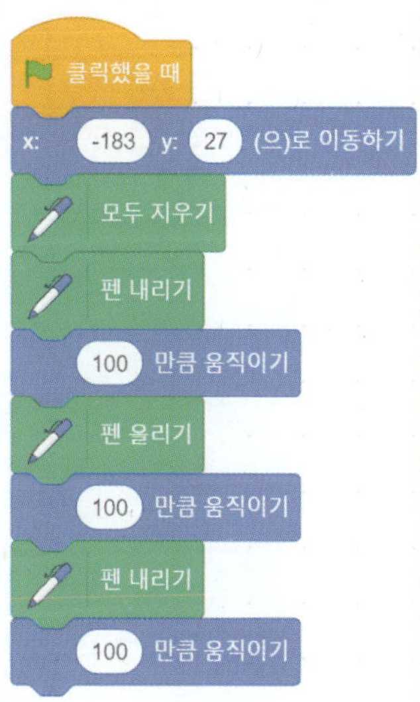	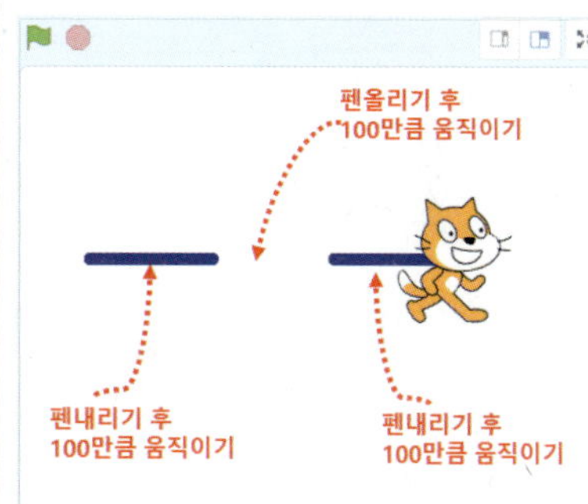

5.2.4 펜의 색깔, 채도, 명도, 투명도 설정

【1】 펜의 색깔을 색상표에서 선택하여 정하기

는 색깔이 들어있는 색상 부분을 클릭한 후 원하는 색깔을 화면에서 찾아 마우스로 클릭하면 그 색깔로 정해진다.

컬러 색상 설정	흰색 설정	검은색 설정
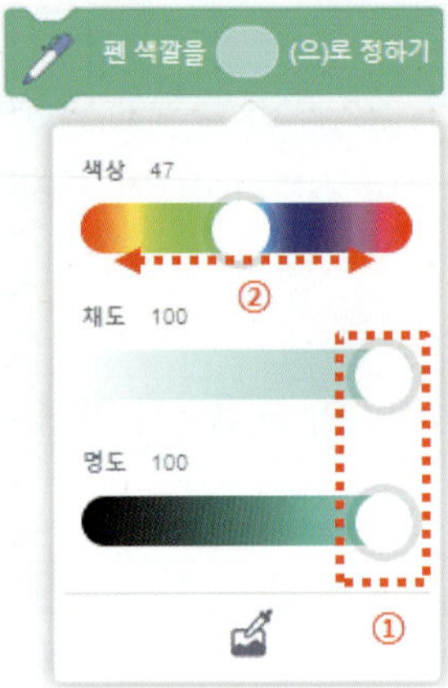	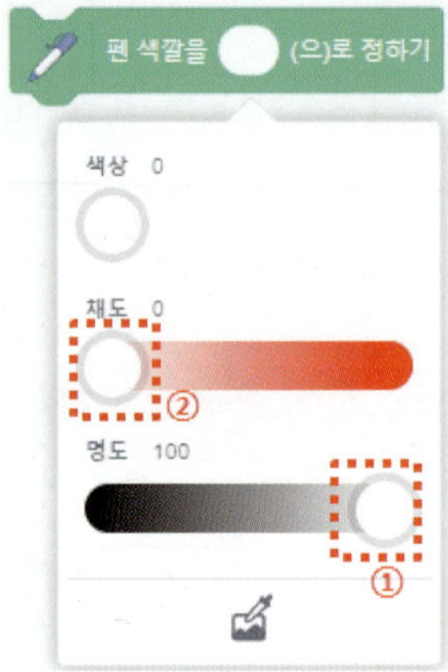	
① 명도 : 100, 채도 : 100 설정 ② 색상 막대로 컬러 선택	① 명도 : 100 설정 ② 채도 : 0 설정	① 명도 : 0 설정 ② 채도 : 100 설정

【2】 펜의 색깔, 채도, 명도, 투명도를 입력한 값으로 정하기

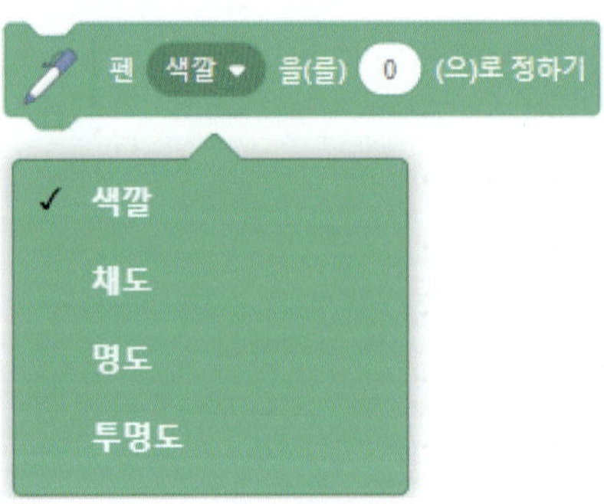

펜의 색깔, 채도, 명도, 투명도를 입력한 숫자로 정한다. 이때 기존의 값과 상관없이 입력한 값으로 재설정된다.

① 펜의 색깔은 0~100까지 값을 입력할 수 있고, 각각의 색은 아래의 색상표와 같다.

※ 펜의 색상표

0	10	15	35	50	60	70	80	85	100
빨간색	주황색	노란색	초록색	하늘색	파란색	남색	보라색	분홍색	빨간색

② 펜의 채도는 색의 선명도를 나타내는 값으로 0~100까지 값을 입력할 수 있다. 0은 가장 흐리게, 100은 가장 선명하게 나타난다.

③ 펜의 명도는 색의 밝음과 어두움을 나타내는 값으로 0~100까지 값을 입력할 수 있다.

0은 가장 어두운 느낌을, 100은 밝은 느낌을 준다.

④ 펜의 투명도는 색상의 투명한 정도를 나타내며 0~100까지 값을 입력할 수 있다. 0은 불투명해진 모습을, 100은 완전히 투명해진 모습을 나타낸다.

다음 그림은 펜의 색깔, 채도, 명도, 투명도를 입력한 값으로 정하기 블록을 이용하여 코딩 후 실행한 스크립트와 결과 화면이다. 각각의 차이점들을 잘 확인해 보자.

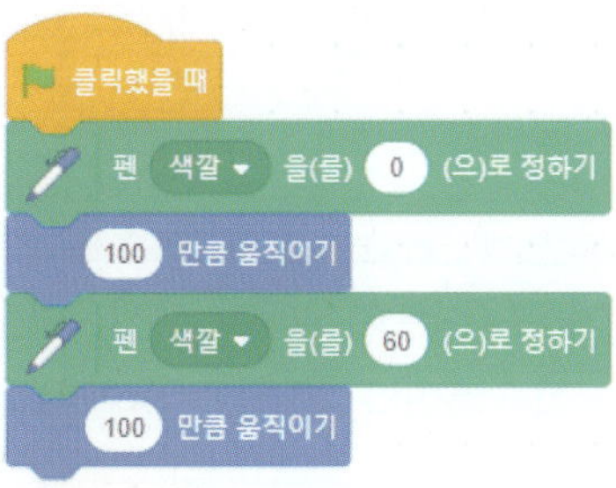

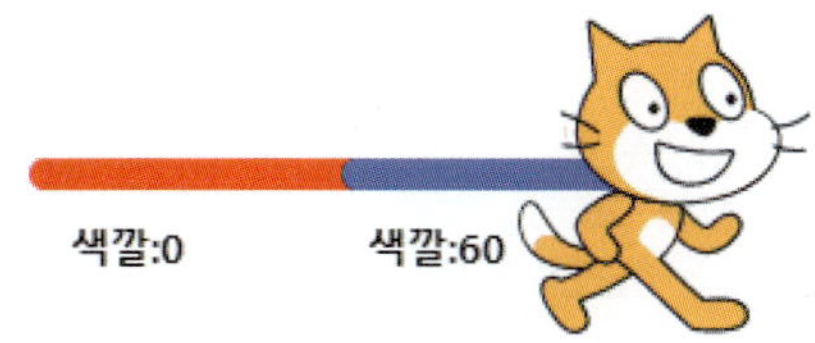

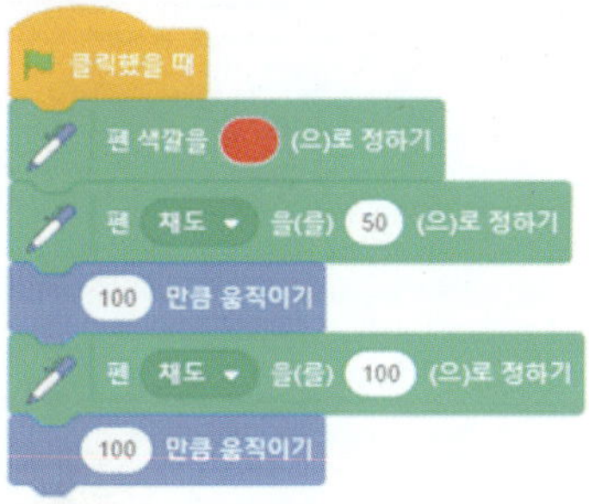

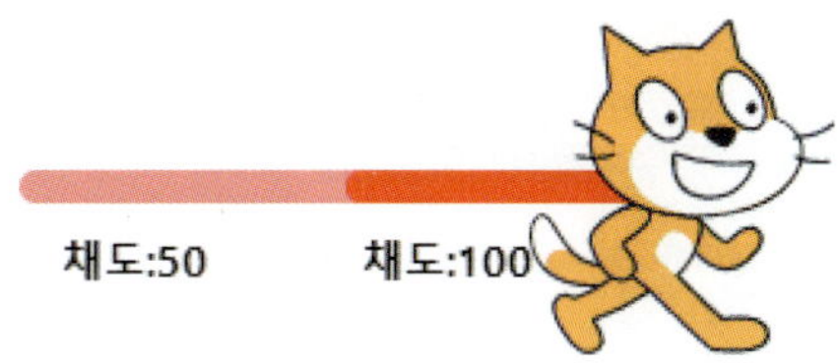

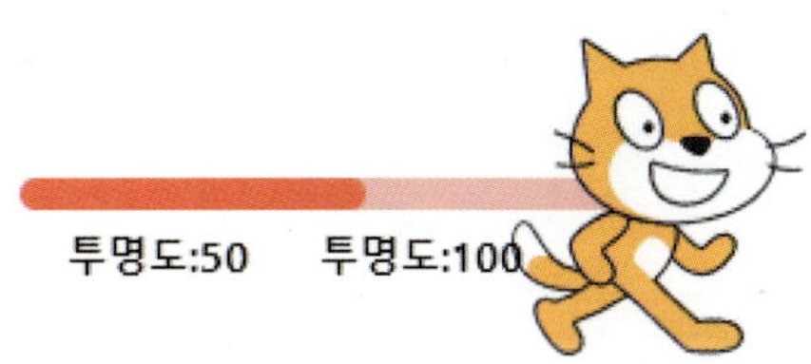

【3】 펜의 색깔, 채도, 명도, 투명도를 입력한 값만큼 바꾸기

펜의 색깔, 채도, 명도, 투명도를 입력한 숫자만큼 변경한다. 이때 기존의 값에 입력한 값만큼 누적된다.

다음 그림은 펜의 색깔, 채도, 명도, 투명도를 입력한 값으로 바꾸기 블록을 이용하여 코딩 후 실행한 스크립트와 결과 화면이다. 반복문 이전에 정하기 블록을 이용해서 색깔, 명도, 채도, 투명도의 초기 값을 정한 후 반복문에서 바꾸기 블록을 이용하였다. 각각의 차이점들을 잘 확인해 보자.

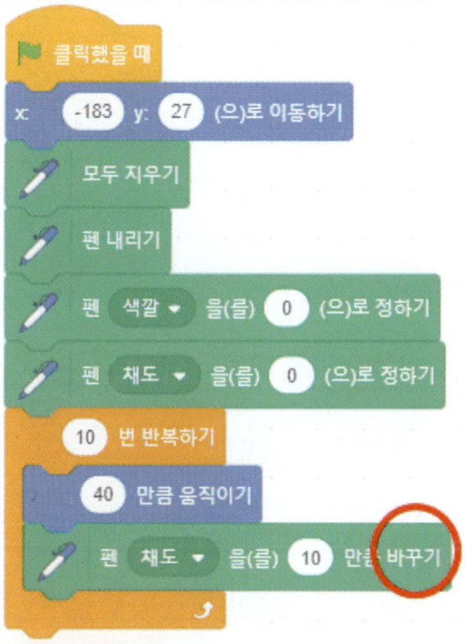

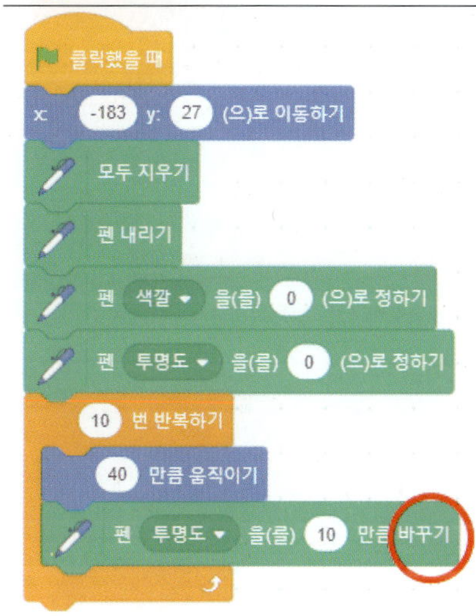

5.2.5 펜의 굵기 설정

펜의 굵기를 입력한 숫자만큼 변경한다. 이때 기존의 값에 입력한 값만큼 누적되어 나타난다.

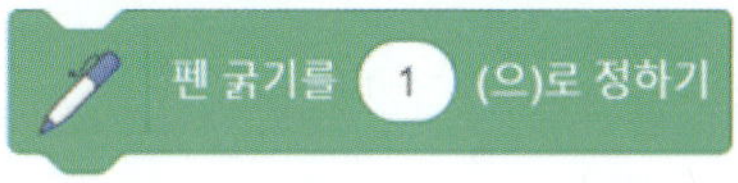

펜의 굵기를 입력한 숫자로 정한다. 이때 기존의 값과 상관없이 입력한 값으로 재설정된다. 펜의 굵기를 초기화할 때 이용한다.

펜의 굵기는 숫자가 커질수록 굵기가 굵어진다.

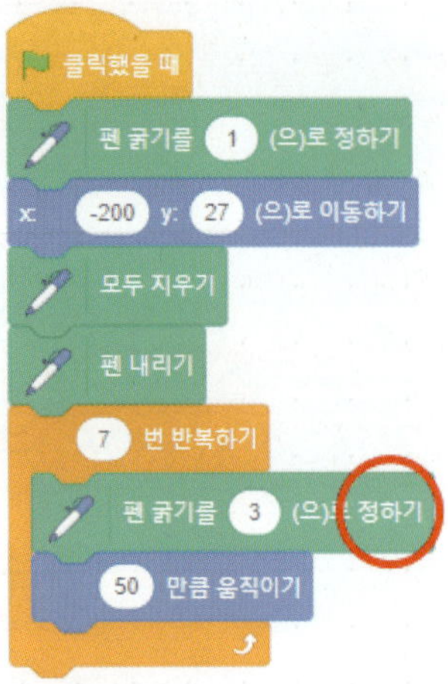	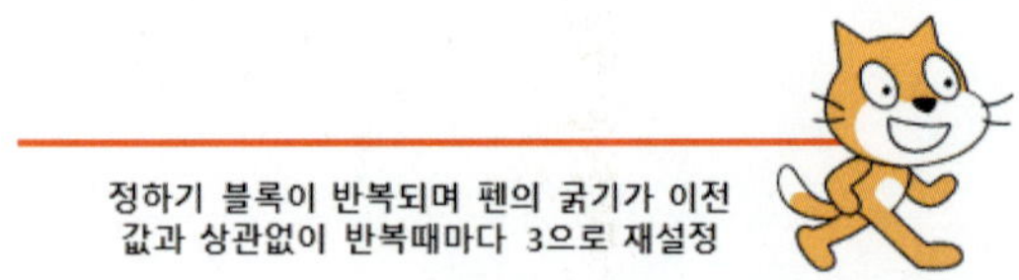
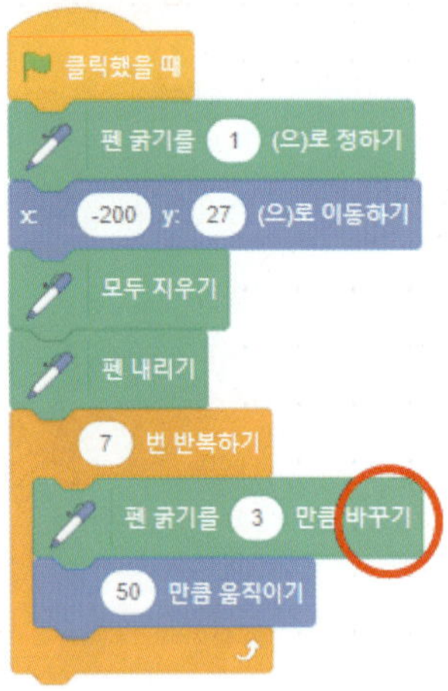	

5.3 펜 블록 활용하기

5.3.1 다각형 그리기

【1】 사각형 그리기

① 스프라이트 추가하기

사용할 스프라이트를 추가하기 위해 스프라이트 고르기를 클릭한 후 [검색]란에 pencil을 검색하여 스프라이트를 추가한 후 고양이 스프라이트는 삭제한다.

② 스프라이트의 중심점 바꾸기

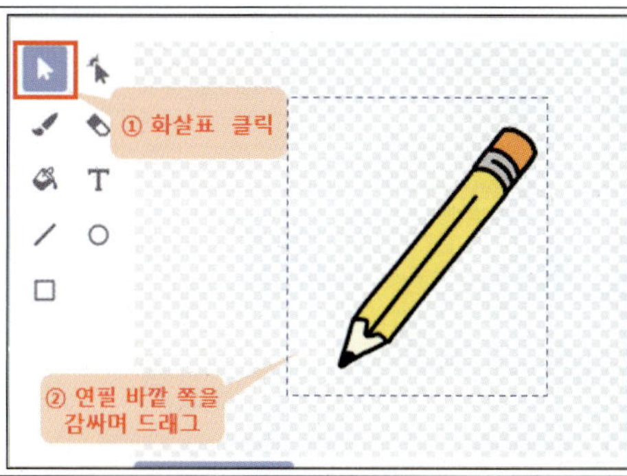	
① 화살표 도구( ) 선택 ② 연필 바깥쪽을 드래그하여 연필 전체 선택	③ 선택영역을 드래그하여 오른쪽 위로 이동하여 연필 끝이 중심점( ) 위에 위치하면 드롭
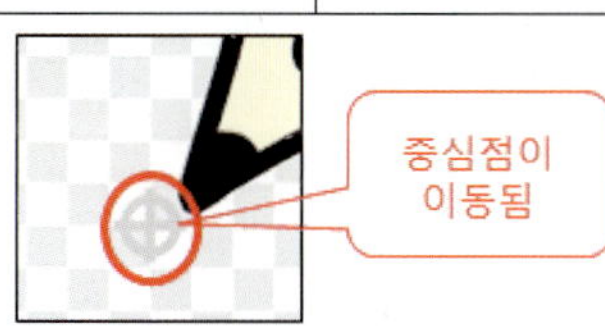	

③ 스크립트 작성

사각형을 그리는 스크립트는 다음과 같이 작성할 수 있다. 이 세 개의 스크립트는 모두 동일한 실행결과를 나타낸다.

<table>
<tr><th>순차구조로 처리한 스크립트</th><th>반복구조로 처리한 스크립트</th></tr>
<tr><td>
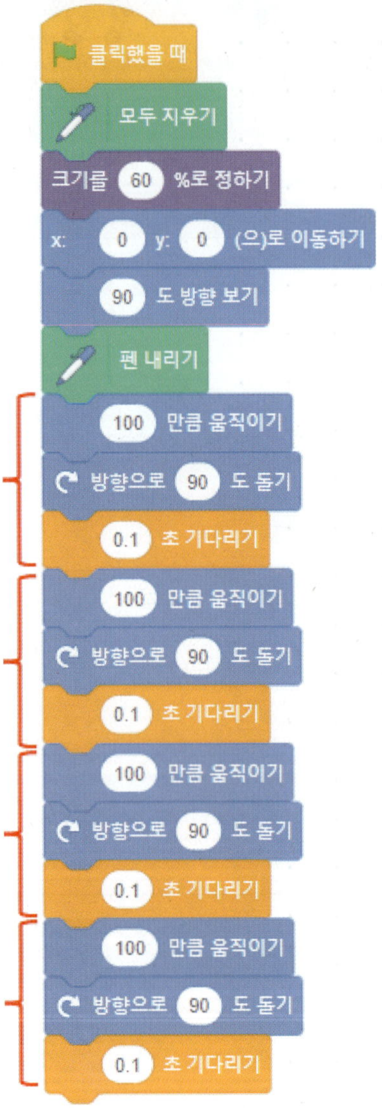

</td><td>

※ 반복구조는 7장에서 자세히 다룰 것임.
</td></tr>
</table>

<table>
<tr><th>다른 알고리즘 적용한 스크립트</th><th>실행결과</th></tr>
<tr><td>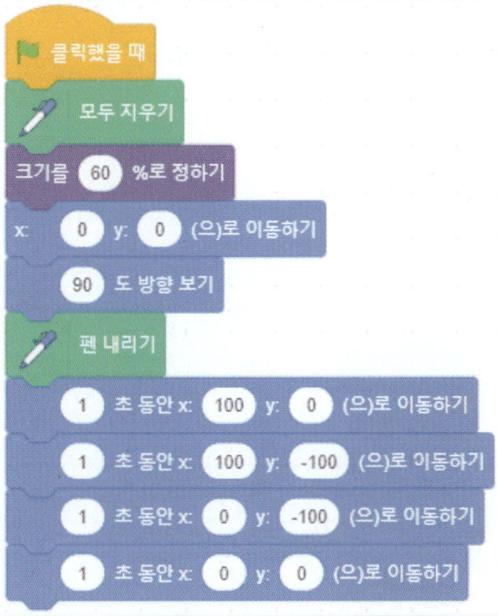
</td><td>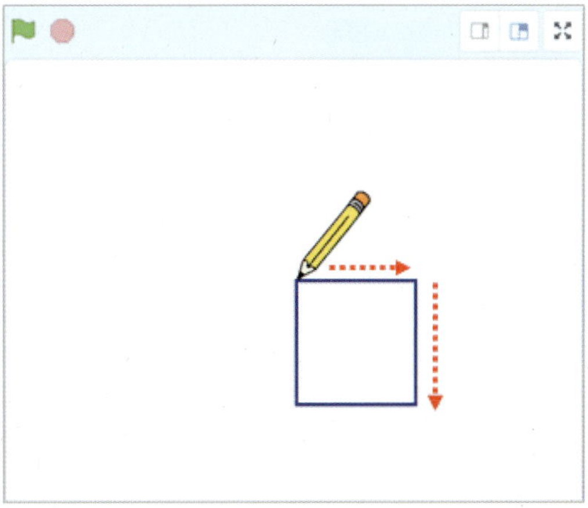</td></tr>
</table>

※ 스프라이트 방향과 회전 방향의 차이에 따라 사각형이 어떻게 그려지는지 결과를 확인해 보자.

<table>
<tr><th>스크립트</th><th>실행결과</th><th>스크립트</th><th>실행결과</th></tr>
<tr><td>
</td><td></td><td>
</td><td>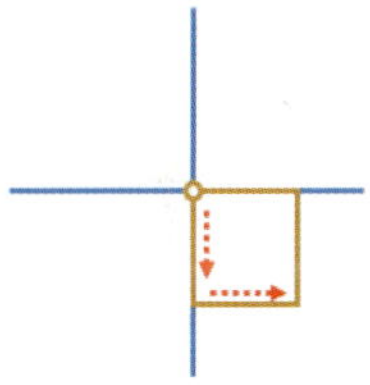</td></tr>
<tr><td>
</td><td>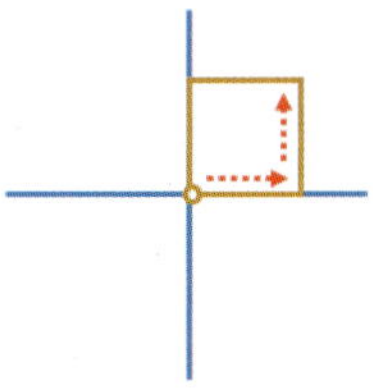</td><td>
</td><td>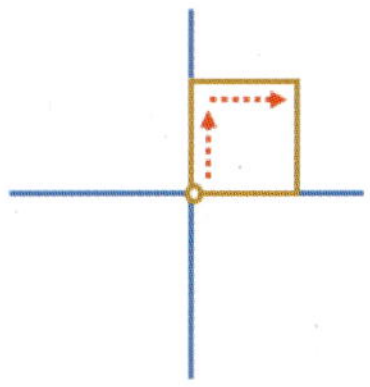</td></tr>
</table>

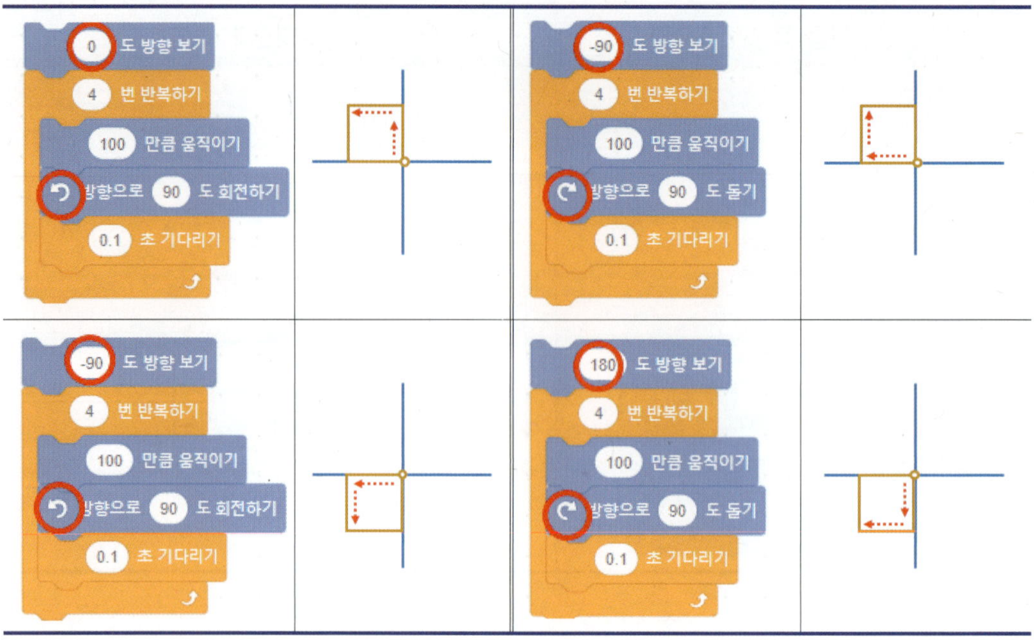

【2】 정다각형 그리기

앞 예제의 사각형 그리기 스크립트 중 반복구조를 사용한 스크립트를 조금만 수정하면 여러 다각형을 쉽게 그릴 수 있다.

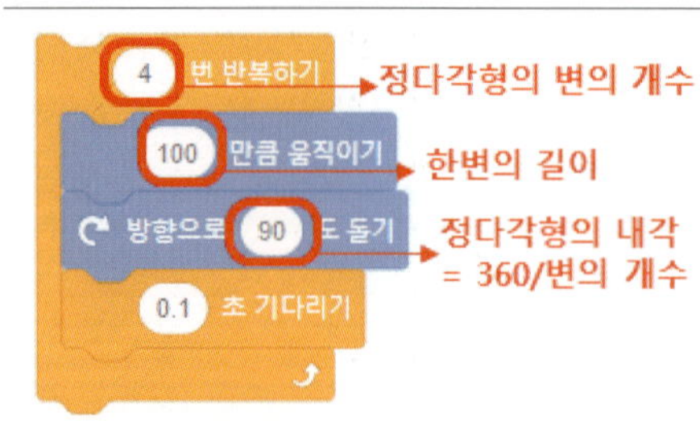

정다각형	변의 개수	회전각도
3각형	3	360/3 = 120
4각형	4	360/4 = 90
5각형	5	360/5 = 72
6각형	6	360/6 = 60
8각형	8	360/8 = 45

① 정삼각형부터 정팔각형까지 차례로 그리기

이 경우도 스프라이트의 방향과 회전 방향을 다르게 하면 다각형이 그려지는 위치나 모양이 달라질 수 있다.

다각형의 변의 길이가 같아도 변의 개수가 많아질수록 다각형은 더 크게 그려진다. 동일한 크기의 다각형을 그리고 싶은 경우 변의 개수가 많아질수록 변의 길이를 조금 작게 조정되어야 한다.

② 실행결과

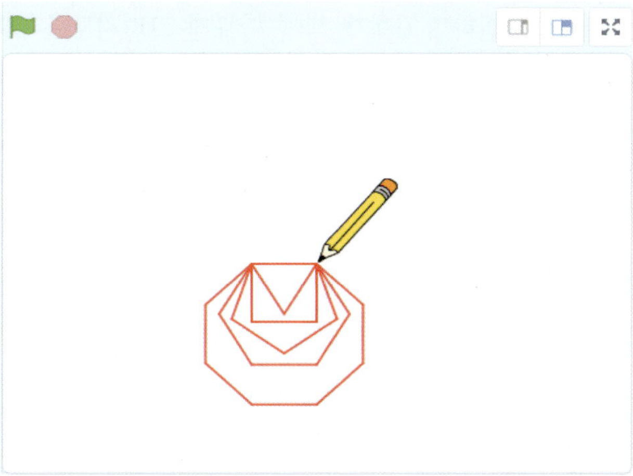

③ 스크립트

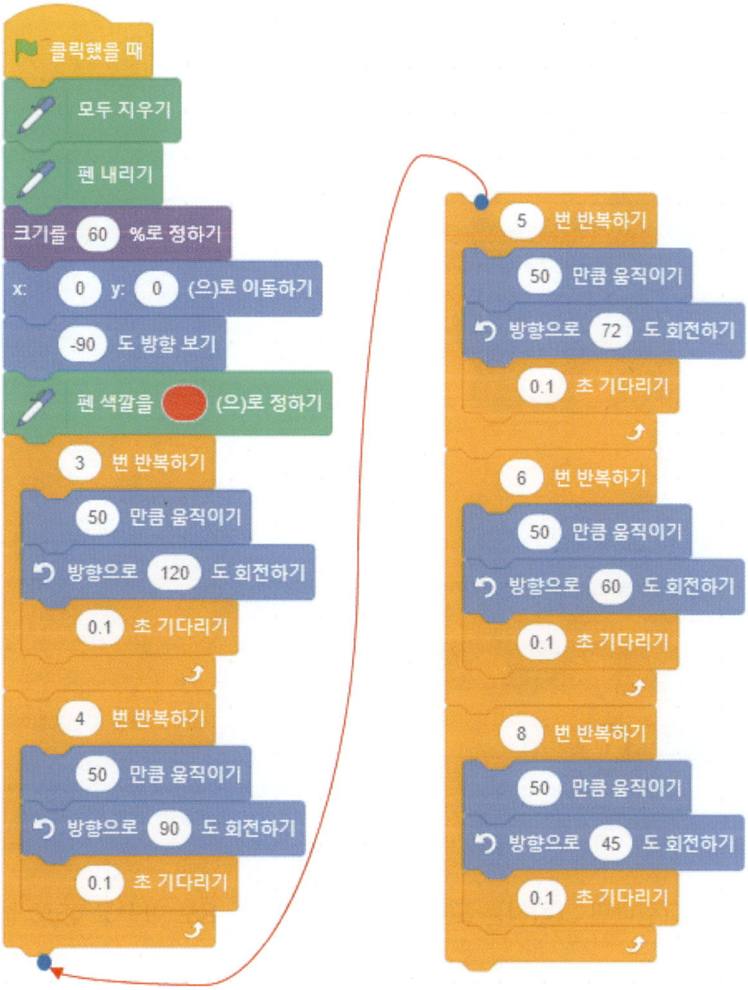
클릭했을 때
모두 지우기
펜 내리기
크기를 60 %로 정하기
x: 0 y: 0 (으)로 이동하기
-90 도 방향 보기
펜 색깔을 (으)로 정하기
3 번 반복하기
50 만큼 움직이기
방향으로 120 도 회전하기
0.1 초 기다리기
4 번 반복하기
50 만큼 움직이기
방향으로 90 도 회전하기
0.1 초 기다리기
5 번 반복하기
50 만큼 움직이기
방향으로 72 도 회전하기
0.1 초 기다리기
6 번 반복하기
50 만큼 움직이기
방향으로 60 도 회전하기
0.1 초 기다리기
8 번 반복하기
50 만큼 움직이기
방향으로 45 도 회전하기
0.1 초 기다리기

【3】 색깔이 다른 육각형 여러 개 그리기

육각형의 중심을 기준으로 회전하며 6개가 색이 다르게 그려지도록 코딩한다.

① 실행결과

② 스크립트

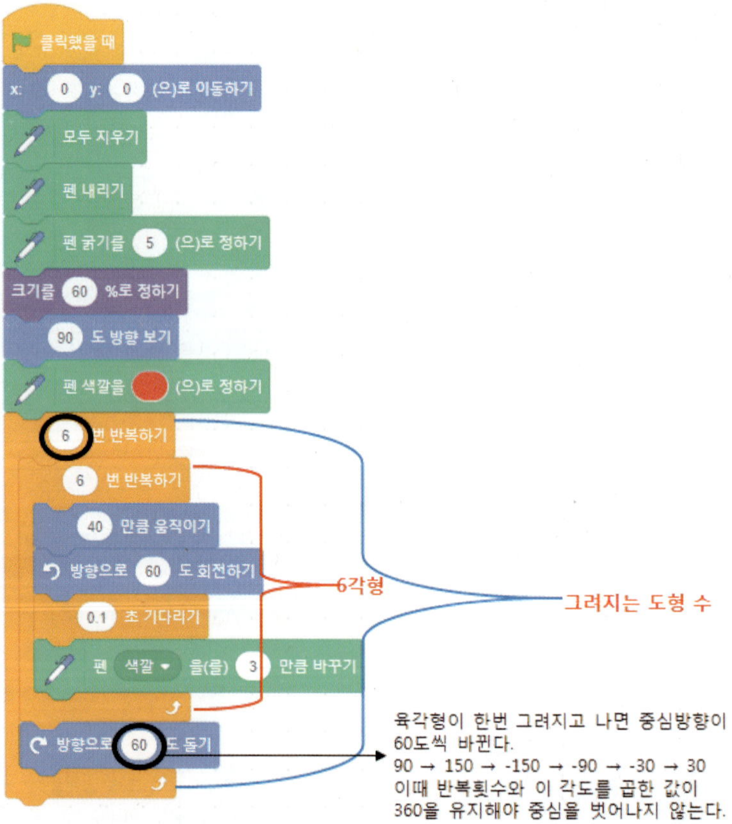

만약 팔각형을 8개 그린다면 그려지는 도형 수의 반복 횟수를 8로 바꾸고 45도 돌기로 바꾸어 주면 된다.

【4】 반복문을 이용하여 다각형 여러 개 그리기

스프라이트는 Star를 추가하고 기본 스프라이트는 삭제한다.

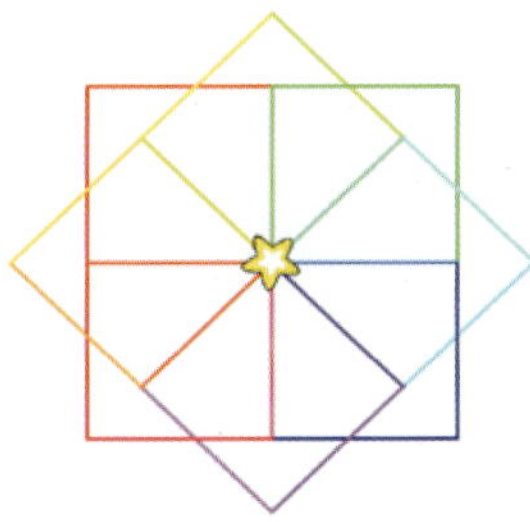

사각형이 8개 그려진다. 이때 바깥쪽 반복문의 회전 각도는 45(360/8)로 설정한다.

삼각형이 10개 그려진다. 이때 바깥쪽 반복문의 회전 각도는 45(36/10)로 설정한다.

사각형이 12개 그려지도록 하려면 바깥쪽 반복문을 12번 반복하게 하고, 반복문의 회전 각도는 30(360/12)도로 설정하면 중심을 벗어나지 않게 그려진다. 반복문을 활용하는 다각형 그리기 예제는 '12장 내 블록'에서 더 다루도록 한다.

5.3.2 별과 원 그리기

무대에 별을 그린 후 떨어진 곳에 원을 그린다.

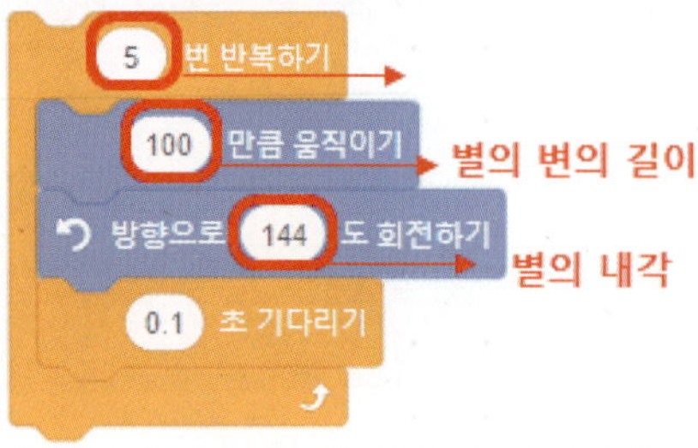	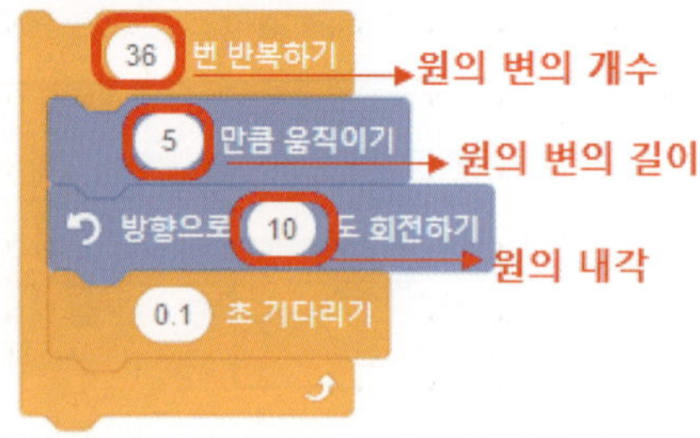
별	원

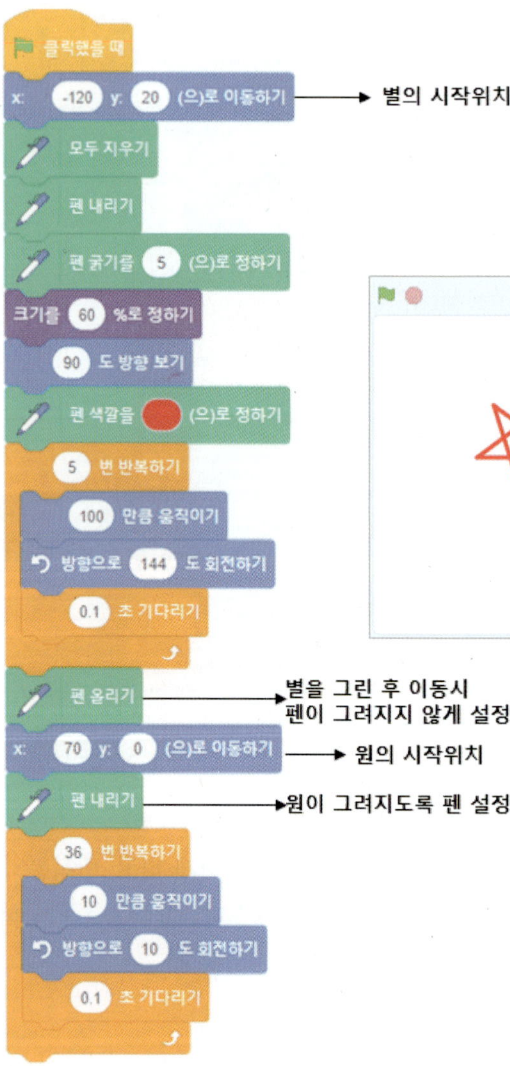

실행결과

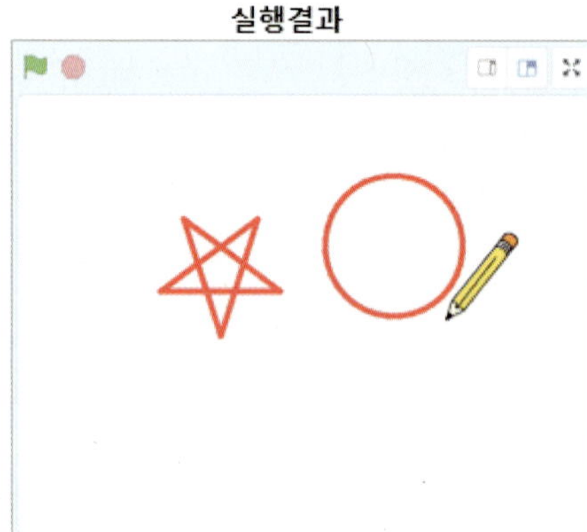

5.3.3 도장 찍기를 이용한 꽃 그리기

꽃잎이 10개가 그려지고, 꽃술이 나타난 후 줄기, 잎 순으로 나타나게 한다. 꽃잎과 잎은 도장 찍기를 이용하여 나타나도록 한다.

【1】 실행결과

【2】 스프라이트 만들기

스프라이트 그리기를 이용하여 꽃잎, 꽃술, 줄기, 잎을 각각 만들어 준다.

【3】 스크립트

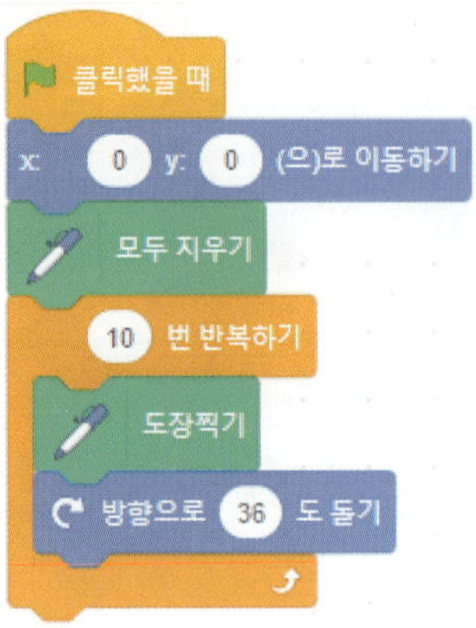

[꽃잎]

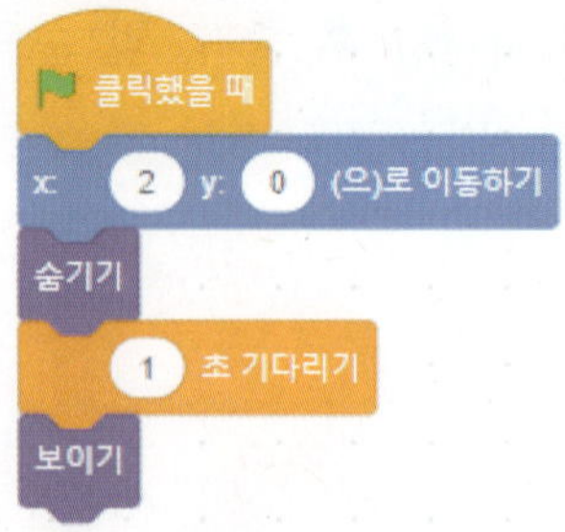

[꽃술]

[줄기]

[잎]

5.4 실전 연습

【1】 프로그램 설계

- 배경 : Blue Sky 2, Circles 추가
- 등장 스프라이트 : Pencil (중심점 맞출 것)
- 스크립트
  - 배경은 처음엔 Circles로 나타난다.
  - Pencil은 원을 그린 후 떨어진 위치로 옮겨가 사각형을 아래 그림처럼 2개 그린다.
  - 사각형을 그린 후 배경을 Blue Sky 2로 나타낸다.
  - Pencil의 위치를 옮겨 팔각형을 그린 후, 다시 위치를 옮겨 아래 그림처럼 삼각형 3개를 그린다.
  - 도형들이 그려지는 동안 무대에서는 배경음악이 재생되도록 한다.
  - 펜의 색깔은 도형마다 다르게 설정하며, 펜의 굵기와 도형의 위치는 적당히 설정한다.

【2】 실행결과

도형이 모두 그려질 동안 배경이 두 번 바뀐다.

【3】 스크립트

(※ 스크립트는 참고만 하고 스스로 작성해 보도록 한다.)

무대

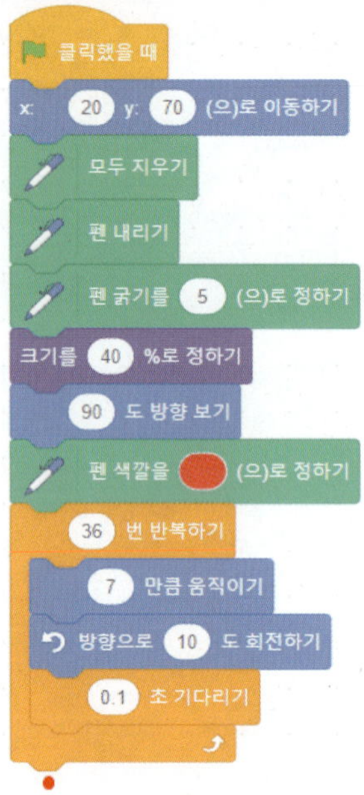

Pencil – 원 그리기

Pencil - 사각형 2개 그리기

Pencil - 팔각형 그리기

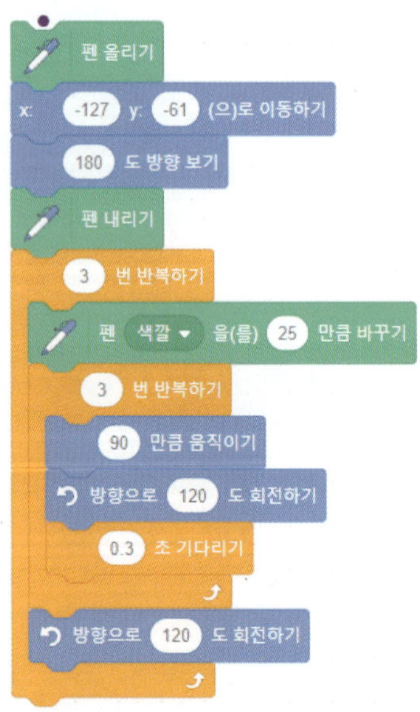

Pencil - 삼각형 3개 그리기

Pencil 스프라이트의 스크립트는 따로 표시되어 있지만 모두 연결되어 순차처리가 된다.

CHAPTER 06

이벤트 블록

이벤트 블록은 스크래치에서 특정 조건이 만족할 때 스크립트를 실행할 수 있도록 명령하는 블록이다. 예를 들어 무대에서 여러 개의 스프라이트가 동시에 움직이려고 할 때, 이벤트 블록을 사용하지 않으면 각 스프라이트의 스크립트 블록들을 하나씩 클릭해야 한다. 그러면 스프라이트들을 동시에 실행시킬 수 없다. 이벤트 블록 가장 많이 사용되는 

블록을 각 스프라이트의 스크립트 시작으로 놓으면 무대 위의 초록 깃발을 클릭하면 [깃발 클릭했을 때] 블록을 시작으로 가지고 있는 모든 스크립트는 동시에 시작한다. 스크래치에서는 어떤 이벤트 블록들이 있는지 살펴보도록 하자.

6.1 이벤트 블록의 종류

이벤트 블록	기 능
	무대 위쪽의 초록 깃발을 클릭하면 스크립트 실행한다.
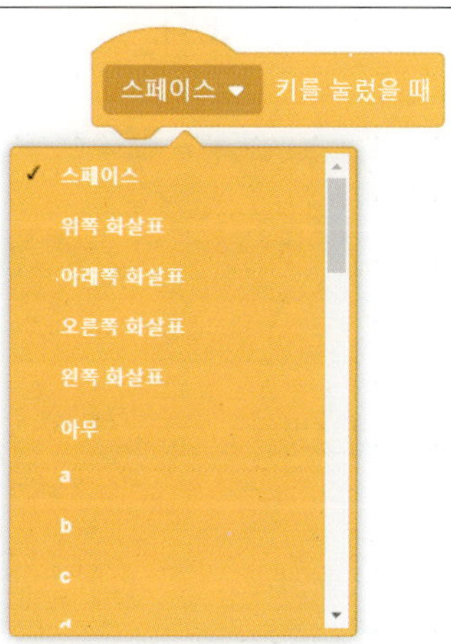	키보드에 있는 키가 눌렸을 때 스크립트를 실행한다. '▾'를 클릭하면 화살표 키, 숫자키, 문자키 등을 선택할 수 있다.

	스프라이트가 클릭되면 스크립트를 실행한다.
	무대 배경이 지정한 것으로 바뀌었을 때 스크립트를 실행한다.
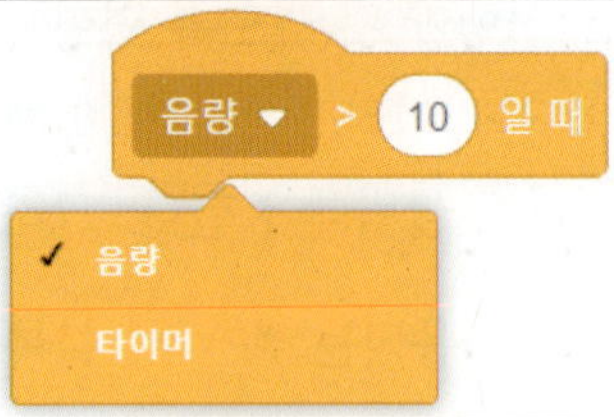	음량이나 타이머가 설정한 값보다 클 때 스크립트를 실행한다.
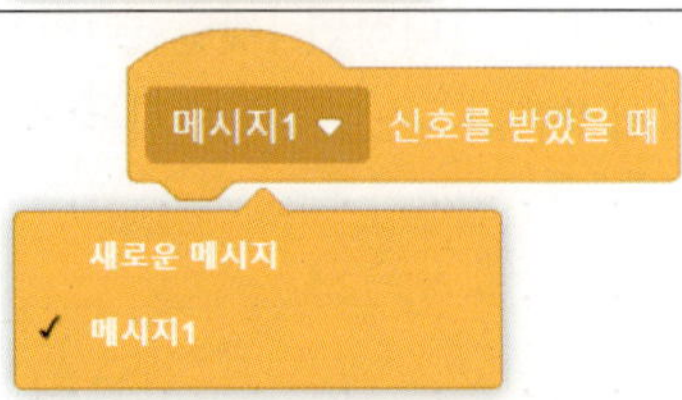	'메시지1' 신호를 받았을 때 스크립트가 동작한다. 새로운 메시지를 생성해서 사용할 수 있다.
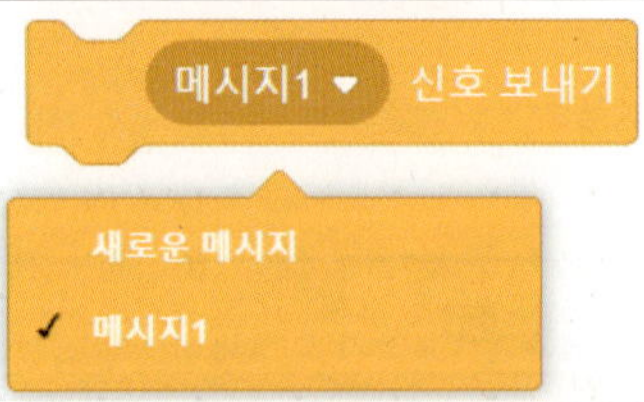	신호 보내기를 이용하여 메시지를 받는 스프라이트가 언제 동작할지 알려줄 수 있다. '▼'를 클릭하면 보이는 메시지 중 선택하여 사용한다.
	신호를 보내고 신호를 받은 스크립트 블록이 모두 실행을 마칠 때까지 다음 블록으로 넘어가지 않고 기다린다.

6.2 이벤트 블록 활용하기

다양한 예제를 통해 스크래치에서 제공하는 이벤트 블록을 사용해보자.

6.2.1 스프라이트 움직임 제어하기

다음과 같이 스프라이트의 움직임을 설정하는 스크립트를 작성해보자.

【1】 [깃발 클릭했을 때] 블록

무대의 초록 깃발을 클릭하면 Gobo 스프라이트가 "안녕! 내 이름은 Gobo라고 해~"라고 2초 동안 말한다.

【2】 [이 스프라이트를 클릭했을 때] 블록

Gobo 스프라이트를 클릭하면 'Computer Beep2' 소리를 재생한다. [이 스프라이트를 클릭했을 때] 블록과 소리 블록 중 [재생하기] 블록을 사용한다.

【3】 [~키를 눌렀을 때] 블록

키보드에서 오른쪽 화살표를 누르면 오른쪽으로 10, 왼쪽 화살표를 누르면 왼쪽으로 10, 위쪽 화살표를 누르면 위쪽으로 10 그리고 아래쪽 화살표를 누르면 아래쪽으로 10만큼 움직인다.

블록을 사용한다. '▾'을 클릭하면 사용 가능한 여러 가지 화살표, 숫자 그리고 문자를 선택할 수 있다.

화살표 키를 이용하여 Gobo 스프라이트를 무대 중앙으로 이동시켜보자.

6.2.2 메시지 블록 사용하기

Gobo 스프라이트와 Ghost 스프라이트가 메시지를 말한 후 무대에서 움직이도록 스크립트를 작성해보자.

스프라이트들의 진행순서는 다음과 같다.

① Gobo 스프라이트가 메시지를 말한다.
② Ghost 스프라이트가 메시지를 말한다.
③ Gobo 스프라이트가 사과 쪽으로 움직인다.
④ Ghost 스프라이트가 바나나 쪽으로 움직인다.

[단계1] Gobo 스프라이트 말하기

시작 깃발을 클릭하면 Gobo 스프라이트가 "내 이름은 Gobo", "만나서 반가워~"를 각각 2초 동안 말한다. 이때 스크립트 실행 후 Gobo 스프라이트는 사과 쪽으로 이동하게 되므로 프로젝트를 새롭게 시작할 때는 스프라이트가 시작 위치에 놓이게 하려면 [~로 이동하기] 블록을 사용하여 시작 위치를 설정한다.

〈Gobo 스프라이트〉

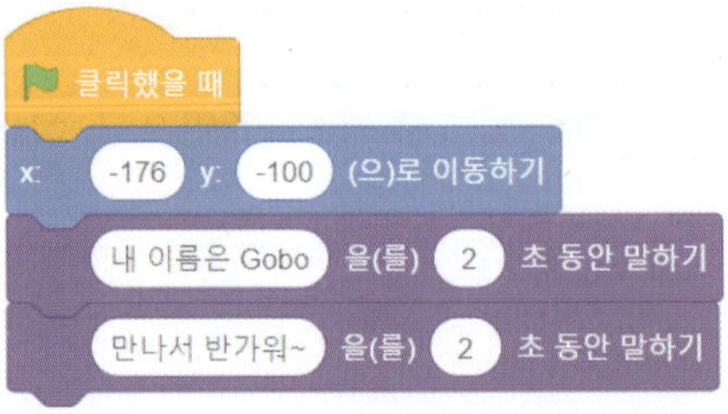

Gobo 스프라이트가 말을 끝낸 후, Ghost 스프라이트가 말하게 하려면 신호 보내기를 해야 한다. 이때 Ghost 스프라이트가 말을 끝낸 후 Gobo 스프라이트가 사과를 향해 움직이도록 해야 하므로 [신호 보내기] 블록보다는 [신호 보내고 기다리기] 블록을 사용한다.

새로운 신호 메시지를 만들어보자.

① [신호 보내고 기다리기] 블록에서 '▼'를 클릭하고 '새로운 메시지'를 선택한다.

② 새로운 메시지 이름(Ghost 말하기)을 쓰고 '확인' 버튼을 누른다.

③ [신호 보내고 기다리기] 블록에서 '▼'를 클릭하면 새로 만든 메시지 이름이 보이면 선택한다.

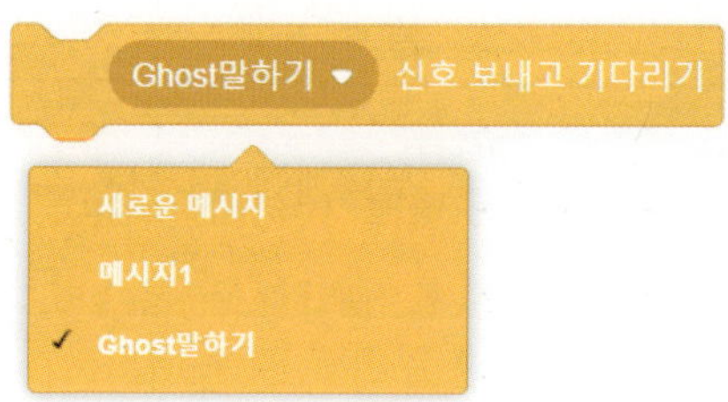

[단계2] Ghost 스프라이트 말하기

Gobo 스프라이트로부터 'Ghost말하기' 신호를 받은 Ghost 스프라이트는 "내 이름은 Ghost", "반가워~"라고 각각 2초 동안 말한다. Ghost 스프라이트도 바나나 쪽으로 이동한 후 스크립트가 종료되므로 시작 깃발을 클릭하면 시작 위치로 돌아가게 하려면 [깃발 클릭했을 때] 이벤트 발생 시 [이동하기] 블록을 이용하여 시작 위치를 설정한다.

〈Ghost 스프라이트의 스크립트〉

[단계3] **Gobo 스프라이트 움직이기(Gobo 스프라이트의 스크립트)**

Gobo 스프라이트는 [단계1]에서 ['Ghost말하기' 신호 보내고 기다리기] 블록을 실행하였기 때문에 Ghost 스프라이트가 메시지를 모두 말할 때까지 다음 스프라이트를 실행시키지 않는다. [단계2]에서 Ghost 스프라이트의 메시지 말하기가 모두 끝나면 [신호 보내고 기다리기] 다음 블록을 실행할 수 있다.

Gobo 스프라이트는 "나는 사과를 좋아해~"라고 2초 동안 말하고 Apple 스프라이트 쪽으로 2초 동안 이동하도록 스크립트를 작성한다. Gobo 스프라이트가 Apple 스프라이트로 이동이 끝나면 ['Ghost움직이기' 신호 보내기]를 하여 Ghost 스프라이트가 바나나로 이동할 수 있도록 한다.

Gobo 스프라이트의 전체 스크립트는 다음과 같다.

[단계4] **Ghost 스프라이트 움직이기(Ghost 스프라이트의 스크립트)**

Gobo 스프라이트로부터 ['Ghost움직이기' 신호를 받았을 때] "나는 바나나를 좋아해~"라고 2초 동안 말하고 바나나로 이동하면 스크립트가 종료된다.

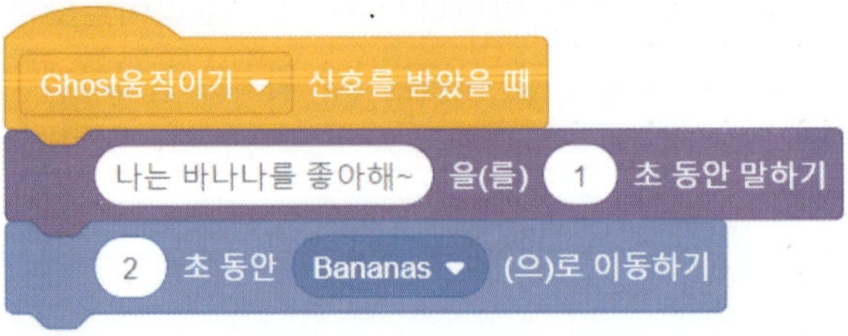

이처럼 메시지 블록을 사용하면 스프라이트들의 동작을 순서대로 진행하기 위해 기다려야 하는 시간을 따로 계산할 필요 없이 원하는 때에 메시지를 보내서 스프라이트들의 동작을 제어할 수 있다.

6.3 업그레이드하기

무대에 코끼리, 펭귄, 토끼, 사자 그리고 오리가 숨겨져 있다. 원숭이 스프라이트가 각 스프라이트의 이름을 부르면 화면에 나타나서 대답하는 프로젝트를 작성하시오.

【1】 원숭이 스프라이트 스크립트 작성하기

[단계1] 시작 메시지 말하기

"이름을 부르면 대답하고 얼굴을 보여주세요~"라고 2초 동안 시작 메시지를 말한다.

[단계2] 무대에서 숨겨진 동물 이름 부르기

무대에 숨겨진 동물은 코끼리, 펭귄, 토끼, 사자 그리고 오리이다. 각 동물의 이름을 원숭이가 부르면 동물 스프라이트가 무대에 나타난다. 형태 블록에서 [~을 ~초 동안 말하기] 블록을 이용하여 먼저 '코끼리'를 1초 동안 부른다.

[단계3] 이름이 불린 동물 스프라이트에게 신호 보내기

이름이 불린 동물 스프라이트가 동작할 수 있도록 신호를 보내고 동물 스프라이트가 대답이 끝날 때까지 기다린다. [신호 보내기] 블록을 사용할 경우는 신호를 보낸 후 바로 다음 블록을 실행하기 때문에 [신호 보내고 기다리기] 블록을 사용하여 한 동물의 동작이 끝나면 다음 동물을 부르도록 제어한다.

나머지 동물 스프라이트에 대해서 같은 동작을 반복한다.

[단계4] 마무리 메시지 말하기

동물 스프라이트들의 이름을 모두 부른 후 "모두 반갑습니다~"를 2초 동안 말한다.

원숭이 스프라이트의 전체 스크립트는 다음과 같다.

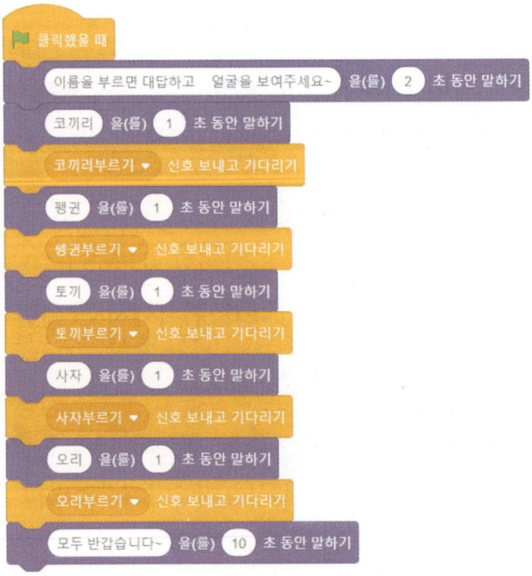

【2】 동물 스프라이트 스크립트 작성하기

동물 스프라이트의 동작은 신호 메시지만 다르고 똑같이 동작한다.

[단계1] 깃발 클릭했을 때

동물 스프라이트들은 처음에 무대 화면에 보이지 않아야 하므로 [깃발 클릭했을 때] 연결 블록으로 [숨기기]를 수행한다. 동물의 크기는 무대에 적당하게 설정한다. 여기에서는 [크기를 80%로 정하기]를 한다.

동물들이 무대 중간의 원숭이를 바라보도록 설정해야 하므로 방향 바꾸기가 필요한 동물의 경우 [~도 방향 보기] 블록을 이용하여 방향을 설정한다. 회전 방향은 오른쪽 그림과 같이 스프라이트 창의 방향 항목에서 '왼쪽/오른쪽'을 선택하여 동물이 뒤집어지지 않도록 한다.

[단계2] 신호 받았을 때

동물에 따라 다른 신호를 보내야 한다. 각 동물에 보낼 메시지를 만든다. 메시지를 받으면 무대에 보이도록 [보이기] 블록을 실행하고 "네~"를 2초 동안 말한다.

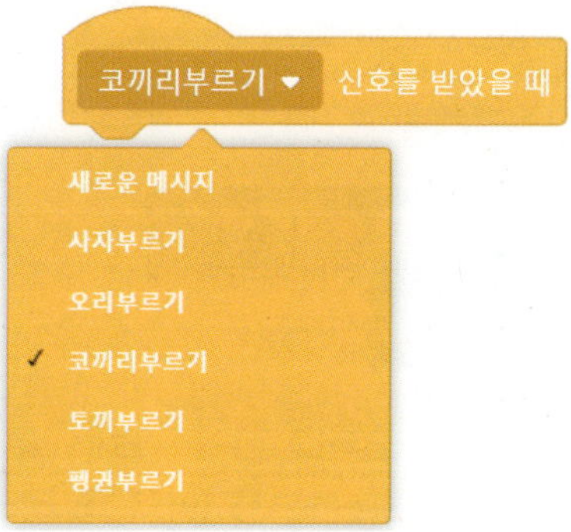

오리, 토끼, 사자 그리고 펭귄 스프라이트에 대해서도 [~신호를 받았을 때]만 변경하여 스크립트를 작성한다.

6.4 실전 연습

무대의 각 스프라이트를 클릭하면 야구의 여러 가지 포지션을 동작으로 소개하는 프로젝트를 작성하시오.

【1】 사회자 스프라이트

Dot 스프라이트를 추가하고 사회자 스프라이트로 사용한다. 사회자는 깃발을 클릭하여 프로젝트를 실행하면 화면에 보이고 메시지를 말한 후 무대에서 사라지도록 설정한다.

[단계1] 깃발 클릭했을 때

시작 깃발을 클릭하면 [보이기] 블록을 이용하여 무대에 보여주며, "야구의 포지션별 동작을 보여줍니다.", "포지션을 클릭하세요." 메시지를 각각 2초 동안 말한다. 메시지를 말하고 나면 화면에서 숨긴다.

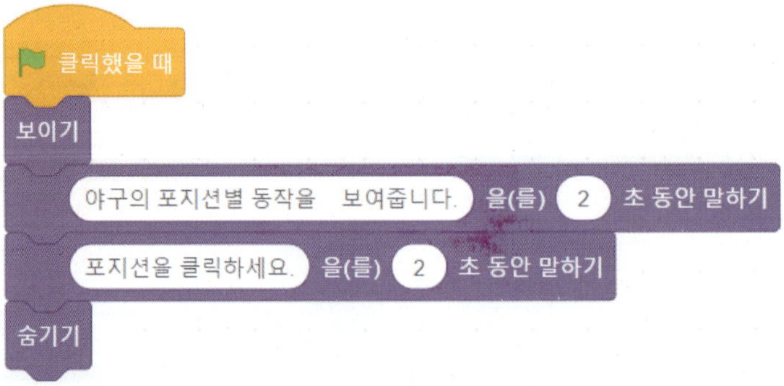

[단계2] 사회자 부르기 신호를 받았을 때

클릭된 스프라이트가 무대에서 동작한 후, [사회자 부르기 신호 보내기] 블록을 실행한다.

사회자가 이 신호를 받으면 다시 무대에 나타나서 "포지션을 클릭하세요." 메시지를 2초 동안 말하고 무대에서 숨긴다.

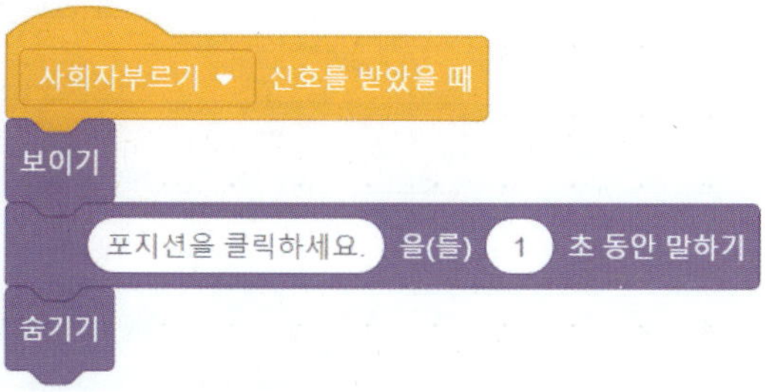

【2】 야구 텍스트 스프라이트

무대에 포지션 스프라이트와 함께 텍스트가 보이도록 만들어보자.

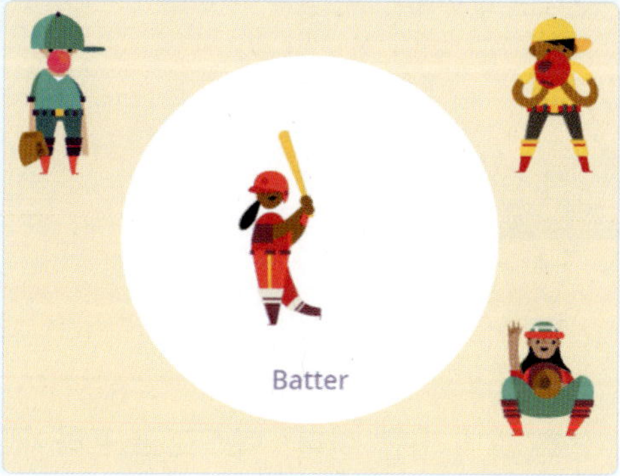

[단계1] 텍스트 스프라이트 만들기

① 포지션 텍스트 스프라이트를 만들기 위해 스프라이트 추가하기 버튼을 클릭하고 '그리기' 메뉴를 선택한다.

② 모양 탭에서 T 를 클릭한 후 텍스트를 입력하여 스프라이트를 생성하고 무대에서 텍스트가 보일 위치에 놓는다.

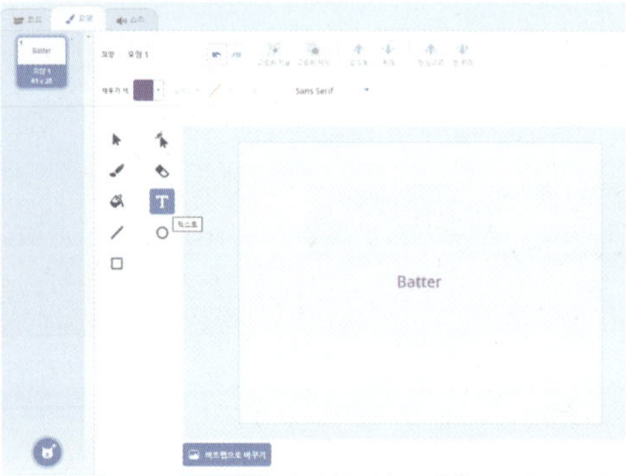

③ 시작 깃발을 클릭했을 때는 시작 위치에서 숨기도록 한다.

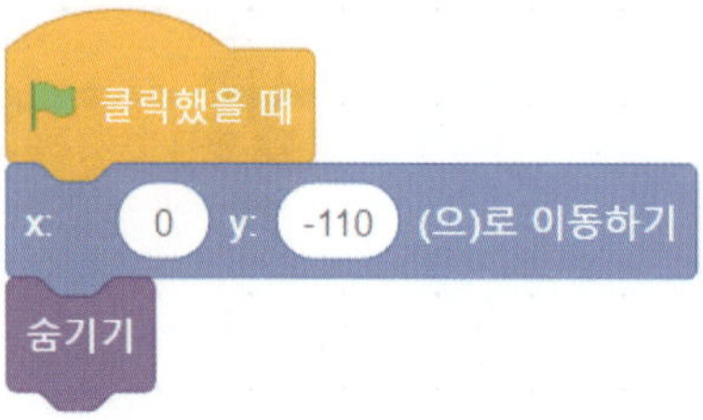

④ 각 포지션 스프라이트가 클릭되면 [~보이기 신호 보내기]를 한다. 텍스트 스프라이트는 ['~텍스트 보이기' 신호를 받았을 때] 블록을 이용하여 화면에 나타나도록 한다.

⑤ 각 포지션 스프라이트의 동작이 끝나면 ['~텍스트 숨기기' 신호를 받았을 때] 블록을 이용하여 화면에서 해당 텍스트를 숨긴다.

⑥ Batter 텍스트 스프라이트를 3개 복사하고 텍스트를 Catcher, Pitcher, Outfielder로 수정한다. 각 텍스트 스프라이트에 대하여 신호를 받을 메시지만 변경하여 스크립트를 완성한다.

【3】 야구 포지션 스프라이트

[단계1] 야구 포지션 스프라이트 추가하기

스프라이트 목록에서 프로젝트에 사용할 Batter, Catcher, Pitcher, Outfielder 스프라이트를 추가하고, 무대에 배열한다.

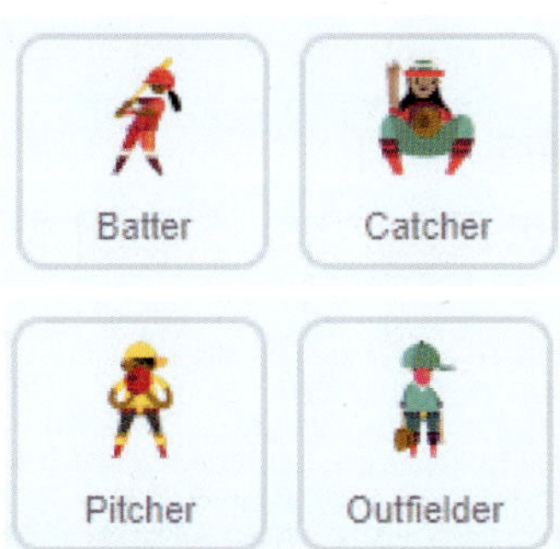

[단계2] 깃발 클릭했을 때

① 각 스프라이트가 무대와 잘 어울리도록 크기 설정을 한다. Catcher 스프라이트는 90%로, 나머지 스프라이트는 80%로 크기를 설정한다.

② 시작 모양은 각 스프라이트의 첫 번째 모양으로 선택한다.

③ 스프라이트의 시작 위치를 설정한다.

[Batter 스프라이트]

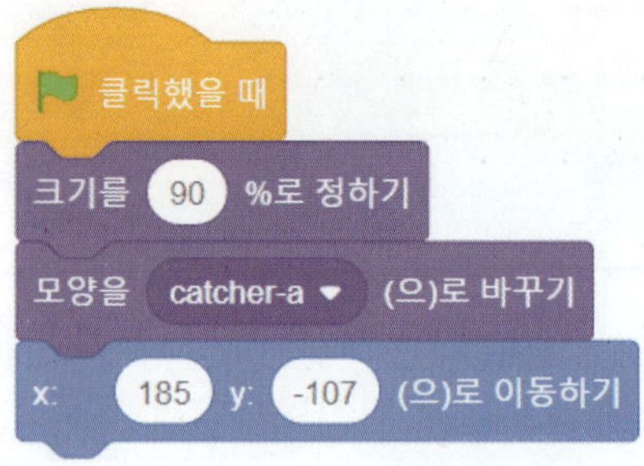

[Catcher 스프라이트]

[단계3] 스프라이트를 클릭했을 때

각 포지션 스프라이트는 클릭하면 무대 중앙으로 움직여서 스프라이트의 모양을 3번 반복하며, 동작 스프라이트 아래 포지션을 알려주는 텍스트 스프라이트가 보이도록 한다.

① 각 포지션에 맞는 텍스트를 무대에 나타내기 위해 텍스트 스프라이트에 신호 보내기를 한다. 만약 Batter 스프라이트를 클릭한 경우 ['Batter텍스트 보이기' 신호 보내기] 블록을 실행하여 Batter 스프라이트와 아래 'Batter' 텍스트가 무대에 보이도록 한다.

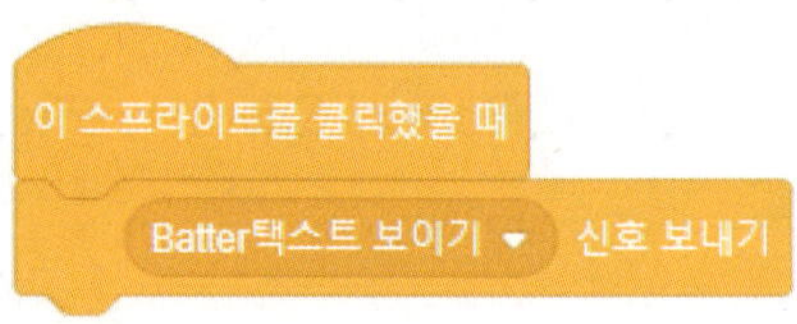

② 클릭된 포지션 스프라이트를 무대 중앙(0, 0)으로 이동시킨다.

③ 각 포지션 스프라이트의 모양이 4개씩 있으므로 [12번 반복하기]를 수행하여 각 동작을 3번씩 보여주도록 한다.

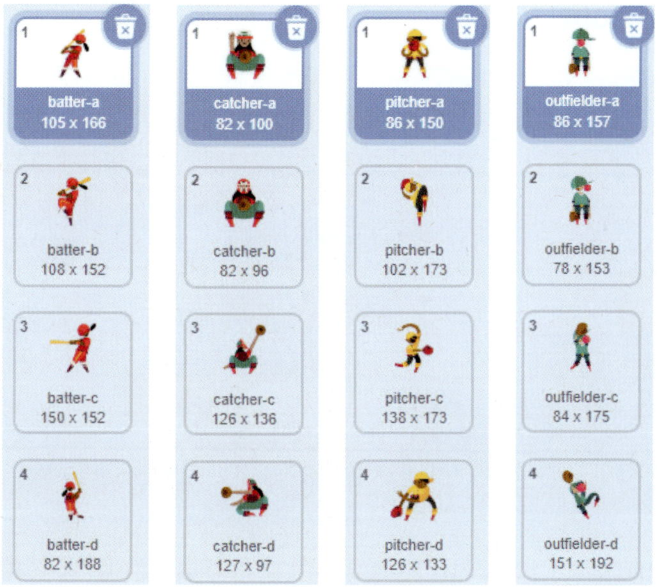

④ 모양을 첫 번째 모양으로 바꾸고 [~텍스트 숨기기 신호 보내기]를 한다. 포지션 스프라이트는 클릭하기 전 처음 위치로 이동한다.

⑤ ['사회자 부르기' 신호 보내기]를 실행하여 사회자가 무대에 나와 포지션을 클릭하라고 이야기한다.

각 포지션의 스크립트는 다음과 같다.

[Batter 스프라이트]

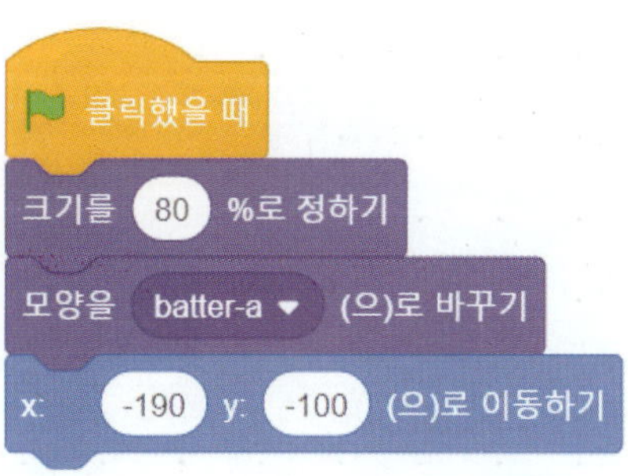

[Outfielder 스프라이트]

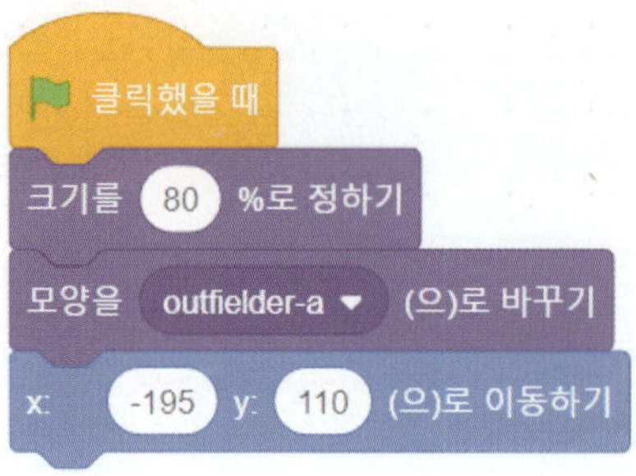

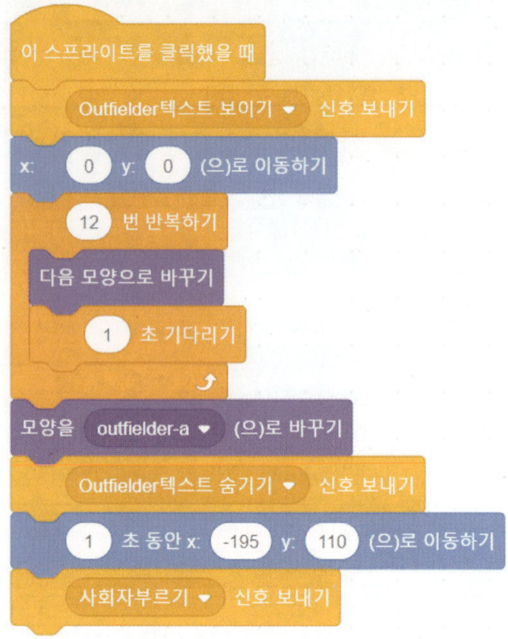

Catcher와 Pitcher 스프라이트도 동일하게 작성한다.

CHAPTER 07

제어 블록

프로그램은 다양한 문제들을 해결하기 위해 명령들을 실행하는 처리순서를 가지고 있다. 명령어가 쓰인 순서대로 수행하기도 하고, 조건에 따라 실행되는 명령의 순서가 바뀌기도 한다. 컴퓨터는 프로그래머가 작성해 놓은 명령대로 실행되기 때문에 컴퓨터가 처리해야 할 일의 순서에 맞게 명령어를 작성하는 것이 중요하다.
이번 장에서는 이러한 명령어들의 실행 순서를 제어하기 위해 스크래치에서 제공하는 제어 블록에 대하여 살펴보기로 하자.

7.1 프로그래밍 구조

컴퓨터가 명령을 수행하는 방법은 크게 순차구조, 선택구조 그리고 반복구조로 나누어 볼 수 있다.

7.1.1 순차구조

순차구조는 명령이 나열되어 있는 순서대로 처리하는 구조이다. 반드시 앞 단계의 명령이 처리된 후에 다음 명령이 수행될 수 있다. 예를 들어 음료수 한 병을 냉장고에 넣으려고 하는 경우, 어떤 순서대로 실행하면 될까?

냉장고 문을 연다. ➡ 음료수를 넣는다. ➡ 냉장고 문을 닫는다.

냉장고 문을 열지 않고 음료수를 넣을 수는 없다. 이처럼 순차구조는 하나의 명령을 처리한 후 다음 명령을 차례대로 실행하는 구조이며, 위에서 아래로 실행된다.

다음은 순차구조를 순서도로 표현한 것이다.

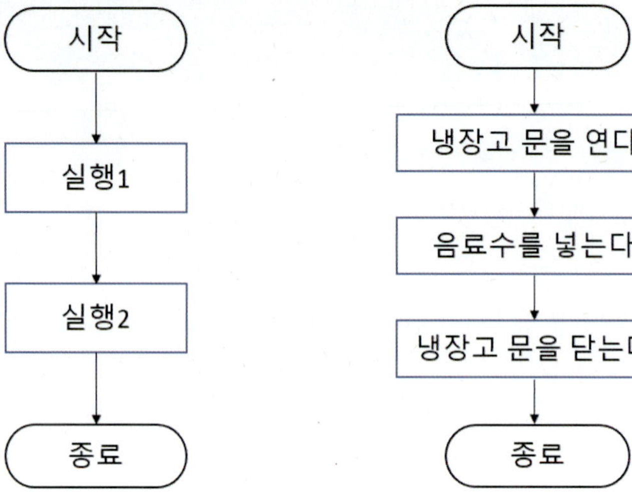

다음은 스크래치 블록을 이용하여 10만큼 움직인 후 2초 동안 말하기 명령을 수행하는 프로그램의 예이다. 명령을 수행하는 스프라이트는 움직이면서 말을 하는 것이 아니라 10만큼 움직인 후 "안녕"이라는 말을 하게 되며, 2초 동안 말하기가 끝난 후 다시 10만큼 움직이기 명령을 수행한다. 각 블록들은 위에서 아래 방향으로 하나씩 차례대로 실행된다.

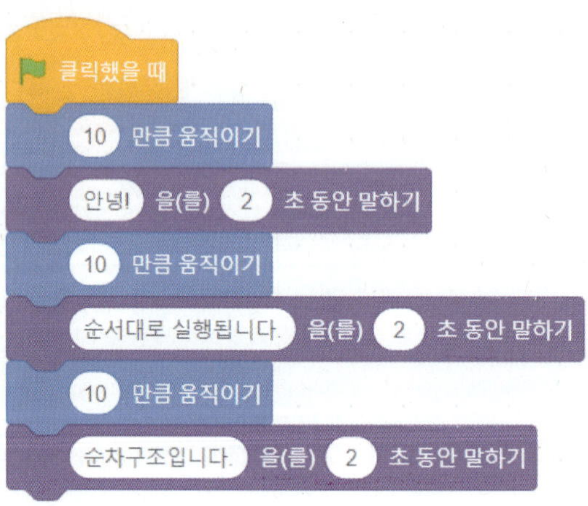

7.1.2 선택구조

그런데 만약에 음료수 100병을 냉장고에 넣으려고 한다면 어떻게 해야 할까? 냉장고에 충분한 공간이 있다면 순차구조와 같이 처리할 수 있겠지만, 냉장고에 음료수를 넣을 공간이 충분하지 못한 경우는 순차구조로 냉장고에 음료수를 모두 넣을 수 없다. 이런 경우는 어떻게 해결할 수 있을까?

냉장고 문을 연다.
➡ **음료수를 넣을 공간이 있다면** 음료수를 넣는다.
➡ 냉장고 문을 닫는다.

"냉장고 문을 연다. → 음료수를 넣는다. → 냉장고 문을 닫는다."는 앞의 순차구조와 동일하지만 선택구조에서는 한 가지 명령이 추가된다. 냉장고에 음료수를 넣을 공간이 있다면 음료수를 넣고 문을 닫을 것이고, 공간이 없다면 음료수는 넣지 못하고 냉장고 문을 닫을 것이다. 이처럼 선택구조는 주어진 조건에 따라 선택적으로 명령을 실행할 수 있는 구조이다. 이러한 경우에도 우리는 2가지 고민을 할 수 있다. 음료수를 모두 넣을 수 있는 공간이 없다면 음료수를 모두 냉장고에 넣지 않을 것인지, 아니면 일부만 넣을 것인지를 고려할 수 있다. 선택구조는 2가지 형태로 사용할 수 있다.

[선택구조1]은 조건에 만족하는 경우에 대한 처리만 있고, 조건에 만족하지 않는 경우에 대한 처리는 없는 구조 형태이다. 모든 음료수를 넣을 수 있는 공간이 충분한 경우에만 음료수를 냉장고에 넣고, 그렇지 않은 경우 어떻게 처리할 것인지에 대한 언급이 없다.

[선택구조1]

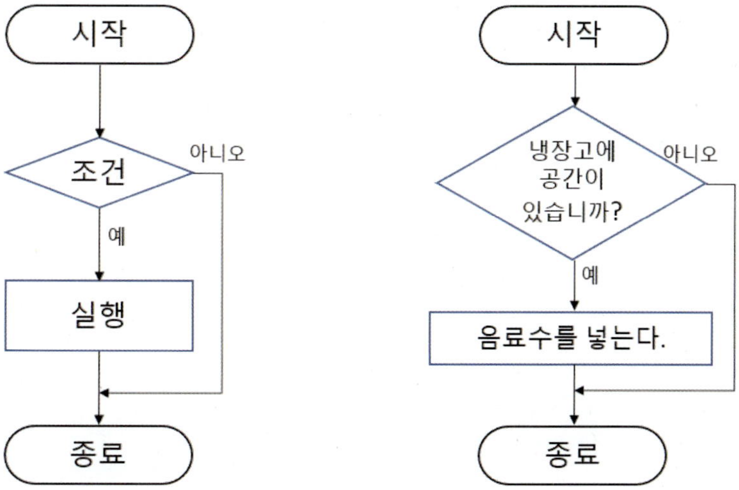

[선택구조2]는 조건에 만족하는 경우와 그렇지 않은 경우에 수행할 명령이 다른 경우의 구조이다. 냉장고에 충분한 공간이 있으면 음료수를 모두 냉장고에 넣고, 모두 넣을 수 있는 충분한 공간이 없다면 가능한 양의 음료수만 냉장고에 넣을 수 있다.

[선택구조2]

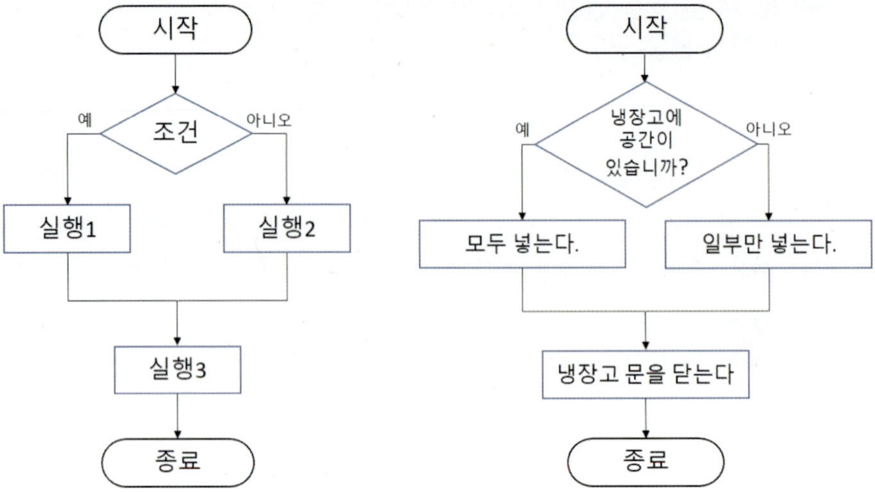

다음은 스크래치 블록을 사용하여 선택구조를 나타낸 것이다. 왼쪽 블록은 사용자로부터 감지 블록을 이용하여 나이를 입력받고, 나이가 19세보다 크면 "성인입니다."라고 말하고 그렇지 않으면 다른 명령의 실행 없이 프로그램이 종료되는 구조이다. 하지만 오른쪽 블록은 입력받은 나이가 19세보다 크면 "성인입니다."라고 말하고 그렇지 않으면 "미성년자입니다."라고 2초 동안 말하기를 실행하는 구조이다. 숫자를 입력받아 홀짝 판별을 하거나 성적에 따라 학점을 출력하는 프로그램 등 다양한 문제들을 선택구조로 해결할 수 있다.

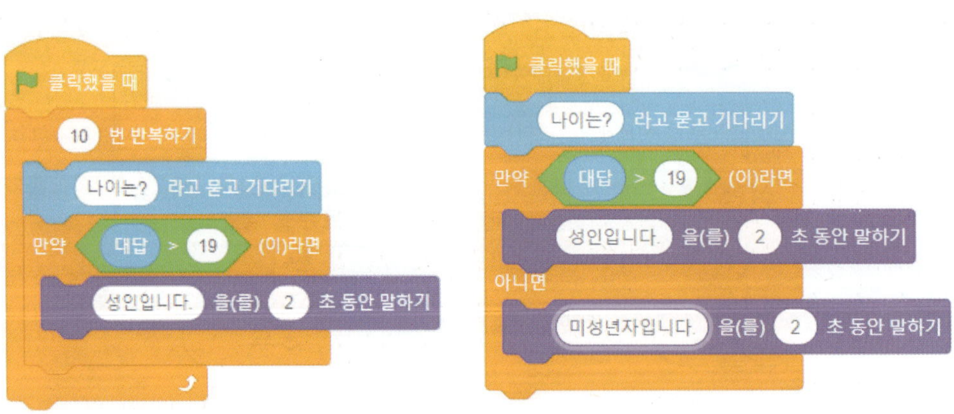

7.1.3 반복구조

12병이 한 세트인 음료수 10세트를 냉장고에 넣어야 한다면 어떻게 해야 할까? 선택구조 형태의 명령어를 1번 실행해서는 모든 음료수를 냉장고에 넣을 수는 없다. 1세트를 냉장고에 넣을 때와 똑같은 명령어를 10번 사용하면 음료수 10세트를 모두 냉장고에 넣을 수 있다.

같은 명령인데도 10번을 중복해서 사용하기 때문에 코딩이 복잡해지는 문제가 발생한다. 이런 경우에는 반복구조를 사용하여 블록을 간결하게 표현할 수 있다. 반복구조는 어떤 명령을 반복하여 수행하는 구조이며, 반복을 중단하기 위해서는 반복 횟수를 정해놓거나 특정 조건이 되면 반복을 멈추도록 명령문을 작성한다.

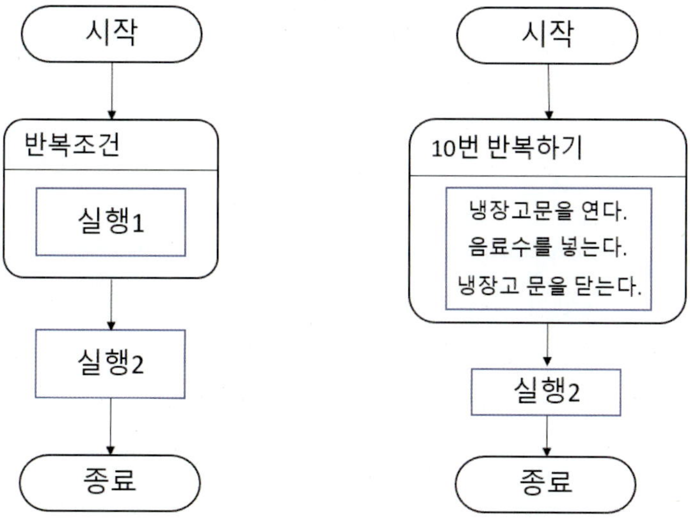

위에서 실행했던 성인 여부 판단 프로그램에서 선택구조만 사용하는 경우는 한 명에 대해서만 성인 여부를 판별할 수 있다. 10명에 대해서 성인 여부를 판별해야 하는 경우, 묻고 판별하는 과정을 10번 사용해야 한다. 이런 경우 프로그램의 블록이 불필요하게 길어지게 되므로 반복 블록을 사용하여 프로그램을 간결하게 작성할 수 있다.

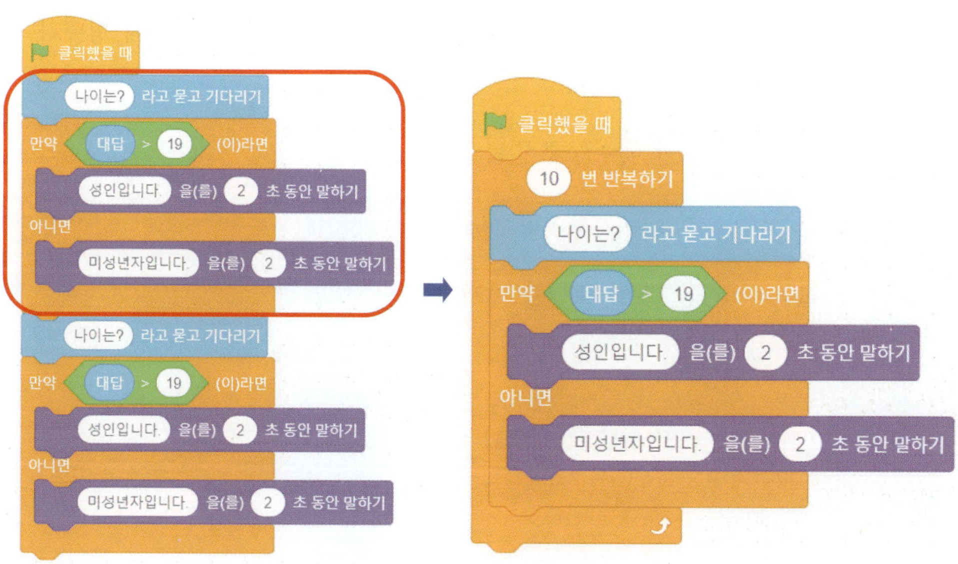

스크래치에서는 선택구조와 반복구조를 수행하기 위해 여러 가지 제어 블록을 사용하고 있다.

7.2 제어 블록의 종류

스크래치의 제어 블록은 반복수행을 할 수 있는 반복 블록, 조건에 따라 수행이 가능한 조건 블록, 실행 지연 블록, 멈추기 블록 그리고 복제하기 블록으로 나누어진다.

7.2.1 실행 지연 블록

실행 지연 블록은 스프라이트의 동작을 정해진 시간이나 조건에 만족될 때까지 기다리도록 하는 블록이다. 컴퓨터상에서 각 블록 명령들이 빠른 속도로 실행되기 때문에 블록 명령이 제대로 실행되고 있는지 정확하기 판별하기 어려운 경우나 기다리기가 필요한 부분에서 실행 지연 블록을 사용한다. 실행 지연 블록은 2가지 형태가 있다.

스프라이트의 동작을 정해진 시간동안 기다리기

스프라이트의 동작을 정해진 조건이 만족할 때까지 기다리기

7.2.2 반복 블록

반복 블록은 같은 동작을 여러 번 실행하려고 할 때 사용할 수 있는데, 3가지 형태가 있다.

지정한 횟수만큼 반복

프로그램이 종료될 때까지 무한 반복

조건이 만족될 때까지 반복

7.2.3 조건 블록

조건 블록은 2가지 형태가 있다.

조건이 만족하는 경우, 블록 안쪽의 명령어 실행

조건에 만족하는 경우는 [만약 ~ (이)라면] 안쪽의 명령 실행
조건에 만족하지 않는 경우는 [아니면] 안쪽의 명령 실행

7.2.4 멈추기 블록

멈추기 블록은 실행 중인 스크립트를 강제로 멈추는 기능으로 3가지 설정이 가능하다. 반복 블록에서 특정 조건에 만족하면 강제 종료하기 위해 사용할 수 있다.

- 모든 스프라이트의 스크립트를 멈춤
- 해당 스프라이트의 스크립트를 멈춤
- 해당 스프라이트의 다른 스크립트를 멈춤

7.2.5 복제하기 블록

스프라이트와 똑같은 객체를 하나 더 복제할 수 있는 기능으로 복제된 스프라이트들은 똑같은 스크립트를 가지고 있다.

자기 자신을 복제하거나 프로그램에서 사용되는 다른 스프라이트를 복제할 수도 있음

복제된 스프라이트가 실행할 스크립트 블록

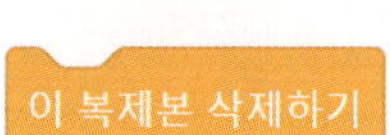

복제품을 삭제하는 기능
모든 복제품은 프로그램이 멈추면 모두 자동 삭제됨

7.3 제어 블록 활용하기

사막에서 길 잃은 강아지가 맛있는 먹이를 찾아가는 프로그램을 작성하면서 블록들의 사용법을 알아보도록 하자.

[알고리즘]

가. 강아지(Dot) 스프라이트

① 스프라이트의 크기를 90%로 정하기

② 화살표 키를 이용하여 무대의 상하좌우로 움직이기

③ 만약 강아지 스프라이트가 도넛에 닿으면 "도넛이다~"라고 3초 동안 말하고, 그렇지 않으면 "아.. 배고파.."라고 말하기

나. 도넛(Donut) 스프라이트

① 스프라이트 크기를 40%로 정하기

② 나 자신 복제하기

③ 복제되었을 때

a. 임의의 위치로 이동하기

b. 보이기

c. 좌우로 20만큼씩 움직이기

d. 만약 강아지(Dot)에 닿으면 숨기고 3초 후 복제하기

e. c와 d 단계를 무한 반복하기

7.3.1 도넛 스프라이트에 대한 스크립트를 작성해보자.

배고픈 강아지가 도넛을 잘 볼 수 있도록 오른쪽 왼쪽으로 왔다 갔다 하는 동작을 만들려고 한다. 동작 블록을 이용해서 3번 좌우로 움직이도록 만들어보자.

이처럼 스크립트를 작성해보자.
도넛이 무대에서 좌우로 움직이는 것을 볼 수 있을까?
분명히 스크립트에서는 좌우로 움직이도록 블록을 배치하였지만, 무대에서는 전혀 움직이지 않는 것처럼 보인다.
실제로는 빠른 속도로 좌우로 움직이고 있지만, 우리가 전혀 감지할 수 없는 상태인 것이다.

이 문제는  블럭을 이용하여 해결할 수 있다.
[만큼 움직이기] 블록 사이에 **[초 기다리기]** 블록을 사용하여 지연 시간을 줌으로써 무대에서 도넛 스프라이트가 좌우로 움직이는 효과를 볼 수 있다.
기다리는 시간을 1초보다 줄여서 사용하면,
더 빨리 도넛 스프라이트를 좌우로 움직이도록 할 수 있다.

만약 도넛을 3번만 좌우로 움직이는 것이 아니라 10번 반복해서 좌우로 움직이도록 하는 경우, 모든 블록을 스크립트 창에 나열하면 스크립트가 매우 길어지고 복잡해진다. 이런 경우에는 반복 블록을 사용하면 스크립트들을 짧게 작성할 수 있다. 먼저 스크립트에서 반복되는 블록을 찾아 한 세트만 남기고 나머지는 삭제한다. 그리고 [~번 반복하기] 블록을 사용하여 반복할 횟수를 지정하고 반복 블록 안에 반복 실행할 블록을 넣으면 스크립트를 간결하게 작성할 수 있다.

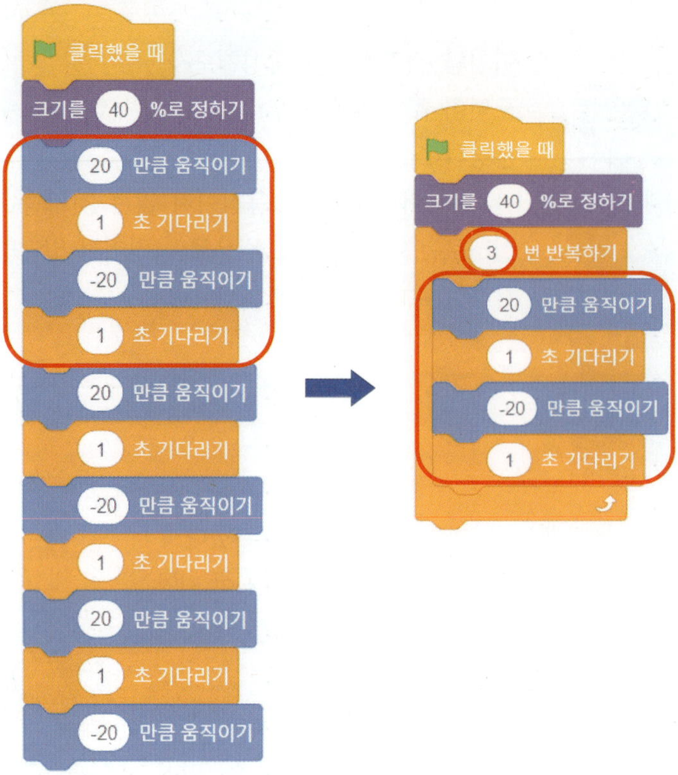

이 예제에서는 도넛 스프라이트가 강아지 스프라이트와 닿을 때까지 좌우로 움직이도록 하기 위해서 [~번 반복하기] 블록 대신 [무한 반복하기] 블록을 사용한다. 도넛 스프라이트가 좌우로 빨리 움직이게 하도록 기다리기 시간은 0.5초로 설정한다.

만약 도넛에 마우스를 올리면 움직임을 멈추게 하기 위해서는 [~까지 반복하기] 블록을 사용한다. 깃발 버튼을 클릭하면 도넛 스프라이트는 좌우로 움직이다가 마우스를 도넛 스프라이트

위에 올리면 좌우로 움직임이 멈춘다. 이처럼 특정 조건을 만족할 때까지만 반복하고자 하는 경우는 [~까지 반복하기] 블록을 사용한다.

7.3.2 강아지(Dot) 스프라이트의 스크립트를 작성해보자.

화살표 키를 이용하여 강아지가 도넛을 찾아 화면을 돌아다니도록 하려고 한다. 오른쪽 화살표 키가 눌렸다면 오른쪽으로, 왼쪽 화살표 키가 눌렸다면 왼쪽으로 움직이도록 한다.

① [감지] 블록 중 

로 오른쪽 화살표 키가 눌렸는지 감지하도록 조건을 설정한다.

② 조건에 만족하는 경우 강아지 스프라이트가 오른쪽으로 10만큼 움직이도록 스크립트를 작성하기 위해 [만약 ~ (이)라면] 블록을 사용한다.

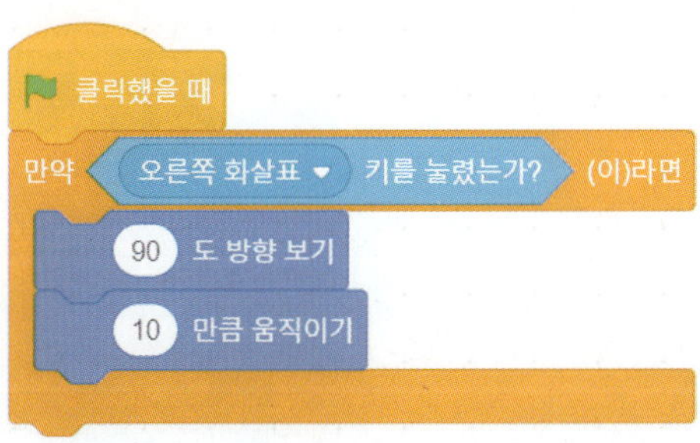

이제 실행시켜 보자. 오른쪽 화살표 키를 여러 번 클릭해도 강아지 스프라이트는 한 번만 오른쪽으로 10만큼 움직이고 더 이상 움직이지 않는다. 무슨 문제가 있는 것일까?
왜냐하면 조건 블록은 한 번만 실행되기 때문이다. 화살표 키를 이용해서 강아지 스프라이트가 프로그램이 종료되기 전까지 계속 움직이기 위해서는 [무한 반복하기] 블록과 함께 스크립트를 작성하여야 한다. 위에서 작성한 스크립트는 다음과 같이 수정하자.

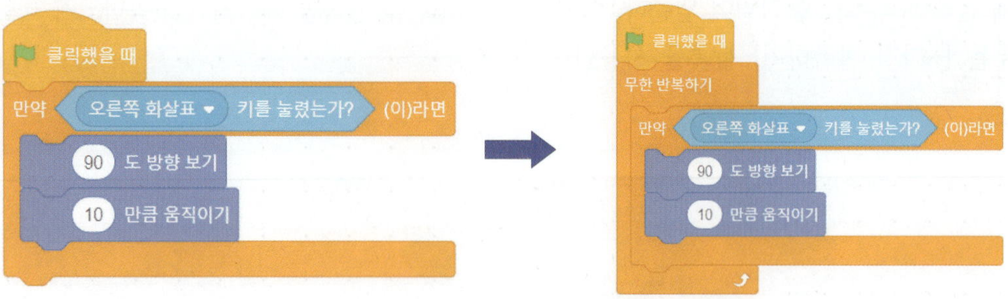

강아지 스프라이트의 움직임 스크립트를 완성해보자.

① 시작할 때 강아지가 돌아서 있는 모습을 만들기 위해 시작 모양을 [dot-d]로 바꾼다.
② 강아지 스프라이트의 크기를 90%로 한다.
③ 강아지 스프라이트의 시작 위치를 (-170, -90)으로 설정한다.
④ "사막에서 강아지가 길을 잃었습니다…" 메시지를 2초 동안 말하기 한다.
⑤ 강아지 스프라이트의 모양을 dot-b로 바꾼다.
⑥ 프로그램이 종료될 때까지 화살표 키를 이용하여 오른쪽, 왼쪽, 위쪽, 아래쪽으로 움직이도록 한다.

조건에 만족하는 경우와 만족하지 않는 경우의 블록을 다르게 실행하려고 할 때 [만약 ~ (이)라면, 아니면] 블록을 사용할 수 있다. 강아지 스프라이트가 도넛 스프라이트에 닿으면 "도넛이다~~" 라고 이야기하고 그렇지 않으면 "아..배고파.."라고 이야기하도록 스크립트를 작성해보자.

[복제하기] 블록을 사용하여 강아지가 도넛을 먹으면 임의의 위치에 다시 도넛이 나타나도록 도넛 스프라이트의 스크립트를 수정하여 보자.

① 시작 깃발을 클릭하면
② 도넛 스프라이트의 크기를 40%로 설정
③ 도넛 스프라이트 복제

[복제하기] 블록이 실행되면 [복제되었을 때] 블록이 동작하게 된다. 도넛 스프라이트가 복제된 후 동작을 [복제되었을 때] 블록을 사용하여 작성하여 보자.

① [연산] 블록 중 (1 부터 10 사이의 난수) 을 이동하기 블록과 함께 사용하여 도넛 스프라이트가 화면의 임의의 위치(x, y)로 이동하도록 설정한다.
② 도넛 스프라이트는 강아지 스프라이트와 닿기 전까지 좌우로 움직인다.
③ 만약 강아지 스프라이트와 닿으면 도넛 스프라이트는 화면에서 숨긴다.
④ 3초를 기다린 후에 [복제하기] 블록을 사용하여 새로운 도넛 스프라이트를 다시 복제하도록 한다. 새로운 도넛 스프라이트가 복제되면 [복제되었을 때] 블록이 다시 실행된다.

7.4 업그레이드하기

위에서 작성된 스크립트에 사과 스프라이트를 추가하여 강아지 스프라이트가 사과 스프라이트에 닿으면 프로그램을 종료하도록 수정해 보자.

[강아지(Dot) 스프라이트]

① 강아지 스프라이트가 [게임 시작] 신호를 보낸다.

② [게임 시작] 신호를 받으면 강아지 스프라이트가 상하좌우로 움직일 수 있도록 한다.

③ [게임 시작] 신호를 받으면 강아지 스프라이트가 도넛에 닿으면 "도넛이다", 그렇지 않으면 "아..배고파" 말하기를 한다.

④ [게임 시작] 신호를 받으면 강아지 스프라이트가 사과(Apple) 스프라이트에 닿았는지 감지하고 닿았다면 프로그램을 종료한다.

[도넛(Donut) 스프라이트]

① 강아지 스프라이트로부터 [게임 시작] 신호를 받으면 [나 자신 복제하기]를 실행한다.

[사과(Apple) 스프라이트]

사과 스프라이트를 추가하고 다음과 같이 스크립트를 작성한다.

① 시작 깃발을 클릭하면 화면에서 숨기고, 사과 스프라이트를 크기를 40%로 정한다.

② 강아지 스프라이트로부터 [게임 시작] 신호를 받으면 임의의 위치 (x, y)로 이동하고, 사과 스프라이트를 복제한다.

③ 사과 스프라이트 복제는 3번 수행한다.

④ 복제되었을 때 무대에 사과 스프라이트가 보이도록 한다.

[강아지 스프라이트]

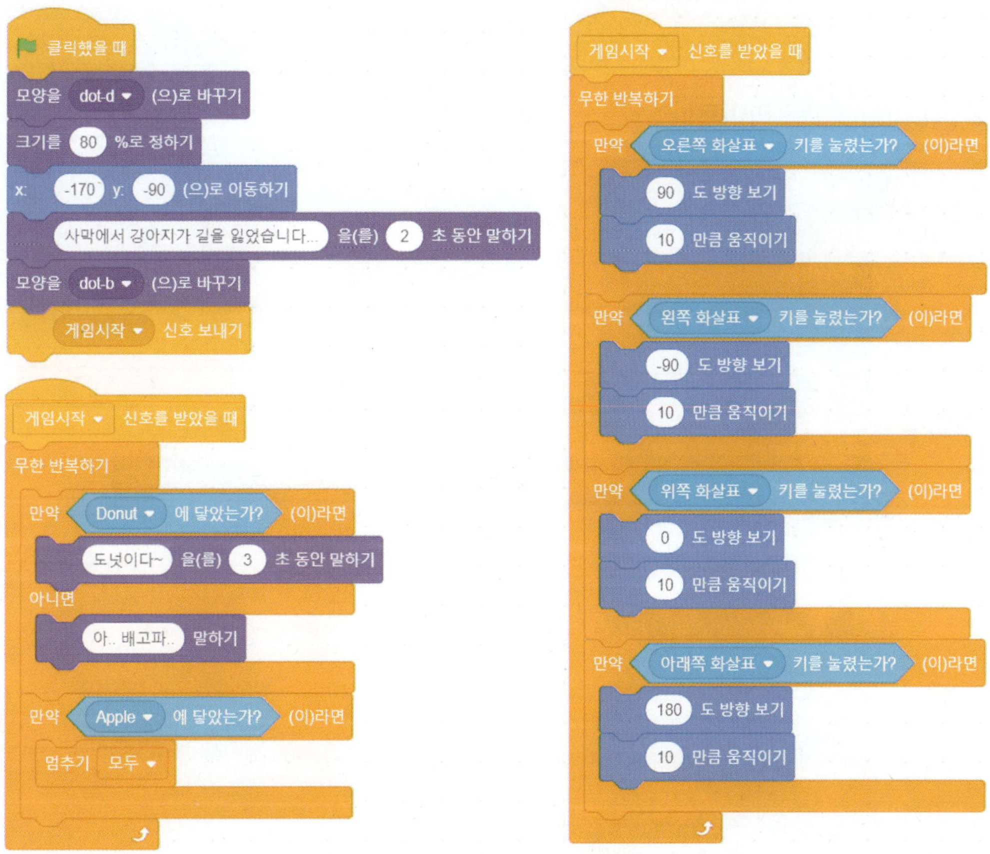

[사과(Apple) 스프라이트]

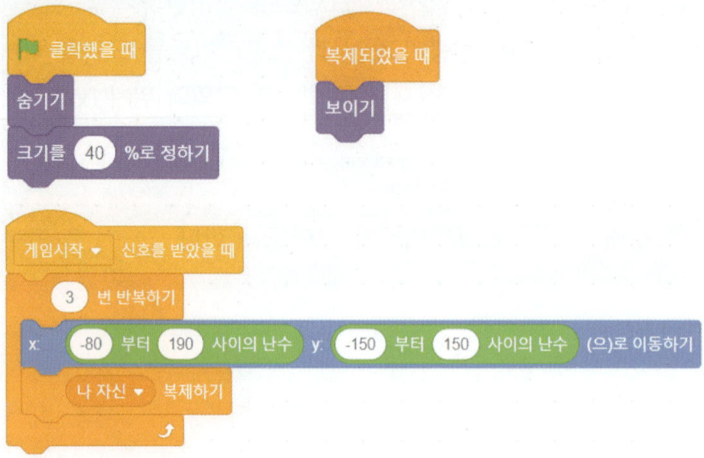

[도넛(Donut) 스프라이트]

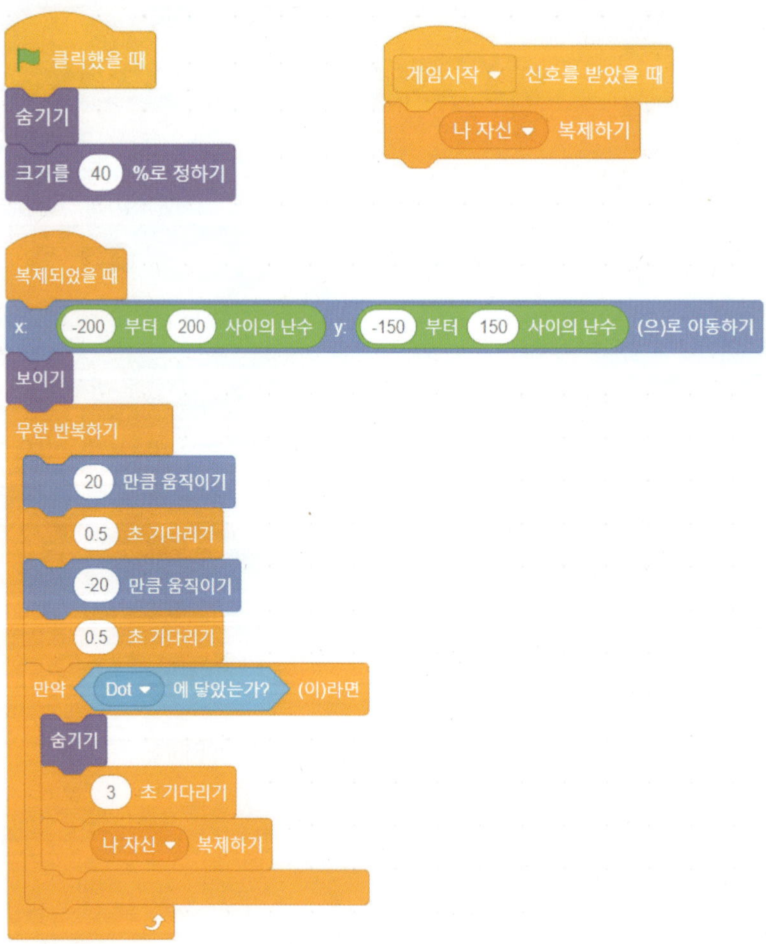

7.5 실전 연습

(문제1)
배송비를 입력받고, 배송비가 3,000원 이하이면 "주문하겠습니다.", 그렇지 않으면 "주문을 취소하겠습니다."를 2초 동안 말하는 스크립트를 작성하시오.

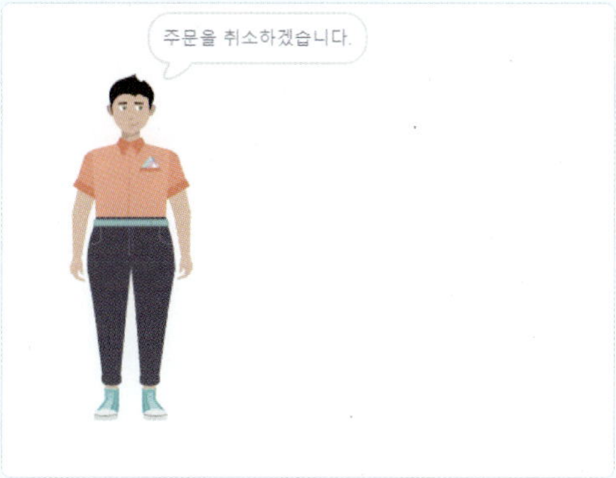

[알고리즘]

① 배송비를 묻는다.

② 배송비가 3000원보다 많으면 "주문을 취소하겠습니다." 2초 동안 말하고, 그렇지 않으면 "주문하겠습니다." 2초 동안 말하기 설정한다.

(문제2)
학생들의 성적을 입력받고
성적이 80점 이상이면 “당신의 학점은 A입니다.”,
60점 ~ 79점이면 “당신의 학점은 B입니다.”,
60점 미만이면 “당신의 학점은 C입니다.”를
2초 동안 말하는 스크립트를 작성하시오.
그리고 이를 5명에 대하여 수행할 수 있도록 작성하시오.

[알고리즘]

① “성적을 입력하세요”라고 묻는다.
② 입력한 값이 80점 이상이면 “당신의 학점은 A입니다.” 2초 동안 말한다.
③ 입력한 값이 80점 이상이 아니면 다시 [만약 ~ (이)라면, 아니면] 블록을 이용하여 성적이 60점 이상인지 비교한다.
④ 60점 이상이면 “당신의 학점은 B입니다.”, 그렇지 않으면 “당신의 학점은 C입니다”를 2초 동안 말한다.

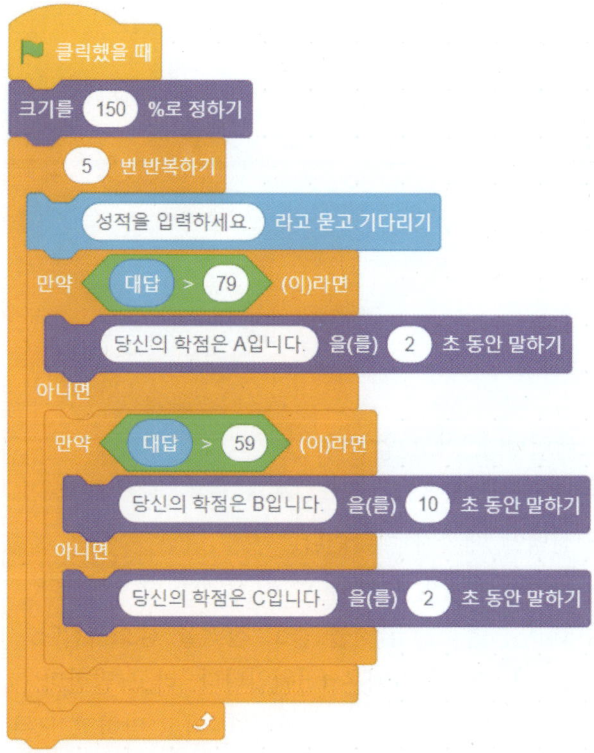

(문제3)
다음과 같은 메뉴를 가진 통장관리 프로그램을 작성해보자.
입금하기 : 1 / 출금하기 : 2 / 잔액확인 : 3 / 종료 : 4

[알고리즘]

① "통장관리 프로그램입니다."라고 말한다.
② 사용자에게 메뉴를 알려준다.
③ 사용자가 메뉴를 선택할 때까지 기다린다.
④ 사용자가 1을 입력하면, 입금할 금액을 묻고 잔액을 증가시킨다.
⑤ 사용자가 2를 입력하면, 출금할 금액을 묻고 잔액을 감소시킨다.
⑥ 사용자가 3을 입력하면, "현재 잔액은 ( )원입니다."라고 말한다.
⑦ 사용자가 4를 입력하면, "프로그램을 종료합니다."라고 말하고 모든 스크립트를 멈춘다.

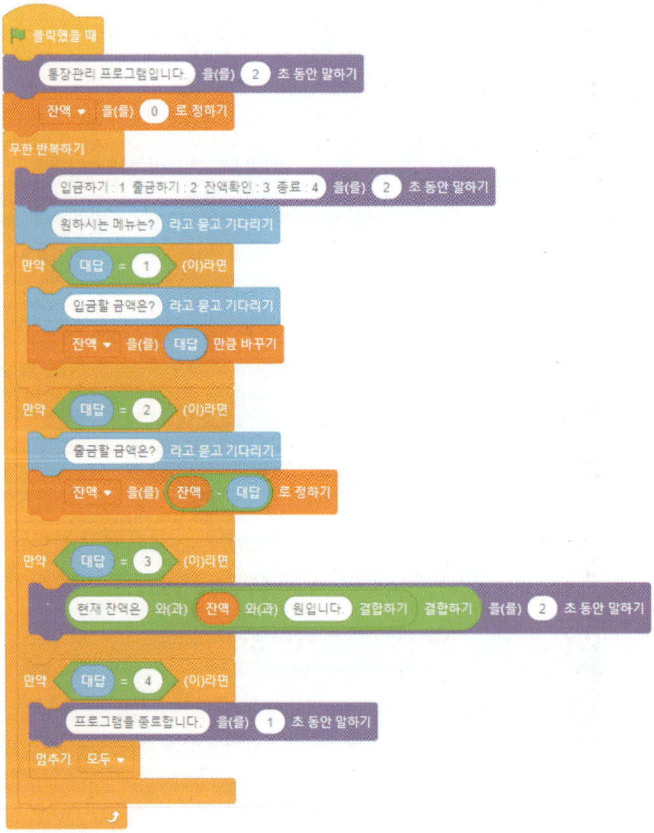

CHAPTER 08

감지 블록

프로그램을 작성하기 위해서는 여러 가지 조건들이 필요하다. 스프라이트 간의 거리나 특정 키가 눌렸는지, 벽에 닿았는지 또는 어떤 색에 닿았는지 등의 조건에 따라 다양한 스크립트들을 작성할 수 있다. 스크래치 프로그램에서는 이러한 다양한 상황들을 판별할 수 있는 감지 블록(Sensing Block)을 제공하고 있다. 다양한 감지 블록에 대하여 살펴보자.

8.1 감지 블록의 종류

스크래치에서 제공하고 있는 감지 블록은 다음과 같다.

감지 블록	기　　능
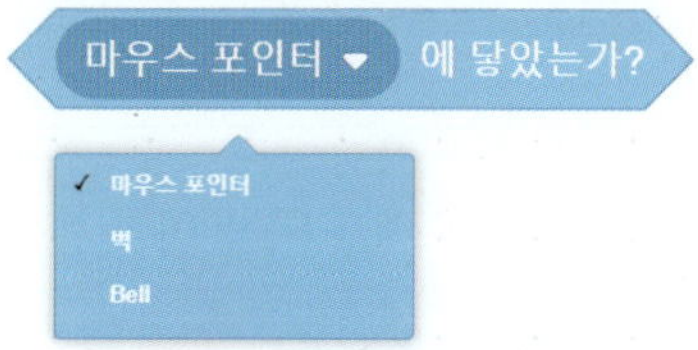	스프라이트가 마우스 포인터, 벽 그리고 프로젝트에서 사용 중인 다른 스프라이트(Bell)에 닿았는지 감지
	스프라이트가 설정된 색(빨간색)에 닿았는지 감지 색 부분을 클릭하면 색상 팔레트가 보임
	첫 번째 색(왼쪽)이 두 번째 색(오른쪽)에 닿았는지 감지 스프라이트 내의 첫 번째 색이 배경이나 다른 스프라이트의 두 번째 색에 닿았는지 감지

	스프라이트에서 마우스 포인터나 다른 스프라이트까지의 거리를 나타냄
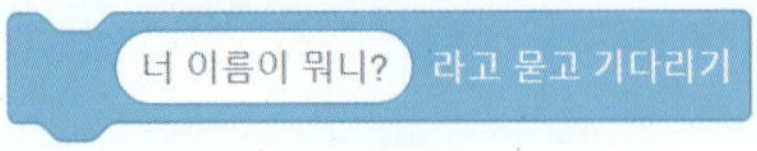	사용자로부터 데이터를 입력받기 위해 사용 사용자에게 질문을 하고 대답할 때까지 대기
	[묻고 기다리기] 블록에서 사용자가 입력한 대답 저장
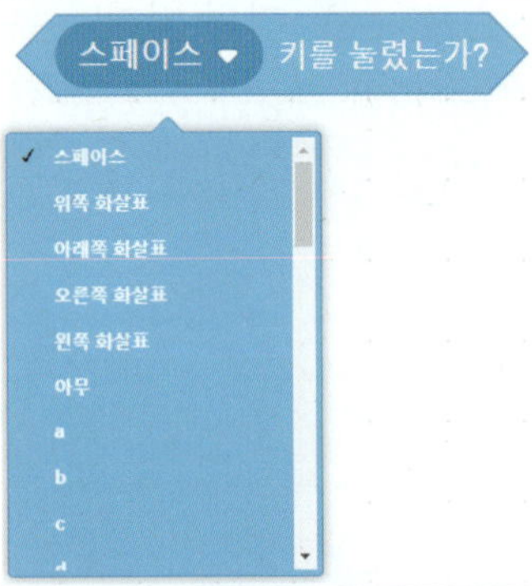	스페이스 키, 화살표 키, 알파벳, 숫자 키가 눌렸는지 감지
	마우스가 클릭되었는지 감지
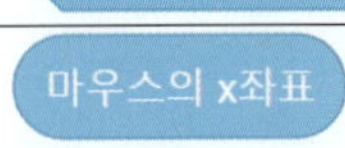	마우스 포인터의 x좌표
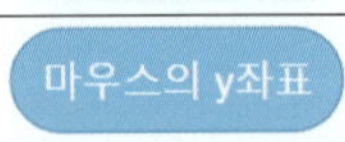	마우스 포인터의 y좌표
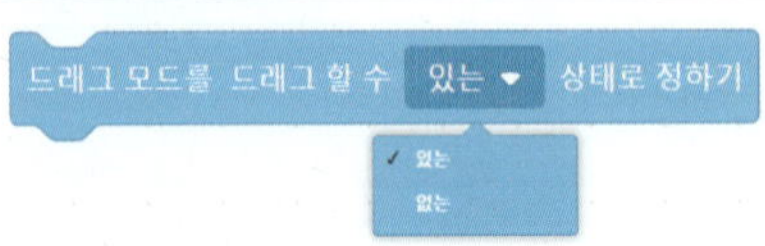	전체 화면 실행 시 스프라이트의 드래그 가능 여부 설정 (기본값은 드래그할 수 없음)
	마이크의 음량 감지
	프로젝트를 시작하는 순간부터의 시간을 초 단위로 측정
	타이머를 0.0으로 초기화
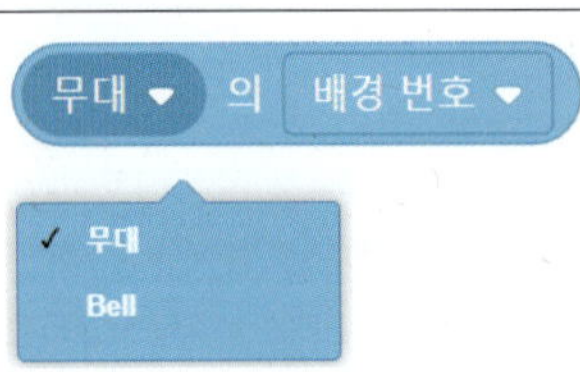	무대나 다른 스프라이트의 속성(x좌표, y좌표, 방향, 모양번호, 이름, 크기 음량 등) 감지

현재 년 ▾ ✓ 년 월 일 요일 시 분 초	현재 시간(년, 월, 일, 요일, 시, 분, 초) 감지 요일은 1(일요일) ~ 7(토요일)로 표시
2000년 이후 현재까지 날짜 수	2000년 1월 1일부터 현재까지의 날짜 수
사용자 이름	현재 스크래치 프로그램을 사용하는 사용자의 ID(스크래치 사이트 ID)

8.2 감지 블록 활용하기

병아리가 마우스의 위치를 감지하여 위치를 이동하면서 무대에 나타나는 볼을 터트리는 프로젝트를 통해 감지 블록의 사용법을 알아보자.

게임은 다음과 같이 진행한다.

① 병아리(Chick) 스프라이트는 마우스의 좌표를 따라다닌다.
② 볼(Ball, Ball2) 스프라이트는 임의의 위치에 나타난다.
③ 볼이 병아리 스프라이트와 닿으면 사라진다.
④ 병아리 스프라이트가 뱀(Snake) 스프라이트에 닿으면 1초 동안 움직일 수 없다.
⑤ 게임은 20초 동안 진행된다.

각 조건을 만족하는 스크립트를 작성해보자.

8.2.1 병아리 스프라이트의 스크립트 작성하기

무대에 나타나는 볼을 터트리기 위해 움직이는 병아리(Chick) 스프라이트에 대한 스크립트를 작성해보자.

[단계1] (시작 깃발)을 클릭했을 때

① 화면 정중앙 (0, 0)에서 병아리 스프라이트가 시작하도록 시작위치를 설정한다.

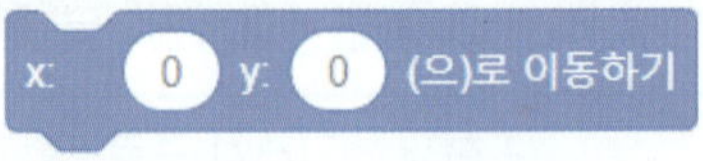

② 게임에 대한 설명 메시지를 표시한다.

a. "마우스를 이용하여 병아리가 볼을 터트리도록 하는 게임입니다." 2초 동안 말하기

b. "Snake에 닿으면 1초 동안 병아리를 움직일 수 없습니다." 2초 동안 말하기

c. "게임은 20초 동안 진행됩니다." 2초 동안 말하기

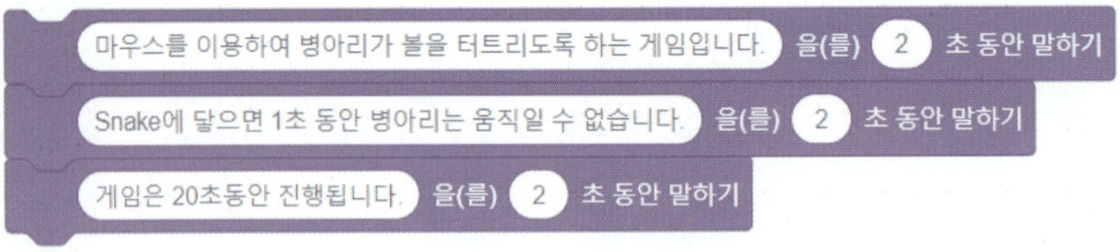

③ "게임 시작" 신호를 보낸다.

무대에서 동작하는 모든 스프라이트들이 프로그램을 시작하는 [깃발을 클릭했을 때] 동작을 하는 것이 아니라, 게임에 대한 메시지를 말한 후 동작할 수 있도록 제어하기 위해 [신호 보내기] 블록을 이용하여 "게임 시작" 신호 보내기를 수행한다.

④ 병아리의 입이 움직이는 것처럼 나타내기 위해 모양 바꾸기를 한다.

게임 실행동안 병아리의 움직임을 동적으로 표현하기 위해 입 모양을 바꾸도록 설정한다. 병아리 스프라이트의 모양 탭을 클릭하면 사용 가능한 병아리 이미지를 확인할 수 있다. 무한 반복 블록을 사용하여 chick-a와 chick-b 이미지를 0.5초 간격으로 모양 바꾸기를 수행하면 게임이 진행되는 동안 병아리의 입 모양이 변경되는 것을 볼 수 있다.

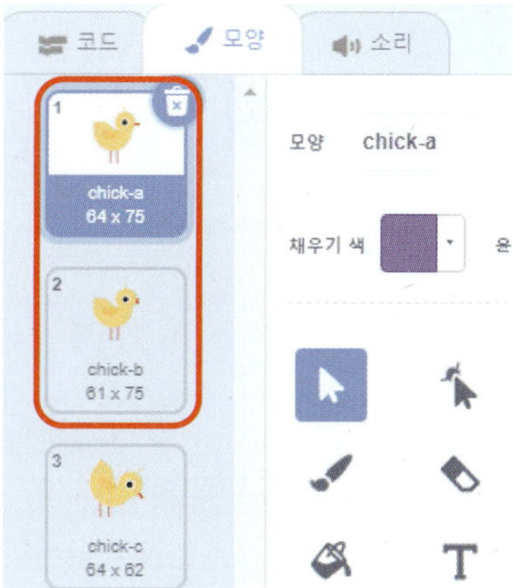

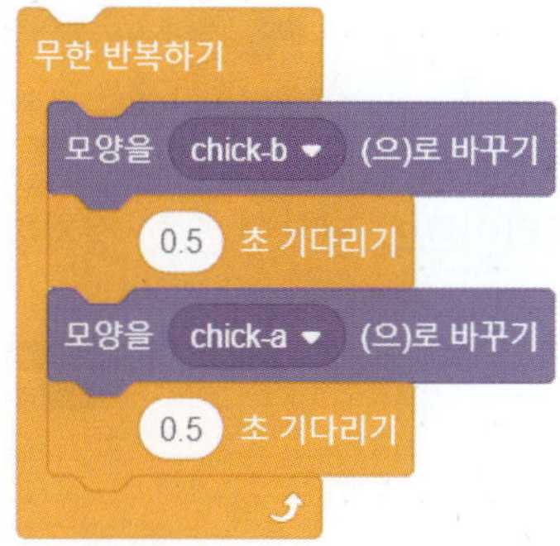

지금까지 작성한 전체 스크립트는 다음과 같다.

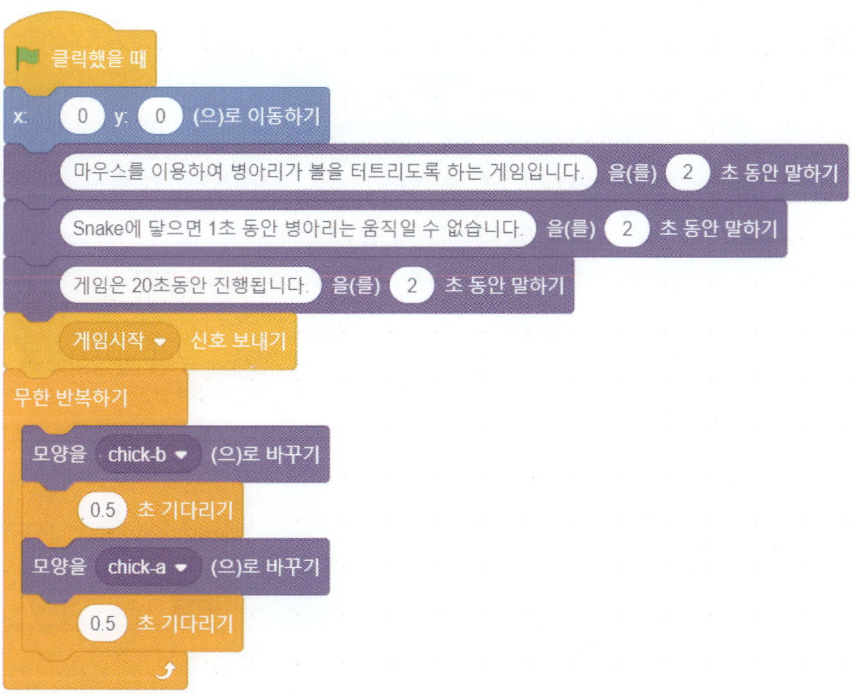

[단계2] "게임 시작" 신호를 받았을 때

[단계1]에서는 [깃발을 클릭했을 때] 수행해야 하는 기본 설정 스크립트를 작성해보았다. 이번 단계에서는 [게임 시작 신호를 받았을 때] 병아리 스프라이트의 동작을 설정하는 스크립트를 작성해보자.

① 마우스를 움직이면 병아리 스프라이트가 마우스를 따라 이동한다.

② 뱀 스프라이트에 닿으면 1초 정지한다.

③ 만약 시간이 20초가 지나면 병아리 스프라이트를 시작 위치 (0, 0)으로 이동시키고 "게임 종료" 신호를 보낸다.

모든 과정은 게임이 진행되는 동안 계속 실행되어야 하므로 전체를 무한 반복하도록 스크립트를 작성해야 한다. 전체 스크립트는 다음과 같다.

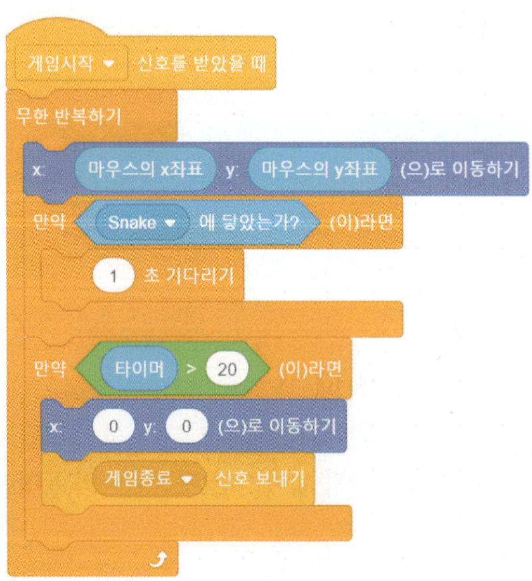

[단계3] "게임 종료" 신호 받았을 때

시간이 20초를 넘으면 "게임 종료" 신호를 모든 스프라이트들에게 보낸다. "게임 종료" 신호를 받으면 제어 블록의 [멈추기] 블록을 사용하여 모든 스크립트를 멈추도록 설정한다.

8.2.2 볼(Ball, Ball2) 스프라이트의 스크립트 작성하기

볼 스프라이트는 2개(Ball, Ball2)를 사용한다. 이때, 각각의 스크립트를 따로 작성하지 않고 하나의 볼에 대한 스크립트를 작성한 후 볼 스프라이트를 복사하면 간단하게 같은 스프라이트를 여러 개 생성할 수 있다. 우선 볼 스프라이트 1개를 스프라이트 창에 추가하고 다음 스크립트를 작성해보자.

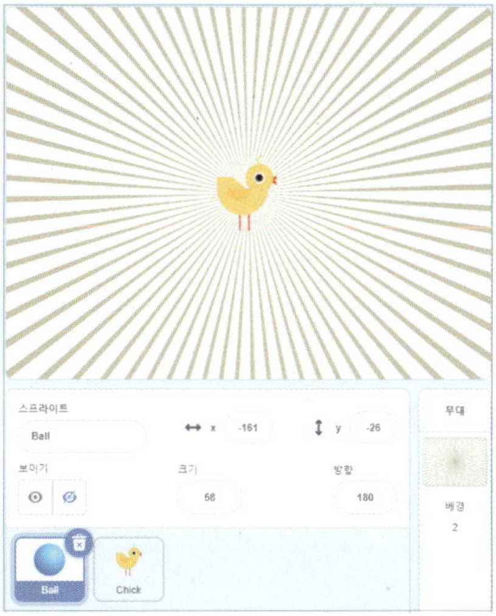

[단계1] (시작 깃발)을 클릭했을 때

볼 스프라이트는 "게임 시작" 신호를 받았을 때 화면에 나타나야 하므로 처음에 게임 시작 깃발을 클릭했을 때는 화면에서 보이지 않도록 숨기기를 실행한다.

[단계2] "게임 시작" 신호 받았을 때

① 볼이 일정 시간이 지나면 규칙적으로 나타나는 것이 아니라 정해진 시간 범위 안에서 랜덤하게 나타나도록 하기 위해 [~초 기다리기] 블록과 [~부터 ~사이의 난수] 블록을 사용하여 스크립트를 작성한다. 시간은 0.1~0.5로 설정하였다.

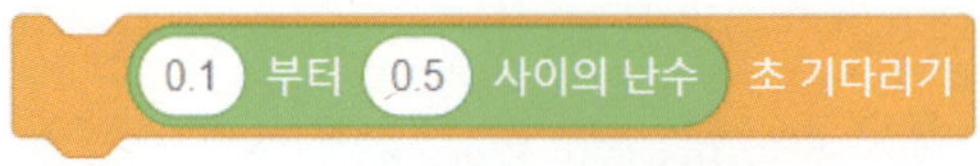

② 무대에 나타나는 볼의 크기도 다양하게 하기 위해 [크기 정하기] 블록과 [~부터 ~사이의 난수] 블록을 사용하여 스크립트를 작성한다.

③ 볼에 대한 설정이 끝나면 무대의 무작위 위치로 볼을 이동한 후, 무대에 보이도록 한다.

[무작위 위치로 이동하기] 블록을 사용하는 경우 볼 스프라이트가 보이는 범위는 화면 전체가 된다. 만약 볼이 나타나는 범위를 지정하고 싶다면 [난수] 블록과 [이동하기] 블록을 함께 사용하여 스크립트를 작성할 수도 있다.

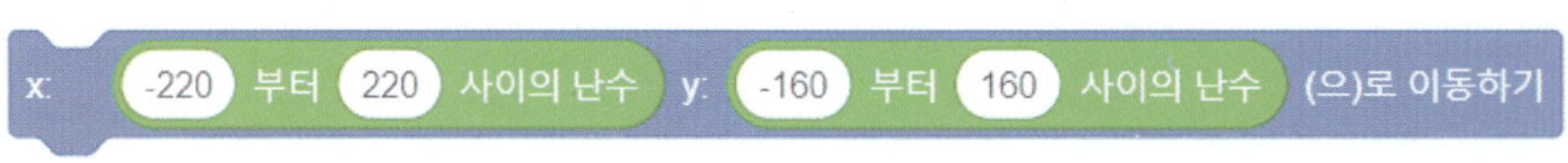

④ 볼이 병아리 스프라이트에 닿으면 무대에서 숨긴다. 이때 [만약 ~라면] 블록을 사용할 경우 병아리 스프라이트에 닿았는지 평가한 후, 닿지 않았으면 블록을 벗어나 다음 블록을 실행하게 되어 무대에 많은 볼 스프라이트가 생성된다. 그러므로 [까지 기다리기] 블록을 이용하여 병아리가 볼에 닿을 때까지 다음 블록의 실행을 지연시키면 무대에 많은 볼이 생성되는 것을 막을 수 있다.

전체 스크립트는 다음과 같다.

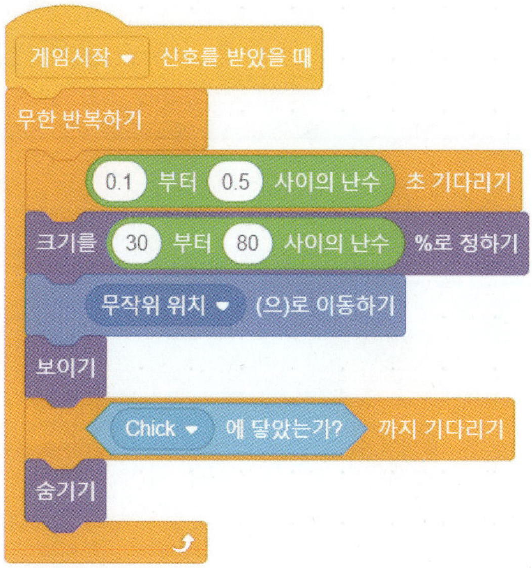

볼 스크립트가 다 작성되었으면, 스프라이트 창에서 볼 스프라이트를 선택하고 마우스 오른쪽 버튼을 클릭하여 볼 스프라이트를 복사한다. 스프라이트 창에 볼 스프라이트가 1개 추가된다.

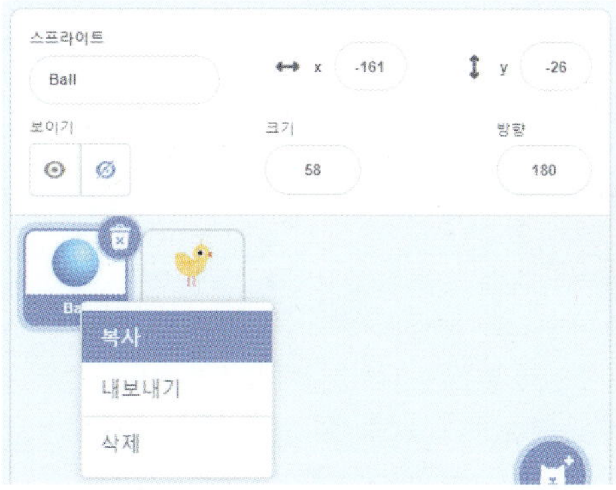

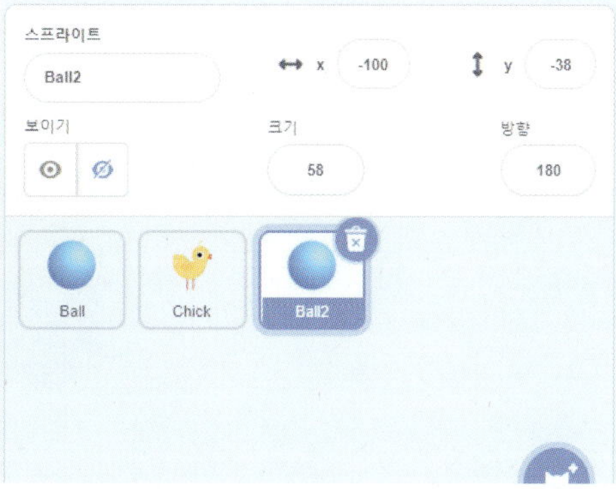

Ball2 스프라이트의 볼의 색은 모양 탭을 클릭하여 원하는 색의 볼을 선택한다.

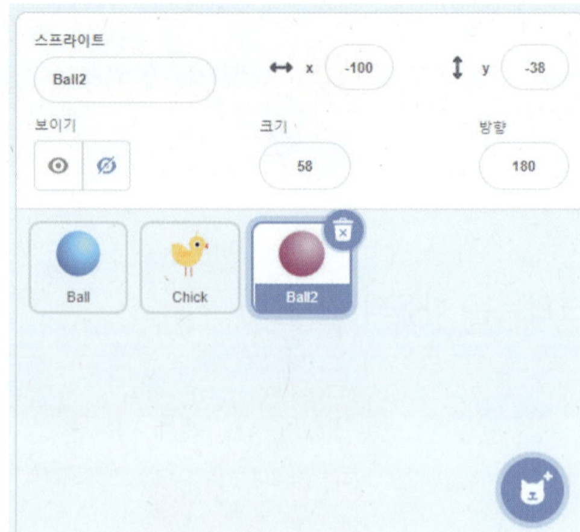

[단계3] "게임 종료" 신호 받았을 때

"게임 종료" 신호를 받으면 볼 스프라이트를 무대에서 숨긴다.

8.2.3 뱀 스프라이트의 스크립트 작성하기

[단계1] (시작 깃발)을 클릭했을 때

뱀 스프라이트는 "게임 시작" 신호를 받았을 때 화면에 나타나야 하므로 처음에 게임 시작 깃발을 클릭했을 때는 화면에서 보이지 않도록 숨기기를 실행한다.

[단계2] "게임 시작" 신호 받았을 때

① "게임 시작" 신호를 받으면 무대에 뱀 스프라이트가 보이도록 하고 뱀 스프라이트의 방향을 10도 정도 돌려서 무대 전체를 움직일 수 있도록 한다.

반복 블록을 사용하지 않으면 뱀은 한 번만 움직이고 동작하지 않으므로 다음과 같이 블록을 추가하여 "게임종료" 신호를 받을 때까지 반복하도록 작성한다.

② [무한 반복] 블록과 [움직이기] 블록을 이용하여 프로젝트가 종료될 때까지 화면을 움직이도록 한다. 오른쪽 벽에 닿으면 방향을 바꾸도록 [벽에 닿으면 튕기기] 블록을 사용한다. 이때 뱀 스프라이트라 회전하는 것을 방지하기 위해 스프라이트 창의 '방향' 항목에서 회전 방향을 '왼쪽/오른쪽'으로 설정한다.

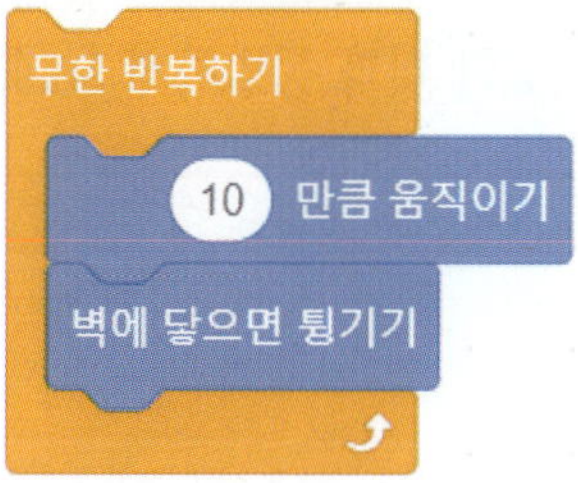

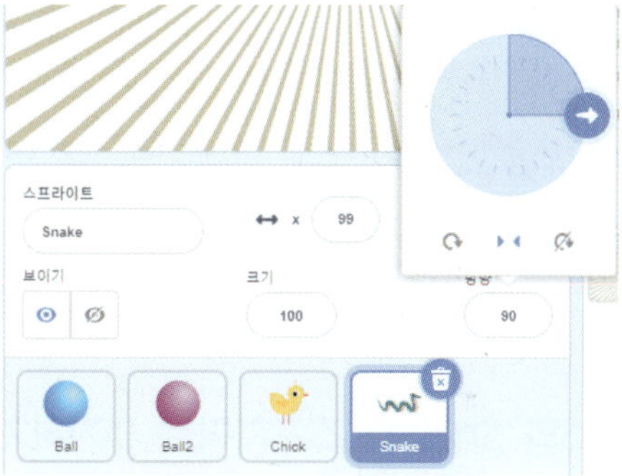

전체 스크립트는 다음과 같다.

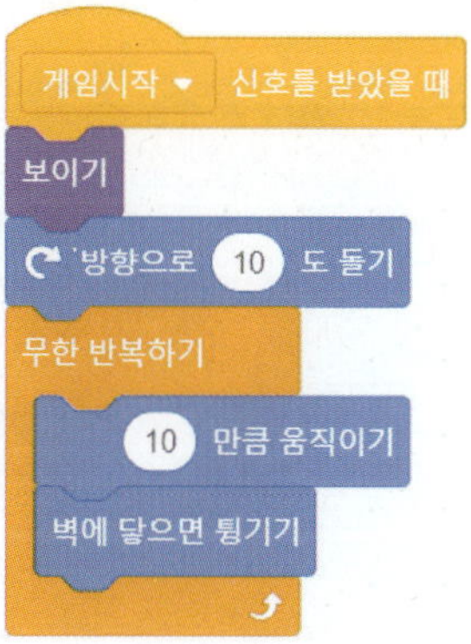

게임이 종료될 때까지 뱀 스프라이트는 무대를 자유롭게 움직이는 것을 확인할 수 있다.

[단계2] 〈게임 종료〉 신호 받았을 때

〈게임 종료〉 신호를 받으면 뱀 스프라이트를 무대에서 숨긴다.

8.3 업그레이드하기

8.2절에서 작성했던 스크립트를 20초가 지나면 뱀 스프라이트와 볼 스프라이트를 무대에 추가하고 40초가 되면 프로그램을 종료하도록 수정해보자.

[알고리즘]

① 스프라이트 창에서 볼 스프라이트와 뱀 스프라이트를 복사하여 추가한다.

② 타이머가 20초 이상이면 뱀 추가와 볼 추가 신호 보내기를 한다.

③ 병아리가 Snake 스프라이트에 닿았을 때 1초 멈추기 했던 것과 동일하게 Snake2 스프라이트에 닿았을 때도 1초 멈추도록 한다.

④ 타이머가 40초 이상이면 프로그램이 종료한다.

[단계1] Ball3와 Snake2 스프라이트 추가하기

스프라이트 창에서 Ball2 스프라이트를 추가했던 것과 동일한 방법으로 Ball3와 Snake2 스프라이트를 복사하여 추가한다.

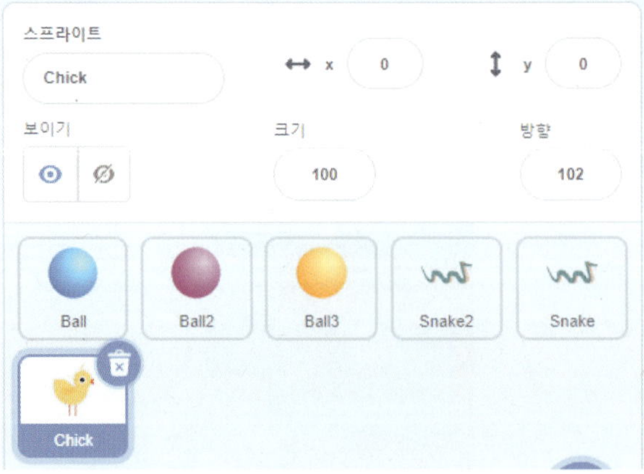

[단계2] 뱀 추가와 볼 추가 신호 보내기

Snake2와 Ball3을 20초 후 추가하기 위해 병아리 스프라이트의 [게임시작 신호를 받았을 때] 신호 보내기 블록을 사용하는 경우 프로그램이 종료하기 전까지 반복적으로 신호 보내기 블록을 실행하기 된다. 그래서 Snake2와 Ball3 추가 신호를 보내는 블록은 [게임시작 신호를 받았을 때] 동작은 수행하나 기존의 블록과 따로 분리하여 작성한다.

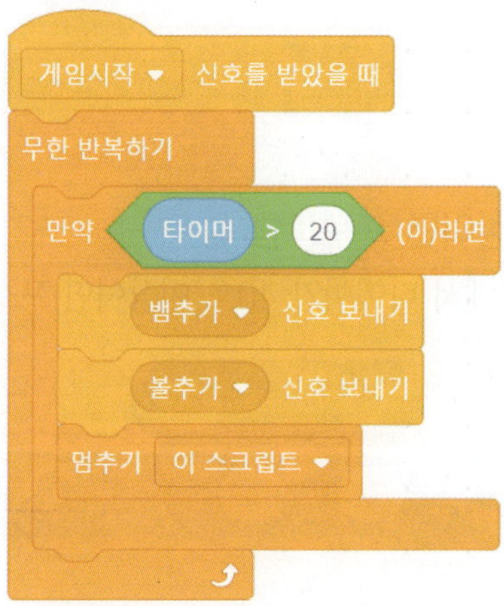

병아리 스프라이트는 두 개의 [게임시작 신호를 받았을 때] 블록을 가지게 된다.
Snake2와 Ball3 스프라이트는 동작 시점을 [게임시작 신호를 받았을 때]가 아니라 [뱀추가 신호를 받았을 때]와 [볼추가 신호를 받았을 때]로 변경한다.

[단계3] 병아리가 Snake2에 닿았을 때 1초 멈추기

병아리 스프라이트의 [게임 시작 신호를 받았을 때] 스크립트에서 다음과 같이 수정한다. Snake2에 닿았을 때 병아리를 1초 멈추게 하기 위해 [만약 ~라면] 블록을 하나 더 추가한다. 이때 [~에 닿았는가?] 블록에서 Snake2를 선택한다.

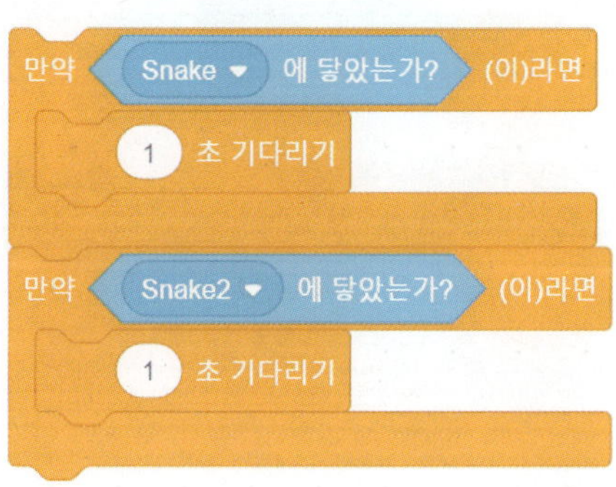

위의 블록은 

연산 블록을 이용하면 다음과 같이 스크립트를 작성할 수도 있다.

[단계4] 타이머가 40초 이상이면 프로그램 종료

병아리 스프라이트의 스크립트에서 타이머가 40초 이상이면 프로그램을 종료하도록 수정한다.

수정된 스크립트는 다음과 같다.

[Ball3 스프라이트]

[병아리 스프라이트]

[Snake2 스프라이트]

8.4 실전 연습

(문제1)
필요한 하트의 개수를 입력하면 배경의 하트 영역에 입력한 개수만큼의 하트가 나타나는 프로젝트를 작성하시오.

- 배경 : 패턴 - Hearts
- 스프라이트 : Wand, Wizard

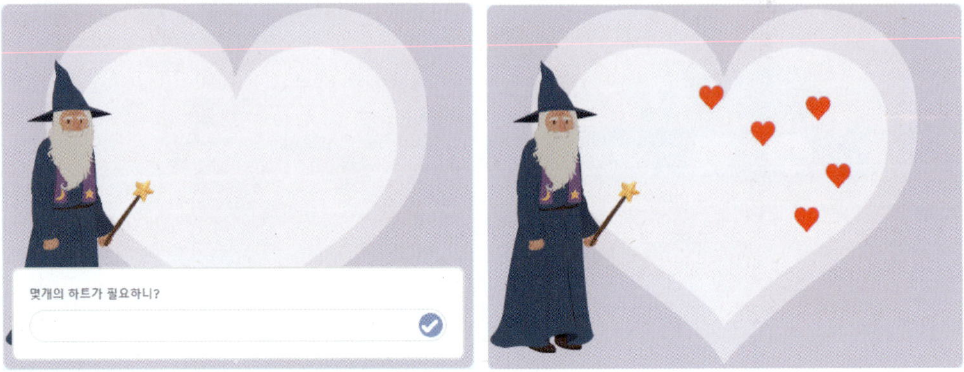

[알고리즘]

㉮ 마법사(Wizard) 스프라이트를 무대 왼쪽에 배치한다.
㉯ 지팡이(Wand) 스프라이트는 마법사 스프라이트와 겹쳐지도록 위치시킨다.
㉰ 하트(Heart) 스프라이트가 몇 개의 하트가 필요한지 질문한다.
㉱ 입력한 개수만큼 하트 스프라이트를 복제한다.
㉲ 복제된 하트 스프라이트는 배경 이미지의 하트 부분에 놓일 수 있도록 좌표를 설정한다.

[지팡이 스프라이트]

① 지팡이 스프라이트를 추가

② 스프라이트 창의 방향 속성에서 지팡이의 각도를 수정하여 마법사가 지팡이를 들고 있는 모양을 만듦

[하트 스프라이트]

① 시작 깃발을 클릭했을 때는 화면에서 숨김

② 하트의 크기는 20%로 설정

③ 화면에 나타낼 하트의 수를 사용자에게 질문

④ 사용자가 입력한 숫자만큼 반복하여 하트 스프라이트 복제

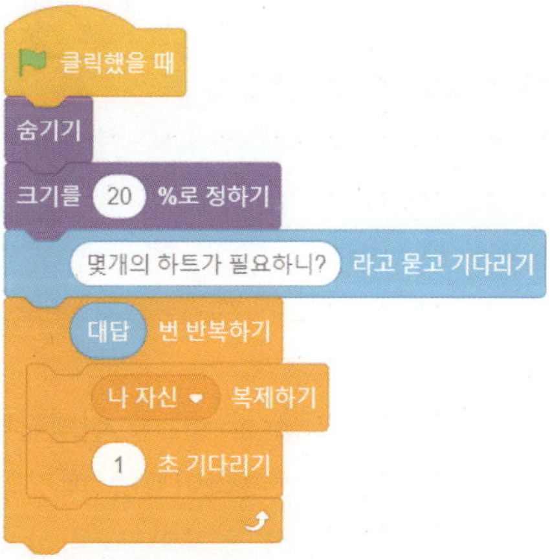

⑤ 스프라이트가 복제되면

하트가 지팡이에서 나오는 것처럼 하기 위해 지팡이(Wand)로 이동하고 보이기 설정

1초 동안 배경의 하트 이미지 영역의 임의의 공간으로 하트 이동

(문제2)
야구장에서 타자가 날아오는 공을 받아치는 게임을 작성해보자.

[알고리즘]

① 무대 배경으로 Baseball2를 선택한다.
② 글러브(Goalie) 스프라이트를 배경의 투수 자리에 놓고 크기를 조절한다.
③ Line 스프라이트를 추가하고, 방향 속성을 180도, 색은 파란색으로 변경한다.
④ 타자(Batter) 스프라이트는 마우스가 클릭되면 모양을 변경하여 공을 치는 동작을 실행한다.
⑤ 야구공(Baseball) 스프라이트는 스페이스 키가 눌리면 타자 쪽으로 날아가도록 하고, 타자의 배트에 닿으면 파란색 라인 방향으로 이동하도록 설정한다.

[글러브(Goalie) 스프라이트]

시작 깃발을 클릭하면 크기를 80%로 설정

[Line 스프라이트]

스프라이트 창에서 방향을 180도로 변경
무대 왼쪽으로 이동
모양탭에서 파란색으로 변경

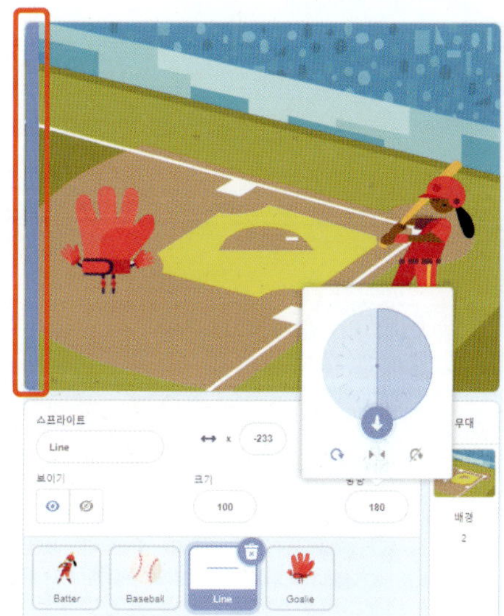

[타자(Batter) 스프라이트]

① 화면에서 마우스를 클릭하면 타자 스프라이트가 가지고 있는 4개의 모양으로 차례대로 변경할 수 있도록 설정.

② 날아오는 공에 맞춰 마우스를 클릭하면 타자의 배팅 실력을 보여줄 수 있음.

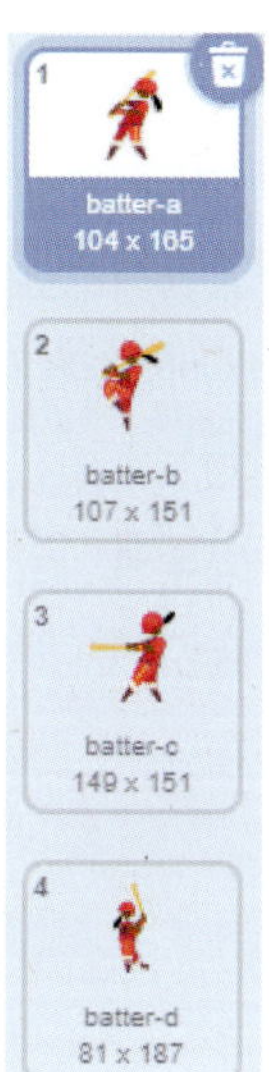

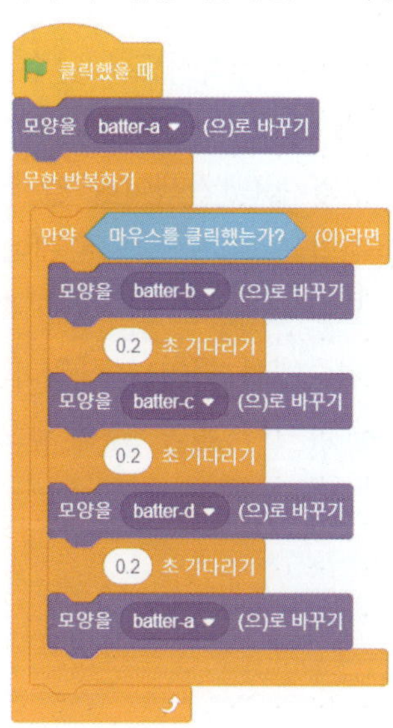

[야구공(Basebass) 스프라이트]

가. 시작 깃발 클릭했을 때

① 화면 맨 앞으로 나오도록 순서 설정

② 크기를 50%로 설정

③ 글러브 위로 위치 이동(-150, -30)

④ 화면에 보이기

⑤ 게임에 대한 설명 메시지 2초 동안 말하기

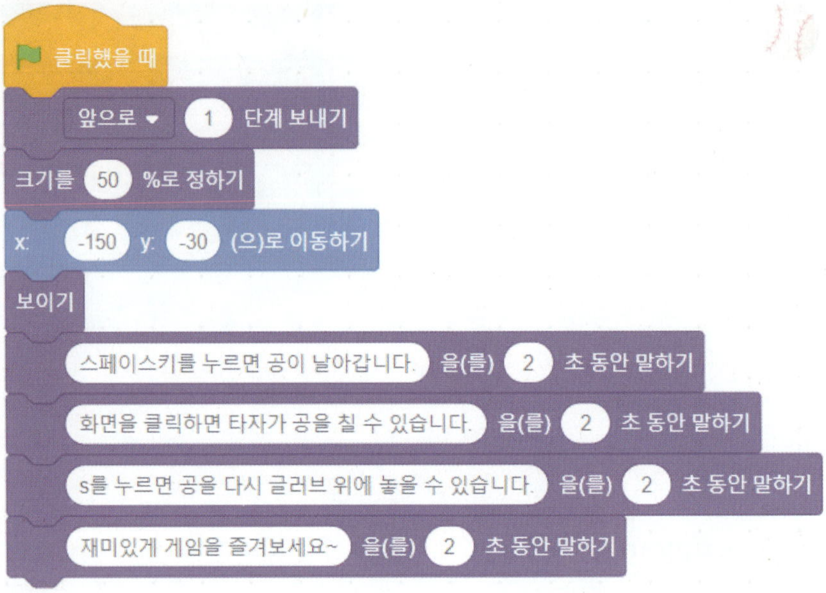

나. 스페이스키를 눌렀을 때

① 오른쪽 방향으로 움직이기 위해 90도 방향 보기

② 공이 0도~5도 사이에서 움직이도록 난수값 설정

③ 배트(노란색)에 닿을 때까지 10만큼 움직이기

④ 공이 날아가다 선수의 몸(빨간색이나 갈색)에 닿으면 화면에서 숨기기

⑤ 공이 날아가다 선수의 다리나 오른쪽 벽에 닿으면 화면에서 숨기기

⑥ 배트(노란색)에 닿으면 Line 스프라이트 쪽으로 방향 설정

⑦ Line 스프라이트 범주에서 공이 무작위하게 날아갈 수 있도록 위치 설정

⑧ Line 스프라이트에 닿거나 왼쪽 벽에 닿으면 화면에서 숨기기

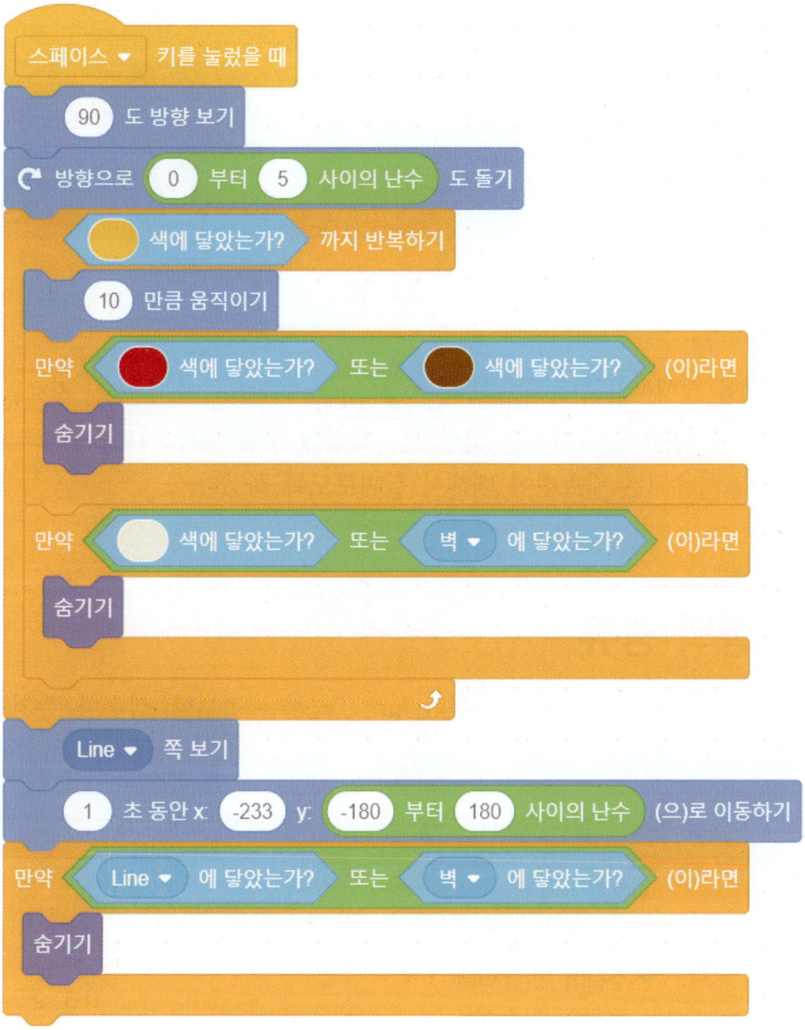

다. s 키를 눌렀을 때

① 공의 시작 위치(-150, -30)으로 이동

② 타자 방향으로 공이 날아갈 수 있도록 90도 방향 보기 설정

③ 화면에 보이기

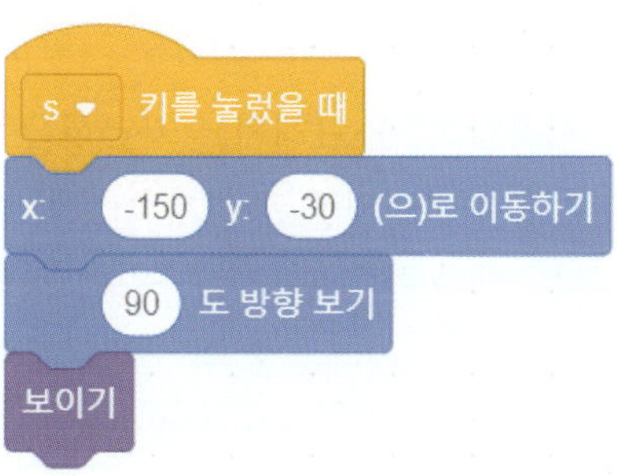

CHAPTER 09 변수 블록

컴퓨터 프로그램을 실행하기 위해서는 많은 자료(data)가 필요하다. 다양한 자료를 입력받아 연산하고 저장하며, 필요에 따라서는 출력하는 작업을 수행한다.
먼저 컴퓨터에서 사용되는 자료형에 대해서 살펴보도록 하겠다.

9.1 자료형의 종류

프로그래밍 언어에서 주로 사용하는 자료형(Data Type)은 정수형, 실수형, 문자형, 부울형 그리고 문자열 등이 있다.

자료형	설 명	예
정수형	소수점이 없는 형태 양의 정수, 0, 음의 정수	-20, -10, 0, 10, 20
실수형	소수점이 있는 형태 유리수, 무리수	-5.5, -1.2, 0.3, 2.7
문자형	하나의 문자 따옴표로 표시	'A', 'a', '1',
부울형	참(true)이나 거짓(false) 값	3 〉2 (true), 10 〈 5 (false)
문자열	단어, 문장 등	"Scratch", "재미있는 프로그래밍"

스크래치에서는 어떤 자료형을 사용할까? 스크래치는 자료형을 따로 구분하지 않고 사용하고 있다. 그래서 프로그램을 처음 배우는 초보자들도 쉽게 이해할 수 있다. 스크립트에서 사용되는 블록 중 입력창이 있는 블록을 살펴보면 모양이 타원형 형태와 육각형 형태의 입력창이 있는 것을 볼 수 있다. 타원형 모양의 입력창에는 정수, 실수, 문자, 문자열 등의 입력이 가능하며, 블록의 용도에 따라 구분해서 사용한다. 육각형 형태의 입력 창에는 논리형 자료를 입력하여 조건 형태의 표현을 할 수 있다.

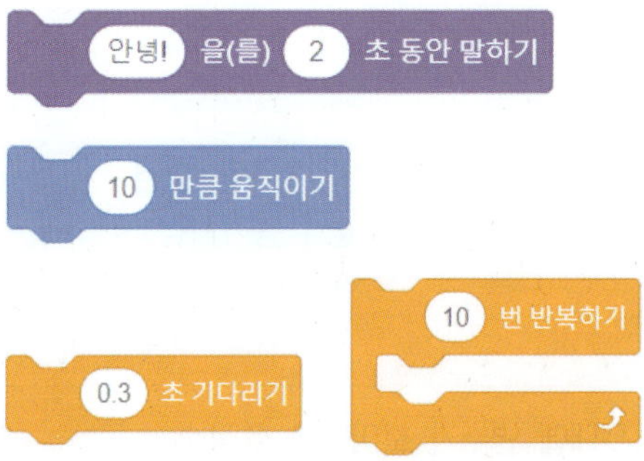

문자(문자열), 숫자, 실수형 등의 자료를
입력받는 블록의 예

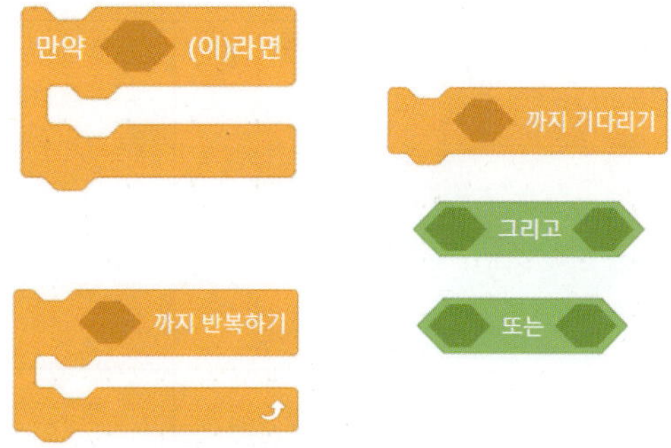

논리형 자료를 입력받는 블록의 예

9.2 변수 블록의 종류

프로그램을 동작하기 위해서는 실행 과정에서 다양한 값들이 생성될 수 있는데, 이러한 값들을 저장하는 공간이 필요하다. 변수는 이러한 값들을 저장할 수 있는 저장 공간에 이름을 붙이는 것으로, 한 개의 값을 저장할 수 있다. 또 언제든지 값을 변경할 수 있다.

프로그램 언어마다 변수를 만들 때 주의할 점이 조금씩 차이가 있다. 스크래치 프로그램에서는 변수를 생성할 때 저장하려고 하는 자료의 의미를 잘 반영한 변수 이름을 정하는 것이 필요하다. 변수를 한두 개 사용할 경우에는 변수명이 정확하지 않더라도 각 변수에 어떤 자료가 저장되어 있는지 알 수 있겠지만, 여러 개의 변수를 사용하는 경우에는 변수의 이름이 저장하는 내용을 잘 나타내지 못한다면 프로그램을 작성하는 데 많은 어려움을 느낄 수 있다.

변수 블록은 어떤 것들이 있는지 살펴보자.

변수 블록	설 명
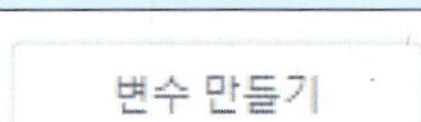	새로운 변수를 생성하기 위해 사용
	현재 사용할 수 있는 변수 왼쪽의 체크박스를 클릭하면 무대에서 변수와 변수의 현재 값을 확인할 수 있음
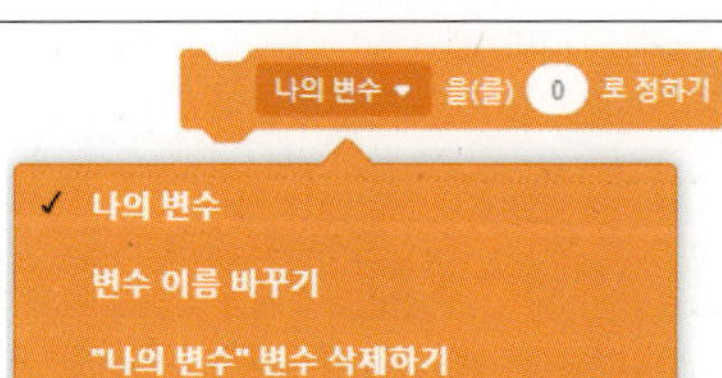	선택한 변수의 값을 원하는 값으로 설정 ▾를 클릭하면 현재 생성된 변수 목록, 변수 이름 바꾸기, 변수 삭제하기 가능 예 : '나의 변수'의 값을 0으로 설정

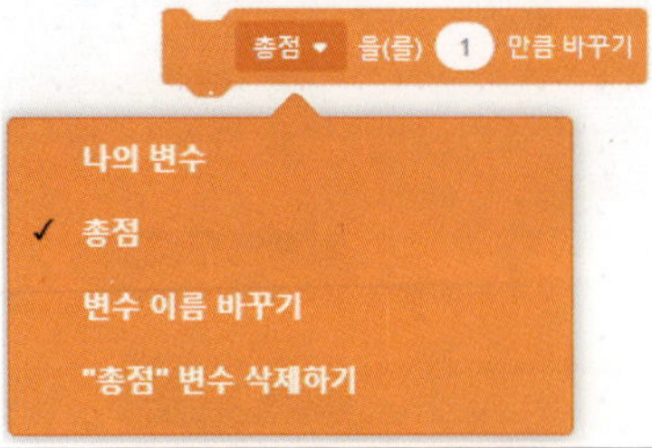	선택한 변수의 값을 입력한 값만큼 변경 예 : '총점' 변수의 값을 1 증가시킴
	무대에 변수가 보이도록 설정
	무대가 변수에서 숨겨지도록 설정

9.3 변수 블록 활용하기

예제를 통해서 변수의 사용법을 알아보자.

9.3.1 변수값 입력받기

사용자로부터 음악 점수와 체육 점수를 입력받아 총점과 평균을 구하는 프로젝트를 작성하시오.

[알고리즘]

① 음악 점수와 체육 점수를 입력받을 변수와 총점과 평균을 계산해 저장할 변수를 생성한다.
② 음악 점수와 체육 점수를 입력받아 각각의 변수에 저장한다.
③ 변수에 저장된 값을 이용하여 총점과 평균을 구한다.

[단계1] 변수 생성하기

① 블록 팔레트에서 변수를 선택하면 보이는 블록들 중 [변수 만들기]를 클릭한다.

② 생성하려고 하는 변수의 이름을 입력한다.

변수 만들기 화면에서 변수의 사용 범위를 설정할 수 있다.

- 모든 스프라이트에서 사용 : 프로젝트에 있는 모든 스프라이트가 사용 가능한 변수(전역변수)
- 이 스프라이트에서만 사용 : 변수를 만든 스프라이트에서만 사용 가능한 변수(지역변수)

③ [확인]을 클릭하면 변수 블록 리스트에 새로 만든 변수가 추가된다.

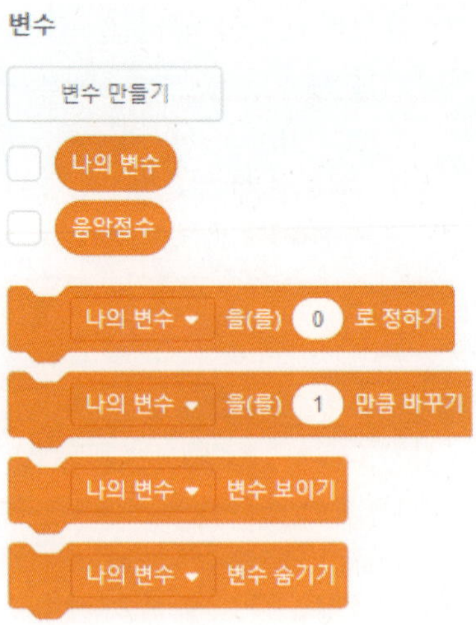

[나의 변수]는 마우스 오른쪽 버튼을 클릭하면 나타나는 메뉴를 사용해서 삭제해도 되고 필요한 이름으로 변경해서 사용할 수 있다.

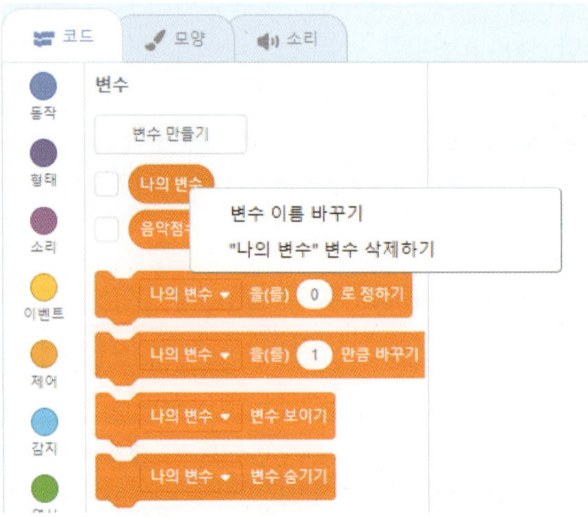

"음악점수" 변수를 생성한 것과 동일한 방법으로 "체육점수", "총점", "평균" 변수를 생성한다.

④ 변수명 왼쪽의 체크박스를 클릭하면 무대에 변수명과 변수의 현재 값이 보인다.

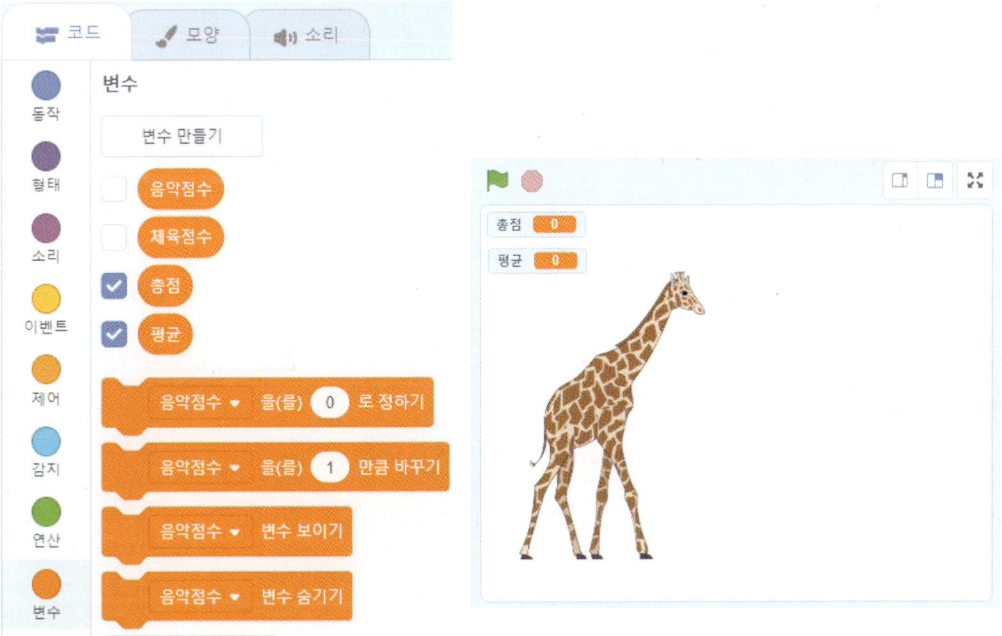

무대 위의 변수를 더블 클릭하거나 마우스 오른쪽 버튼을 누르면 세 가지 형태로 변수의 모양을 변경할 수 있다. hide는 무대에서 변수를 숨긴다.

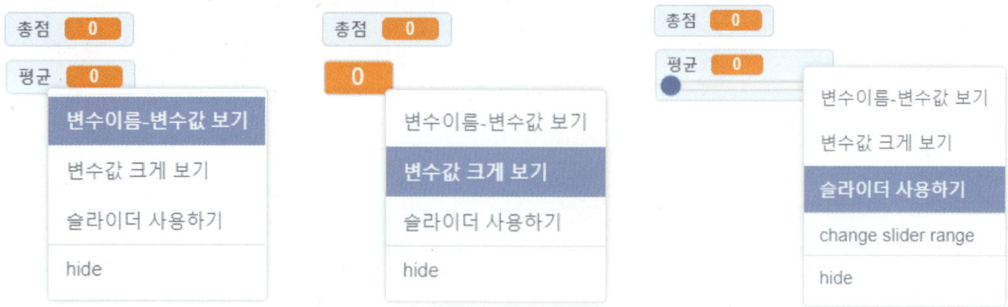

[단계2] 사용자로부터 음악 점수와 체육 점수를 입력받기

스크립트를 작성하기 위해 기린(Giraffe) 스프라이트를 추가한다. 사용자에게 데이터를 입력받기 위해 감지 블록 중 [~라고 묻고 기다리기]를 사용한다. "음악 점수는?"이라고 묻고 사용자가 대답한 값을 "음악 점수" 변수에 저장한다. "체육 점수는?"이라고 묻고 사용자가 대답한 값을 "체육 점수" 변수에 저장한다.

[단계3] 총점과 평균 구하기

입력받은 음악 점수와 체육 점수를 이용하여 총점을 구하고 "총점" 변수에 저장한다. 연산을 위해서 연산 블록에서 (덧셈 블록)을 사용한다. 변수에 값을 저장하기 위해서는 변수 블록 중 [~을 ~정하기] 블록을 사용한다.

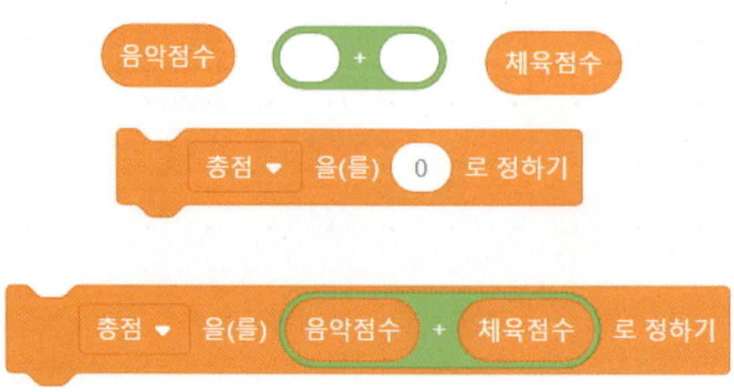

"총점" 변수의 값을 이용하여 평균을 구하고, "평균" 변수에 저장한다.

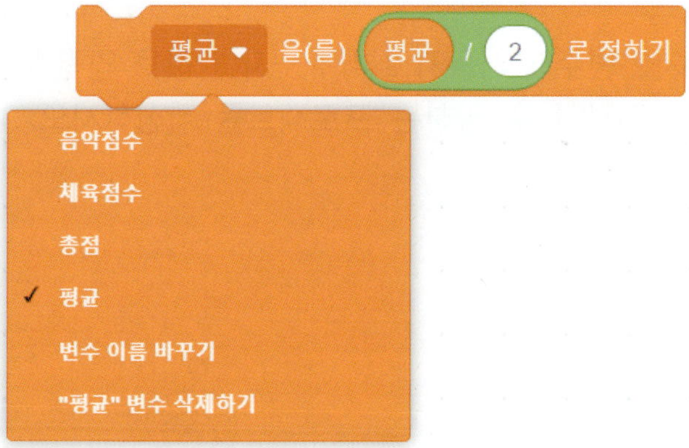

[단계4] 총점과 평균을 말하기

"총점" 변수의 값과 "평균" 변수의 값을 [~을 2초 동안 말하기] 블록을 이용하여 무대에 나타낸다.

총점과 평균은 변수를 사용하지 않고 [말하기] 블록 내에서 바로 연산하도록 할 수도 있다.

전체 스크립트는 다음과 같다.

9.3.2 변수의 값 바꾸기

숫자1 변수와 숫자2 변수에 사용자로부터 숫자를 값을 입력받은 후, 두 변수의 값을 서로 바꾸어 저장한 후 말하는 프로젝트를 작성하시오.

[알고리즘]

① 프로젝트 설명 메시지를 말한다.
② "숫자1" 변수와 "숫자2" 변수의 값을 입력받는다.
③ 현재 "숫자1" 변수와 "숫자2" 변수에 저장된 값을 말한다.
④ "숫자1" 변수와 "숫자2" 변수의 값을 바꾼다.
⑤ 바꾸기 수행 후 "숫자1" 변수와 "숫자2" 변수에 저장된 값을 말한다.

[단계1] 프로그램 설명 메시지 말하기

"두 변수에 저장된 값을 바꾸는 프로그램"을 2초 동안 말한다.

[단계2] "숫자1" 변수와 "숫자2" 변수에 값을 입력받고 현재 저장된 값을 각각 2초 동안 말한다.

[단계3] 변수의 값 바꾸기 수행 메시지 말하기

"숫자1 변수와 숫자2 변수의 저장된 값 바꾸기 수행" 메시지를 2초 동안 말한다.

[단계4] "숫자1"과 "숫자2" 변수의 값 바꾸기 수행하고 바뀐 값 말하기

두 변수의 값을 바꾸기 위해 다음과 같이 수행한다고 생각해보자. "숫자1" 변수에는 100, "숫자2" 변수에는 200이 저장되어 있다고 가정하자.

가능할까? 위의 블록을 수행하면 우리가 생각했던 것처럼 "숫자1" 변수에는 200, "숫자2" 변수에는 100이 저장되어 있을까? 첫 번째 블록에서 ["숫자1"을(를) "숫자2"로 정하기]를 수행하는 순간 "숫자1" 변수에 저장되어 있던 100이 사라지고 "숫자1" 변수는 200이 저장된다. 그러므로 두 번째 블록 ["숫자2"을(를) "숫자1"로 정하기]를 수행하면 "숫자2" 변수에는 100이 아니라 200이 저장된다. "숫자1" 변수와 "숫자2" 변수의 값 바꾸기는 실패하게 된다. 그럼 어떻게 이 문제를 해결해야 할까?

예를 들어 두 개의 컵이 있고 한 개의 컵(A)에는 콜라, 다른 한 개의 컵(B)에는 우유가 들어있다고 생각해보자. 원래 A컵에는 우유를, B컵에는 콜라를 담았어야 했는데 실수로 바꿔 담은 것이다. 두 컵의 내용물을 바꾸려면 어떻게 해야 할까? 위와 같은 방법은 콜라가 있는 컵에 바로 우유를 붓는 것과 동일한 동작이 되는 것이다. 두 컵의 내용물을 바꾸기 위해서는 새로운 컵(C)에 한 개 더 필요하다. 다음과 같이 수행해보자.

① A컵에 있던 콜라를 C컵에 따른다(A컵은 비어있다).
② A컵에 B컵에 있던 우유를 따른다(B컵은 비어있다).
③ B컵에 C컵에 있던 콜라를 따른다.

이렇게 수행하면 제대로 각 컵의 내용물이 바뀌게 된다. 이와 같이 두 변수의 값을 바꾸기 위해서는 새로운 변수가 1개 더 필요하다. "임시변수"라는 이름으로 변수를 1개 더 생성한 후 다음과 같이 수행하면 "숫자1" 변수와 "숫자2" 변수의 값을 바꿀 수 있다.

[단계5] 현재 "숫자1" 변수와 "숫자2" 변수에 저장된 값 말하기

전체 스크립트는 다음과 같다.

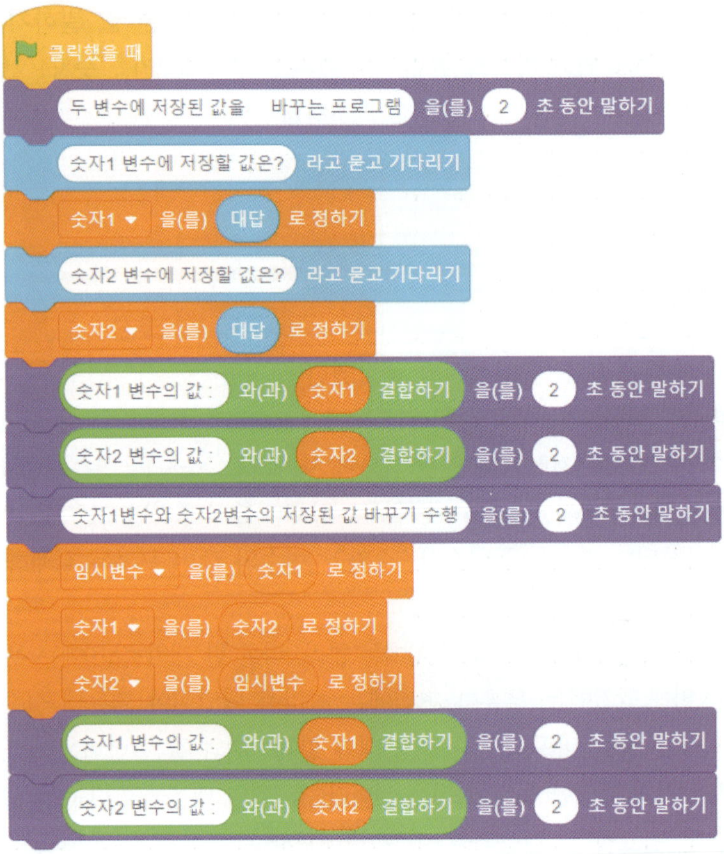

9.4 실전 연습

(문제1)
스프라이트를 클릭하면 1부터 100까지의 합을 구하는 프로젝트를 작성하시오.

[알고리즘]

① 1부터 100까지 값을 증가시키며 더하기 위해 "더할 숫자" 변수를 생성한다.
② 숫자의 합을 저장할 "합" 변수를 생성한다.
③ "더할 숫자" 변수의 값이 100이 될 때까지 변수의 값을 1만큼 증가시키며 "합" 변수에 더한다.
④ 반복이 완료되면 "합" 변수의 값을 2초 동안 말한다.

프로그램은 반복문이나 연산의 형태에 따라 동일한 문제도 여러 가지로 작성이 가능하다.

〈첫 번째 방법〉

[~까지 반복하기] 블록과 [같다] 연산자 블록을 이용하여 프로젝트를 작성한 형태

〈두 번째 방법〉

[~번 반복하기] 블록과 합을 구할 때 [합을 ~로 정하기] 블록과 [더하기] 블록을 사용한 형태

〈세 번째 방법〉

[~까지 반복하기] 블록과 [크다] 연산자 블록을 이용하여 프로젝트를 작성한 형태

(문제2)

1부터 사용자가 입력한 숫자까지의 짝수의 합과 개수, 홀수의 합과 개수를 구하는 프로젝트를 작성하시오.

[알고리즘]

① 연산에 사용할 변수를 생성한다.

▸ 짝수의 개수 : 짝수의 개수를 저장할 변수

▸ 홀수의 개수 : 홀수의 개수를 저장할 변수
▸ 짝수의 합 : 범위 내의 모든 짝수의 합을 저장할 변수
▸ 홀수의 합 : 범위 내의 모든 홀수의 합을 저장할 변수
▸ 숫자 : 1부터 사용자가 입력한 숫자까지의 수를 연산을 위해 차례대로 저장하기 위한 변수

② 프로젝트 설명 메시지를 말한다.
"1부터 입력한 숫자까지 홀수의 합, 홀수의 개수, 짝수의 합, 짝수의 개수를 계산합니다."를 2초 동안 말하기
③ 계산에 사용할 마지막 숫자를 사용자로부터 입력받는다.
④ "숫자" 변수의 값을 1만큼씩 증가시켜가면서 짝수와 홀수를 판별하고 각각의 합과 개수를 계산한다.
⑤ 계산이 완료되면 계산 결과를 말한다.

[단계1] 변수 생성하고 프로그램 설명 메시지 말하기

[단계2] 사용자로부터 계산하고 싶은 마지막 숫자 입력받기

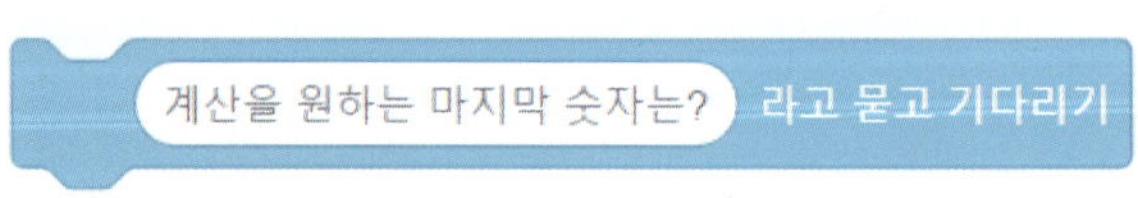

[단계3] 사용자가 입력한 숫자까지 계산하기

사용자가 입력한 값은 대답 블록에 저장된다.

숫자 변수의 값이 대답 변수의 값보다 커질 때까지 반복하면서 짝수와 홀수를 판별한다. "숫자" 변수의 값을 2로 나누어 나머지가 0과 같으면 짝수로 판별하고, 나머지가 0과 같으면 홀수로 판별한다.

"숫자" 변수의 값은 1로 초기값이 설정되었으며, 홀수와 짝수 판별 후 "숫자" 변수의 값을 1만큼 증가시키면서 1부터 사용자가 입력한 값까지 숫자를 판별할 수 있도록 한다.

[단계4] 계산 결과 말하기

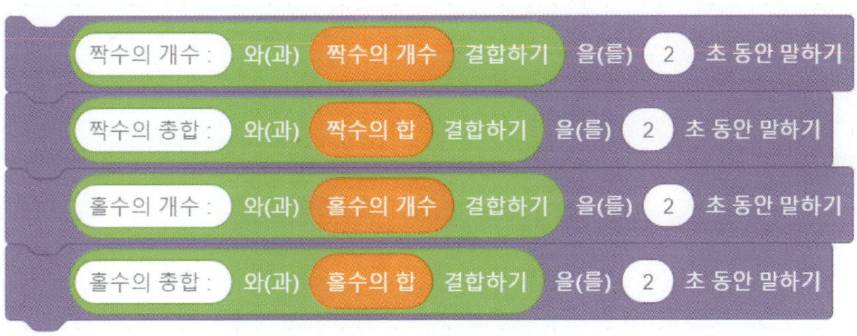

전체 스크립트는 다음과 같다.

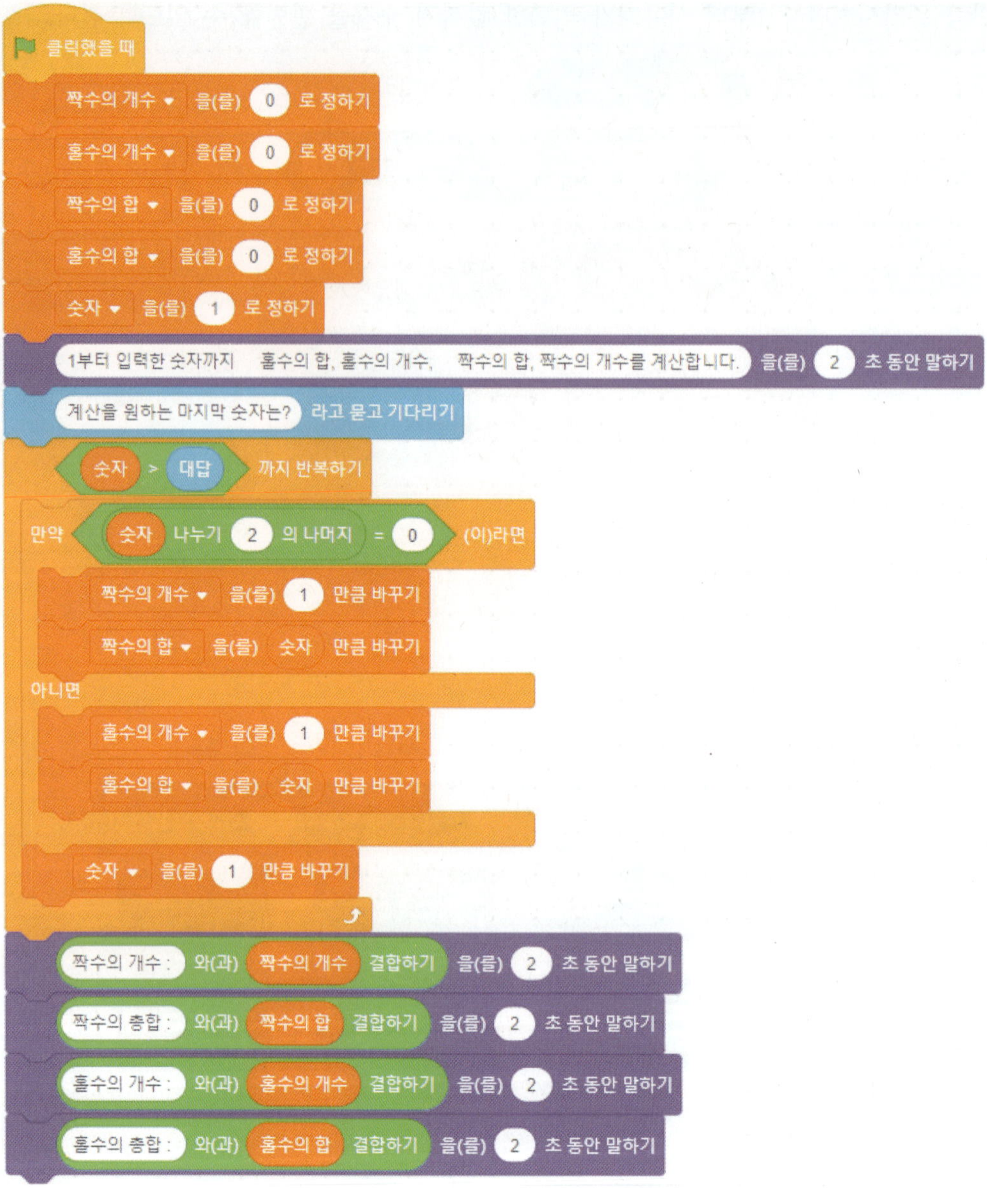

(문제3)
영화 관람 인원을 입력받고 인원수에 따라 영화 관람료를 계산하는 프로젝트를 작성하시오.
7세 이하 : 무료, 8세~13세 : 5000원, 14세~59세 : 10000원, 60세 이상 : 무료

[알고리즘]

① 프로그램 소개 메시지를 말한다.

② 나이별로 인원수를 입력받는다. 이때 입력받은 값을 저장하기 위해서 변수를 생성한다. 나이별 인원수를 입력받는 변수이므로 변수명은 다음과 같이 정하였다.

- 7세 이하 : 7세 이하 인원수 저장
- 8세~13세 : 8세 이상 13세 이하 인원수 저장
- 14세~59세 : 14세 이상 59세 이하 인원수 저장
- 60세 이상 : 60세 이상 인원수 저장

③ 입력받은 값을 이용하여 관람료와 관람인원을 계산한다.

④ 전체 관람 인원과 총 관람료를 말한다.

[단계1] 프로그램 설명 메시지 말하기

"영화 관람료 계산 프로그램"이라고 2초 동안 말한다.

[단계2] 나이별 인원수 입력받기

[단계3] 관람료와 관람인원 계산하기

관람료는 7세 이하와 60세 이상은 무료이므로 "8세~13세" 변수와 "14세~59세" 변수만 이용하여 계산한다(관람료 = "8세~13세" 변수*5000 + "14세~59세"*10000).

관람인원은 모든 변수의 값을 합한다.

[단계4] 계산된 결과를 말한다.

전체 관람 인원과 총 관람료를 말한다. 또한 "7세 이하와 60세 이상은 무료입니다."도 말한다.

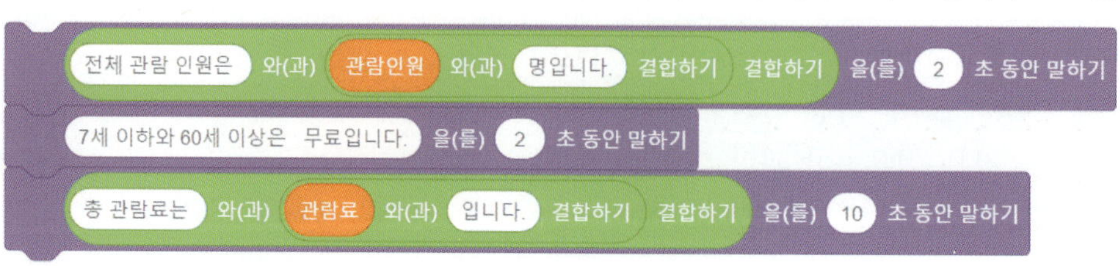

전체 스크립트는 다음과 같다.

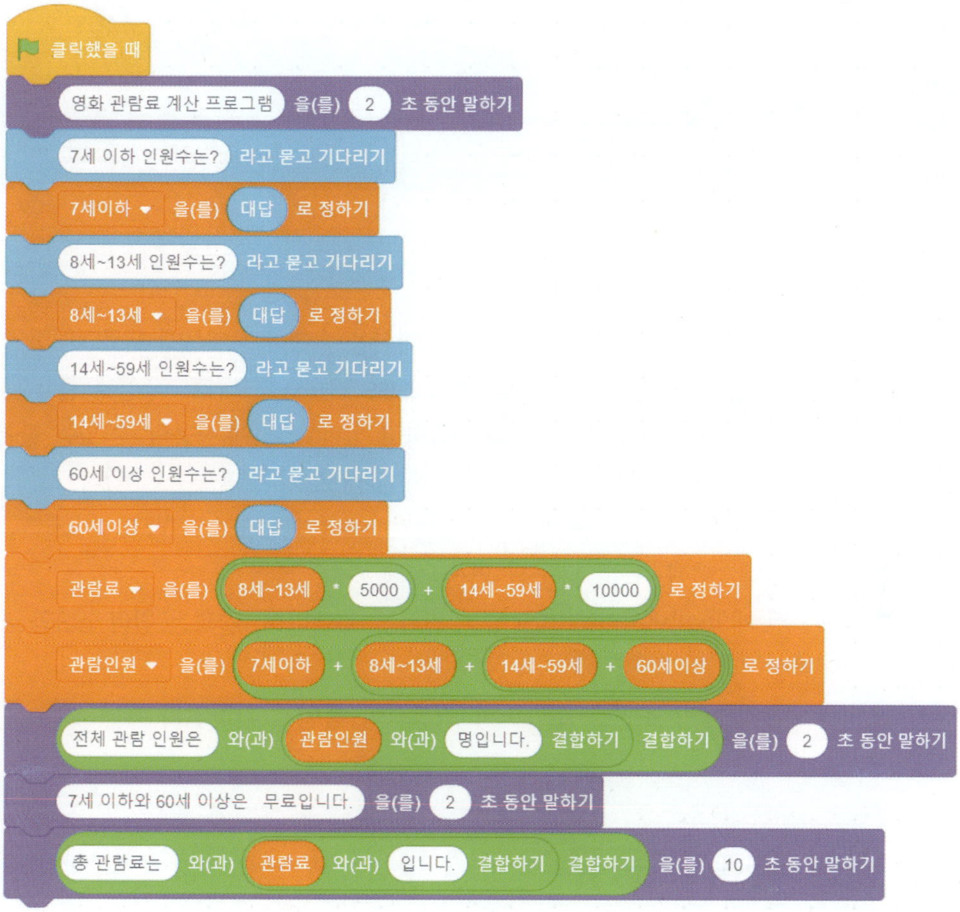

CHAPTER 10

연산 블록

데이터를 처리하여 여러 가지 결과를 산출하기 위해 연산을 수행하기 때문에 프로그래밍 언어에서는 다양한 연산자를 제공하고 있다. 스크래치 프로그램도 스크립트 작성에 활용할 수 있는 다양한 연산 블록(Operators Block)들을 제공하고 있다. 연산에 사용할 수 있는 블록에는 사칙연산 블록, 관계 연산 블록, 논리 연산 블록 그리고 기타 블록들이 있다.

- 산술 연산자 : 덧셈, 뺄셈, 곱셈 나눗셈 연산 실행
- 관계 연산자 : 두 개의 피연산자를 비교하는 연산을 실행하며, 결과는 참(True)과 거짓(False)으로 판별
- 논리 연산자 : 여러 개의 조건을 조합하여 조건식이 참인지 거짓인지 판별

10.1 연산 블록의 종류

스크래치에서 사용하는 연산 블록의 종류는 다음과 같다.

연산자 종류	연산 블록	기 능	결 과
사칙연산	(6) + (3)	첫 번째 수와 두 번째 수 더하기	9
	(6) - (3)	첫 번째 수에서 두 번째 수 빼기	3
	(6) * (3)	첫 번째 수와 두 번째 수 곱하기	18
	(6) / (3)	첫 번째 수를 두 번째 수로 나누기	2
난수 생성	(1) 부터 (10) 사이의 난수	첫 번째 수와 두 번째 수 사이의 수 중 임의의 수(난수)를 생성	
관계 연산	(6) > (3)	왼쪽의 수가 오른쪽의 수보다 큰지 비교	참

	6 < 3	왼쪽의 수가 오른쪽의 수보다 작은지 비교	거짓
	6 = 3	왼쪽의 수가 오른쪽의 수와 같은지 비교	거짓
논리 연산	◆ 그리고 ◆	양쪽 연산이 모두 참인 경우만 참 한쪽이라도 거짓이면 거짓 6 > 3 그리고 6 < 3 (참) (거짓)	거짓
	◆ 또는 ◆	양쪽 연산 중 한쪽이라도 참이면 참 양쪽 모두 거짓인 경우만 거짓 6 > 3 또는 6 < 3 (참) (거짓)	참
	◆ 이(가) 아니다	조건이 참이면 거짓, 거짓이면 참 6 > 3 이(가) 아니다 (참)	거짓
기타	안녕! 와(과) 스크래치 결합하기	두 개의 문장 연결	안녕! 스크래치
	스크래치 의 1 번째 글자	입력된 문자열에서 지정한 위치의 문자 출력	스
	스크래치 의 길이	입력된 문자열의 길이	4
	스크래치 이(가) 가 을(를) 포함하는가?	입력된 문자열에 해당 문자열이 포함되어 있는지 확인	
	6 나누기 3 의 나머지	첫 번째 수를 두 번째 수로 나눈 나머지 값	0
	3.5 의 반올림	입력된 숫자의 반올림 값 계산	4
	절댓값 ▾ (-6) ✓ 절댓값 버림 올림 제곱근 sin cos tan asin acos	입력한 수식이나 숫자에 대한 다양한 함수 실행 ▾를 클릭하면 여러 가지 함수 선택 가능 절댓값, 버림, 올림, 제곱근, sin, cos, tan, asin, acos, atan, ln, log, e^, 10^	6

10.2 연산 블록 활용하기

10.2.1 사칙연산 블록

사칙연산 블록으로 덧셈, 뺄셈, 곱셈 그리고 나눗셈을 할 수 있다. 사칙연산을 할 때 주의해야 할 점은 연산자 우선순위이다. 스크래치에서 연산 블록을 이용해서 우선순위를 어떻게 표현할 수 있는지 알아보자. 여러 개의 연산을 수행할 경우 연산 블록을 겹쳐서 사용하는데 우선순위가 높은 연산 블록을 위쪽에 위치시킨다.

블록 형태	연산식	결 과
	20 - (3 * 2)	14
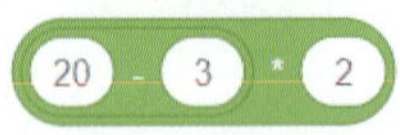	(20 - 3) * 2	34
	10 + ((5 - 3) * 2)	14

2와 연산하고 싶은 숫자를 입력받고, 사칙연산 결과를 말하는 프로젝트를 작성해보자.

[알고리즘]

① 프로그램 소개 메시지를 말한다.
② 연산하기 위한 숫자를 입력받는다.
③ 덧셈, 뺄셈, 곱셈, 나눗셈을 수행하고 결과를 말한다.

[단계1] **프로그램 소개 메시지 말하기**

"사칙연산을 해드립니다." 메시지를 2초 동안 말한다.

[단계2] **연산을 위한 숫자 입력받기**

사용자로부터 연산하고 싶은 숫자를 입력받기 위해 감지 블록의 [~라고 묻고 기다리기] 블록을 사용한다.

[단계3] **사칙연산과 연산 결과 말하기**

연산 결과를 바로 말하기 위해 [~을 ~초 동안 말하기] 블록, [~와 결합하기] 그리고 [더하기] 연산 블록을 함께 사용한다. 다음은 덧셈 연산을 위한 블록이다.

뺄셈, 곱셈, 나눗셈에 대해서도 같은 스크립트를 작성한다.

전체 스크립트는 다음과 같다. 변수를 이용하여 연산 결과를 저장한 후 연산 결과를 출력할 수도 있다.

[첫 번째 방법]

[두 번째 방법]

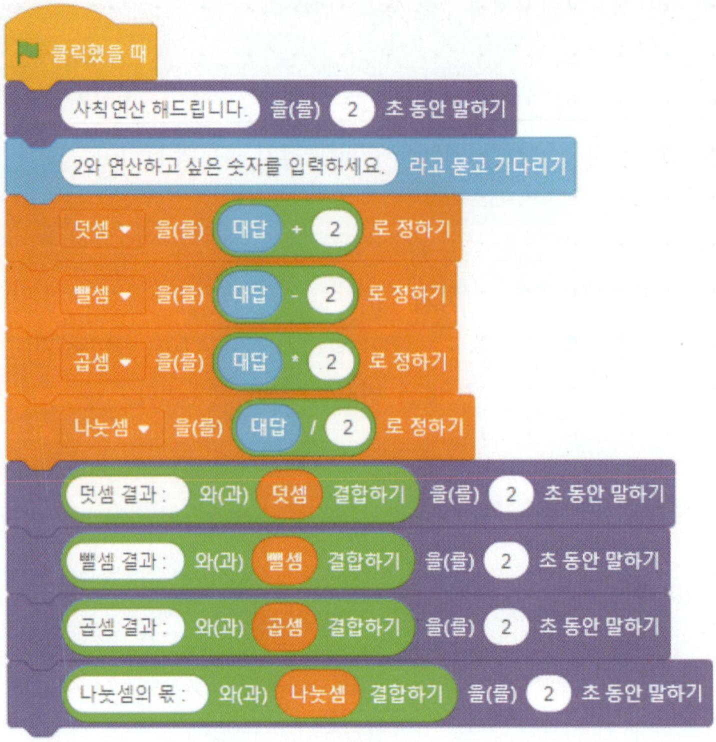

10.2.2 관계 연산 블록

관계 연산 블록을 사용하여 다양한 조건을 생성할 수 있기 때문에 제어 블록과 함께 사용하면 프로그램에 필요한 여러 가지 상황들을 반영할 수 있다.

물건 구매액에 따라 할인율과 배송비를 합한 총 지불액을 계산하여 말하는 프로젝트를 작성해보자.

[조건]

① 10만 원 초과 : 10% 할인과 무료배송

② 10만 원 이하 3만 원 초과 : 2,000원 할인과 무료배송

③ 3만 원 이하 : 배송비 3,000원

[알고리즘]

① 물건의 구매액을 묻는다.

② 입력된 구매액에 따른 할인율과 배송비를 적용한 총 지불액을 계산하여 말한다.

[단계1] 물건 구매액 입력받기

"총 지불액을 계산해 드립니다."라는 프로젝트 설명메시지를 2초 동안 말하기 한다. [~라고 묻고 기다리기] 블록을 이용하여 사용자에게 물건의 구매액을 묻는다.

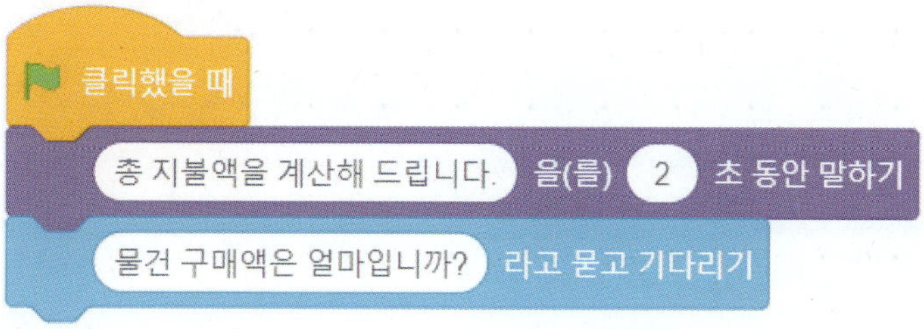

[단계2] 총 지불액 계산하기

[만약 ~ (이)라면, 아니면] 블록과 관계 연산 블록을 사용하여 조건에 맞는 총 지불액을 계산한다. 비교할 조건이 3가지이므로 조건 블록 2개를 중첩하여 사용한다.

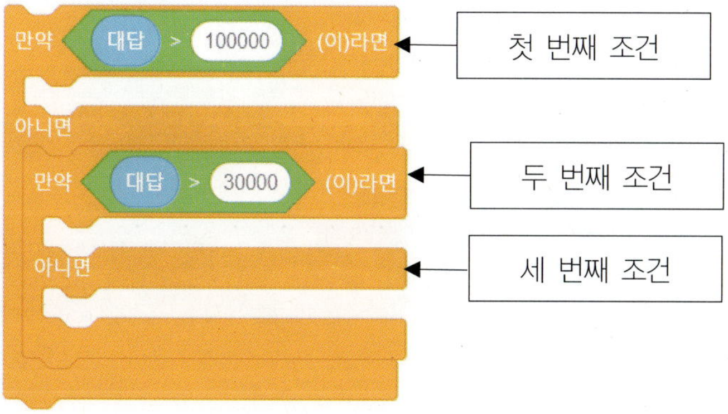

총 구매액이 조건에 맞는지 비교하기 위해 관계 연산 블록을 사용한다.

총 구매액을 계산하고 말하기를 실행하기 위해 [결합하기] 블록과 [곱셈 연산] 블록을 사용한다.

- 10만 원 이하 3만 원 초과 총 구매액 = 물건 구매액 - 2,000
- 3만 원 이하 총 구매액 = 물건 구매액 + 3,000(배송비)

전체 스크립트는 다음과 같다.

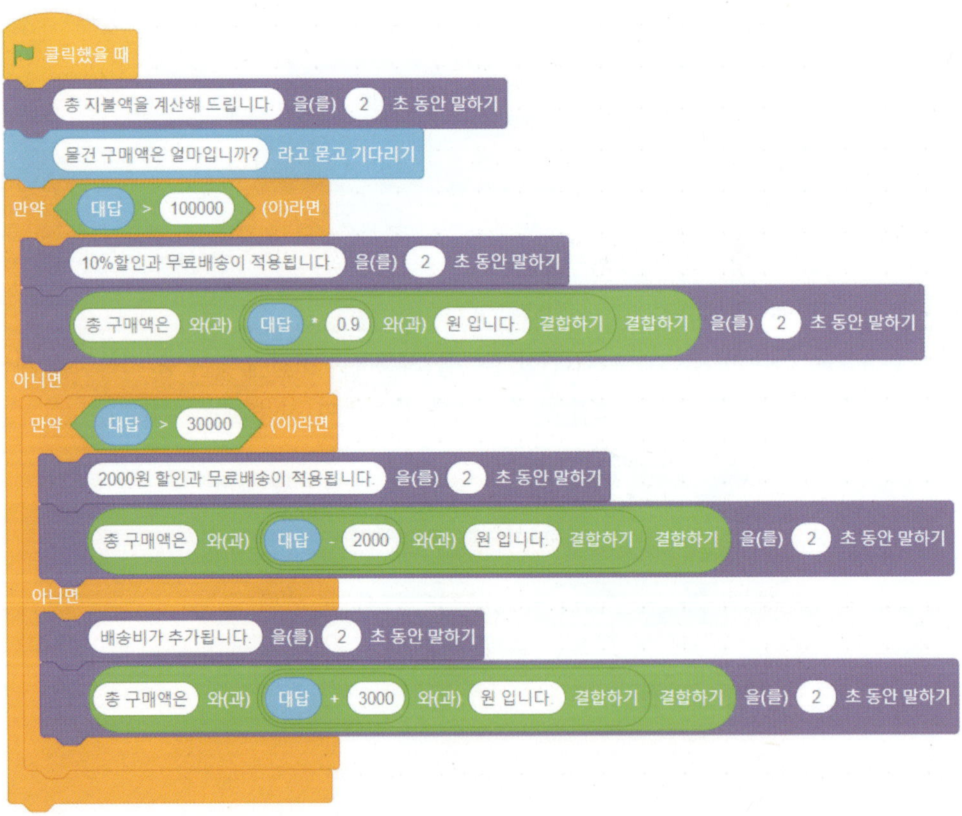

10.2.3 논리 연산 블록

논리 연산 블록을 이용하면 여러 개의 조건을 혼합하여 사용할 수 있기 때문에 복잡한 문제를 해결할 수 있다.

입력받은 숫자가 3의 배수이면서 5의 배수인지, 3의 배수이거나 5의 배수인지 판별하는 프로젝트를 작성하시오.

[알고리즘]

① 비둘기(Dove) 스프라이트의 움직임을 설정한다.
② 판별을 원하는 숫자를 입력받는다.
③ 3의 배수이면서 5의 배수인지, 3의 배수이거나 5의 배수인지 판별한다.
④ 판별 결과를 출력한다.

[단계1] 비둘기 스프라이트 움직임 설정하기

시작 깃발을 클릭하면 프로젝트가 끝날 때까지 비둘기 스프라이트가 날개를 움직이도록 설정한다.

[단계2] 사용자로부터 판별하고 싶은 숫자 입력받기

판별을 원하는 숫자를 [~라고 묻고 기다리기] 블록을 사용하여 입력받는다. 입력받은 숫자는 (대답) 블록에 저장되므로 따로 변수에 저장하지 않고 (대답) 블록을 이용하여 판별을 진행한다.

[단계3] 입력받은 숫자가 3의 배수인지 5의 배수인지 여부 판별하기

특정 숫자의 배수를 판별하기 위해서는 특정 숫자로 나누어서 그 나머지가 0이면 배수라고 판단할 수 있다. 숫자가 3의 배수인지 판별하려면 숫자를 3으로 나눈 나머지가 0과 같은지 비교한다. 마찬가지로 숫자가 5의 배수인지 판별하려면 숫자를 5로 나눈 나머지가 0과 같은지 비교한다.

두 가지 조건을 모두 만족하는지 판별하는 조건식을 만들기 위해 그리고 블록을 사용한다.

두 가지 조건 중 하나라도 만족하는지 판별하는 조건식을 만들기 위해 또는 블록을 사용한다.

프로젝트의 결과는 "3의 배수이면서 5의 배수입니다.", "3의 배수이거나 5의 배수입니다.", "3의 배수도 5의 배수도 아닙니다."라고 출력하려고 한다. 조건 평가를 위해서는 여러 가지 구조를 사용할 수 있으므로 [만약~라면] 블록이나 [만약 ~라면, 아니면] 블록을 사용하여 위의 조건을 연결해보자.

전체 스크립트는 다음과 같다.

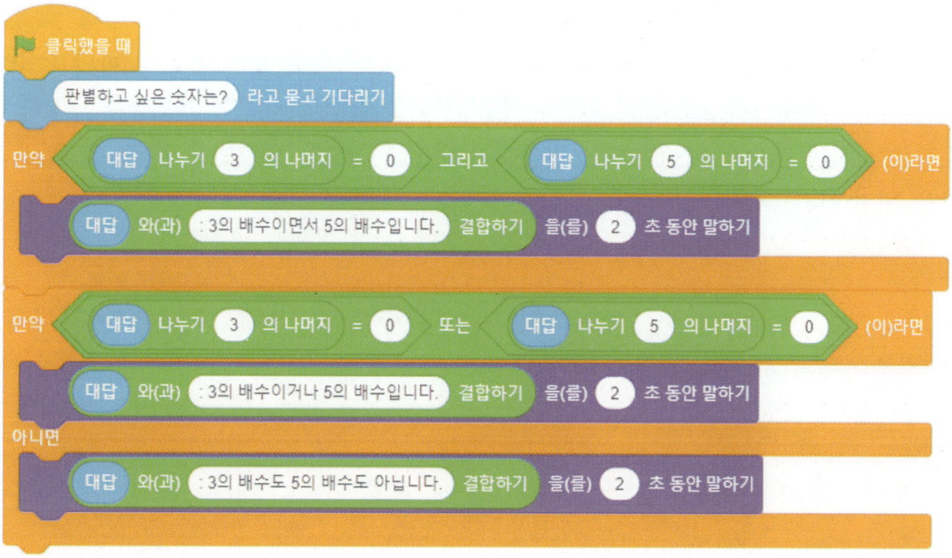

10.2.4 그 외 연산 블록

사용자로부터 문자열을 입력받고, 문자열 중 임의의 위치에 있는 한 문자를 말하는 프로젝트를 작성하시오.

[알고리즘]

① 스크립트에 사용할 스프라이트를 선택한다.
② 문자열을 입력받는다.
③ 문자열에서 하나의 문자 추출을 위한 위치를 정한다.
④ 문자열에서 ③에서 선택된 위치의 문자를 말한다.

[단계1] 스프라이트 선택하기

토끼(Rabbit) 스프라이트를 선택하고 "입력한 문자열 중 특정 위치의 문자 하나를 추출할 수 있습니다." 메시지를 2초 동안 말한다. [모양] 탭을 클릭하여 토끼의 모양을 변경해본다. 프로젝트 시작할 때는 rabbit-c의 모양을 사용하고 문자열을 입력받은 후에는 rabbit-e로 모양을 변경한다.

[단계2] 사용자에게 문자열 입력받기

[~라고 묻고 기다리기] 블록을 사용하여 사용자로부터 문자열을 입력받고, 토끼 스프라이트의 모양을 rabbit-e로 변경한다.

[단계3] 추출할 문자 위치 산출하기

(1 부터 10 사이의 난수) 블록을 사용하여 문자열 내에서 임의의 위치 값을 산출한다. 난수 블록을 사용하기 위해서는 숫자를 선택할 수 있는 범위를 입력해야 한다. 난수 선택 범위의 끝수는 입력된 문자열의 길이에 따라 달라지므로 1 ~ 문자열의 길이까지를 난수 선택 범위로 설정하기 위해 (의 길이) 블록을 사용한다.

[단계4] 입력된 문자열에서 특정 위치의 문자를 찾아 말하기

난수 블록을 이용하여 추출된 문자열의 위치와 해당 위치의 문자를 2초 동안 말한다. 선택된 난수 위치의 문자를 가져오기 위해서는 ( ) 의 ( ) 번째 글자 블록을 사용한다.

[단계3]과 [단계4]의 과정을 합쳐서 다음과 같이 블록을 사용할 수도 있다.

전체 스크립트는 다음과 같다.

〈방법1〉

〈방법2〉

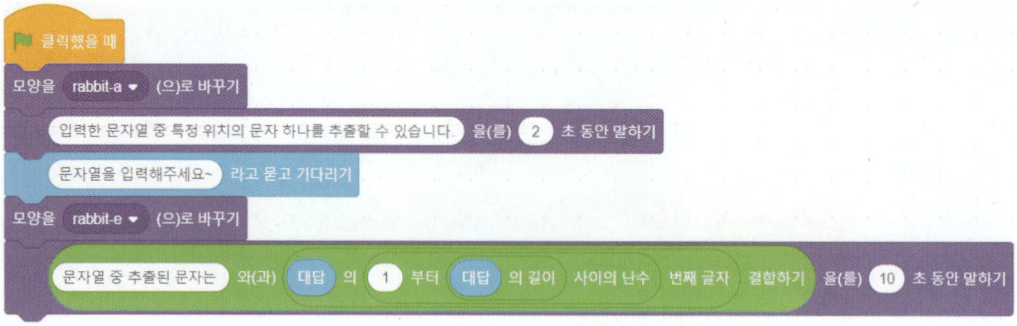

10.3 업그레이드하기

다음 프로젝트를 완성하면서 연산 블록의 사용법에 대하여 알아보자.

1부터 100까지 수 중 짝수이면서 7의 배수인 숫자의 총 개수를 말하는 프로젝트를 작성하시오.

[알고리즘]

① 프로젝트 설명 메시지를 말한다.
② 사용할 변수를 생성한다.
③ 반복하면서 짝수이면서 7의 배수인 수의 개수를 센다.
④ 결과를 말한다.

[단계1] 설명 메시지 말하기

프로젝트 설명을 위한 "1부터 100까지 수 중 짝수이면서 7의 배수 개수를 계산합니다."라는 메시지를 말한다.

[단계2] '숫자' 변수와 '개수' 변수를 생성하고 초기값 설정하기

'숫자' 변수는 1부터 100까지 숫자를 차례대로 저장하면서 짝수인지 그리고 7의 배수인지 판별하기 위한 수식에 사용한다. '개수' 변수는 짝수이면서 7의 배수인 숫자가 있으면 개수를 세기 위해 사용한다. 두 변수 모두 시작값은 0으로 설정한다.

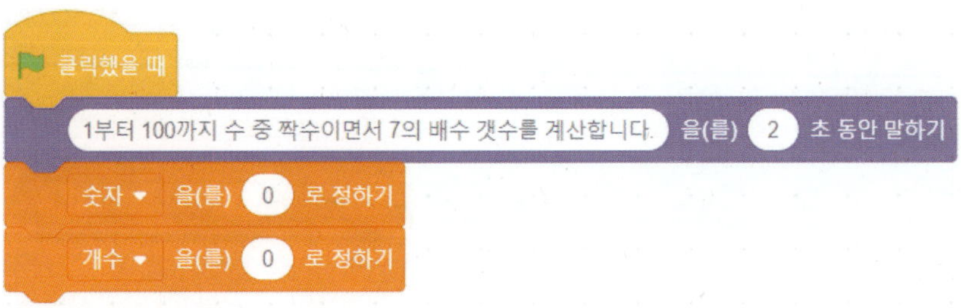

[단계3] 판별 블록 실행하기

숫자를 1부터 100까지 판별해야 하므로 [~번 반복하기] 블록을 사용하여 반복문을 실행한다. 판별하려고 하는 숫자를 1부터 100까지 순서대로 증가시키기 위해 [만큼 바꾸기] 블록을 사용한다. 현재 '숫자' 변수가 가진 값을 1만큼 증가한다. 예를 들어 현재 '숫자' 변수의 값이 0이라면, '숫자' 변수의 값은 (0+1)의 수식이 실행되어 1이 된다.

'숫자' 변수의 값이 짝수인지 그리고 7의 배수인지 판별한다.
짝수 판별을 위해서는 '숫자' 변수의 값을 2로 나누어서 나머지가 0과 같은지 확인하고, 7의 배수인지 판별하기 위해서는 '숫자' 변수의 값을 7로 나누어서 나머지가 0과 같은지 확인한다. 이때 두 가지 조건을 모두 만족해야 하므로 논리 연산 블록 중 [그리고] 블록을 사용한다. [그리고] 블록은 왼쪽과 오른쪽 조건 모두를 만족하면 '참'의 결과를 산출한다.

조건에 만족하는 숫자로 판별되면 '개수' 변수의 값을 1만큼 증가한다.

[단계4] 결과 말하기

반복 블록이 종료되면 1부터 100까지 수 중 짝수이면서 7의 배수의 개수가 몇 개인지 말한다.

전체 스크립트는 다음과 같다.

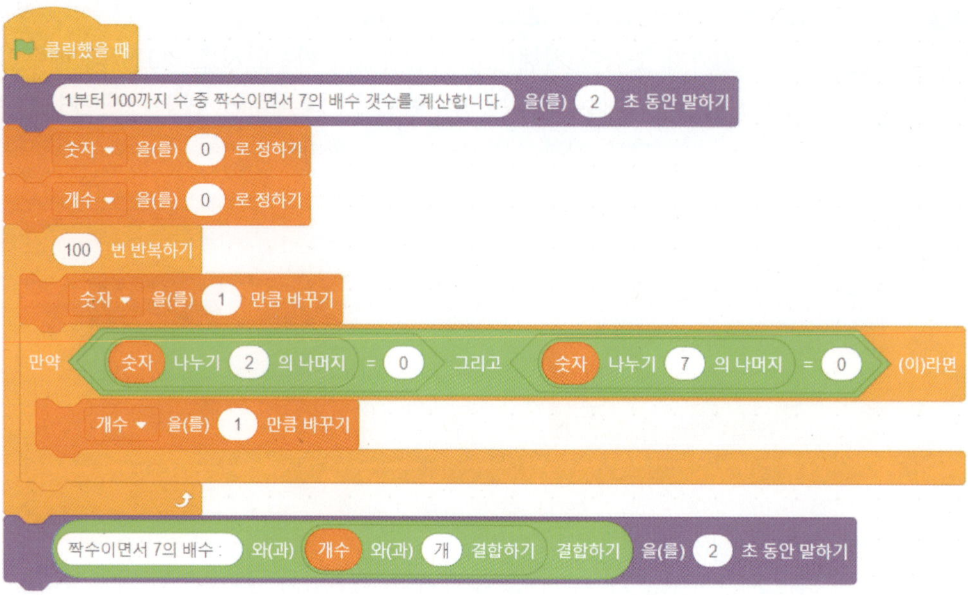

놀이공원에서 바이킹을 타려고 한다. 사용자에게 나이와 키를 입력받아 나이가 8세 이상이거나 키가 120cm 이상이면 "탑승 가능합니다.", 그렇지 않으면 "죄송합니다. 탑승하실 수 없습니다."

[알고리즘]

① 프로젝트 설명 메시지를 말한다.
② 나이와 키를 입력받기 위해 변수를 생성한다.
③ 탑승 여부 확인을 위해 사용자로부터 나이와 키를 입력받는다.
④ 입력받은 정보를 이용하여 탑승 가능 여부를 판별한다.
⑤ 탑승 여부를 말한다.

[단계1] 프로젝트 설명 메시지 말하기

프로젝트가 실행되면 "탑승 가능 여부를 말씀드립니다."라는 설명 메시지를 말한다.

[단계2] 변수 생성하기

사용자로부터 나이와 키를 입력받기 위해 ‘나이’ 변수와 ‘키’ 변수를 생성한다.

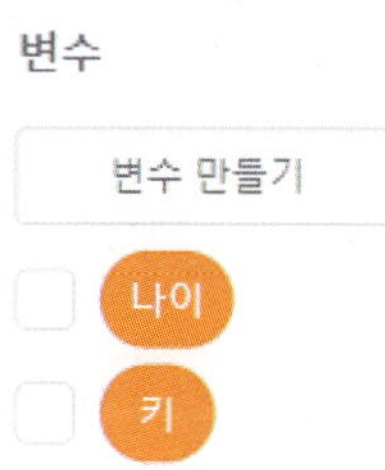

[단계3] 사용자로부터 정보 입력받기

사용자에게 나이와 키를 입력받아 각각의 변수에 저장한다.

[단계4] 탑승 여부 판별하기

사용자가 입력한 나이가 8세 이상이거나 키가 120cm 이상인지 평가한다. 스크래치 연산 블록에는 ‘크거나 같다.(>=)’, ‘작거나 같다.(<=)’와 같은 블록이 존재하지 않으므로 8세 이상을

표현하기 위해 '나이 〉 8 또는 나이 = 8' 형태로 사용하거나 '나이 〉 7'로 수식을 작성하여 사용할 수 있다.

키의 경우도 120cm 이상이므로 '키 〉 119' 연산을 사용한다. 두 가지 조건 중 한 가지만 만족하면 바이킹을 탈 수 있으므로 [또는] 블록을 사용하여 키와 나이 조건을 연결한다.

[단계5] 탑승 여부 말하기

조건에 만족하면 "탑승 가능합니다.", 조건에 만족하지 않으면 "죄송합니다. 탑승하실 수 없습니다."라고 말한다.

전체 스크립트는 다음과 같다.

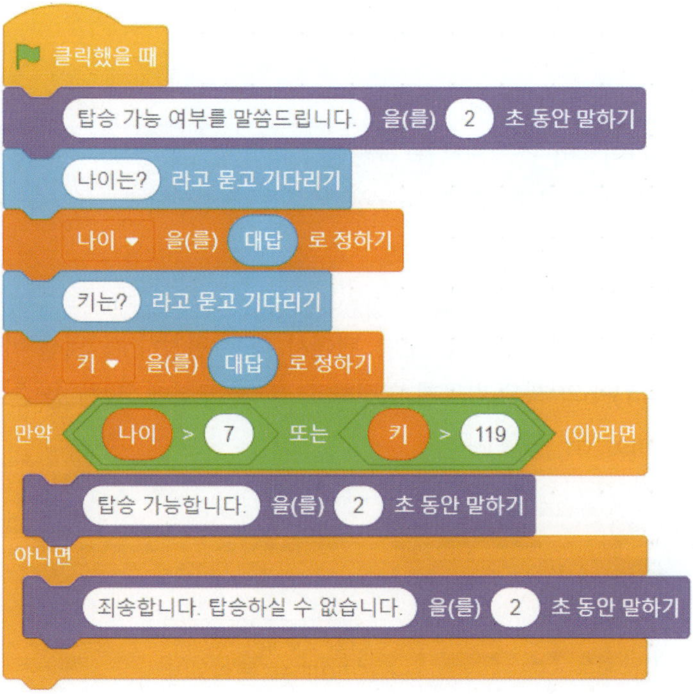

사용자로부터 숫자를 입력받고 원하는 사칙연산을 수행하여 결과를 말하는 프로젝트를 작성해보자. 단, 뺄셈은 큰 수에서 작은 수를 빼고, 나눗셈은 큰 수를 작은 수로 나누도록 작성한다.

강아지 스프라이트와 버튼 스프라이트가 사용된다.

【1】 버튼(Button3) 스프라이트

[알고리즘]

① 덧셈 연산을 위한 버튼 스프라이트를 추가한다.
② 덧셈 버튼 스프라이트의 스크립트를 작성한다.
③ 덧셈 버튼을 복사하여 뺄셈, 곱셈, 나눗셈 버튼을 생성한다.

[단계1] 덧셈 버튼 스프라이트 만들기

Button3 스프라이트를 1개 추가하고 모양 탭에서 색을 변경하고 "덧셈"이라고 입력한다. button3-a와 button3-b의 색은 다르게 설정하고, 두 개 모두에 "덧셈"을 쓴다. 버튼 모양은 버튼 모양은 button3-a를 선택한다.

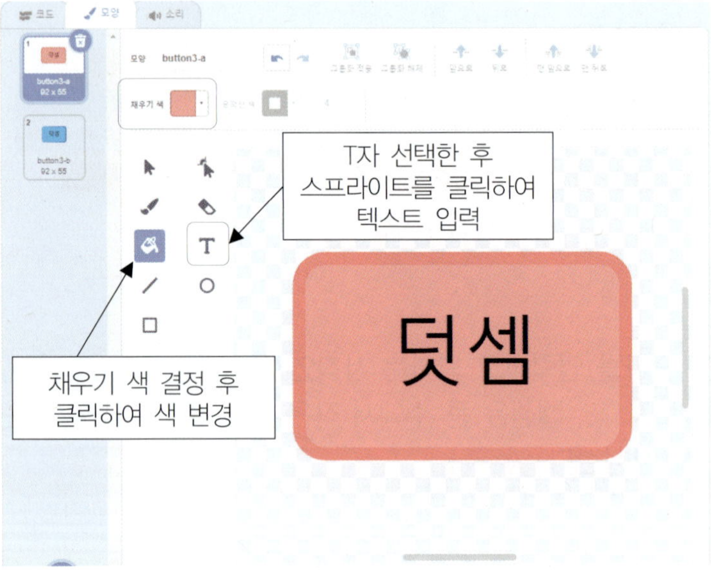

[단계2] 덧셈 버튼 스프라이트의 스크립트 작성하기

버튼 스프라이트는 버튼이 눌렸음을 표시하기 위해 버튼이 눌리면 버튼의 모양을 button3-b로 바꾸었다가 1초 후 button3-a로 바뀌도록 설정한다. 버튼이 눌리면 [덧셈하기 신호 보내기]를 수행하여 Dot 스프라이트가 클릭된 버튼에 맞는 연산을 수행하도록 한다.

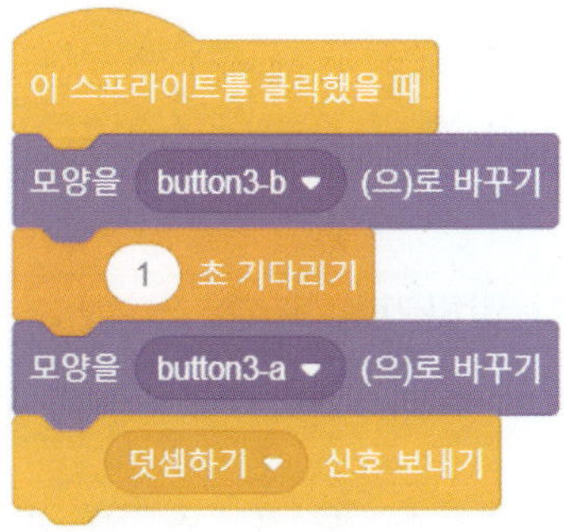

[단계3] "뺄셈", "곱셈", "나눗셈" 버튼 생성하기

사칙연산을 위한 버튼을 모두 동일하게 동작하므로 덧셈 스프라이트(Button3)를 3개 복사한다. [단계1]에서와 같은 방법으로 버튼에 표시될 글씨 "뺄셈", "곱셈", "나눗셈"을 입력하고 화면에 보기 좋게 배치한다.

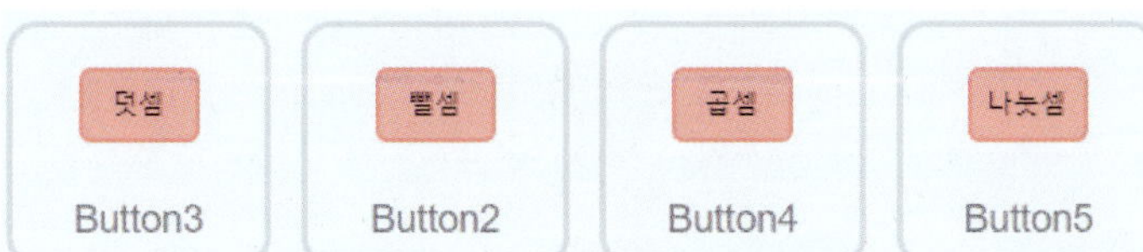

각 버튼에 맞는 메시지를 전송하기 위해 '뺄셈' 버튼에는 '뺄셈하기 신호 보내기', '곱셈' 버튼에는 '곱셈하기 신호 보내기', '나눗셈' 버튼에는 '나눗셈하기 신호 보내기' 블록을 버튼의 역할에 맞게 추가한다.

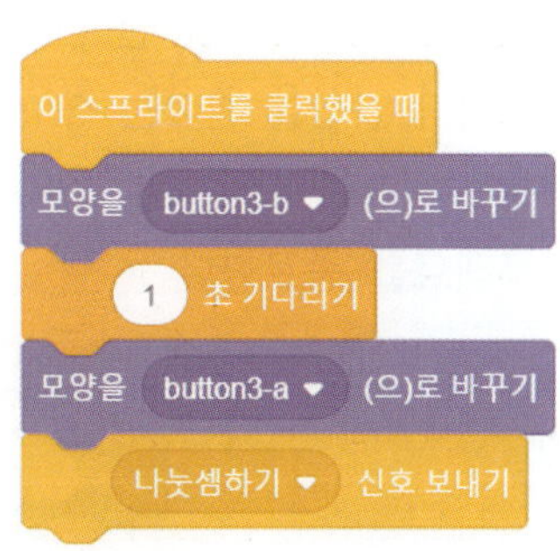

【2】 강아지(Dot) 스프라이트

[알고리즘]

① 시작 깃발을 클릭하면 프로젝트 소개 메시지를 말한다.

② 연산에 필요한 변수를 생성한다.

③ 연산에 사용할 숫자를 입력받는다.
④ 무대에서 눌리는 버튼에 따라 연산을 수행한다.
⑤ 사용자가 더 이상 연산을 수행하지 않겠다고 하면 프로그램을 종료한다.

[단계1] 프로젝트 소개 메시지 말하기

시작 깃발 클릭했을 때 "사칙연산 프로그램입니다." 메시지를 말한다.

[단계2] 변수 생성하기

사용자로부터 연산에 사용할 숫자를 입력받기 위해 '숫자1' 변수와 '숫자2' 변수를 생성한다. 또한 '숫자1'에 입력받은 숫자가 '숫자2'에 입력받은 숫자보다 작은 경우, 뺄셈과 나눗셈에서 두 변수 간 데이터 교환을 위해 '숫자3' 변수와 사칙연산을 수행하는데 실행 제어를 위해 '연산 종료' 변수를 생성한다.

[단계3] 무한 반복 수행하기

사용자가 사칙연산을 원하지 않을 경우에 프로그램 종료를 위해 무한반복 블록을 사용한다. 사용자가 연산을 원하는 경우는 "연산을 하시겠습니까?(예, 아니오)"라고 묻고 대답이 '예'인 경우는 연산을 시작하고, "아니오"를 입력하면 "사칙연산 프로그램을 종료합니다."라고 말하고 프로젝트를 종료한다.

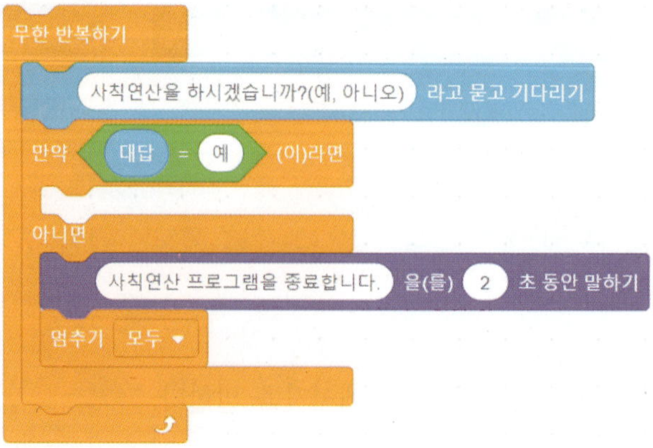

'깃발 클릭했을 때'의 전체 스크립트는 다음과 같다.

[단계4] 연산에 사용할 데이터 입력받기

"예" 대답을 한 경우, 연산에 사용할 숫자 2개를 "숫자1" 변수와 "숫자2" 변수에 입력받는다. 숫자 입력 후, 사용자가 원하는 연산을 수행하기 위해 "원하는 연산 버튼을 눌러주세요"라고 말한다. 무대의 버튼이 눌리면 각 버튼에 맞는 '신호 받았을 때' 블록을 실행한다. 이렇게 수행하면 아무 문제가 없을 것 같지만 연산이 끝나기도 전에 무대에 다시 "사칙연산을 하시겠습니까?"라고 질문하는 '묻고 기다리기' 블록이 실행된다. 이 문제를 해결하기 위해 각 연산 블록에서 연산이 끝나면 '연산종료' 변수의 값을 1로 정한다. '시작 깃발 클릭했을 때' 블록에서는 '연산종료' 변수의 값이 1이 될 때까지 기다리기를 실행한다.

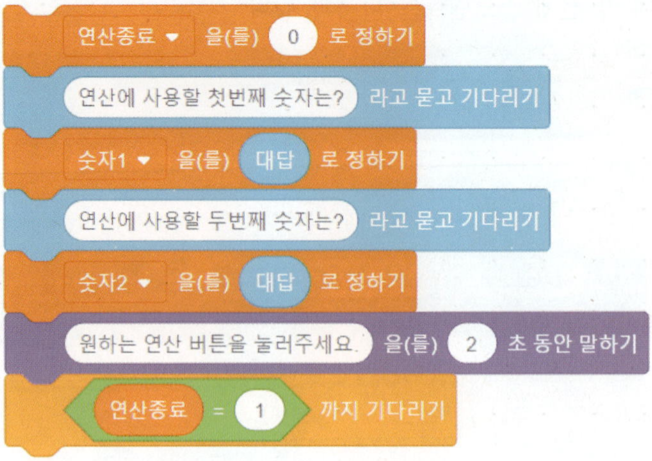

[단계5] 연산 버튼이 눌렸을 때 연산 명령 설정하기

가. 덧셈하기 신호를 받았을 때

① 사용자로부터 입력받는 숫자는 ‘숫자1’과 ‘숫자2’ 변수에 저장되어 있다. 두 숫자를 더하는 연산을 수행하고, “덧셈 결과는~입니다.”라고 말한다.

② 덧셈 연산이 종료되었음을 알리기 위해 ‘연산종료’ 변수의 값을 1로 정한다.

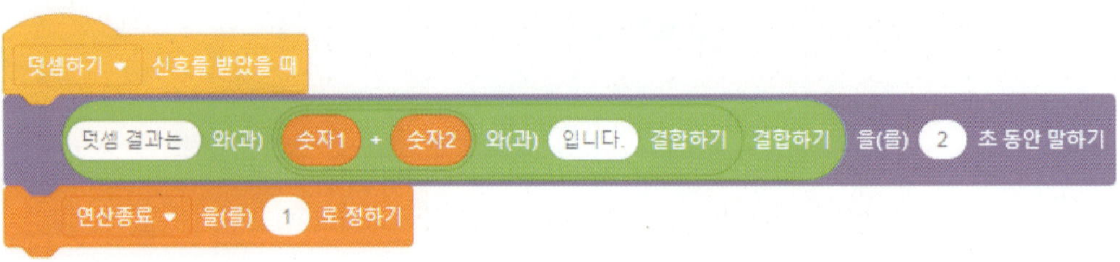

나. 뺄셈하기 신호를 받았을 때

① 뺄셈은 큰 수에서 작은 수를 빼도록 설정해야 하므로 ‘숫자1’ 〈 ‘숫자2’인 경우 두 변수의 값을 바꾸고 뺄셈 연산을 수행한다.

② 뺄셈 연산이 종료되었음을 알리기 위해 ‘연산종료’ 변수의 값을 1로 정한다.

다. 곱셈하기 신호를 받았을 때

① '숫자1'과 '숫자2' 변수의 값을 곱하는 연산을 수행하고, "곱셈 결과는 ~입니다."라고 말한다.

② 곱셈 연산이 종료되었음을 알리기 위해 '연산종료' 변수의 값을 1로 정한다.

라. 나눗셈하기 신호를 받았을 때

① 뺄셈 연산과 동일하게 큰 수를 작은 수로 나누기 위해 '숫자1' 〈 '숫자2'인 경우 두 변수의 값을 바꾼다.

② 나눗셈 연산이 종료되었음을 알리기 위해 '연산종료' 변수의 값을 1로 정한다.

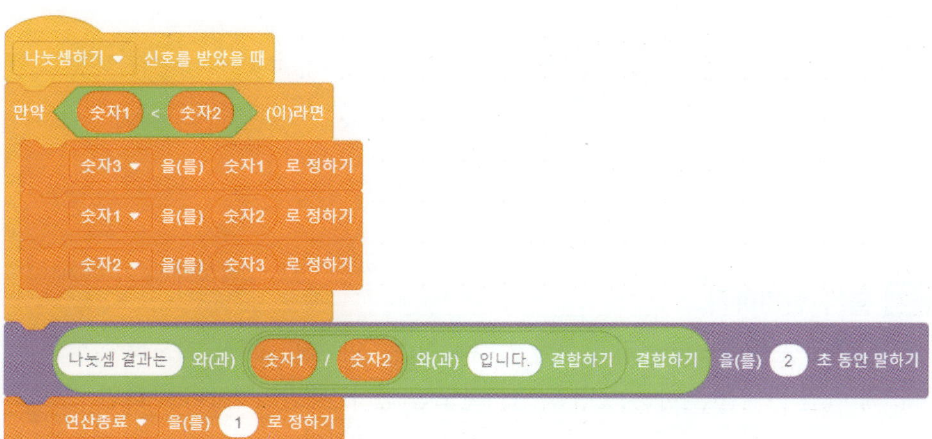

10.4 실전 연습

(문제1)
숫자를 입력받고 홀수와 짝수를 구별하여 말하는 프로젝트를 작성하시오.
사용자에게 판별을 원하는 숫자가 있는지 묻고, 있으면 홀짝 판별을 진행하고 그렇지 않으면 프로젝트는 종료하도록 설정하시오.

[알고리즘]

① 프로젝트 설명 메시지를 2초 동안 말한다.
② 사용자에게 숫자를 입력받아 홀짝 판별을 한다.
③ 사용자가 또 다른 숫자에 대한 판별을 원하는 경우 반복 수행하고 그렇지 않으면 프로그램을 종료한다.

[단계1] 프로젝트 설명 메시지 말하기

프로그램 시작 깃발을 클릭하면 "입력한 숫자가 홀수인지, 짝수인지 판별합니다." 메시지를 2초 동안 말한다.

[단계2] 홀짝 판별하기

사용자에게 홀짝 판별을 원하는지 질문하고, "예" 또는 "아니오"로 대답하도록 설정한다. 만약 대답이 "예"라면 판별을 원하는 숫자를 입력하도록 한다. 대답이 "아니오"라면 "프로그램을 종료합니다."라고 말하고 모든 스크립트 멈추기를 수행한다.

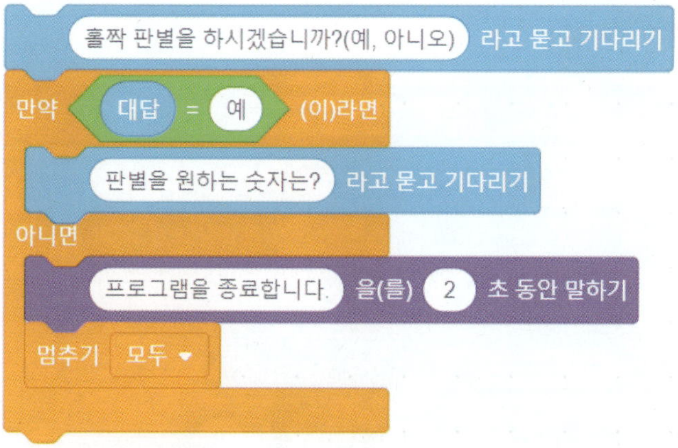

입력된 숫자의 홀짝 판별을 위해 숫자를 2로 나눈 나머지가 0과 같으면 "입력한 숫자는 짝수입니다", 그렇지 않으면 "입력한 숫자는 홀수입니다."를 말한다.

[단계3] 프로그램 종료하기

사용자가 홀짝 판별을 하지 않겠다고 하면 "프로그램을 종료합니다."라고 말하고 프로젝트를 종료한다.

전체 스크립트는 다음과 같다.

(문제2)

사용자로부터 자동판매기에 입금한 돈과 물건값을 입력받고, 거스름돈을 500원, 100원짜리 동전으로 계산하여 말하는 프로젝트를 작성해보자.

입금한 돈 5000원, 물건값 3300원을 입력하였을 때 잔액 1700원에 대하여 500원 동전 3개와 100원 동전 2개로 거스름돈을 반환하면 됨을 보여준다.

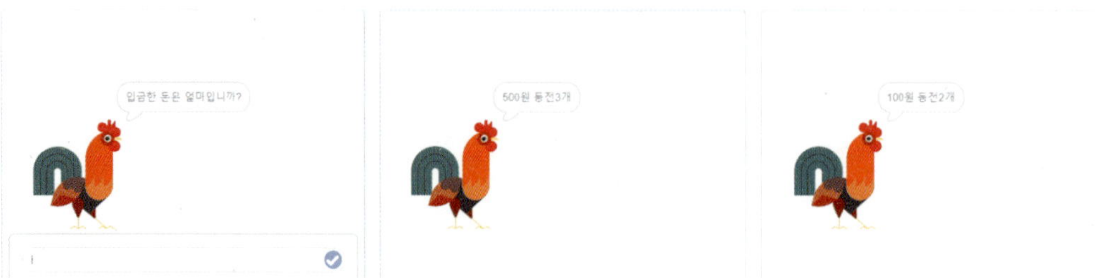

[알고리즘]

① 프로젝트 설명 메시지를 2초 동안 말한다.
② 입금한 돈과 물건 가격을 입력받는다.
③ 잔액에 대한 500원짜리와 100원짜리 동전의 수를 계산한다.
④ 결과를 2초 동안 말한다.

[단계1] 프로젝트 설명 메시지 말하기

프로젝트를 설명하는 "잔액을 계산합니다." 메시지를 말한다.

[단계2] 변수 생성하고 입금한 돈과 물건 가격 입력받기

입금한 돈을 입력받을 변수 '입금한 돈'과 물건 가격을 입력받을 변수 '입금한 돈'을 생성하고, '입금한 돈'과 '물건 가격'을 입력받는다. '잔액' 변수를 생성하고 (입금한 돈 - 물건 가격)을 계산하여 '잔액' 변수에 저장한다. 입금한 돈이 5000원, 물건 가격이 3300원인 경우, 5000원 - 3300원을 수행하면 '잔액' 변수에는 1700원이 저장된다.

[단계3] 동전의 개수 계산하기

'잔액' 변수에 저장된 값 중 500원 동전으로 반환할 수 있는 개수를 구하기 위해 잔액을 500원으로 나눈다. (1700원/500원)을 실행하면 3.4가 계산된다. 500원짜리 동전을 3.4개 반환할 수 없으므로 버림 함수를 사용하여 정수몫(3)만 값으로 선택한다. 계산된 값을 '500원개수' 변수에 저장한다.

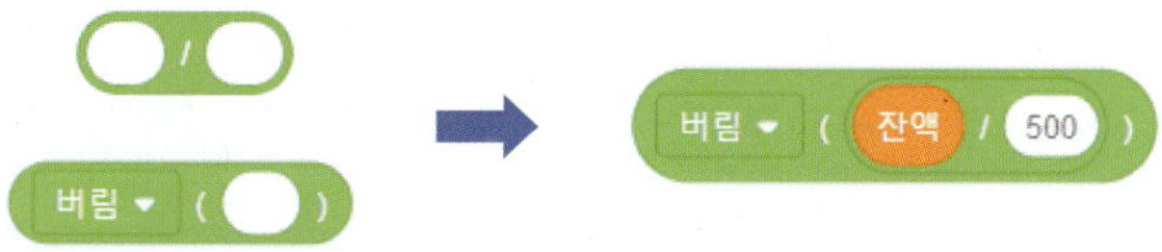

100원짜리 동전의 개수를 계산하기 위해서 먼저 [잔액 나누기 500의 나머지]를 실행한다. 1700원을 500원으로 나눈 나머지는 200원이다. 나머지를 100으로 나누면 거스름돈 중 필요한 100원짜리 동전의 개수를 계산할 수 있다. '100원개수' 변수에 저장한다.

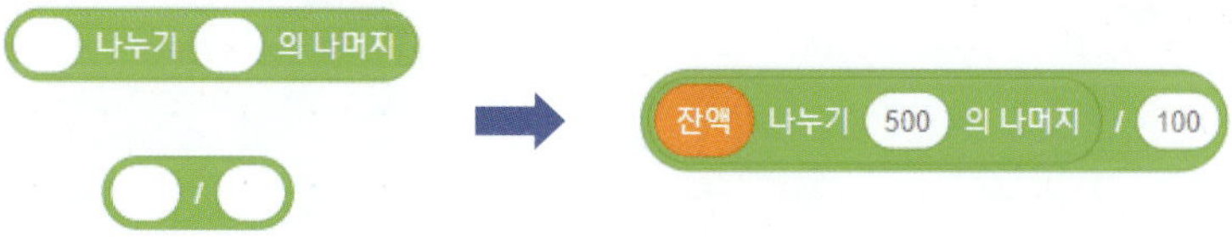

[단계4] 결과 말하기

'500원개수'와 '100원개수' 변수에 저장된 500원 동전 개수와 100원 동전 개수를 말한다.

전체 스크립트는 다음과 같다.

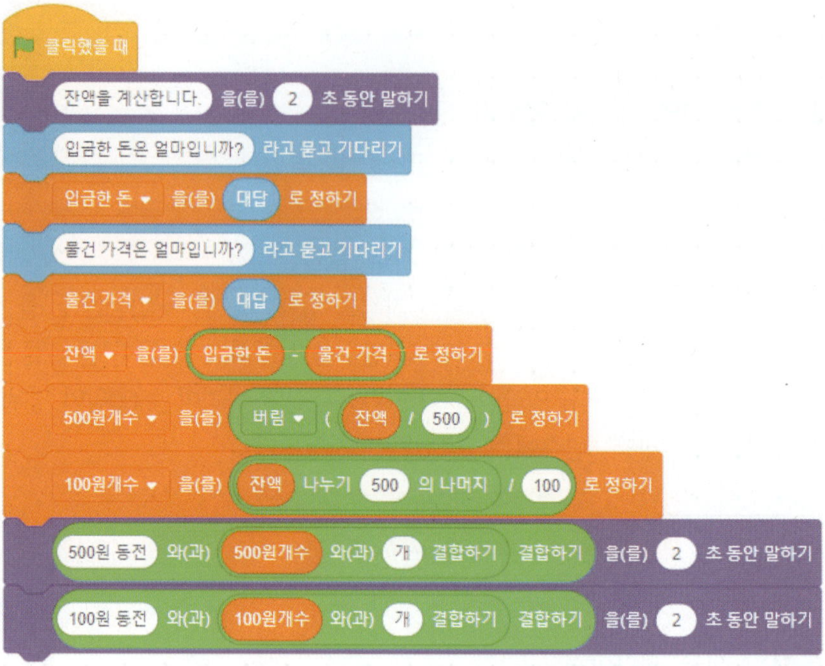

(문제3)
사용자로부터 아이디와 패스워드를 입력받고, 맞으면 "환영합니다."를 말하고, 3번 이상 틀리면 "아이디를 확인하세요." 또는 "패스워드를 확인하세요."라고 말하는 프로젝트를 작성하시오.

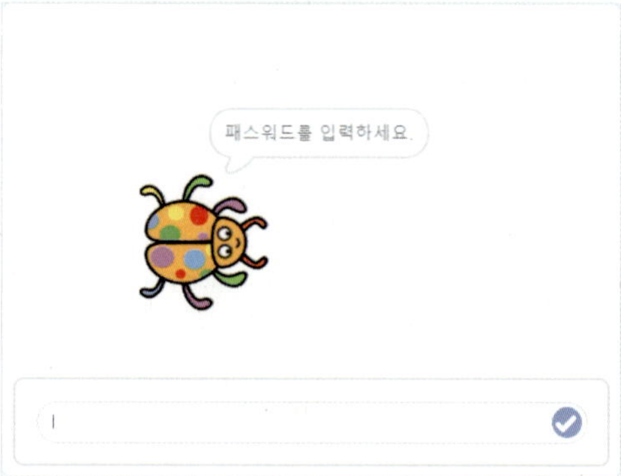

[알고리즘]

① 확인에 사용할 아이디와 패스워드를 저장한다.

② 아이디를 입력받고 아이디가 일치하면 비밀번호를 입력받는다. 만약 아이디가 일치하지 않으면 아이디를 다시 입력받는다. 3번까지 재입력할 수 있다.

③ 비밀번호가 일치하면 "환영합니다." 그렇지 않으면 3번까지 재입력할 수 있다. 만약 모두 실패하면 "3번 실패했습니다. 패스워드를 다시 확인하세요." 메시지를 보내고 프로그램을 종료한다.

[단계1] 시작 깃발 클릭했을 때

① Ladybug1 스프라이트를 추가한다.

② 스프라이트의 크기를 12%로 정한다.

③ 프로젝트를 설명하는 "아이디와 패스워드를 확인합니다." 메시지를 말한다.

④ 프로젝트에 사용할 변수를 생성한다.

a. 아이디 : 사용자의 입력값과 비교하기 위해 미리 설정해 놓은 아이디 저장

b. 패스워드 : 사용자의 입력값과 비교하기 위해 미리 설정해 놓은 패스워드 저장

c. 아이디 실패 : 사용자의 아이디 입력 실패 횟수 저장

d. 패스워드 실패 : 사용자의 패스워드 입력 실패 횟수 저장

⑤ 변수의 초기값을 설정한다.

a. 아이디 : 스크래치

b. 패스워드 : 1234

c. 아이디 실패 : 0

d. 패스워드 실패 : 0

'아이디 실패' 변수와 '패스워드 실패' 변수는 입력 실패가 발생할 때마다 1만큼 증가시켜야 하므로 시작값을 0으로 설정해야 한다.

⑥ 전체 실행 스크립트를 한 개의 블록으로 작성할 경우 스크립트가 너무 길어지고 복잡해지므

로 아이디 확인 블록과 패스워드 확인 블록으로 나누어서 작성한다. 먼저 아이디 확인을 위해서 '아이디 확인' 메시지를 생성하고 신호 보내기를 수행한다.

[단계2] '아이디 확인' 신호를 받았을 때

① 사용자로부터 아이디를 입력받는다.

② 사용자의 대답과 미리 저장해 둔 아이디를 비교하여 같으면 '패스워드 확인' 메시지를 보낸다. 그리고 '아이디 확인 신호를 받았을 때' 스크립트를 멈춘다.
아이디가 틀린 경우 3번까지 아이디 입력 기회를 부여하기 위해 3번 반복하기를 실행한다. 스크립트 멈추기를 수행하지 않으면 정확한 아이디를 입력하여 '패스워드 확인 신호 보내기'를 수행하더라도 다시 아이디를 묻는 블록이 실행된다.

③ 만약 사용자의 대답과 저장해 놓은 아이디가 같지 않다면 "아이디가 맞지 않습니다." 메시지를 말하고 '아이디 실패' 변수의 값을 1만큼 증가시킨다.

④ 만약 '아이디 실패' 변수의 값이 3이 된다면 "3번 실패하였습니다.", "아이디를 다시 확인하세요."를 말하고 모두 멈추기 블록을 실행한다. '아이디 실패' 변수의 값이 3이 아니라면 ①부터 다시 반복 수행한다.

[단계3] '패스워드 확인' 신호를 받았을 때

'아이디 확인' 신호 받았을 때와 동일한 방법으로 실행한다.

① 사용자로부터 패스워드를 입력받는다.

② 사용자의 대답과 '패스워드' 변수에 저장된 값을 비교하여 같으면 "환영합니다."를 말하고 모두 멈추기 한다.

③ 만약 사용자의 대답과 '패스워드' 변수에 저장된 값이 같지 않으면 "패스워드가 맞지 않습니다."라고 말한다.

④ '패스워드 실패' 변수의 값을 1만큼 증가한다.

⑤ '패스워드 실패' 변수의 값이 3이면 "3번 실패하였습니다.", "패스워드를 다시 확인하세요."라고 말하고 모두 멈추기를 한다.

⑥ 패스워드 확인도 3번의 기회를 부여하므로 ①~⑤를 3번 반복한다.

전체 스크립트는 다음과 같다.

[시작 깃발 클릭했을 때]

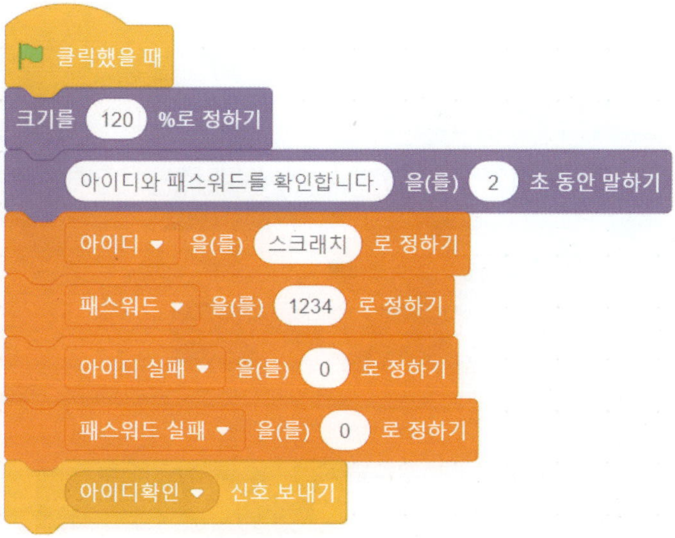

[아이디 확인 신호를 받았을 때]

[패스워드 확인 신호를 받았을 때]

CHAPTER 11 리스트

변수가 하나의 값을 저장하는 공간이라면 리스트는 연속된 공간에 여러 개의 값을 저장할 수 있는 공간을 의미한다. 만약 학생 관리 프로젝트를 만든다고 할 때, 저장할 정보는 학생 이름, 학과, 학번, 전화번호, 주소 등이 있을 것이다. 이때 변수를 이용한다면 한 명의 정보를 저장하는 데 5개의 변수가 필요할 것이다. 전체 학생이 30명이라고 한다면 필요한 변수의 개수는 150개가 된다. 반면 리스트를 사용한다면, 리스트는 여러 개의 저장 공간을 하나의 이름으로 묶어 사용할 수 있으므로 학생 이름, 학과, 학번, 전화번호, 주소에 대하여 하나씩의 리스트를 생성하고 학생의 수에 상관없이 해당하는 정보들을 저장하여 사용할 수 있다. 항목 추가/삭제, 특정 위치에 항목 삽입, 특정 위치의 항목 검색, 리스트의 길이, 리스트에 항목이 포함되어 있는지 등의 연산을 사용할 수 있기 때문에 개별 변수를 사용하는 것보다 훨씬 편리하게 정보들을 저장하고 관리할 수 있다.

다음은 학생 5명의 이름을 변수에 저장하는 경우와 리스트에 저장하는 경우를 그림으로 표현한 것이다. 변수는 5명의 이름을 저장하기 위해 변수 5개가 필요하지만 리스트는 '학생이름'이라는 리스트 1개에 5명의 이름을 모두 저장할 수 있다.

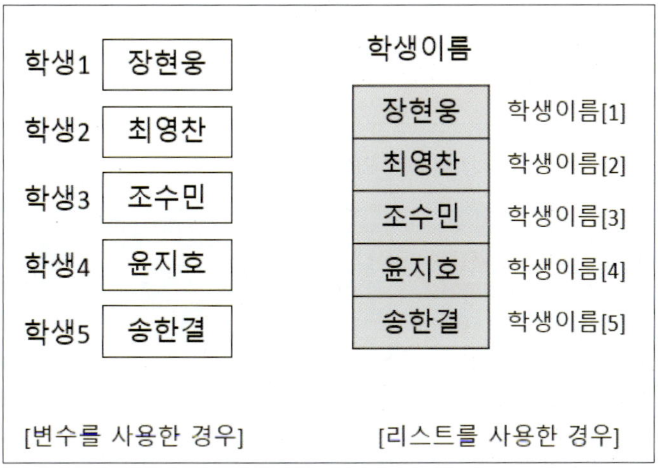

11.1 리스트 블록의 종류

스크래치에서 사용할 수 있는 리스트 블록의 종류는 다음과 같다.

블 록	기 능
리스트 만들기 이름 학과	새로운 리스트 생성 '이름' 리스트와 '학과' 리스트를 생성한 경우
항목 을(를) 이름 ▾ 에 추가하기	리스트에 새로운 항목 추가 '이름' 리스트에 항목 추가
1 번째 항목을 이름 ▾ 에서 삭제하기	리스트에서 지정한 위치의 항목 삭제 '이름' 리스트의 1번째 항목 삭제
이름 ▾ 의 항목을 모두 삭제하기	리스트의 모든 항목 삭제 '이름'리스트의 모든 항목 삭제
항목 을(를) 이름 ▾ 리스트의 1 번째에 넣기	리스트의 지정한 위치에 항목 추가 '이름' 리스트의 1번째 위치에 항목 추가
이름 ▾ 리스트의 1 번째 항목을 항목 으로 바꾸기	리스트에서 지정한 위치의 항목을 새로운 항목으로 변경 '이름' 리스트의 1번째 항목을 바꾸기
이름 ▾ 리스트의 1 번째 항목	리스트에서 지정한 위치의 항목의 값 '이름' 리스트의 1번째 항목의 값
이름 ▾ 리스트에서 항목 항목의 위치	리스트에서 지정한 항목의 위치값
이름 ▾ 의 길이	리스트에 들어있는 항목의 개수
이름 ▾ 이(가) 항목 을(를) 포함하는가?	특정 항목이 리스트에 포함되어 있는지 확인 특정 항목이 리스트에 포함되어 있으면 참, 그렇지 않으면 거짓
이름 ▾ 리스트 보이기	리스트를 무대에 보이도록 설정
이름 ▾ 리스트 숨기기	리스트를 무대에 안 보이도록 설정

11.2 리스트 블록 활용하기

11.2.1 리스트에 항목 삽입·삭제하기

'이름'과 '학과' 리스트를 생성하고, 이름 리스트에는 김수민, 최다미, 박희연을 저장하고, 학과 리스트에는 컴퓨터공학과, 체육학과, 경영학과를 저장하는 프로젝트를 작성해보자.

[단계1] '이름'과 '학과' 리스트 생성하기

① 블록 팔레트에서 '변수'를 선택하고 리스트 만들기 클릭한다.
생성하고자 하는 리스트 이름을 입력하고 [확인]을 클릭한다. '이름'과 '학과' 리스트를 생성한다.

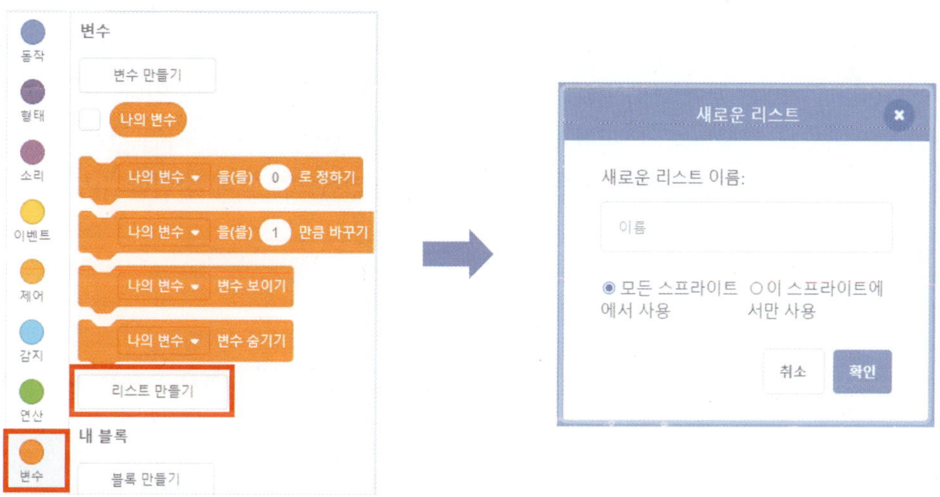

[새로운 리스트]
생성 대화상자는 다음과 같이 구성되어 있다.

a. 새로운 리스트 이름 : 생성할 리스트 이름 입력
b. 모든 스프라이트에서 사용
   프로젝트에 사용된 모든 스프라이트에서 사용 가능한 리스트(전역 리스트)
c. 이 스프라이트에서만 사용
   리스트를 만든 스프라이트에서만 사용 가능한 리스트(지역 리스트)

② 리스트가 생성되면 [리스트 만들기] 버튼 아래 생성한 리스트 이름이 표시된다. 리스트 이름 왼쪽의 체크박스를 선택하면 무대에 리스트가 보인다.

[단계2] **이름 리스트에 데이터 삽입하기**

① 리스트에서 사용 가능한 블록 중 [~을 ~에 추가하기] 블록을 사용하여 리스트에 항목을 삽입한다. '▾'를 클릭하면 현재 사용할 수 있는 리스트 이름이 보인다. 항목을 삽입할 리스트 이름을 선택한다. 타원형 안에는 삽입할 항목을 입력한다. 직접 값을 입력할 수도 있고 감지 블록을 이용하여 사용자로부터 입력받은 값을 리스트에 삽입할 수도 있다. '김수민'이 리스트에 삽입된다.

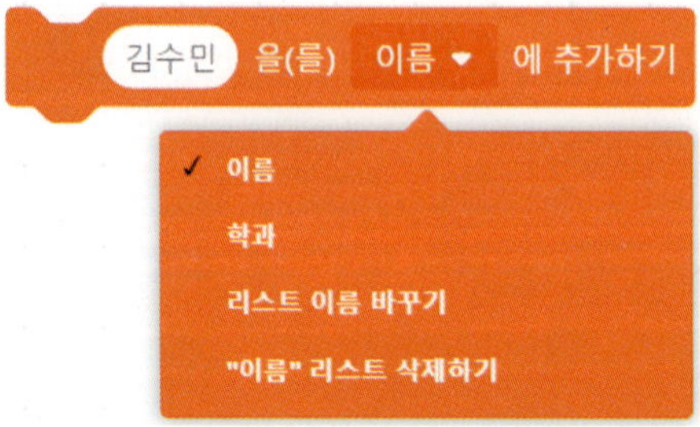

② 최다미, 박희연 항목도 이름 리스트에 삽입한다.

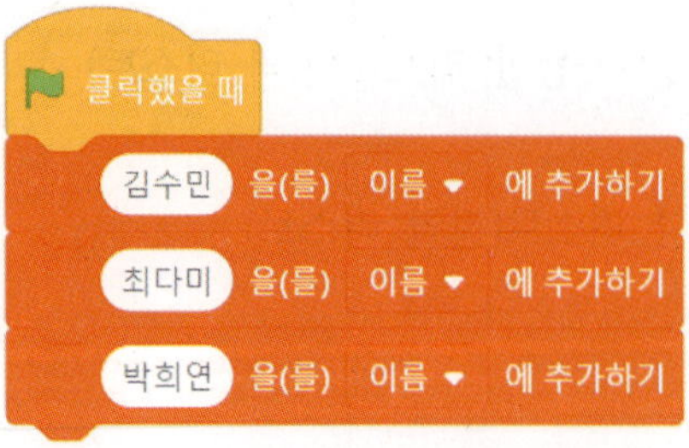

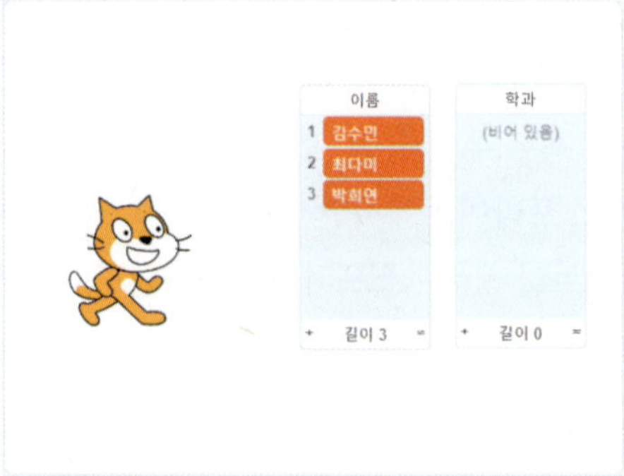

[단계3] 학과 리스트에 데이터 삽입하기

이름 리스트에 항목 추가 방법과 동일하게 학과 리스트의 데이터를 삽입한다. 항목을 삽입할 리스트는 '학과'를 선택한다.

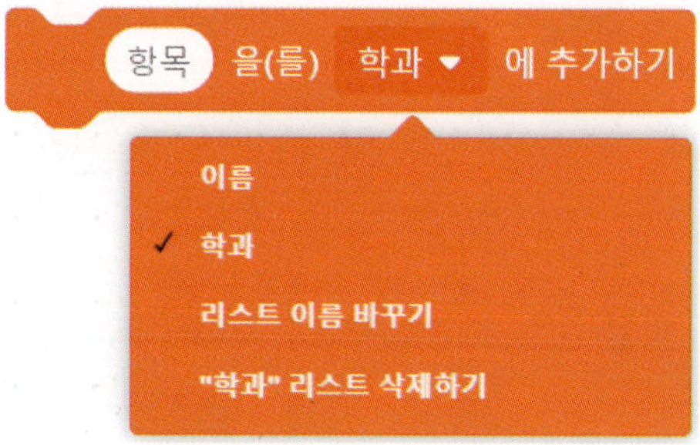

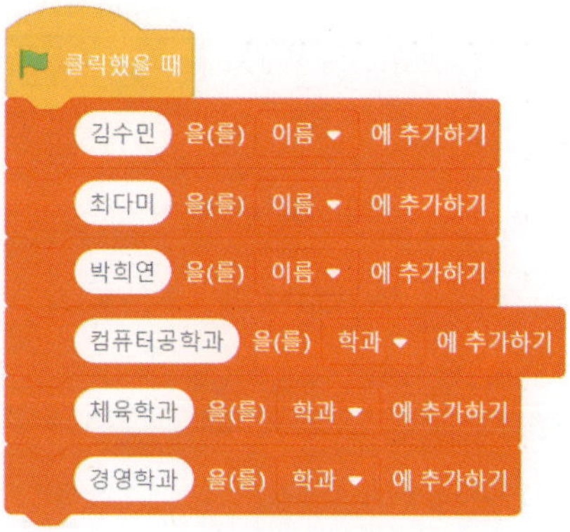

[단계4] 리스트 항목 삭제하기

위에서 작성된 스크립트를 실행하면 처음에는 리스트에 저장된 항목에 문제없어 보이지만 다시 실행하면 리스트에 같은 데이터가 중복으로 삽입되는 것을 볼 수 있다. 이것은 리스트 안의 항목들은 프로젝트가 종료하면 자동으로 삭제되지 않기 때문이다.

그러므로 [~의 항목을 모두 삭제하기] 블록을 사용하여 리스트에 저장된 모든 항목을 삭제하는 과정이 필요하다. 프로젝트를 시작하면 이전 실행에서 저장되었던 리스트의 항목을 모두 삭제하는 블록을 실행한다. 그러면 현재 실행하고 있는 스크립트에 필요한 항목만을 리스트에 삽입하여 사용할 수 있다.

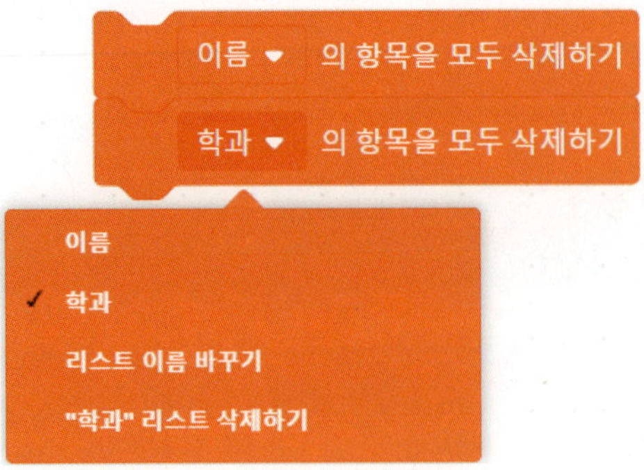

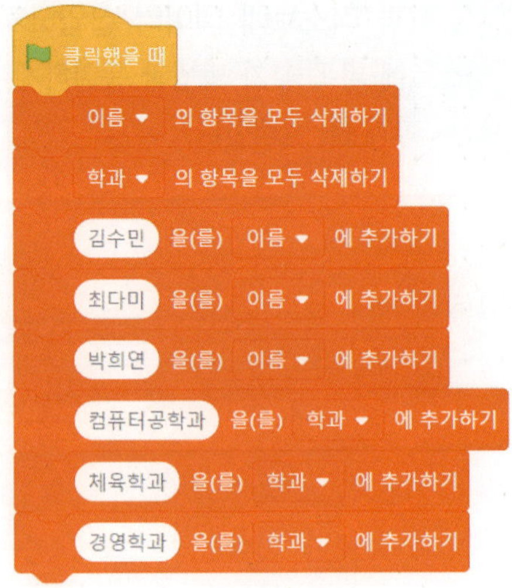

11.2.2 리스트에서 특정 항목 삽입·삭제·변경하기

11.2.1에서 작성한 스크립트에 다음 사항들을 적용해보자.

'최다미' 학생이 전학을 갔다. 이름 리스트와 학과 리스트에서 2번째 항목을 삭제하는 스크립트를 작성하자.

'최다미' 학생의 정보는 이름 리스트와 학과 리스트 2번째에 저장되어 있다. 특정 위치의 항목을 선택하여 삭제하는 블록을 사용하여 실행한다.

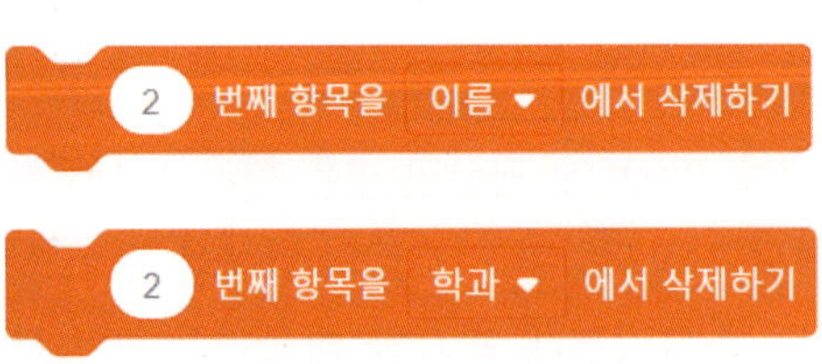

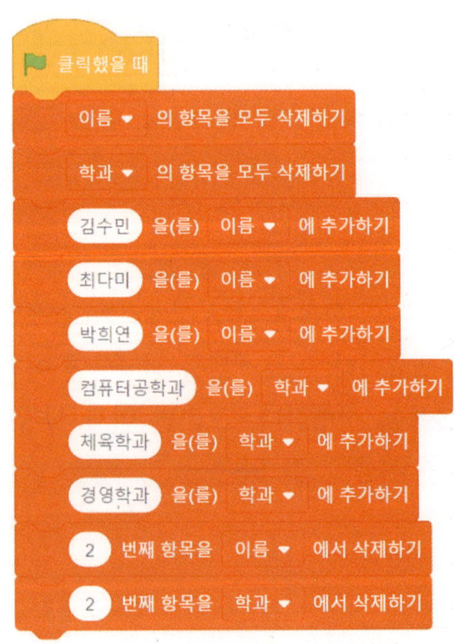

영어학과로 '이수진' 학생이 전학을 왔다. 전학 온 학생의 정보를 이름 리스트와 학과 리스트 2번째 위치에 추가하는 스크립트를 작성하자.

리스트는 저장할 특정 위치를 지정하지 않는 경우는 가장 마지막에 데이터를 추가한다. 저장 위치가 상관없는 경우는 추가하기 블록을 사용하고, 특정 위치에 저장해야 하는 경우는 [~을 ~리스트의 ~번째에 넣기] 블록을 사용하여 지정한 위치에 데이터를 삽입한다.

'박희연' 학생이 경영정보학과로 전과하였다. '박희연' 학생의 학과 리스트를 변경하는 스크립트를 작성하시오.

리스트 블록 중에는 특정 위치의 데이터를 다른 값으로 변경할 수 있는 [~리스트의 ~번째 항목을 ~으로 바꾸기] 블록이 있다. 이 블록을 사용하여 리스트 안의 데이터 값 변경이 가능하다.

11.2.3 리스트 내의 데이터 검색하기

사용자로부터 학생의 이름을 입력받아 입력받은 학생의 학과 정보를 말하는 프로젝트를 작성하시오.

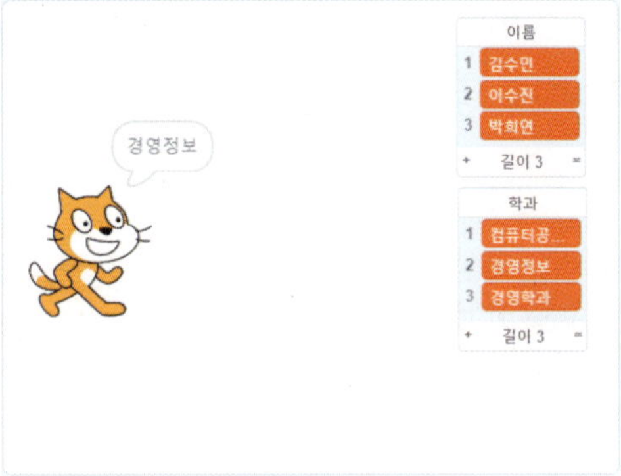

[단계1] '묻고 기다리기' 블록을 사용하여 사용자로부터 학생의 이름을 입력받기

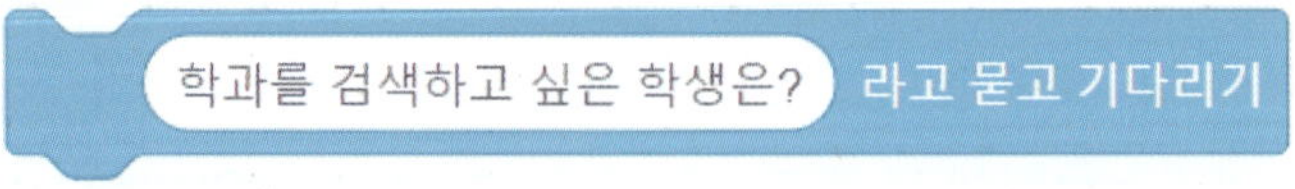

[단계2] 입력받은 학생의 이름을 이용하여 이름 리스트에서의 위치 찾기

사용자로부터 입력받은 학생의 이름은 대답에 저장된다. 입력된 학생 이름이 저장된 위치를 찾기 위해 [~리스트에서 ~항목의 위치] 블록을 사용한다. 이름 리스트에서의 입력받은 학생 이름이 저장된 위치를 얻는다. 만약 '이수진'을 입력하는 경우 '2'가 출력된다.

[단계3] **이름 리스트와 같은 위치의 학과 리스트의 값이 학생의 학과이므로 [단계2]에서 찾은 위치 정보를 이용하여 학과 정보 검색**

특정 위치의 값을 찾는 [~리스트의 ~번째 항목] 블록에 이름 리스트에서 찾은 위치 정보를 입력하여 리스트의 해당 위치의 값을 얻는다. 두 블록을 합하면 학과 리스트에서 '영어학과'를 찾는다.

[단계4] **학과 리스트에서 검색된 정보를 말한다.**

'2초 동안 말하기' 블록을 실행하면 '이수진' 학생의 학과인 '경영정보'를 출력한다.

전체 스크립트는 다음과 같다.

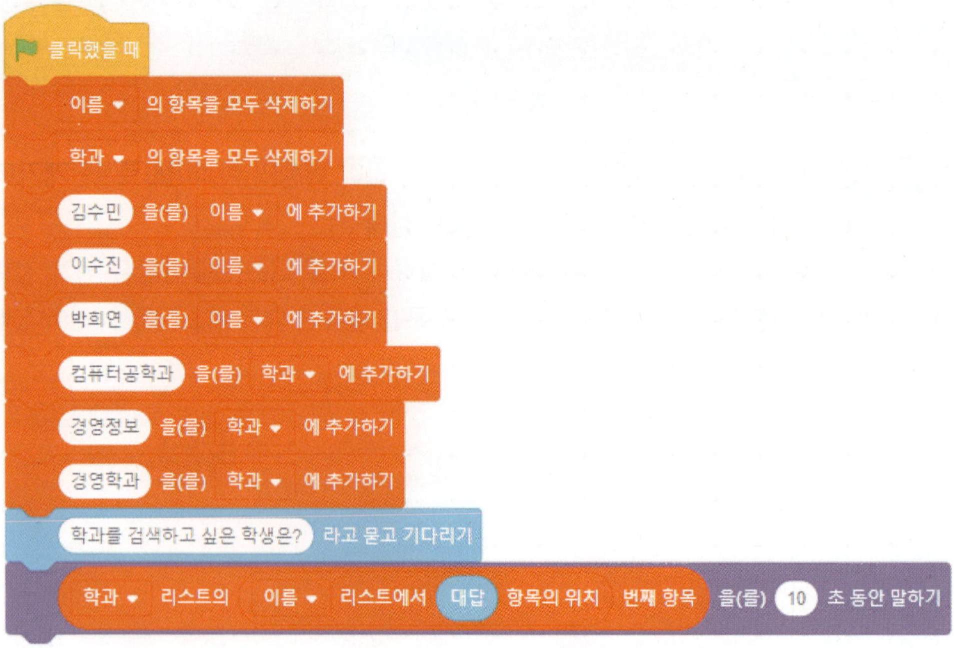

11.3 업그레이드하기

사용자로부터 정보를 입력할 학생수를 입력받은 후, 학생들의 이름, 국어점수, 영어점수를 입력받아 총점과 평균을 출력하는 프로젝트를 작성하시오.

프로젝트 실행에 사용할 리스트는 이름, 국어, 영어, 총점, 평균이다.

[알고리즘]

① 사용할 리스트와 변수를 생성한다.
② 입력받을 학생의 수를 묻는다.
③ 학생들의 정보를 입력받는다.
④ 모든 학생의 정보가 입력되면 리스트의 정보를 이용하여 총점과 평균을 구한다.
⑤ 저장된 '총점' 리스트와 '평균' 리스트의 내용을 학생 이름과 함께 말한다.

[단계1] 리스트와 변수 생성하기

블록 팔레트의  를 클릭하고 학생들의 정보를 저장할 리스트 '이름', '국어', '영어', '총점', '평균' 리스트를 생성한다. 변수는 정보를 입력받을 학생 수를 저장할 '학생수' 변수와 리스트에서 점수를 읽어 총점과 평균을 구하기 위해 사용할 '위치' 변수를 생성한다.

[단계2] 입력받을 학생 수 묻기

① 'Abby' 스프라이트를 추가한다.
② 스프라이트의 크기를 90%로 설정한다.
③ "몇 명의 학생 정보를 입력하겠습니까?"라고 묻고 기다리기 한다.
④ 사용자가 입력한 값을 '학생수' 변수에 저장한다.

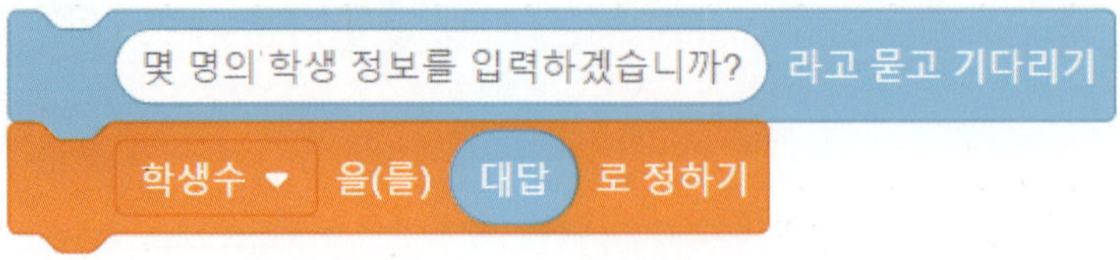

[단계3] 학생의 이름, 국어점수, 영어점수를 입력받기

사용자가 입력한 학생수만큼 반복하면서 학생 이름, 국어점수, 영어점수를 입력받는다. 이름은 '이름' 리스트에, 국어점수는 '국어' 리스트에 그리고 영어점수는 '영어' 리스트에 저장한다.

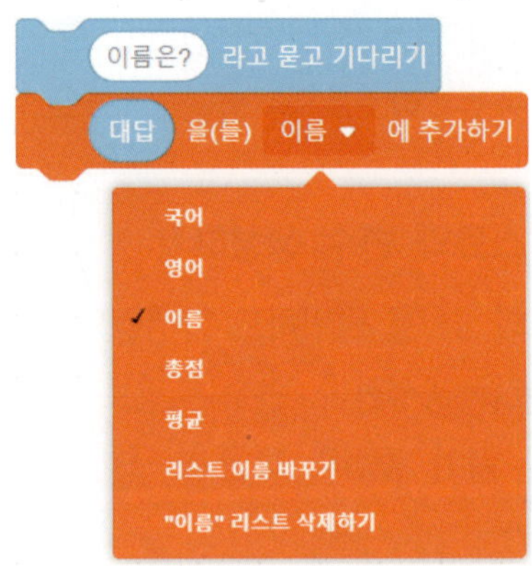

[단계4] 리스트에 저장된 정보를 이용하여 총점과 평균 구하기

'국어'와 '영어' 리스트의 정보를 읽어 학생들의 총점과 평균을 계산하고, '총점'과 '평균' 리스트에 저장한다. 국어와 영어 리스트의 점수를 차례대로 가져오기 위해 '위치' 변수를 사용한다. 만약 '위치' 변수의 값이 3이면 국어 리스트와 영어 리스트의 3번째 점수를 읽어온다.

읽어 온 점수는 덧셈 연산자를 이용하여 합을 구하고 '총점' 리스트에 저장한다.

평균은 '총점' 리스트에 저장된 값을 사용하여 계산하고, '평균' 리스트에 저장한다.

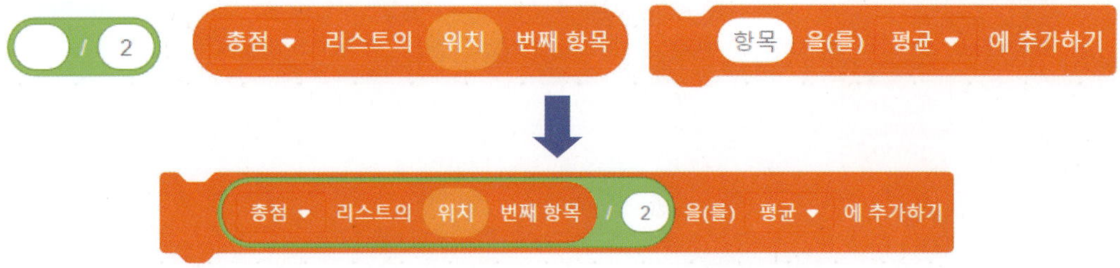

'위치' 변수의 값은 리스트의 다음 위치를 검색하기 위해서 1만큼 증가시킨다.

학생 수만큼 반복하도록 반복 블록을 사용한다.

[단계5] 저장된 '총점' 리스트와 '평균' 리스트의 내용을 학생 이름과 함께 말하기

학생 이름, 총점, 평균을 2초 동안 말한다. 각 리스트에서 순서대로 데이터를 가져오기 위해 '위치' 변수를 다시 1로 설정한다. 한 명의 총점과 평균을 말한 후, '위치' 변수의 값을 1만큼 증가시켜 리스트에서 다음 학생의 점수를 가져올 수 있도록 한다. 말하기 동작도 정보를 입력한 학생의 수만큼 반복한다.

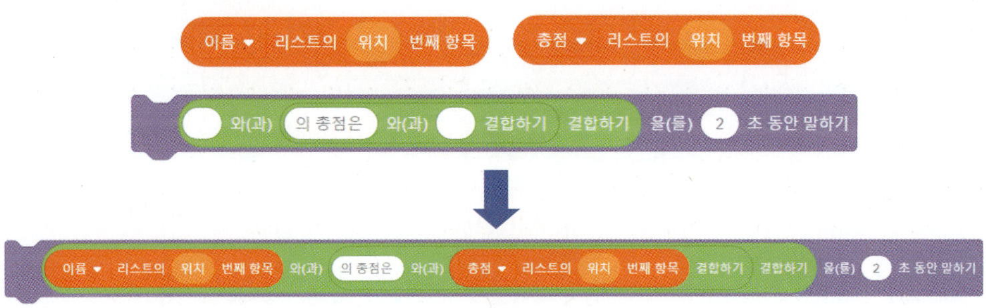

전체 스크립트는 다음과 같다. 리스트에 저장된 정보는 자동으로 삭제되지 않기 때문에 프로젝트가 시작될 때 리스트에서 삭제한다.

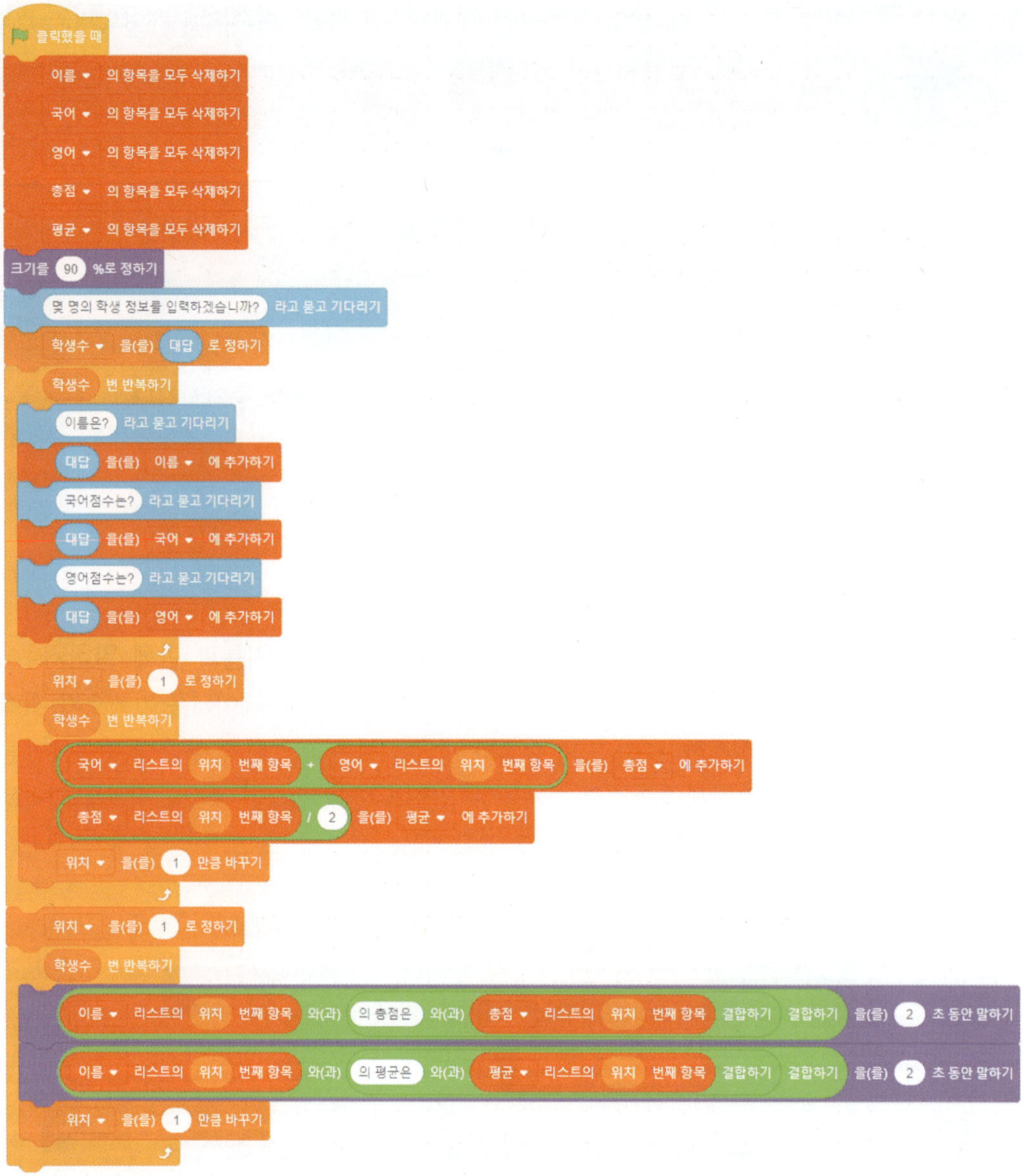

1부터 30까지의 숫자 중 10개의 난수를 산출하여 리스트에 저장하는 프로젝트를 작성하시오.

이때 같은 숫자는 반복 저장되지 않도록 한다. 산출된 숫자 리스트와 변수의 값을 무대에 보이도록 설정하여 숫자가 산출되는 과정을 볼 수 있도록 한다.

[알고리즘]

① 프로젝트에 사용될 변수와 리스트를 생성한다.
② 1부터 30까지의 숫자 중 한 개를 난수 블록을 사용하여 산출한다.
③ 산출된 숫자가 이미 리스트 안에 있는지 확인한다.
④ 숫자가 중복된다면 다시 산출하고 그렇지 않으면 리스트에 추가한다.
⑤ 전체가 산출된 숫자가 10개가 될 때까지 ②~④ 과정을 반복한다.

[단계1] 변수와 리스트 생성하기

	이 름	기 능
변수	개수	전체 산출된 숫자의 개수
	숫자	1부터 30까지의 숫자 중 난수 블록에 의해 현재 산출된 숫자
리스트	산출된 숫자	1부터 30까지의 숫자 중 난수 블록에 의해 산출된 전체 숫자

[단계2] 리스트와 변수에 대한 초기 설정

① 숫자를 산출하기 전 '산출된 숫자' 리스트에 있는 모든 내용을 삭제한다.
② 리스트가 화면에 보이도록 설정한다. 블록 리스트에서 리스트 이름 옆의 체크박스를 클릭하는 것과 같은 기능을 수행한다.

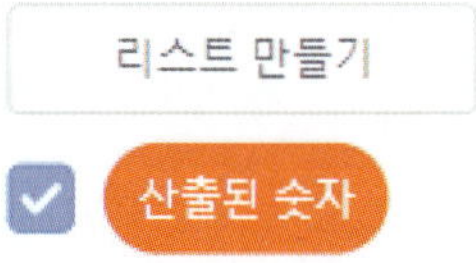

③ '개수' 변수의 초기값을 0으로 설정한다.

[단계3] 숫자 산출하기

① 1부터 30까지의 숫자 중 1개를 임의로 산출하여 '숫자' 변수의 값으로 정한다.

② '숫자' 변수의 값이 '산출된 숫자' 리스트에 있는 값인지 확인한다.

③ 만약 리스트에 없는 숫자라면 '숫자' 변수가 가지고 있는 값을 '산출된 숫자' 리스트에 추가한다.

④ 현재까지 추출된 숫자의 개수를 계산하는 '개수' 변수의 값을 1만큼 증가시킨다.

⑤ '개수' 변수의 값이 10이 될 때까지 ①~④ 과정을 반복한다.

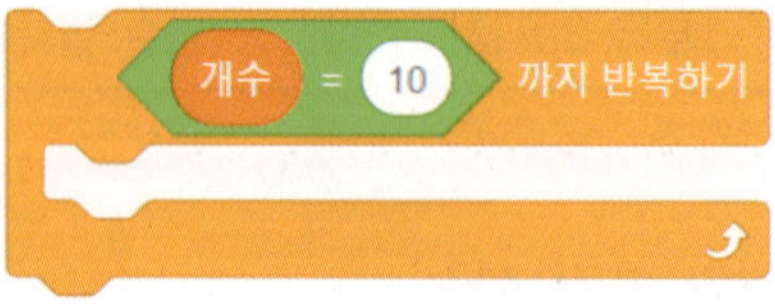

전체 스크립트는 다음과 같다.

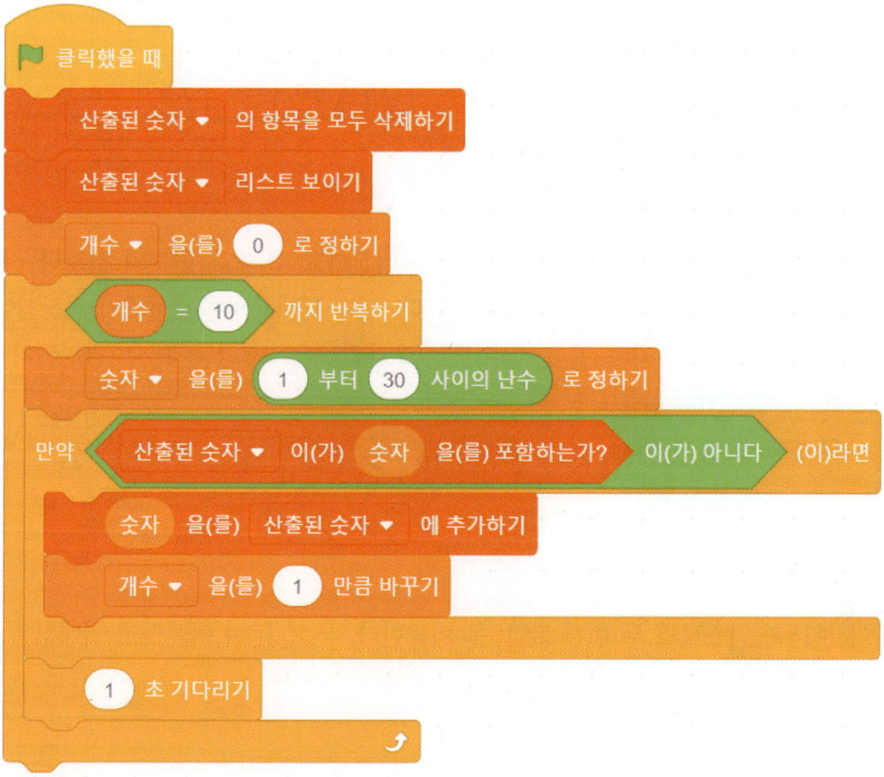

1부터 100까지의 정수 중 5개를 무작위로 리스트에 저장하고, 스프라이트를 클릭하면 저장된 정수 중 가장 큰 수를 찾아 출력해주는 프로젝트를 작성하시오.

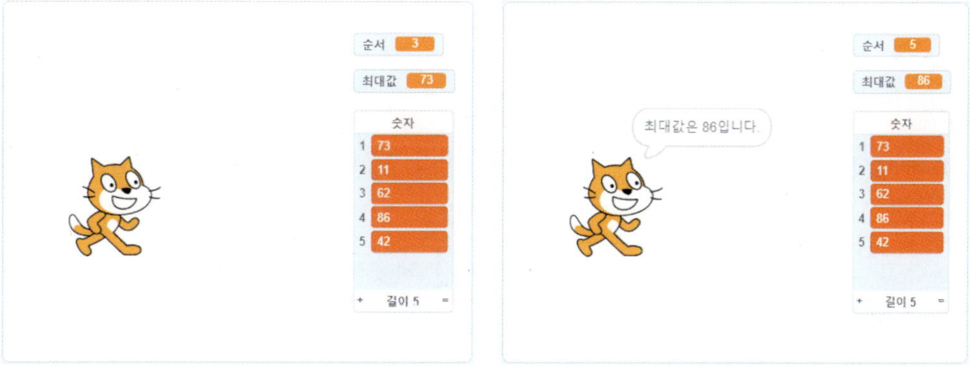

리스트에 저장된 숫자 중에서 최대값을 찾는 알고리즘에 대해서 먼저 살펴보도록 하자. 먼저 5개의 정수 {15, 10, 34, 65, 22}가 리스트에 저장되어있다고 가정하자.

〈1단계〉

최대값 변수에 있는 값과 리스트는 첫 번째 값을 비교하고, 최대값 변수의 값보다 리스트의 첫 번째 값이 더 크면 최대값 변수의 값을 변경한다. 현재 최대값 변수에는 0이 저장되어 있고, 리스트의 첫 번째 값은 15이다. 0 〈 15이므로 최대값 변수의 값은 15로 변경된다.

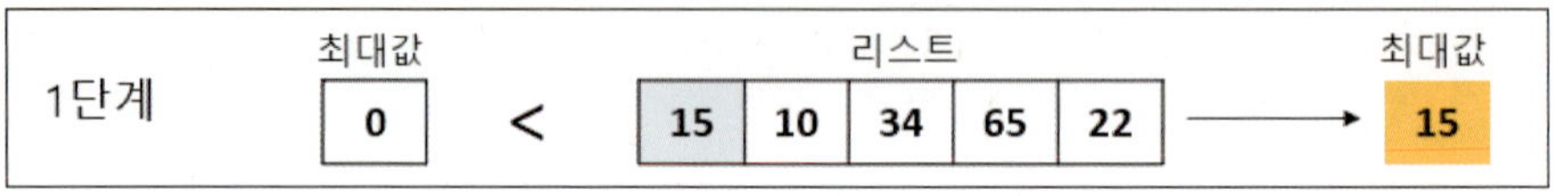

〈2단계〉

현재 최대값 15와 리스트의 두 번째 값 10을 비교한다. 15 〈 10이 아니므로 최대값은 그대로 15로 유지된다.

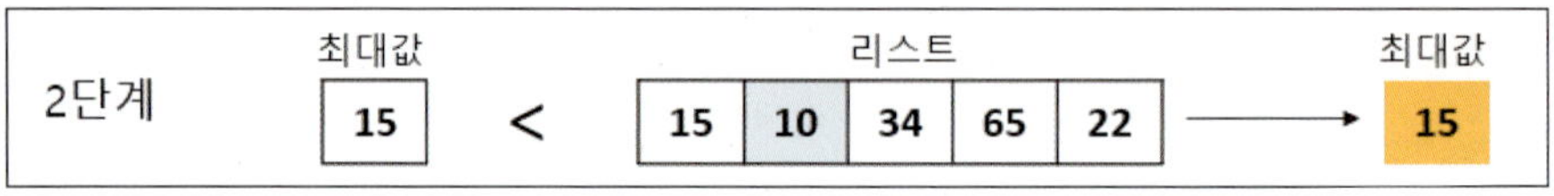

〈3단계〉

현재 최대값 15와 리스트의 세 번째 값 34를 비교한다. 15 〈 34이므로 최대값은 34로 변경된다.

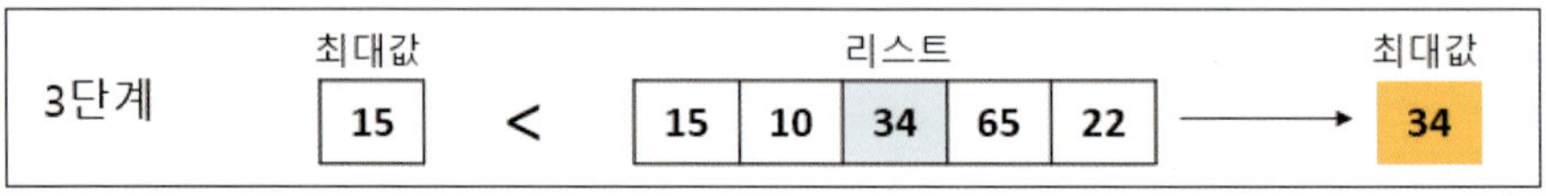

〈4단계〉

현재 최대값 34와 리스트의 네 번째 값 65를 비교한다. 34 〈 65이므로 최대값은 65로 변경된다.

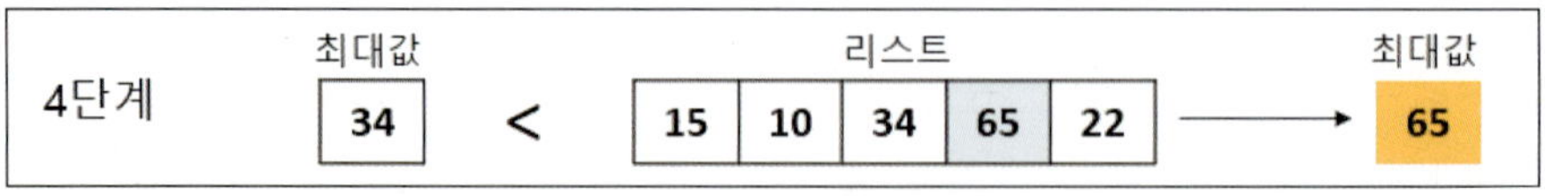

〈5단계〉

현재 최대값 65와 리스트의 다섯 번째 값 22를 비교한다. 65 〈 22가 아니므로 최대값은 65가 된다.

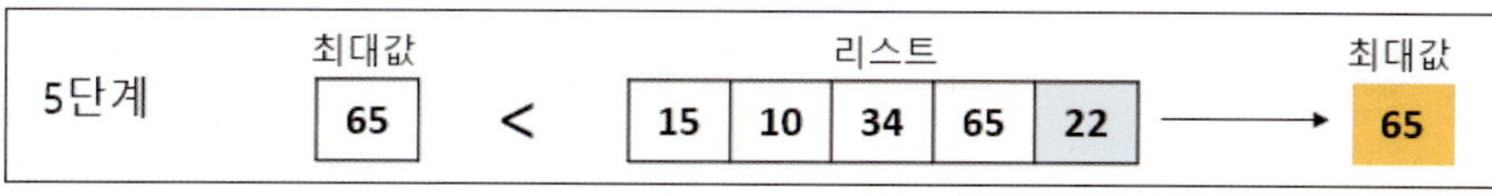

이러한 방법으로 리스트의 모든 값들과 비교하면 최대값을 찾을 수 있다.

[알고리즘]

① 프로젝트에 사용할 변수와 리스트를 생성한다.
② 1부터 100까지의 정수 중 임의의 수 5개를 리스트에 저장한다.
③ 리스트의 위치를 1씩 증가시켜 가면서 최대값과 리스트의 값을 비교한다.
④ 리스트에 있는 숫자가 최대값보다 크면 최대값을 리스트의 숫자로 변경한다.
⑤ 리스트의 모든 값을 비교한 후 최대값을 말한다.

[단계1] 리스트와 변수를 생성하기

① '숫자' 리스트 : 1부터 100 사이의 정수 중 5개를 저장한다.
② '최대값' 변수 : 연산 과정에서 찾아지는 최대값을 저장한다.
③ '순서' 변수 : 리스트의 위치를 나타내기 위해 사용한다.

[단계2] 1부터 100까지의 정수 중 임의의 수 5개 리스트에 저장하기

[단계3] 변수 초기값 설정하기

스프라이트를 클릭하면 '최대값' 변수와 '순서' 변수의 값을 0으로 정한다.

[단계4] '최대값' 변수의 값과 리스트의 숫자 비교하기

리스트의 첫 번째 값과 '최대값' 변수의 값을 비교하기 위해 '순서' 변수의 값을 1 증가한다.

[단계5] '최대값' 변수의 값 변경하기

'최대값' 변수의 값과 '숫자' 리스트의 '순서'번째 값을 비교하여 리스트의 값이 더 크면 '최대값' 변수의 값을 리스트의 값으로 변경한다.

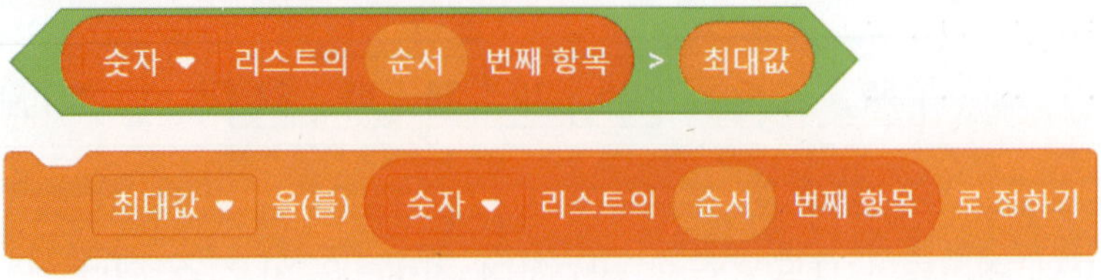

이 과정을 리스트의 모든 숫자에 대하여 반복한다.

[단계6] 최대값 말하기

비교가 끝나면 3초 동안 "최대값은 ~입니다."라고 말하도록 한다.

전체 스크립트는 다음과 같다.

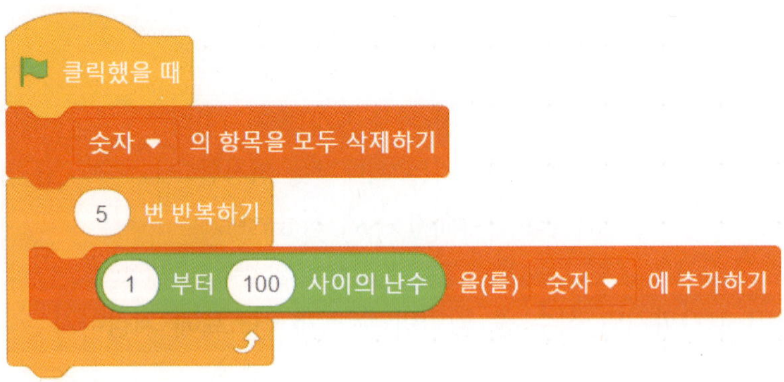

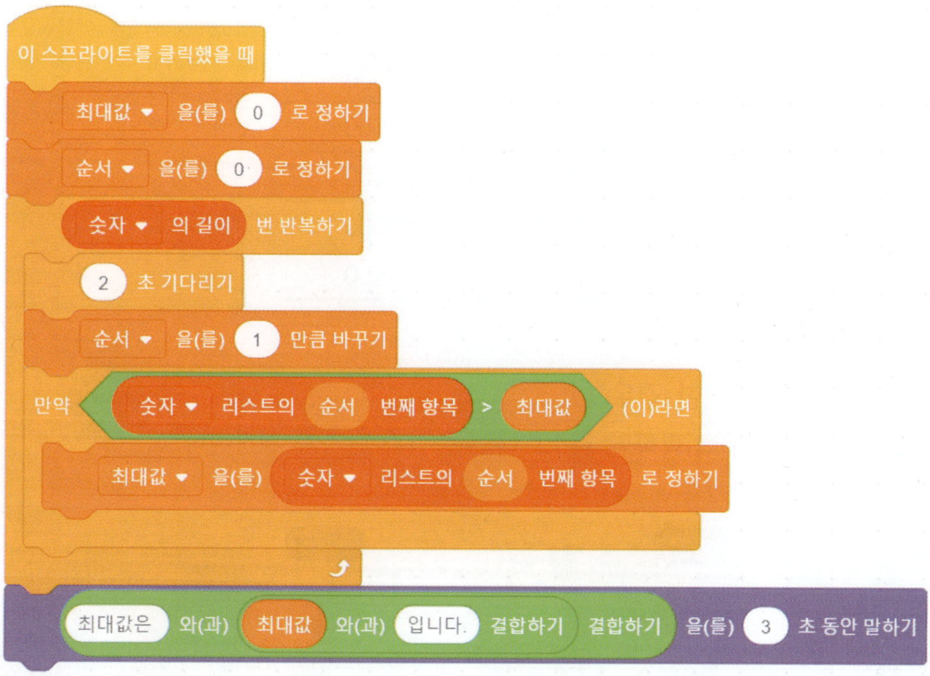

11.4 실전 연습

11.4.1 제품 관리 & 주문 프로그램

[제품추가], [제품삭제], [제품주문] 버튼을 이용하여 제품을 관리하고 주문하는 프로젝트를 작성해보자.

제품 추가	제품명과 제품의 단가 입력 제품명 리스트와 단가 리스트 생성	
제품 삭제	제품명을 입력받아 제품명과 단가 리스트에서 정보 삭제	
제품 주문	제품명과 주문 수량을 입력받아 금액을 알려줌	

제품명과 단가는 아래 표를 참고하여 입력하고, 그 외에도 자유롭게 입력할 수 있다.

제품명	단 가
마우스	35000
키보드	46500
웹캠	37400
스피커	23000
헤드셋	41900

[제품추가] 버튼을 클릭한 경우

위의 표의 제품을 모두 입력하면 리스트에 제품명과 단가가 저장된다.

[제품삭제] 버튼을 클릭한 경우

입력한 제품이 '제품명' 리스트에 있는 경우는 제품명과 단가 리스트의 같은 위치에서 데이터를 삭제한다.

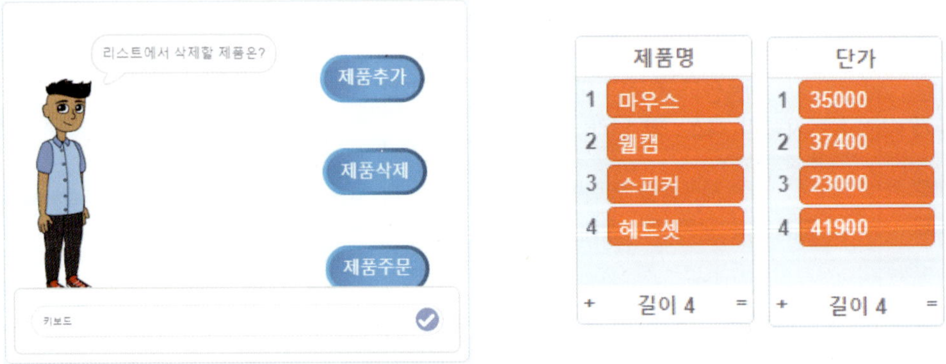

만약 입력한 제품이 '제품명' 리스트에 없다면 제품이 리스트에 없음을 말한다.

[제품주문] 버튼을 클릭한 경우

주문할 제품명과 주문 개수를 입력받아 전체 가격을 알려준다.

[알고리즘]

① 제품추가, 제품삭제, 제품주문 버튼 스프라이트를 생성한다.

② 제품추가 버튼이 클릭되면 추가할 제품명과 단가를 입력받아 각 리스트에 저장한다.

③ 제품삭제 버튼이 클릭되면 삭제할 제품을 입력받아 '제품명' 리스트에 제품이 있는지 확인하고 있으면 제품명과 단가 리스트의 같은 위치에서 항목을 삭제한다.

④ 제품주문 버튼이 클릭되면 주문을 원하는 제품과 주문 수량을 입력받아 전체 가격을 알려준다.

[단계1] 버튼 생성하기

① 버튼 스프라이트를 3개 추가한다.

② 각 버튼의 [모양] 탭에서 '제품추가', '제품삭제', '제품주문' 글씨를 입력한다.
버튼이 클릭된 효과를 주기 위해 button2-a와 button2-b에 모두 동일한 글씨를 입력한다.

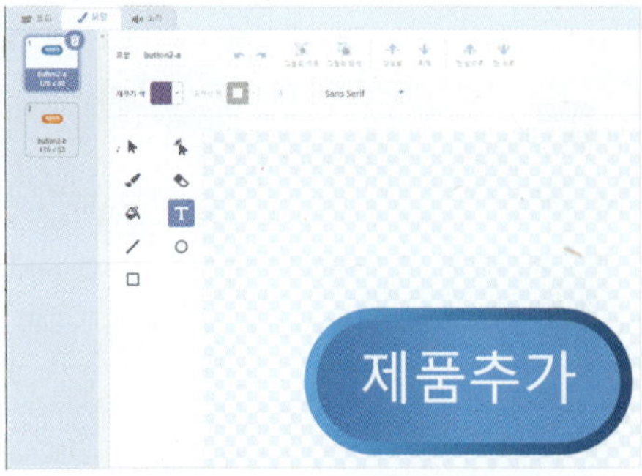

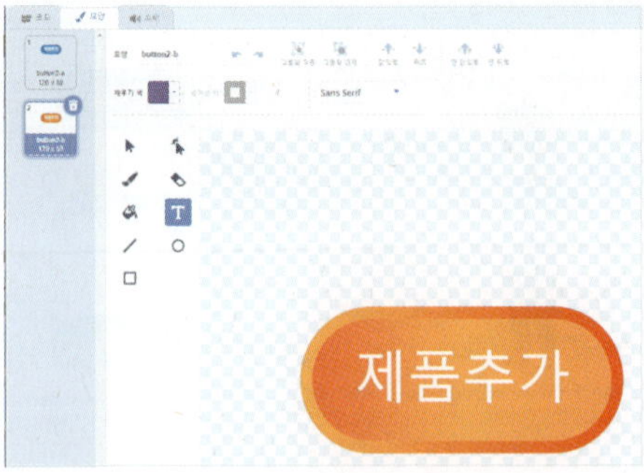

③ 버튼을 무대의 적절한 곳에 배치한다.

[단계2] 버튼 스크립트 작성하기

모든 버튼에 대해 동일한 스크립트를 작성한다.

① 시작 깃발을 클릭했을 때 버튼의 크기를 90%로 설정한다.

② 버튼이 클릭되면 모양을 button2-b로 바꾸고, 0.3초 기다리기를 설정한다.

③ 다시 버튼 모양을 button2-a로 바꾼다.

④ 진행자에게 '제품추가' 신호 보내기를 수행한다. '제품삭제' 버튼에서는 '제품삭제' 신호보내기, '제품주문' 버튼에서는 '제품주문' 신호보내기를 한다.

⑤ '제품추가' 버튼에 대한 스크립트 작성 후 스크립트 창의 블록을 스프라이트 창으로 드래그하여 각각의 버튼에 복사한다.

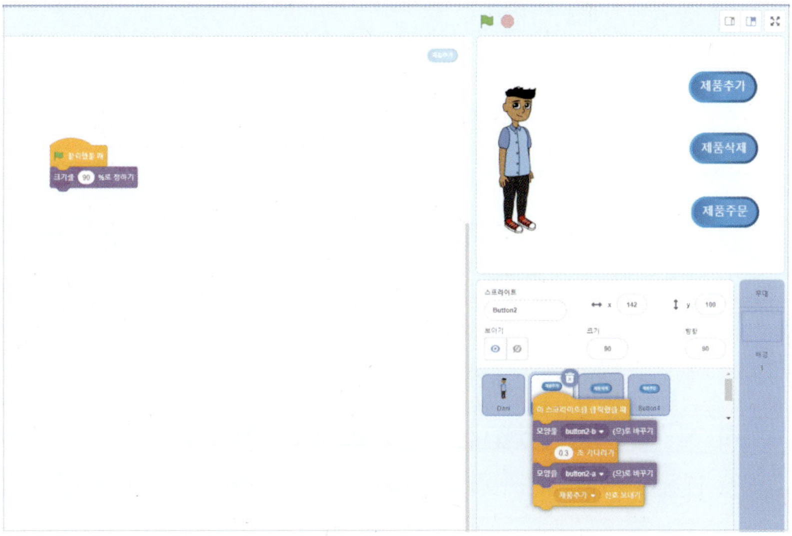

[단계3] 리스트와 변수 생성하기

① '제품명' 리스트 : 사용자로부터 입력받는 제품 항목을 저장한다.
② '단가' 리스트 : 제품에 대한 단가를 저장한다.
③ '제품위치' 변수 : '제품명' 리스트에서 특정 제품의 위치를 저장한다.

[단계4] 진행자 스프라이트 설정하기

① 시작 깃발을 클릭하면 진행자 스프라이트의 크기를 80%로 설정한다.
② '제품명'과 '단가' 리스트의 항목을 모두 삭제하기를 수행한다.

[단계5] 제품추가 신호를 받았을 때

① "추가할 제품명을 입력하세요."라고 묻고 입력을 기다린다.
② 사용자의 입력을 '제품명' 리스트에 추가한다.
③ "제품의 단가를 입력하세요."라고 묻고 입력을 기다린다.
④ 사용자의 입력을 '단가' 리스트에 추가한다.

[단계6] 제품삭제 신호를 받았을 때

① "리스트에서 삭제할 제품은?"이라고 묻고 입력을 기다린다.
② 입력받은 제품명이 '제품명' 리스트에 있는지 확인한다.

③ 만약 리스트에 등록된 제품이라면,

ㄱ. '제품명' 리스트에 저장된 위치를 '제품위치' 변수에 저장한다.

ㄴ. '제품명' 리스트와 '단가' 리스트에서 '제품위치' 변수에 저장된 위치의 항목을 삭제한다.

ㄷ. "리스트에서 제품을 삭제하였습니다."를 2초 동안 말한다.

④ 만약 리스트에 등록된 제품이 아니라면, "제품이 리스트에 없습니다."를 2초 동안 말한다.

[단계7] 제품주문 신호를 받았을 때

① "주문을 원하는 제품은?"이라고 묻고 입력을 기다린다.

② 만약 입력한 제품이 '제품명' 리스트에 있다면, 제품의 저장된 위치를 '제품위치' 변수에 저장한다.

ㄱ. 제품의 단가를 알려준다. 만약 마우스를 주문하려 한다면 "마우스의 단가는 35,000원입니다."를 2초 동안 말한다.

ㄴ. "몇 개를 주문하시겠습니까?"라고 묻고 입력을 기다린다.

ㄷ. 제품의 단가와 주문 수량을 곱해서 전체 가격을 계산한다. 만약 마우스 2개를 주문했다면 "전체 가격은 70,000원입니다."를 2초 동안 말한다.

③ 만약 입력한 제품이 '제품명' 리스트에 없다면, "제품이 리스트에 없습니다."를 2초 동안 말한다.

전체 스크립트는 다음과 같다.

[제품추가] 버튼 스프라이트

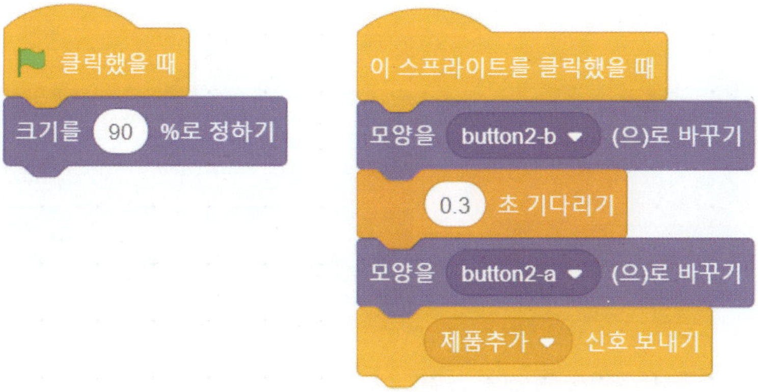

[제품삭제] 버튼 스프라이트

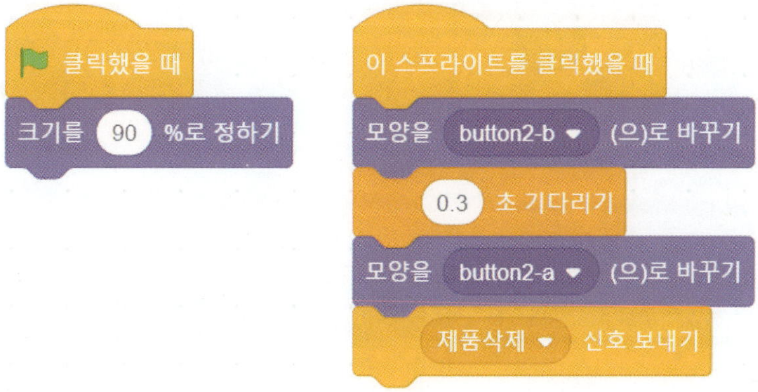

[제품주문] 버튼 스프라이트

[진행자] 스프라이트

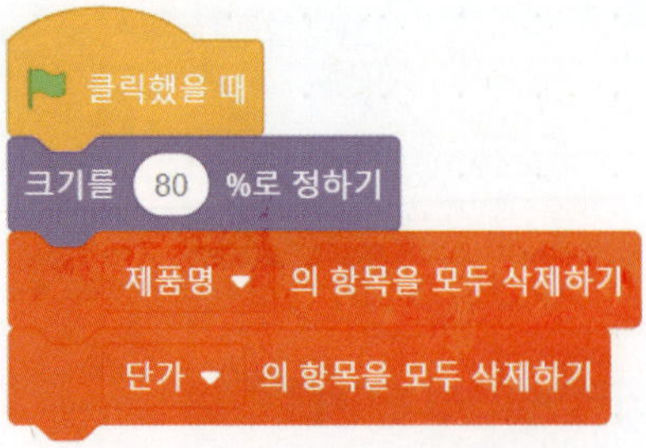
클릭했을 때
크기를 80 %로 정하기
제품명 의 항목을 모두 삭제하기
단가 의 항목을 모두 삭제하기

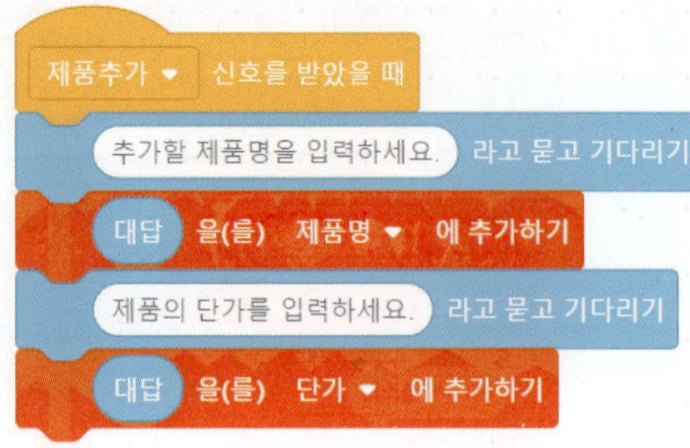
제품추가 신호를 받았을 때
추가할 제품명을 입력하세요. 라고 묻고 기다리기
대답 을(를) 제품명 에 추가하기
제품의 단가를 입력하세요. 라고 묻고 기다리기
대답 을(를) 단가 에 추가하기

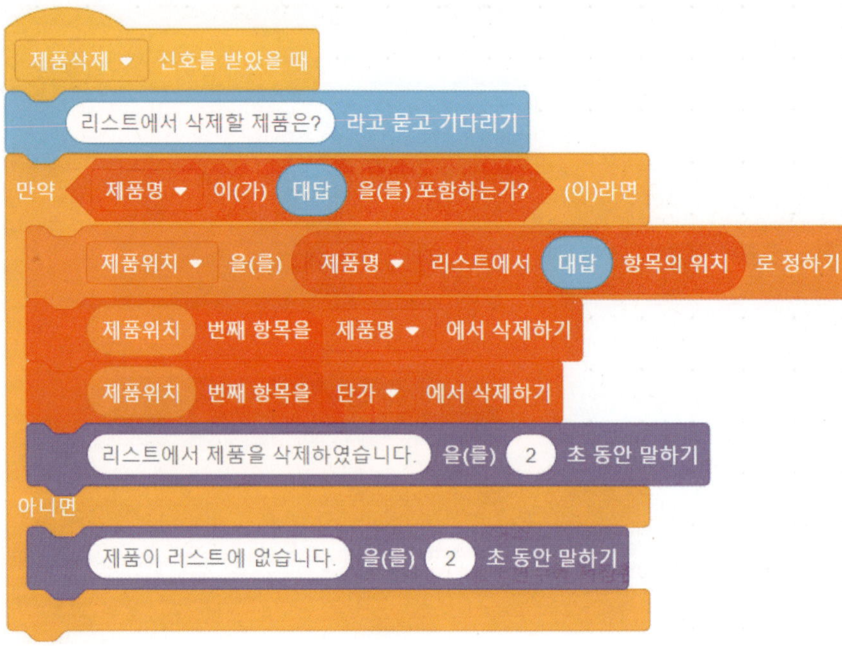
제품삭제 신호를 받았을 때
리스트에서 삭제할 제품은? 라고 묻고 기다리기
만약 제품명 이(가) 대답 을(를) 포함하는가? (이)라면
제품위치 을(를) 제품명 리스트에서 대답 항목의 위치 로 정하기
제품위치 번째 항목을 제품명 에서 삭제하기
제품위치 번째 항목을 단가 에서 삭제하기
리스트에서 제품을 삭제하였습니다. 을(를) 2 초 동안 말하기
아니면
제품이 리스트에 없습니다. 을(를) 2 초 동안 말하기

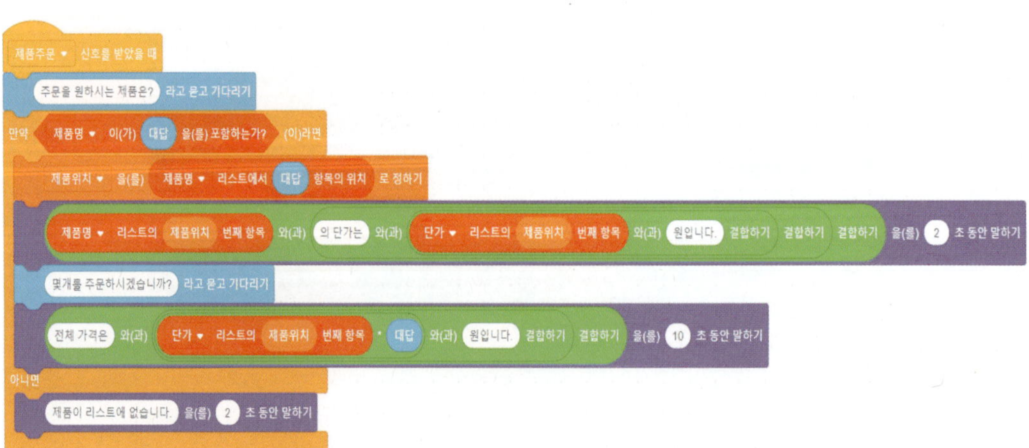
제품주문 신호를 받았을 때
주문을 원하시는 제품은? 라고 묻고 기다리기
만약 제품명 이(가) 대답 을(를) 포함하는가? (이)라면
제품위치 을(를) 제품명 리스트에서 대답 항목의 위치 로 정하기
제품명 리스트의 제품위치 번째 항목 와(과) 의 단가는 와(과) 단가 리스트의 제품위치 번째 항목 와(과) 원입니다. 결합하기 결합하기 결합하기 을(를) 2 초 동안 말하기
몇개를 주문하시겠습니까? 라고 묻고 기다리기
전체 가격은 와(과) 단가 리스트의 제품위치 번째 항목 * 대답 와(과) 원입니다. 결합하기 결합하기 을(를) 10 초 동안 말하기
아니면
제품이 리스트에 없습니다. 을(를) 2 초 동안 말하기

11.4.2 끝말잇기 게임

끝말잇기 게임을 하는 프로젝트를 작성하시오.

[알고리즘]

① 사용할 변수와 리스트를 생성한다.

② 시작 단어를 입력받는다.

③ 입력된 단어의 끝말로 시작되는 단어를 묻는다.

④ 3초 이내에 새로 입력된 단어가 앞 단어의 끝말로 시작하면 계속 게임을 진행하고 그렇지 않으면 "시간 초과입니다." 메시지를 출력하고 프로젝트를 종료한다.

[단계1] 변수와 리스트 생성하기

① '단어목록' 리스트 : 게임이 진행되는 동안 끝말잇기가 이어지는 단어들을 저장한다. 리스트의 내용은 프로젝트를 시작할 때 모두 삭제한다.

② '입력한 단어' 변수 : 현재 사용자로부터 입력된 단어를 저장한다.

[단계2] 게임 실행 메시지 말하기

① "끝말잇기 게임을 시작합니다~"를 2초 동안 말한다.

② "대답은 3초 이내에 말해야 합니다."를 2초 동안 말한다.

[단계3] 시작 단어 입력받기

① 시작 단어를 입력받고, '입력한 단어' 변수에 저장한다.

② 시작 단어를 '단어목록' 리스트에 추가한다.

[단계4] 타이머 초기화하기

단어의 입력 시간을 제한하기 위해 타이머를 초기화한다.

[단계5] 앞 단어의 끝말로 시작하는 단어 질문하기

다음 이어지는 단어를 입력받기 위해 현재 '입력한 단어' 변수의 끝말로 시작하는 단어를 입력받는다. 앞 단어의 끝말을 추출하기 위해서는 연산 블록을 사용한다.

	변수에 저장된 단어에서 원하는 위치의 글자를 추출한다. 만약 '입력한 단어' 변수에 '스크래치'가 저장되어 있다면 단어의 첫 번째 위치에 있는 '스'가 추출된다.
	변수에 저장된 단어의 길이를 알아낸다. 만약 '입력한 단어' 변수에 '스크래치'가 저장되어 있다면, 단어의 길이인 4를 값으로 갖는다. 입력된 단어의 끝글자를 알아내야 하므로 단어의 길이를 끝글자의 위치값으로 사용한다.

[단계6] 타이머가 3초 이내고 정답이면 '단어목록' 리스트에 단어 추가하기

① 3초 이내에 입력받은 단어의 첫 글자가 앞단어의 끝 글자와 같은지 비교한다.

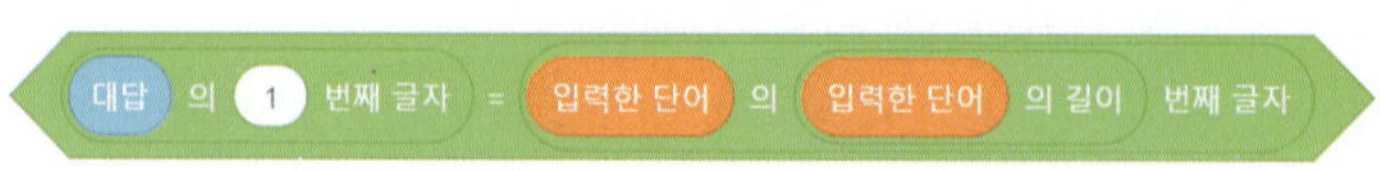

② 같다면 '단어목록' 리스트에 새로 입력받은 단어를 추가하고, '입력한 단어' 변수의 값을 새로 입력받은 단어로 변경한다.

[단계7] 종료하기

시간이 3초를 지나면 단어를 입력해도 "시간 초과입니다~" 메시지를 말하고 모두 멈추기를 실행한다.

전체 스크립트는 다음과 같다.

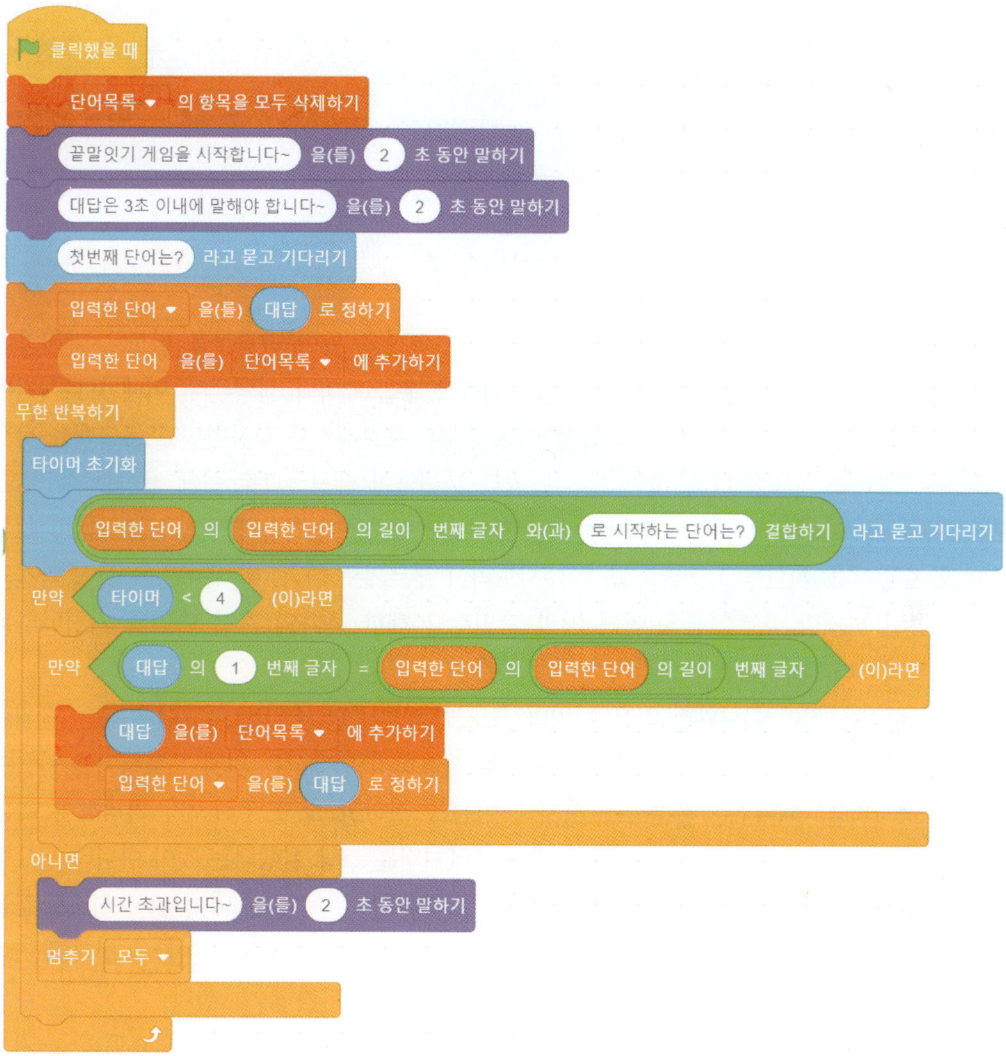

CHAPTER 12

내 블록

프로시저(Procedure)는 프로그램의 특정 동작이나 연산을 위한 명령들을 별도로 마련하여 필요할 때마다 사용하는 것으로, 프로그램에서 이름을 부를 때마다 실행된다. 이때 프로시저에서 사용하는 값을 매개변수를 통하여 전달하기도 한다. 프로시저를 사용하면 프로그램을 작성할 때 프로그램을 기능에 따라 여러 개의 단위로 분해하여 작성하므로 쉽게 작성할 수 있고, 프로그램 수정 및 관리가 쉬워지며 다른 프로그램에서 재사용이 가능해진다. 프로그래밍 언어에 따라 프로시저, 서브루틴, 루틴, 함수, 메서드라고 부르기도 한다. 이 용어들은 사실 약간의 차이가 있긴 하지만 프로그램을 여러 개의 단위로 분해한 하나의 작업 단위를 지칭한다는 것이 공통적이다.

프로시저는 일을 처리하는 가장 작은 단위의 프로그램이다. 한 개의 프로그램은 작은 단위로 나눈 여러 개의 프로시저로 구성된다. 프로시저를 사용하기 위해서는 먼저 프로시저를 만들어 준다. 프로시저를 만든다는 것은 프로시저의 이름을 정하고 그 프로시저가 처리해야 하는 일을 정의해주는 것까지 포함한다. 이렇게 만든 프로시저는 그냥 실행되는 것이 아니라 필요한 위치에 불러와야 사용할 수 있게 된다. 이렇게 프로시저를 프로그램 내에서 사용하는 것을 프로시저 호출이라고 한다. 즉 프로시저를 사용하기 위해서는 프로시저의 이름을 정하고 기능을 정의하여 만들고, 이를 필요한 위치에서 호출해주는 것까지 해야 한다.

스크래치에서 미리 제공되는 블록들은 모두 일종의 프로시저이다. 사용자가 필요로 하는 기능이 없으면 새로운 프로시저를 만들어 사용할 수 있다. 즉 스크래치에서도 사용자가 원하는 기능을 하는 블록이 없으면 직접 만들어 사용하면 된다. 이러한 기능을 제공해 주는 것이 내 블록이다.

스크래치에서 프로시저를 만들 수 있는 방법이 또 있는데, 바로 6장 이벤트 블록에서 다룬 "신호보내기"와 "신호를 받았을 때" 블록을 이용하는 것이다. 잠시 후 내 블록과 신호보내기를 사용할 때의 차이점을 살펴보도록 하자.

스크래치의 블록(프로시저)

12.1 내 블록의 종류

내 블록	특　　징
블록 만들기	자신이 원하는 기능을 사용자 스스로 만들어 쓰는 새로운 내 블록을 만들 때 사용한다.
내블록	블록 만들기로 만들어진 블록이다. 정의하기 아래에 내 블록의 기능이 먼저 정의되어야 이 블록을 사용할 수 있다. 블록의 이름은 사용자가 정한다.
내블록 정의하기	새로 만들어지는 내 블록의 내용을 정의할 때 사용한다.
매개변수	내 블록을 호출했을 때 전달되는 값을 가지고 있다.

12.2 내 블록 만들어 사용하기

스크래치의 블록들이 이러한 프로시저이다. 스크래치에서는 이미 많은 블록이 만들어져 제공되기 때문에 필요한 블록을 그냥 스크립트 영역으로 끌고 와서 사용하면 된다. 이렇게 이미 제공되는 블록을 스크립트의 필요한 위치에 놓는 것이 프로시저 호출이다. 블록들로 제공되지 않은 기능은 어떻게 할 것인가? 프로시저처럼 블록도 만들어 사용하면 된다. 이러한 기능을 담당하는 것이 내 블록이다. 내 블록에서 하는 일은 프로시저의 이름을 정하고 기능을 정의하는 일이다.

12.2.1 매개변수가 없는 내 블록 만들기

【1】 내 블록 만들기

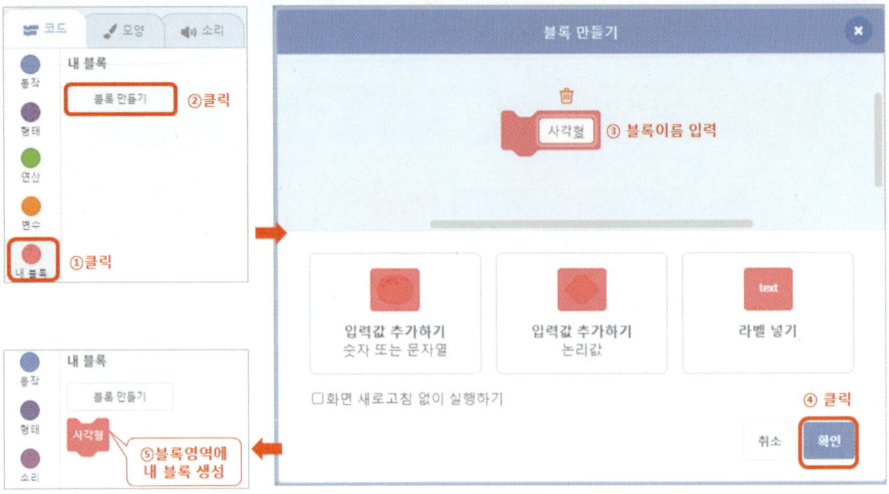

【2】 블록 정의하기

사각형 블록이 생성되었지만, 사각형 블록이 어떤 일을 해야 하는지 정의되어 있지 않아서 사각형 블록을 가져다가 스크립트에 사용해도 어떠한 동작도 실행되지 않는다.

내 블록을 만들면 스크립트 영역에 정의하기 블록이 같이 생성되는 것을 볼 수 있다. 이 정의하기 블록에 실제 이 블록이 해야 할 일을 코딩해 주어야 한다.

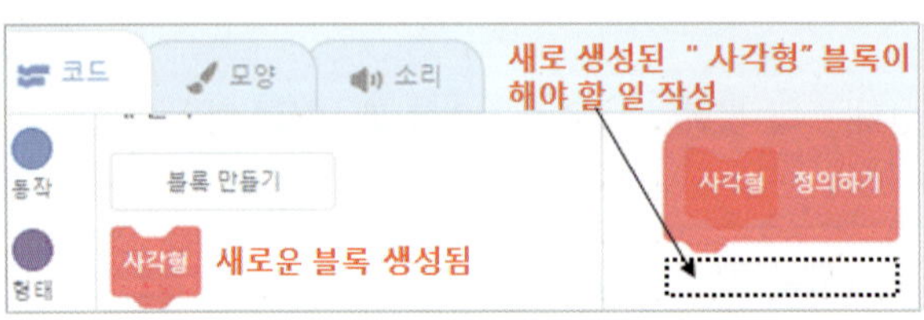

【3】 내 블록 사용하기

정의하기를 완료한 내 블록은 필요한 위치에 가져다 사용하면 된다. 다른 블록처럼 여러 번 사용할 수도 있다. 내 블록은 블록을 정의한 스프라이트 내에서만 사용할 수 있다.

스크립트	실행결과
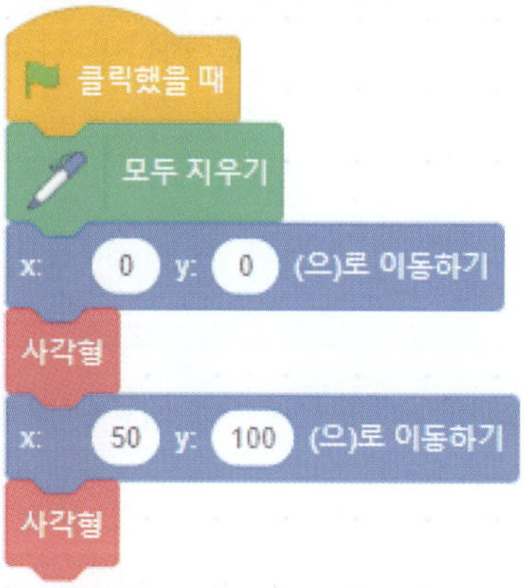	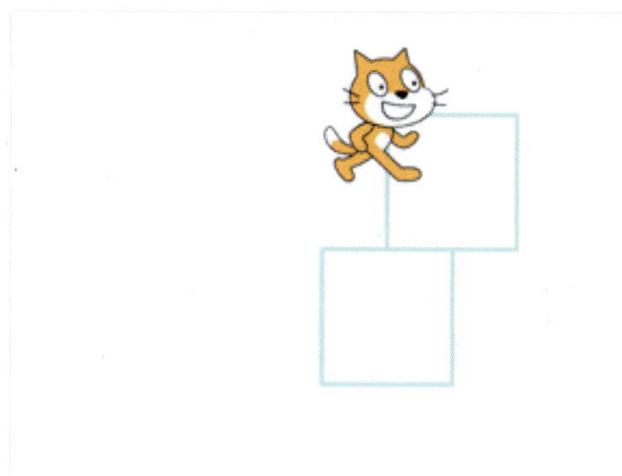

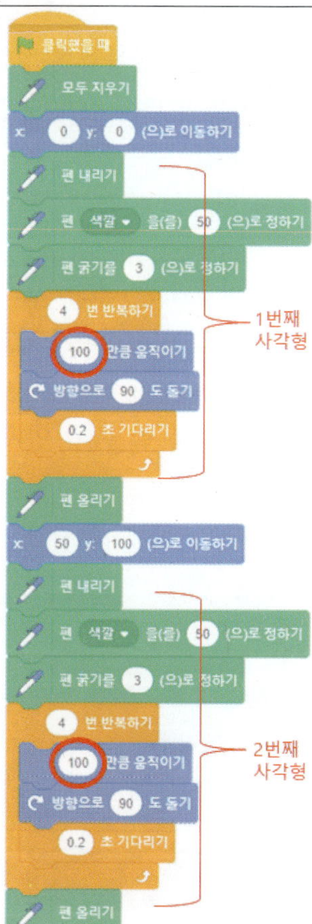	
① 순차처리	② 내 블록 사용

①과 ②는 모두 사각형을 두 개 그리는 스크립트이다. 스크래치에는 사각형을 그리는 블록이 없기 때문에 사각형을 여러 개 그리려면 ①은 사각형이 필요할 때마다 사각형을 그리는 코드를 계속 작성해준다. 만약 사각형을 하나 더 그려야 한다면 사각형을 그리는 코드를 또 넣어야 한다. ②의 경우는 사각형을 그리는 기능을 하는 사각형 블록을 만들어 놓고 사용하는 방법이다. 사각형 블록이 있으므로 코드를 반복하여 작성할 필요 없이 필요한 위치에 사각형 블록을 가져다 사용하기만 하면 된다. 사각형을 하나 더 그려야 하는 경우 사각형 블록 하나만 가져다가 사용하면 된다. 반복되는 코드를 또 작성할 필요가 없다.
사각형의 변의 길이를 수정해야 한다면 어떨까?
①은 사각형을 그리는 코드 부분마다 다 수정해야만 하고, ②는 정의하기 블록 내에 있는 코드를 한 번만 수정하면 된다.
이렇게 프로시저를 사용하면 코드의 재사용으로 프로그램이 간결해지고, 수정이 간편하다는 장점을 지닌다.

12.2.2 매개변수가 있는 내 블록 만들기

앞의 사각형 블록의 경우 변의 길이가 다른 사각형을 그리려면 정의하기 블록을 수정하거나 또 다른 사각형 블록을 만들어야 한다. 변이 다른 사각형마다 블록을 만드는 것은 불편하고 너무 많은 블록을 만들어야 할 것이다. 사각형을 그릴 때 사각형의 길이를 전달해주면 이를 해결할 수 있을 것이다.

예를 들어  블록의 경우 블록에 10을 입력하여 사용하면 10만큼 움직이고, 100을 입력하면 100만큼 움직인다. 같은 블록인데 입력값에 따라 움직이는 길이가 달라지게 할 수 있다. 사각형 블록도 이렇게 달라지는 값을 갖게 해준다면 정의하기를 수정하지 않고도 다양하게 실행되게 할 수 있을 것이다. 이렇게 블록에서 전달되는 값을 받을 수 있게 하는 것이 매개변수이다.
매개변수가 없는 경우는 우리가 이미 사각형 블록으로 만들어 보았고, 이제 값 전달을 위해 매개변수를 사용하는 내 블록을 만드는 방법을 살펴보도록 하자.
다음 그림은 스크래치에 있는 블록이다.

전달 값 없음	숫자 값 1개 전달
	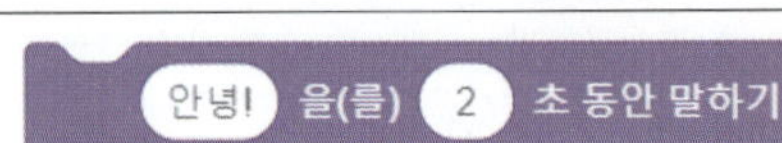
논리값 1개 전달	텍스트와 숫자 값 2개 전달

(1) 내 블록 만들기

블록의 이름은 "사각형2", 입력값은 숫자를 전달받는 블록을 만들어 본다. 이때 입력값이 사각형2 정의하기 블록으로 전달되기 때문에, 정의하기 블록 내에서 그 입력값을 저장할 변수가 필요한데 이것이 매개변수이다. 블록을 만들 때 이 매개변수의 이름도 지정해 준다.

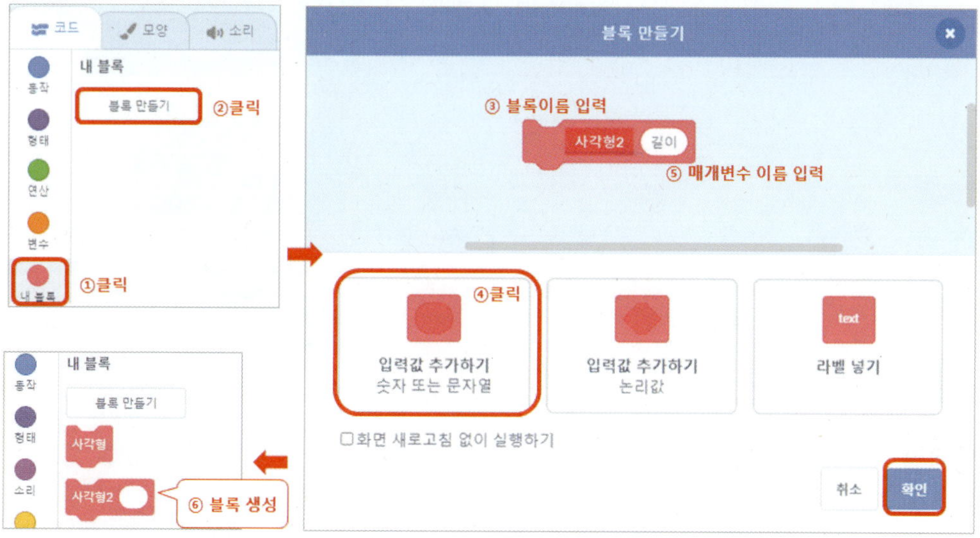

입력값 추가하기 (숫자 또는 문자열)	전달하려는 값이 숫자나 문자열일 경우 사용
입력값 추가하기 (논리값)	전달하려는 값이 논리값(True or False)일 경우
라벨 넣기	라벨을 전달하려는 값을 설명하는 제목

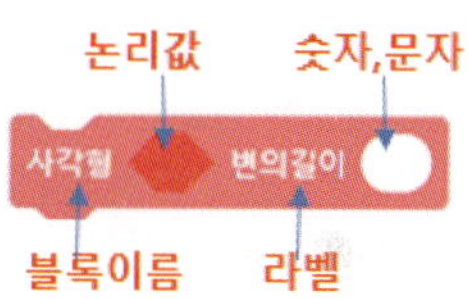

(2) 블록 정의하기

내 블록을 만들면 스크립트 영역에 정의하기 블록이 같이 생성되는 것을 볼 수 있다. 이 정의하기 블록에 실제 이 블록이 해야 할 일을 코딩해 주어야 한다. 매개변수를 사용하는 경우는 정의하기 블록에서 입력값을 전달받아 사용할 위치에 매개변수를 위치시키면 된다.

아래 그림처럼 정의하기 블록에 있는 '길이' 매개변수를 4각형의 변의 길이에 해당하는 움직이기 블록의 숫자 값 부분에 끌어다 놓으면 된다.

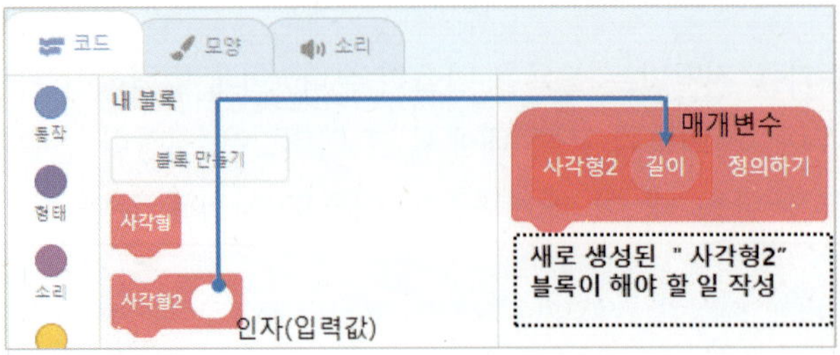

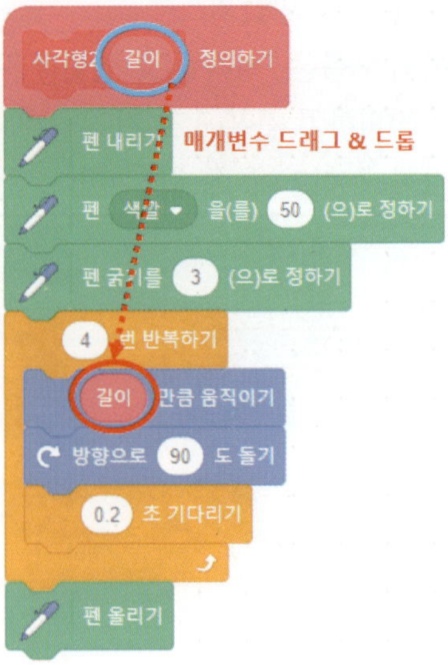

(3) 내 블록 사용하기

정의하기를 완료한 내 블록은 필요한 위치에 가져다 사용하면 된다.

블록에 입력값을 입력하여 사용한다. 

블록은 80이라는 값이 사각형2 블록의 길이 변수에 전달된다. 실행결과로 길이가 다른 사각형이 2개 그려진 것을 확인할 수 있다. 사각형2 블록도 블록을 정의한 스프라이트 내에서만 사용할 수 있다.

스크립트	실행결과

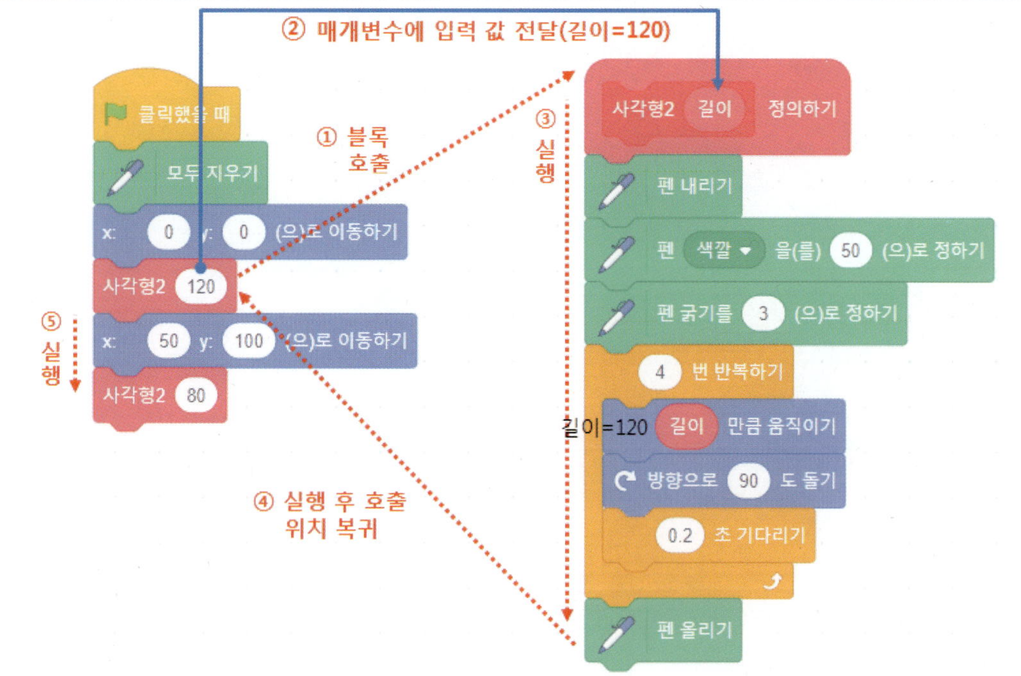

프로그램이 실행되는 과정을 보면 다음과 같다.

① 프로그램 실행 중 사각형2 블록이 호출되면 실행의 흐름이 사각형 2블록으로 이동한다.

② 이때 

의 입력값 120을 사각형2 블록 정의하기에 있는 매개변수 "길이"에 전달한다.

③ 사각형2 정의하기 내의 코드를 순차적으로 실행한다. 이때 "길이" 매개변수가 있는 위치에 120값이 전달된다.

④ 사각형2 블록의 실행이 다 끝나면 사각형2 블록을 호출했던 위치로 실행의 흐름이 복귀한다.

⑤ 

다음 블록부터 순서대로 실행된다.

블록도 동일한 과정으로 실행된다.

(4) 길이와 색깔 2개의 값을 매개변수로 갖는 사각형3 블록을 만들어 사용해 보자.

① 실행결과 : 사각형 3블록을 정의하고 이 블록을 이용하여 길이와 색깔이 다른 사각형을 3개 그린다.

② 스크립트

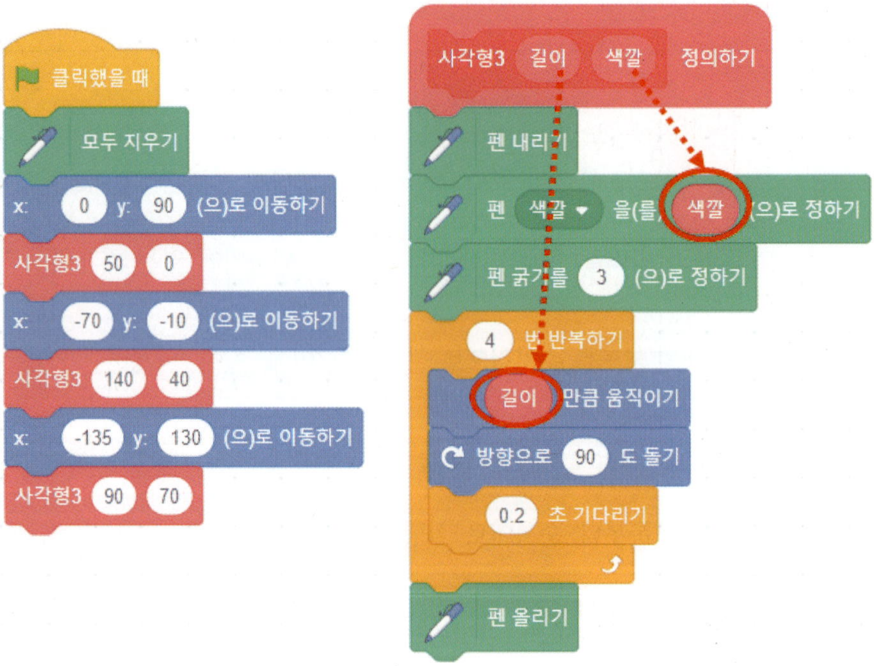

12.3 내 블록과 신호 보내고 기다리기의 차이점

내 블록

신호 보내고 기다리기

앞의 두 스크립트는 실행결과가 동일하다. 두 스크립트 모두 "점프" 기능을 여러 번 재사용 가능하며 수정도 한 번만 하면 된다. 만들어 놓은 점프 기능을 사용할 때(프로시저 호출)는  블록이나  블록을 스크립트의 사용할 위치에 가져다 놓으면 된다. 점프 기능을 정의(프로시저 정의)하기 위해서는 "정의하기" 블록이나 "점프 신호를 받았을 때" 블록에 작성해주면 된다.

내 블록을 이용해 만들어진 블록은 그 블록을 만든 스프라이트에서만 사용할 수 있지만, 신호보내기를 이용하는 경우는 스프라이트에 제한 없이 사용할 수 있다. 내 블록에서 매개변수를 사용하면, 매개변수가 없을 때보다 다양한 실행결과를 만들어 낼 수 있다. 신호보내기에서는 매개변수를 사용할 수 없으며 다양한 결과를 위해서는 다른 신호메시지를 만들어야만 한다.

	내 블록	신호 보내고 기다리기
프로시저 호출(사용)		
프로시저 정의		
다른 스프라이트에서 사용	불가능	가능
매개변수 사용	가능	불가능

점프의 횟수를 달리하여 실행하고 싶을 경우, 내 블록을 이용하는 경우는 매개변수를 이용하면 된다. 신호 보내기를 이용할 경우 매개변수를 사용할 수 없으므로 점프 횟수마다 별도로 신호메시지를 만들고 정의해야 한다.

<table>
<tr><td>내 블록</td><td>
</td></tr>
<tr><td>신호 보내기</td><td>
</td></tr>
</table>

12.4 내 블록 활용하기

12.4.1 최대공약수, 최소공배수 구하기

두 개의 숫자를 입력받고, 입력받은 두 수의 최대공약수와 최소공배수를 구하는 프로그램을 작성한다.

【1】 최대공약수 구하는 방법

일반적으로 두 정수의 최대공약수를 구할 때에는 소인수분해를 하여 공통인수를 찾아낸다. 소인수분해를 할 때 합성수가 큰 소수를 인수로 갖는다면 소인수분해가 쉽지 않다. 유클리드 호제법은 소인수분해를 하지 않고 최대공약수를 구할 수 있는 방법이다. 유클리드 호제법은 두 정수 혹은 두 다항식의 최대공약수를 구할 수 있는 방법으로, 인류 최초의 알고리즘이라고도 한다. 최대공약수를 구하는 방법은 유클리드 호제법은 아래와 같다.

[유클리드 호제법]
A, B가 정수이고, A를 B로 나눈 나머지가 R이라고 하자.
(여기서 $A \geq B$이고, R은 $0 < R \leq B$인 정수)
A와 B의 최대공약수를 GCD(A, B)라고 하면, 다음이 성립한다.

$$GCD(A, B) = GCD(B, R)$$

R이 0이라면 A와 B의 최대공약수는 B가 된다. A를 $A = B \times Q + R$의 형식으로 쓸 수 있다.
(A를 B로 나눈 몫은 Q이고 나머지는 R이다.)

[알고리즘]
① A(큰 수)를 B(작은 수)로 나눈 R(나머지)을 구한다.
② R(나머지)이 0이 아니면 ①에서 B(작은 수)였던 수를 A로, R(나머지)였던 수를 B로 바꾸고, ①의 과정을 수행하여 새로운 나머지 R을 구한다.
③ R(나머지)이 0이면, 마지막 계산에서 나누는 수로 사용했던 B가 최대공약수가 된다.

34과 10의 최대공약수를 구하는 과정으로 이해해 보자.

<table>
<tr><td>①
A = 34, B = 10
A ≠ 0
B ≠ 0
34/10 = 3 나머지 4
→ A = B×Q+R(34 = 10*3+4)
GCD(34, 10) = GCD(10, 4)이므로
GCD(10, 4)을 찾는다.</td><td>②
A = 10, B = 4
A ≠ 0
B ≠ 0
10/4 = 2 나머지 2
→ 10 = 4*2+2
GCD(10, 4) = GCD(4, 2)이므로
GCD(4, 2)을 찾는다.</td></tr>
<tr><td>③
A = 4, B = 2
A ≠ 0
B ≠ 0
4/2 = 2 나머지 0
→ 4 = 2*2+0
R이 0이므로 B가 최대공약수가 된다.</td><td>위의 과정을 정리하면 다음과 같다.

GCD(34, 10) = GCD(10, 4)
= GCD(4, 2) = GCD(2, 0)
∴ 최대공약수 = 2</td></tr>
</table>

【2】 최소공배수 구하는 방법

최소공배수는 두 수를 곱한 값을 최대공약수로 나누어 간단히 구할 수 있다.

【3】 실행결과

【4】 최대공약수 블록(프로시저) 만들기

입력 받은 두 수를 비교하여
큰 수를 A변수에,
작은 수를 B변수에 저장한다.

① A(큰 수)를 B(작은 수)로 나누어
R(나머지)을 구한다.

③ R(나머지)이 0이면,
B를 최대공약수로 정하고
GCD스크립트(프로시저) 종료

② R(나머지)이 0이 아니면,
A 변수를 B(작은 수)로 정하고
A 변수를 R(나머지)로 정한다.
①의 과정이 반복된다.

【5】 전체 스크립트

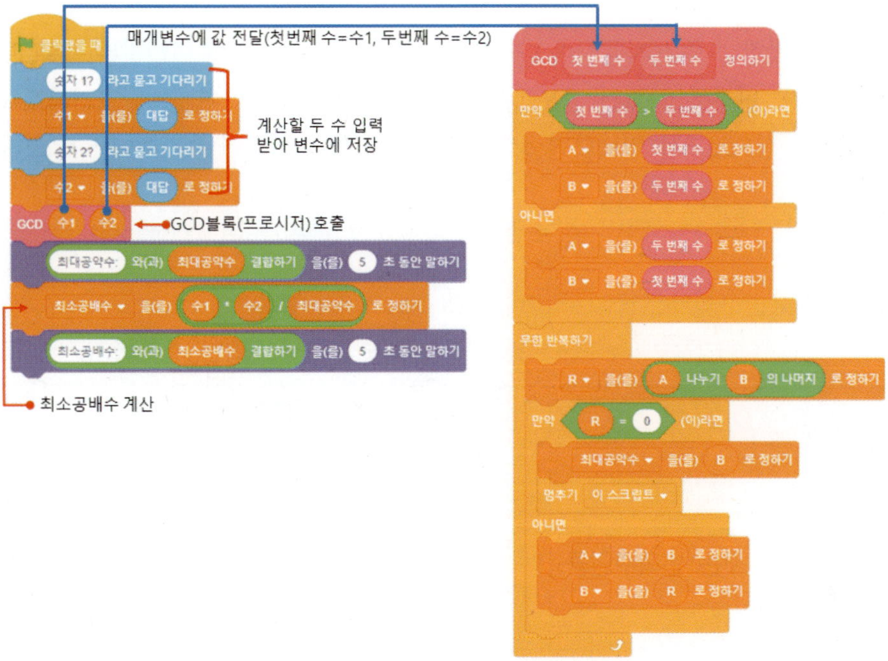

12.4.2 다각형 그리기

내 블록에 다각형을 그릴 수 있는 프로시저를 만들어 다양한 다각형을 그려보도록 하자. 스프라이트는 적당히 선택한다.

【1】 "다각형" 블록(프로시저) 정의하여 만들기

변의 수를 입력값으로 갖는 다각형 블록을 생성한다. 5장 펜 블록에서 다루었던 다각형 그리는 스크립트를 참고한다.

매개변수를 하나 갖는 다각형 블록 생성

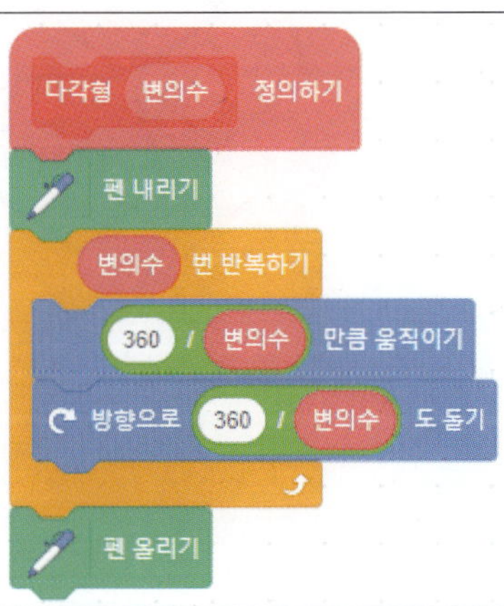

【2】 다각형의 변의 수만큼 다각형을 그리는 "변의수만큼그리기" 블록(프로시저) 정의하여 만들기

앞에서 만든 다각형 블록을 사용하여 다각형의 변의수만큼 다각형이 그려지는 블록(프로시저)를 만들어 보자. 반복문의 회전 각도를 설정하여 중심을 벗어나지 않게 그려지도록 한다. 즉, 가운데를 중심으로 3을 입력하면 삼각형이 3개, 5를 입력하면 오각형이 5개 그려지도록 한다.

매개변수를 하나 갖는 변의수만큼 그리기 블록 생성

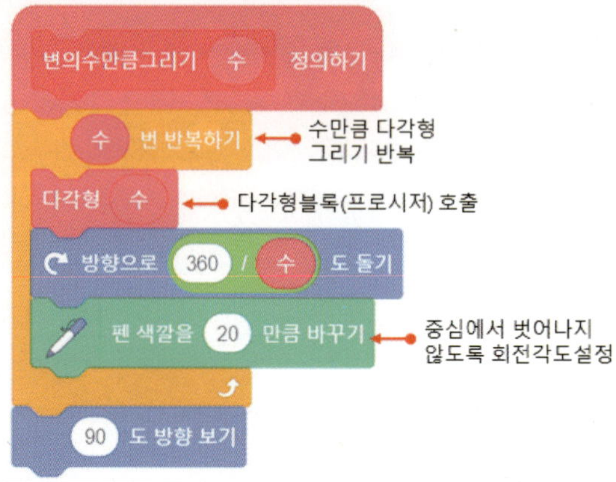

【3】 "다각형" 블록과 "변의수만큼그리기" 블록을 사용하여 도형 그리기

"다각형" 블록과 "변의수만큼그리기" 블록을 정의하여 만들었다. 그러나 이 블록들을 실제 스크립트에서 호출하여 사용하지 않으면 실행되지 않는다. 이 블록들을 사용하여 다각형이 그려지도록 해본다.

① 실행결과

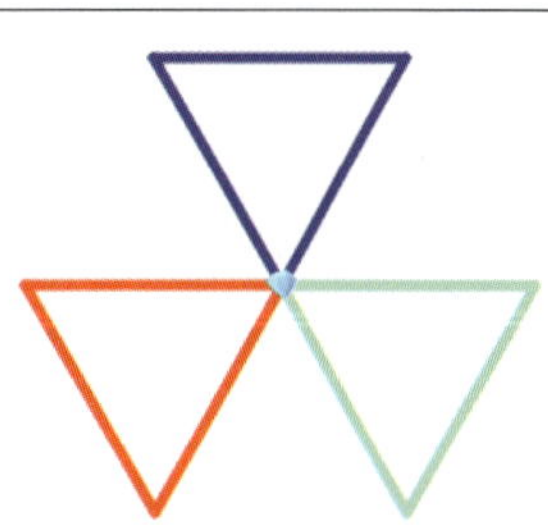	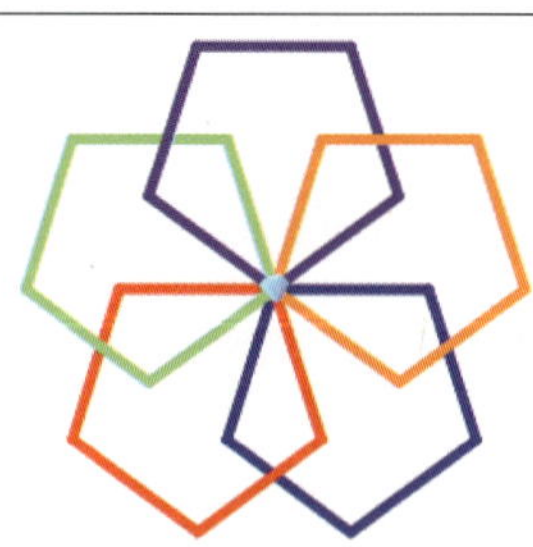	
3 입력	5 입력	8 입력

② 스크립트

왼쪽 스크립트처럼 작성하면 ①의 실행결과와 같이 나타난다.
"다각형" 블록과 "변의수만큼그리기" 블록을 미리 정의하였기 때문에 그 블록들을 호출하여 사용만 하면 되므로 스크립트가 아주 간단해진다.
그런데 "다각형" 블록은 호출하지 않았는데 다각형이 그려지는 이유는 무엇일까?

위 스크립트가 실행되는 순서는 아래의 그림과 같다.

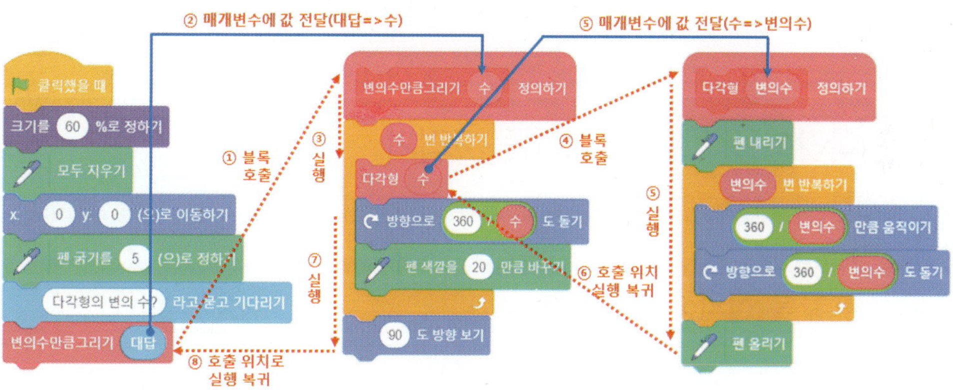

【4】 다각형을 여러 개 그리는 "여러개그리기" 블록(프로시저) 정의하여 만들고 실행스크립트 작성하기

위에서 정의된 "다각형" 블록을 사용하여 다각형을 입력받은 개수만큼 그리도록 하는 "여러개그리기" 블록을 정의해 보고, "여러개그리기" 블록을 호출하여 실행하는 스크립트를 작성해 본다.

① 실행결과

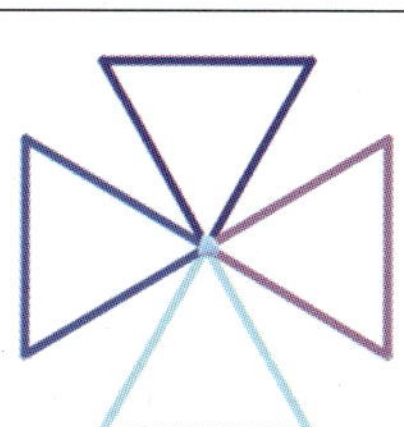	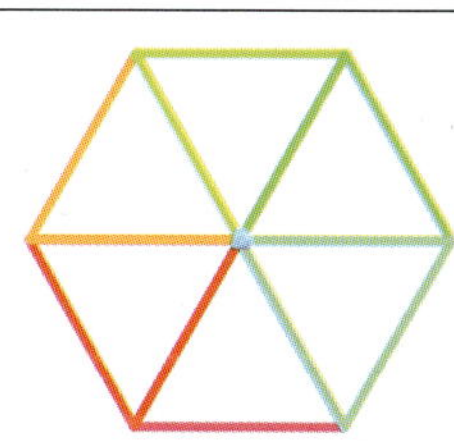	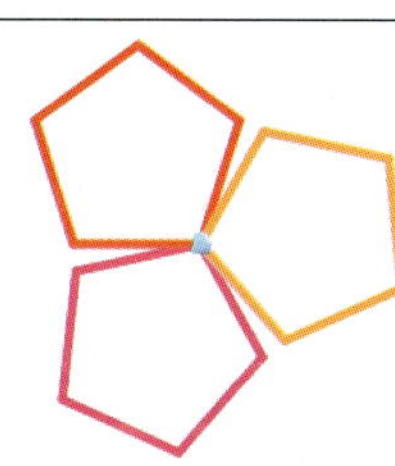	
3 입력	6 입력	3 입력	6 입력
다각형 3 로 설정한 경우		다각형 5 로 설정한 경우	

② 스크립트

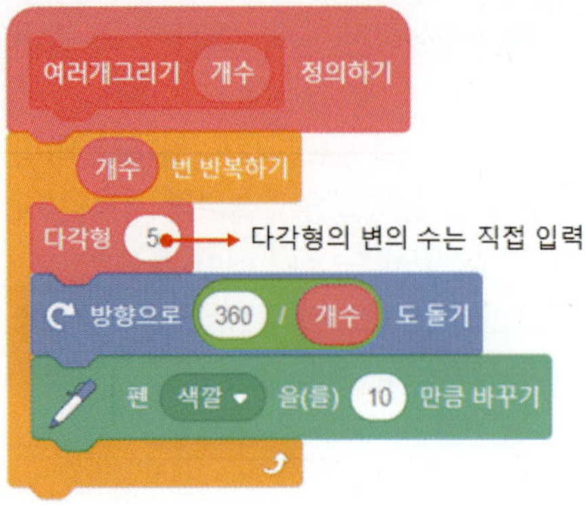	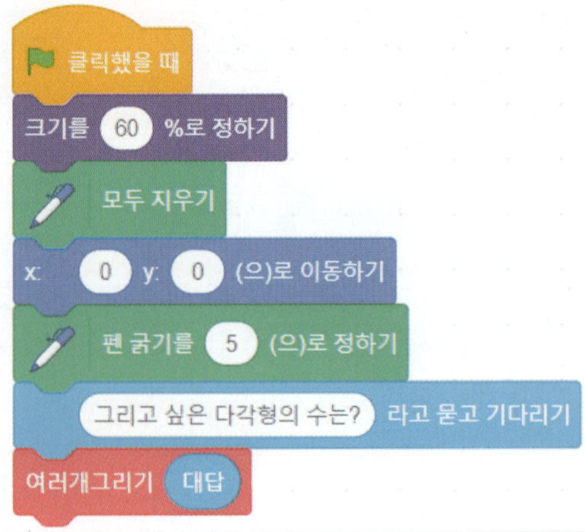
"여러개그리기" 블록 정의하기	"여러개그리기" 블록 호출하여 실행하기

12.4.3 다각형을 이용해 거미줄 그리기

앞에서 작업한 다각형을 변경하여 거미줄 모양이 그려지도록 프로그램을 작성해 보자.

【1】 다각형 블록 정의하여 만들기

 매개변수를 두 개 갖는 다각형 블록 생성	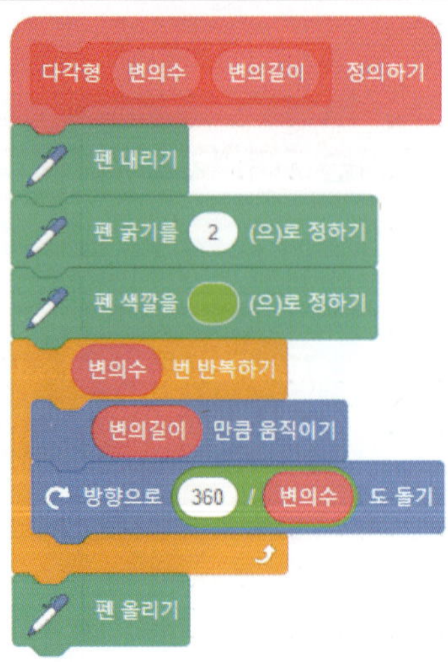

【2】 삼각형그리기 블록 정의하여 만들기

앞에서 만든 다각형 블록을 사용하여 삼각형이 아래 그림처럼 거미줄 모양으로 그려지는 "삼각형그리기" 블록(프로시저)를 만들어 보자. 반복문을 두 번 사용하여 안쪽 반복문은 삼각형을

6개 그리게 하고, 바깥쪽 반복문은 삼각형이 6개씩 그려지는 것을 7번 더 반복하도록 한다.

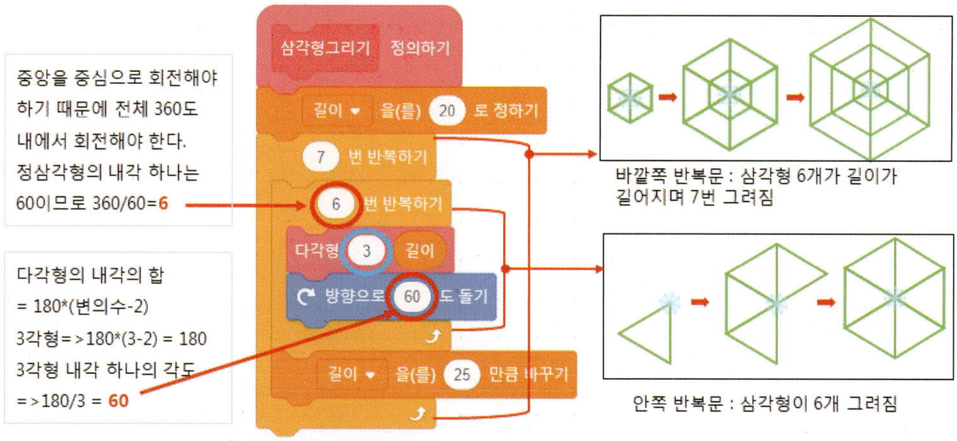

※ 다음 그림의 "삼각형그리기2" 블록은 삼각형의 길이가 커지면서 한 방향으로 7개가 그려지고 방향을 회전해가며 6개를 더 그리는 방법이다. 완성된 결과는 같지만, 도형이 그려지는 순서가 다르다. 이렇게 같은 결과를 나타내도록 프로그램을 만드는 방법은 다양하다.

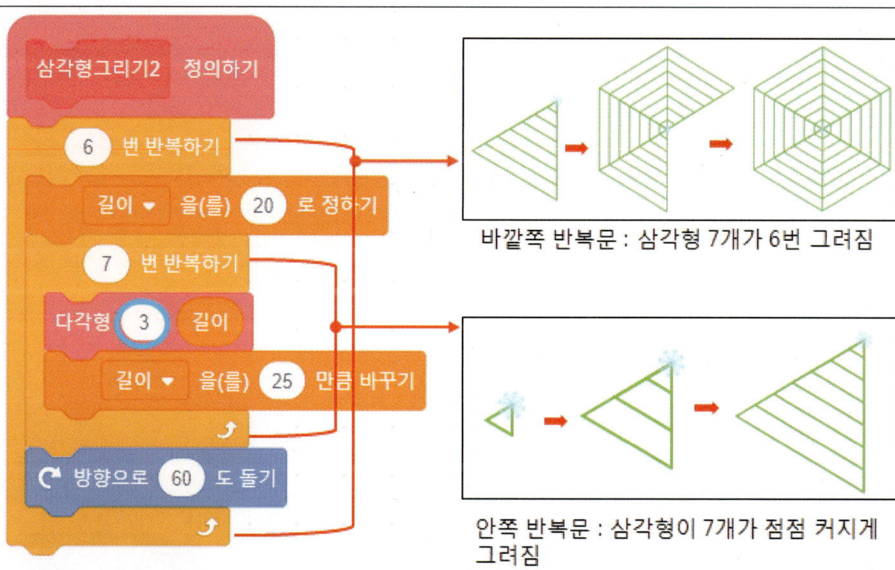

【3】 "다각형" 블록과 "삼각형그리기" 블록을 사용하여 거미줄 그리기

"다각형" 블록과 "삼각형그리기" 블록을 정의하여 만들었다. 그러나 이 블록들을 실제 스크립트에서 호출하여 사용하지 않으면 실행되지 않는다. 이 블록들을 사용하여 거미줄이 그려지도록 해본다.

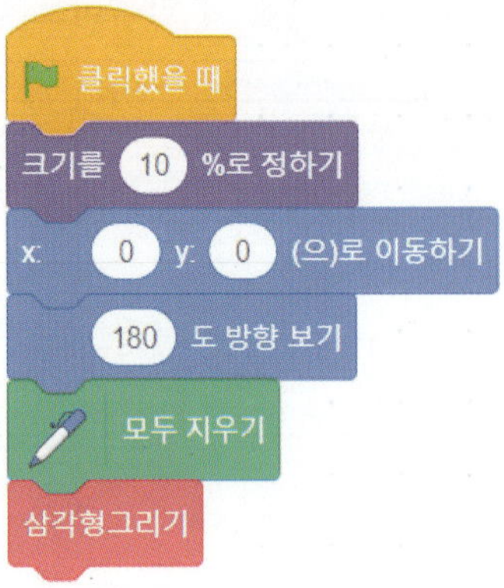	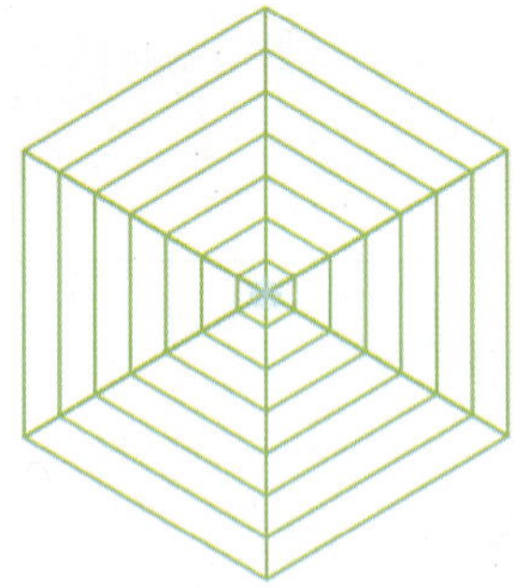
스크립트	실행결과

【4】 확장하기

사각형으로 거미줄을 그리는 블록과 육각형으로 거미줄을 그리는 블록을 정의하여 만들고 실행스크립트를 작성해 보자.

① 실행결과

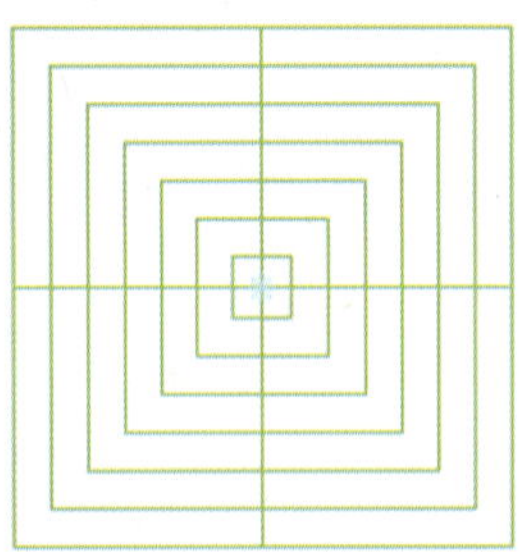	

② 스크립트

	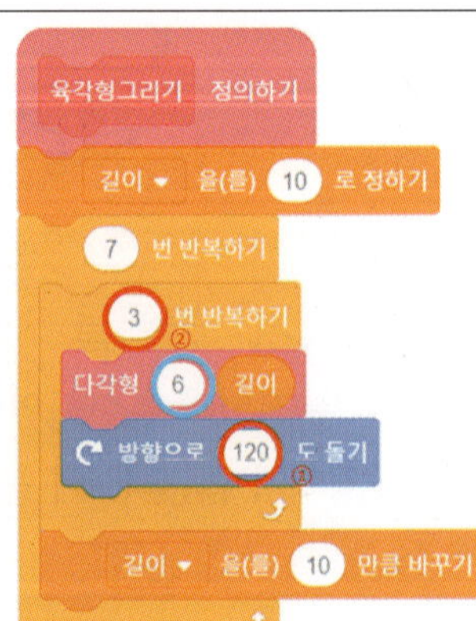	

① 4각형 전체 내각 = 180*2 = 360 → 내각 하나의 각도 = 360/4 = 90 ② 반복 횟수 = 360/한 내각 각도 → 360/90 = 4	① 6각형 전체 내각 = 180*4 = 720 → 내각 하나의 각도 = 720/4 = 120 ② 반복 횟수 = 360/한 내각 각도 → 720/120 = 3	정의한 블록 호출하여 실행하기

12.4.4 벽에 꽃무늬 찍기

사용자로부터 수를 입력받아 입력받은 수만큼 벽에 꽃무늬가 찍히도록 한다.

① 꽃잎 스프라이트를 하나 만들고, 꽃잎 하나가 화면에 꽃송이로 그려지도록 내 블록을 만든다.

② 무대의 랜덤한 위치에 입력받은 수만큼 꽃송이가 나타나도록 한다. 바닥에는 나타나지 않도록 한다.

【1】 실행결과

- 배경 : Theater 2 또는 직접 그려준다.
- 스프라이트 : 직접 꽃잎을 하나 그려서 만든다.

【2】 스프라이트 만들기

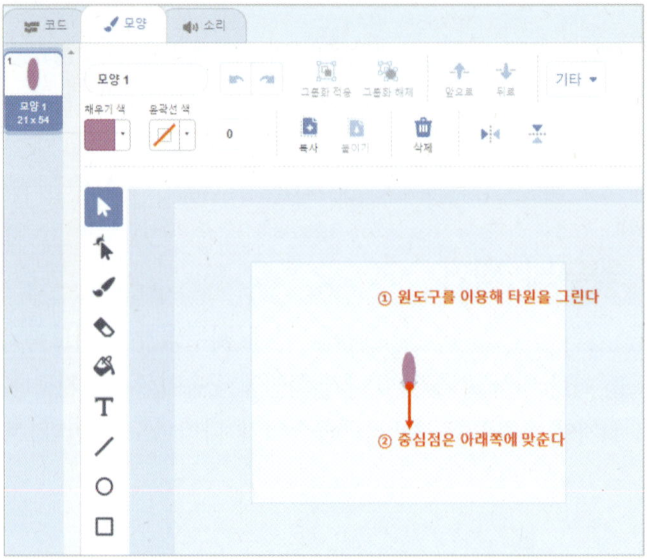

【3】 스크립트

※ 무늬가 입력받은 수만큼 랜덤한 위치에 나타나도록 하는 부분을 내 블록으로 정의하여 작성할 수도 있다.

12.4.5 스트링 아트(String Art)

곡선을 사용하지 않고 직선만 이용하여 여러 가지 모양을 만들어 내는 것을 스트링 아트라고 한다. 이때 직선이 만나는 점이 많을수록 더 곡선처럼 보인다.

가로	1	2	3	4	5	6	7	8	9
세로	9	8	7	6	5	4	3	2	1

위의 표를 보고 규칙을 찾아보면, 가로의 수가 1씩 커질 때 세로는 1씩 작아지고 가로와 세로의 수의 합이 10이 된다. 표를 보고 대응하는 두 수를 선분으로 이어 보면 아래의 그림처럼 나타나는데, 직선을 이었더니 곡선처럼 보이는 것을 확인할 수 있다. 이러한 원리를 잘 이해하고 다음 프로그램을 작성해 보자.

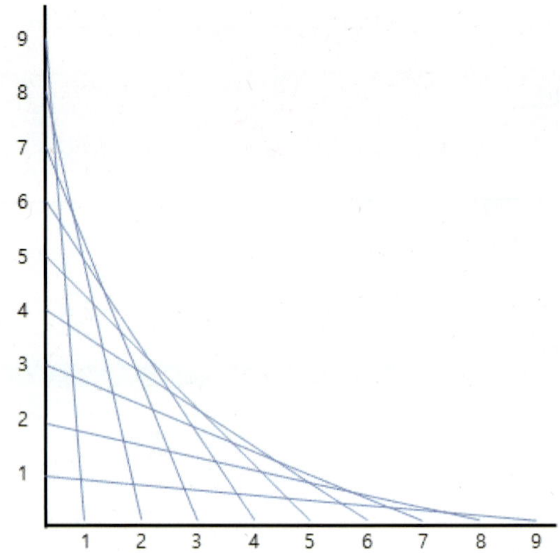

【1】 실행결과

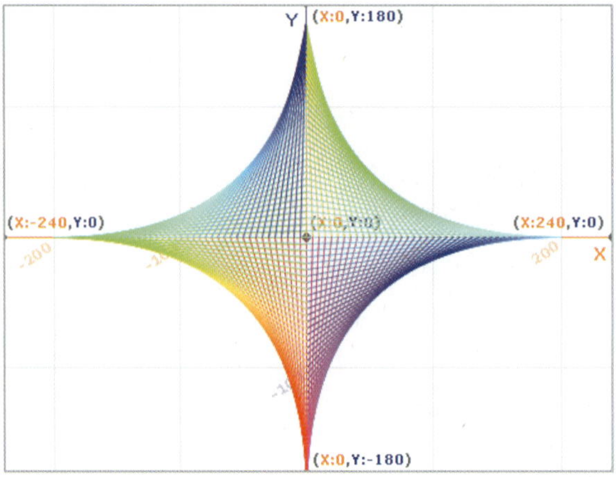

① 배경 : Xy-grid, 스프라이트 : 연필

② 사용변수 : x, y, x방향, y방향, 임시

【2】 프로그램 설계

1 사분면 ~ 4 사분면까지 스트링 아트가 그려지도록 프로그램을 작성한다.

① 스프라이트의 시작 위치는 무대 중앙인 (0, 0)으로 설정하고, 1 사분면부터 그려지도록 한다. 1 사분면의 시작 위치는 (0, 200)이다.

② 시작점과 끝점을 연결하여 선을 그리는 코드를 "선그리기" 블록으로 만들어 정의한다.

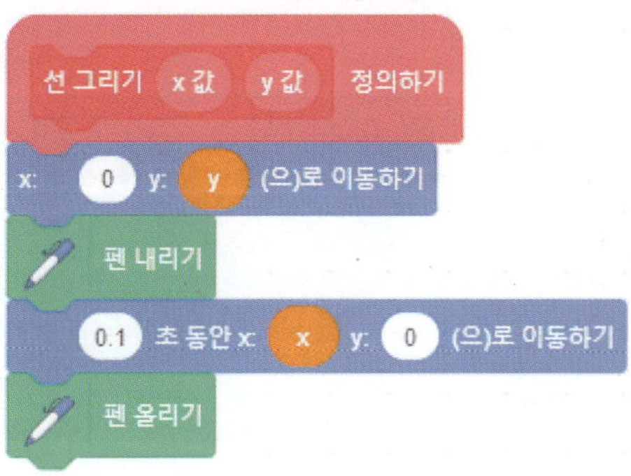

1 사분면의 시작을 예로 들면,
x좌표 = 0, y좌표 = 200
첫 번째 선은 (0, y좌표)에서 (x좌표, 0)까지 그려지는 스크립트이므로
(0, 200)에서 (0, 0)까지 그려진다.

③ 각 사분면에서 시작위치와 끝위치까지 대응하는 선들을 반복하여 그려주도록 "사분면" 블록을 만들어 정의한다. 1 사분면의 경우 아래와 같이 시작점과 끝점, 두 점을 연결하여 그려주는 작업을 반복한다, 시작점과 끝점을 연결하여 그릴 때에는 "선그리기" 블록을 호출하여 사용한다. 이 예제에서는 다음 위치를 5씩 증가 또는 감소하도록 정했다. 각 사분면마다 그려지는 선의 개수는 200까지 5씩 증가 또는 감소하므로 40번 반복하여 그린다. 이때 증가 또는 감소하는 수치가 작을수록 세밀하게 그려진다.

선 시작점		선 끝점
(0, 200)	→	(0, 0)
(0, 195)	→	(5, 0)
…		…
(0, 5)	→	(195, 0)
(0, 0)	→	(200, 0)

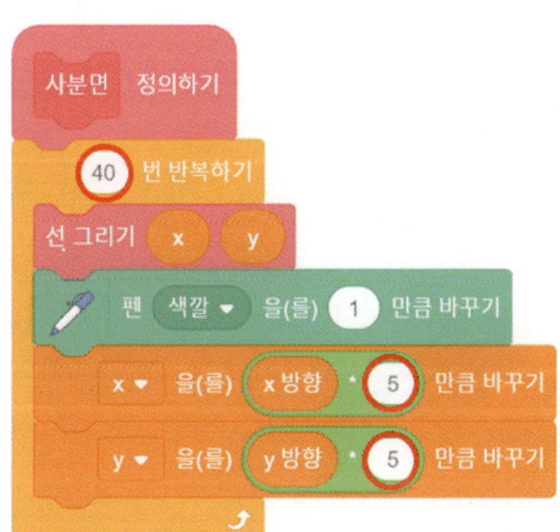

①에서 설정한 왼쪽 블록들로 인해 x좌표는 5씩 증가하고, y좌표는 5씩 감소하게 된다.

④ 1 사분면이 다 그려졌으면 4 사분면 → 3 사분면 → 2 사분면 순으로 그려지도록 "사분면" 블록에 내용을 추가한다. 각 사분면의 시작 위치와 끝 위치는 아래의 표와 같다.

시작 위치	(0, 200)	(200, 0)	(0, -200)	(-200, 0)
끝 위치	(200, 0)	(0, -200)	(-200, 0)	(0, 200)
순서	1 사분면	4 사분면	3 사분면	2 사분면

1 사분면이 그려진 후 4 사분면을 그려야 한다. 4 사분면의 시작 위치는 1 사분면의 끝 위치인 (200, 0)이다. 현재 x방향 = 1, y방향 = −1이다.

① x좌표와 y좌표의 증가 또는 감소 계산을 위해 x방향과 y방향을 교환한다.
- 임시변수는 x방향과 y방향을 교환하기 위해 사용한다.
- y방향 = x방향 * −1 → −1
- x방향 = y방향 → −1
그리고 "사분면" 블록을 실행하면
첫 번째 선그리기 : (200, 0) → (0, 200)

② 두 번째 선 시작 위치 계산
- 현재 x좌표 = 0, y좌표 = 200
- x좌표 = x + x방향*5 → 0 + (−1)*5 = −5
- y좌표 = y + y방향*5 → 200 + (−1)*5 = 195

【3】 스크립트

클릭했을 때
숨기기
모두 지우기
x: 0 y: 0 (으)로 이동하기
x 을(를) 0 로 정하기
y 을(를) 200 로 정하기
x 방향 을(를) 1 로 정하기
y 방향 을(를) -1 로 정하기
4 번 반복하기
사분면
사분면 정의하기
40 번 반복하기
선 그리기 x y
펜 색깔 을(를) 1 만큼 바꾸기
x 을(를) x 방향 * 5 만큼 바꾸기
y 을(를) y 방향 * 5 만큼 바꾸기
임시 을(를) y 방향 로 정하기
y 방향 을(를) x 방향 * -1 로 정하기
x 방향 을(를) 임시 로 정하기
선 그리기 x 값 y 값 정의하기
x: 0 y: y (으)로 이동하기
펜 내리기
0.1 초 동안 x: x y: 0 (으)로 이동하기
펜 올리기

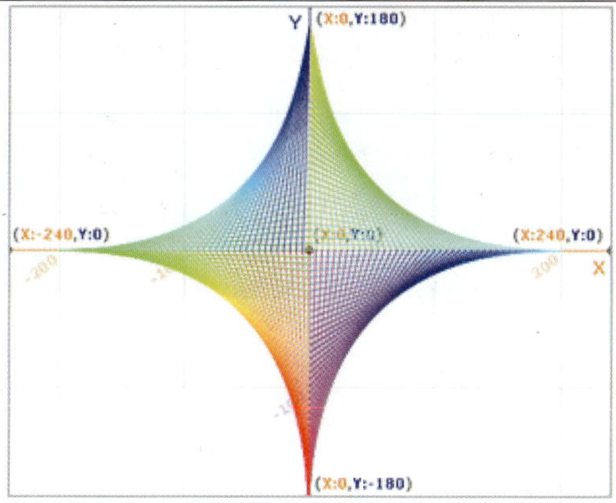
Y
(X:0,Y:180)
(X:-240,Y:0)
(X:240,Y:0)
X
(X:0,Y:-180)

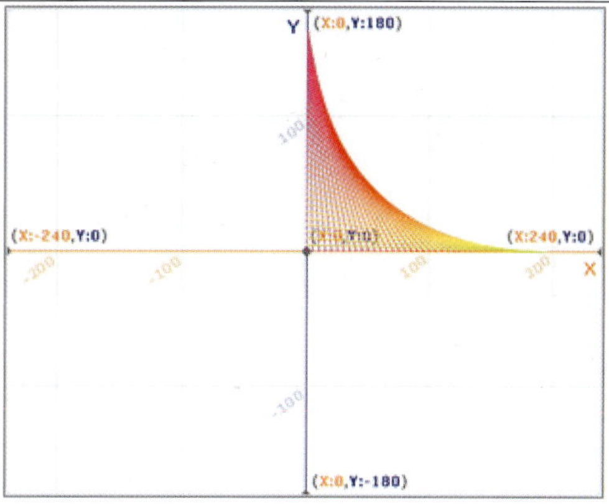
Y
(X:0,Y:180)
(X:-240,Y:0)
(X:240,Y:0)
X
(X:0,Y:-180)

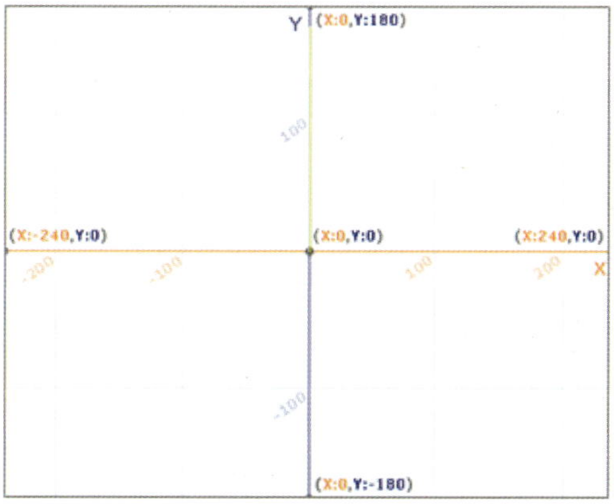
Y
(X:0,Y:180)
(X:-240,Y:0)
(X:0,Y:0)
(X:240,Y:0)
X
(X:0,Y:-180)

12.5 실전 연습

12.5.1 별자리 그리기

다음과 같은 결과가 나타나도록 별이 하나씩 그려지는 "별" 블록과, 여러 개가 무리 지어 그려지는 "무리별" 블록을 정의하여 만들고, 이 블록을 호출하여 무대의 랜덤한 위치에 그려지도록 스크립트를 작성하시오.

【1】 실행결과

【2】 프로그램 설계

① 배경 : Blue Sky, stars

② 스프라이트 : Wizard, Star

③ 내 블록 정의하기

- 별 블록 : 별이 하나씩 그려지게 한다.
- 무리별 블록 : 별 블록을 호출하여, 별이 6개가 동그랗게 그려지게 한다.
- 위치 블록 : 별이 그려질 랜덤한 위치를 초기화한다.

④ 깃발을 클릭하면 배경은 "Blue Sky"가 나타나고, 스프라이트는 Wizard가 나타난다.

- Wizard는 "별을 그려라" 라고 말한 후 신호보내기를 이용하여 "별그리기" 신호를 보낸다.

⑤ Star는 "별그리기" 신호를 받았을 때 동작하게 한다. 펜 색깔, 굵기, 초기화하고 "위치" 블록, "별" 블록, "무리별" 블록을 호출하여 사용한다. 적당한 개수를 그리기 위해 반복문 내에 호출한다.

【3】 스크립트 예시

Wizard

무대

Star

PART 3
스크래치 프로젝트

SCRATCH

CHAPTER 13

게임프로그래밍

지금까지 다루어본 스크래치의 기본 문법을 응용하여 간단한 게임을 작성해보도록 한다.

13.1 게임 기능 구현을 위한 기초지식

13.1.1 키보드 조작으로 스프라이트 움직이기

스프라이트를 키보드 조작으로 이동하게 하려면 아래와 같이 스크립트를 작성할 수 있다. ①은 감지 블록과 제어 블록을 이용한 것이고, ②는 이벤트 블록을 이용한 스크립트이다. 직접 실행해 보면 ②보다는 ①을 이용한 방법이 키보드 조작이 매끄럽다. 스프라이트가 바라보는 방향을 바꾸지 않고 이동만 하게 한다면 [x좌표를 (10) 만큼 바꾸기] [y좌표를 (10) 만큼 바꾸기] 블록을 이용해도 된다.

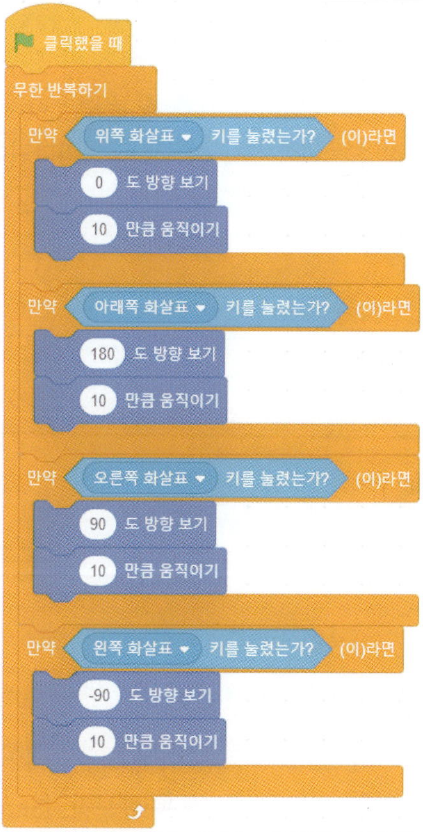

① 감지 블록과 제어 블록 이용

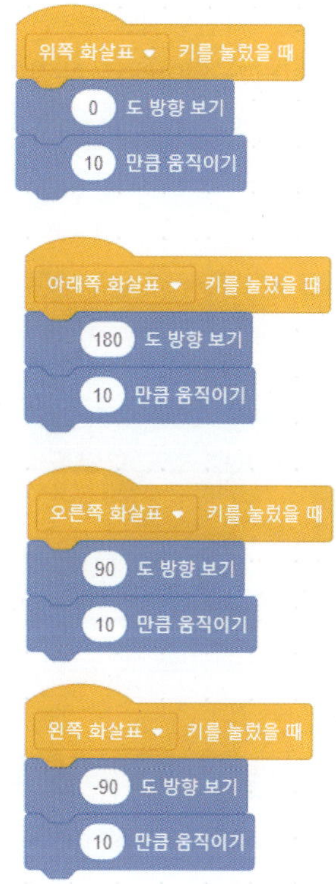

② 이벤트 블록 이용

13.1.2 마우스 조작으로 스프라이트 움직이기

【1】 마우스 포인터가 움직이는 방향으로 스프라이트가 따라다니는 스크립트

【2】 스프라이트가 마우스를 따라 좌우로만 움직이는 스크립트

아래 스크립트는 회전방식을 왼쪽-오른쪽으로 정하고 y좌표를 -120으로 정하였다. 이 경우에는 마우스 포인터가 위아래로 움직여도 스프라이트는 마우스 포인터의 왼쪽, 오른쪽만 따라다닌다. 이 스크립트는 y좌표 -120 위치에서 마우스의 움직임을 왼쪽, 오른쪽으로만 따라다닌다.

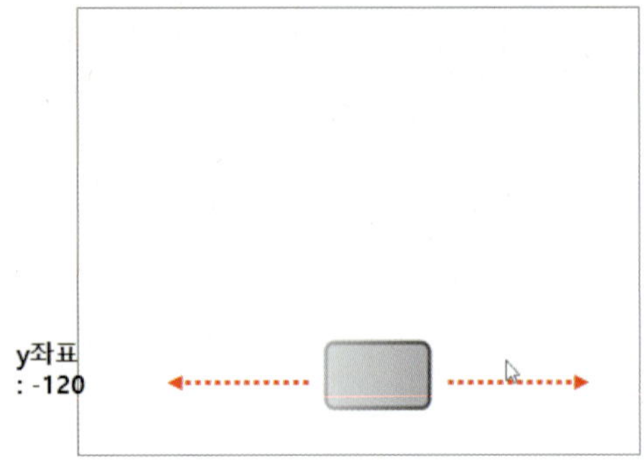

13.1.3 다른 스프라이트를 따라 다니기

[Shark 2] 스프라이트와 [Fish] 스프라이트가 있다. [Fish] 스프라이트는 마우스가 움직이는 대로 따라다니고, [Shark 2] 스프라이트는 [Fish] 스프라이트를 따라다니도록 해보자. [Shark 2]가 [Fish]에 닿으면 "잡았다"라고 말풍선을 보여준다. [Fish] 스프라이트는 키보드로 조작하여 움직이게 해줄 수도 있다.

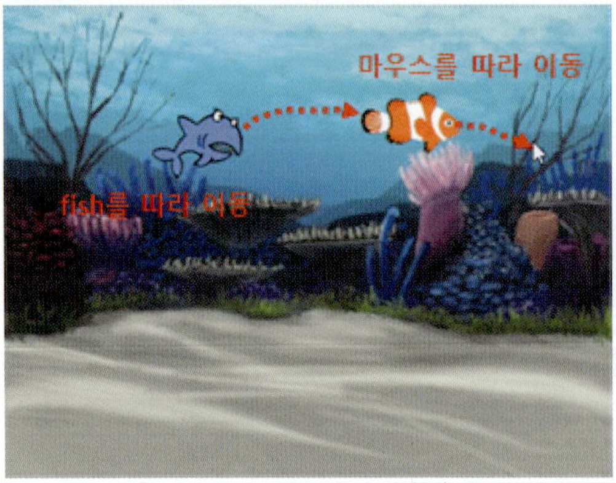

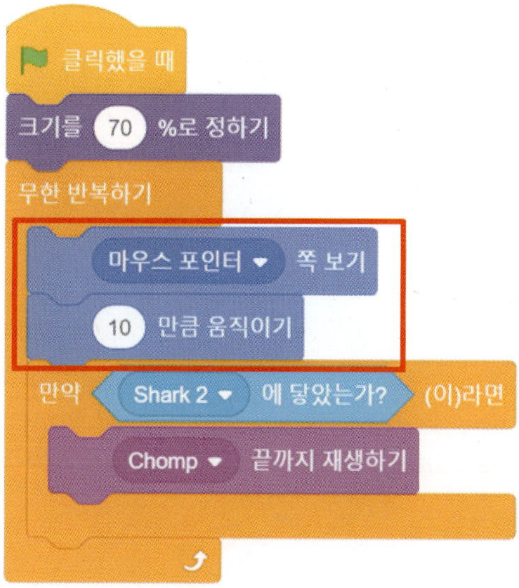

[Shark 2] 스프라이트의 스크립트

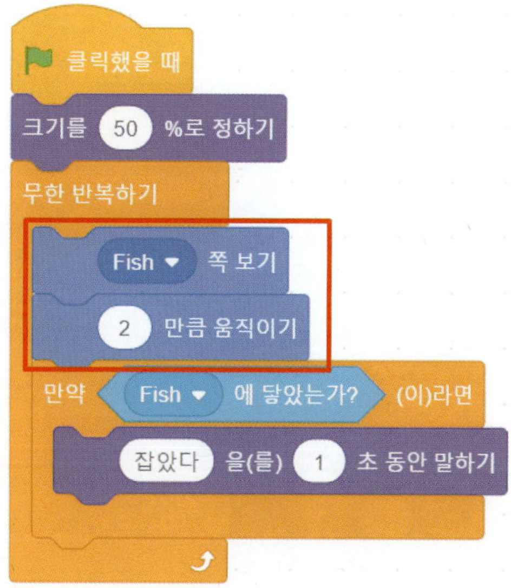

[Fish] 스프라이트의 스크립트

※ 점수 변수, 타이머 설정 등을 통해 게임을 확장해보자.

13.1.4 두 개의 스프라이트가 같이 움직이기

게임을 만들다 보면 두 개의 스프라이트가 같이 움직이는 경우가 있다. 이를 어떻게 코딩하는지 살펴보자.

【1】 스프라이트의 위쪽에서 같이 움직이기

[Casey] 스프라이트와 [Bowl] 스프라이트가 있다. [Casey] 스프라이트는 키보드 조작으로 좌우로 움직인다. [Bowl] 스프라이트는 아래 그림처럼 키보드를 조작하면 [Casey] 스프라이트 위쪽에서 같이 움직이도록 코딩해 본다.

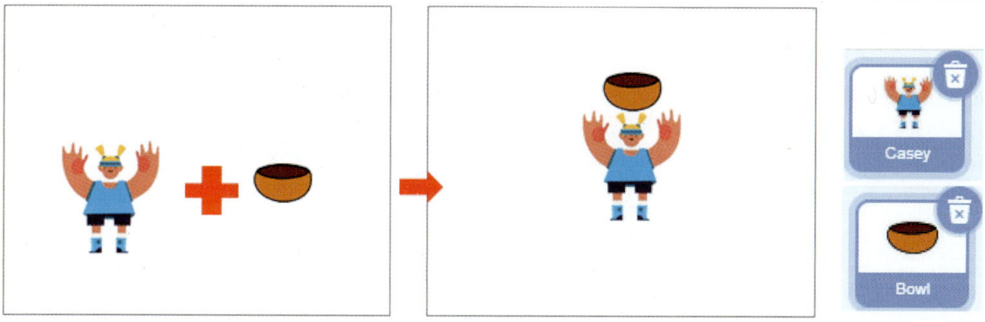

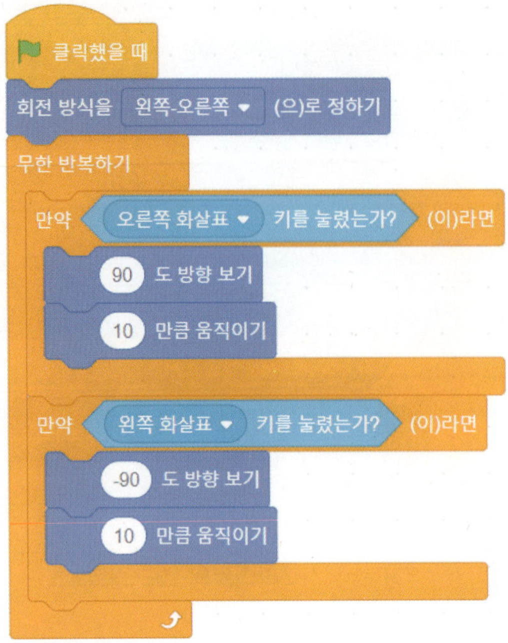

[Casey] 스프라이트의 스크립트

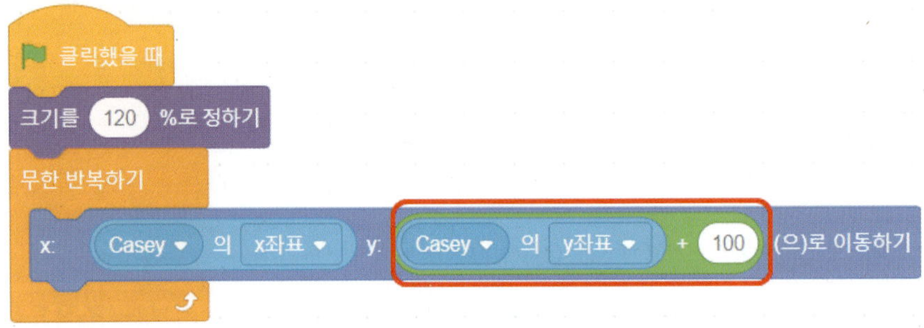

[Bowl] 스프라이트의 스크립트

[Casey] 스프라이트는 왼쪽 화살표 키를 누르면 왼쪽으로 움직이고, 오른쪽 화살표 키를 누르면 오른쪽으로 움직인다.

[Bowl] 스프라이트는 [Casey] 스프라이트의 위에서 같이 움직여야 하므로 감지 블록 중 무대 의 배경 번호 블록을 Casey 의 x좌표 Casey 의 y좌표 로 변경하여 [Casey] 스프라이트의 x, y좌표를 불러다 사용할 수 있게 한다.

[Bowl] 스프라이트의 x좌표는 [Casey] 스프라이트 x좌표와 같게, y좌표는 [Casey] 스프라이트 y좌표보다 100을 더한 위치로 움직이게 한다. 민약 스프라이트의 아래쪽에서 따라다닐 경우는 [Casey] 스프라이트 y좌표보다 100을 뺀 값으로 움직이도록 하면 된다. 100은 두 스프라이트 사이의 간격으로 상황에 맞게 조정하면 된다.

실행결과		[Bowl]의 x좌표	[Bowl]의 y좌표
	[Bowl]이 [Casey]의 위에서 같이 움직이기	(Casey ▾) 의 (x좌표 ▾)	((Casey ▾) 의 (y position ▾)) + (100)
	[Bowl]이 [Casey]의 아래에서 같이 움직이기	(Casey ▾) 의 (x좌표 ▾)	((Casey ▾) 의 (y position ▾)) - (100)

【2】 스프라이트의 좌우에 위치하여 같이 움직이기

[주인공] 스프라이트가 왼쪽으로 움직이면 [wrench] 스프라이트는 주인공의 왼쪽에서 같이 움직이고, [주인공] 스프라이트가 오른쪽으로 움직이면 [wrench] 스프라이트는 주인공의 오른쪽에서 같이 움직이게 코딩해 보자.

왼쪽 화살표 키를 눌렀을 때 wrench는 주인공의 왼쪽에 위치하여 따라다닌다.	오른쪽 화살표 키를 눌렀을 때 wrench는 주인공의 오른쪽에 위치하여 따라다닌다.	

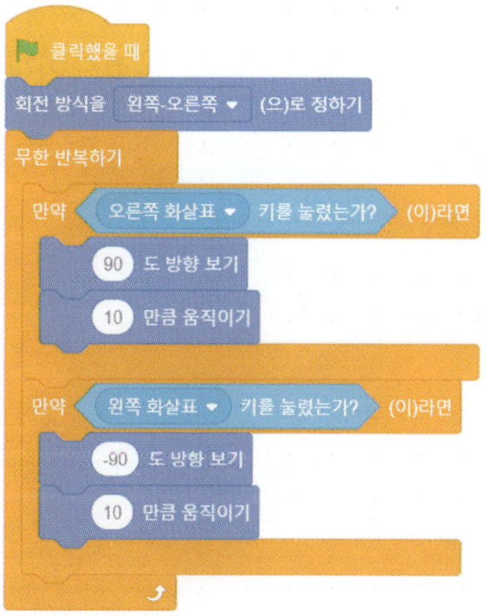

[주인공] 스프라이트의 스크립트

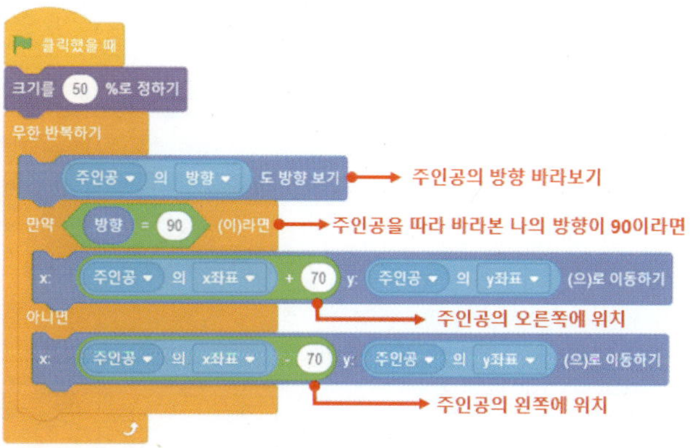

[wrench] 스프라이트의 스크립트

[wrench] 스프라이트는 [주인공] 스프라이트가 움직이는 방향으로 이동해야 하기 때문에 [주인공] 스프라이트의 방향과 같은 방향을 바라보고 그 방향이 오른쪽이면 [주인공] 스프라이트의 오른쪽에 위치시키고, 방향이 왼쪽이면 [주인공] 스프라이트의 왼쪽에 위치시키도록 코딩한다. [wrench] 스프라이트에서 코딩할 경우, 제일 먼저 주인공 방향을 바라보게 한다. [주인공]의 방향은 `주인공 ▾ 의 방향 ▾` 블록을 사용한다. 이렇게 되면 [wrench] 스프라이트는 주인공과 같은 방향을 바라보게 된다. 그리고 나면 [wrench] 스프라이트의 방향은 `방향` 블록을 사용하여 불러올 수 있다.

방향이 90도라면, 주인공이 오른쪽에 위치해야 하므로 주인공의 x좌표에 70을 더한 값을 x좌표로 정하고 y좌표는 주인공과 동일하게 설정한다. 방향이 90도가 아니라면, 주인공이 왼쪽에 위치해야 하므로 주인공의 x좌표에 70을 뺀 값을 x좌표로 정하고 y좌표는 주인공과 동일하게 설정한다. 70은 두 스프라이트 사이의 간격으로 상황에 맞게 조정하면 된다.

실행결과		[wrench]의 x좌표	[wrench]의 y좌표
	[wrench]가 [주인공] 오른쪽에 위치하여 움직이기	`주인공 ▾ 의 x좌표 ▾` + `70`	`주인공 ▾ 의 y좌표 ▾`
	[wrench]가 [주인공] 왼쪽에 위치하여 움직이기	`주인공 ▾ 의 x좌표 ▾` - `70`	`주인공 ▾ 의 y좌표 ▾`

13.1.5 스프라이트를 랜덤하게 나타내기

【1】 복제본을 생성하여 복제본이 상하좌우 사방에서 랜덤하게 나타나 움직이기

[Ball] 스프라이트가 사방에서 랜덤하게 나타나도록 하려면 원본은 복제본을 생성하고, 복제된 복제본이 사방에서 랜덤하게 나타나도록 하면 된다. 이는 게임에서 자주 사용하는 코드이다.

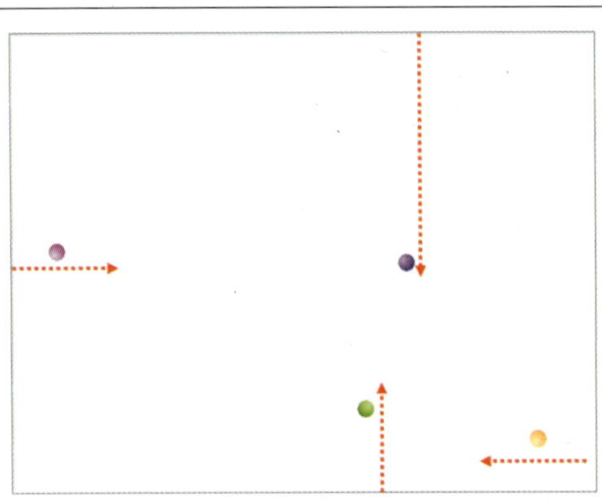

실행결과

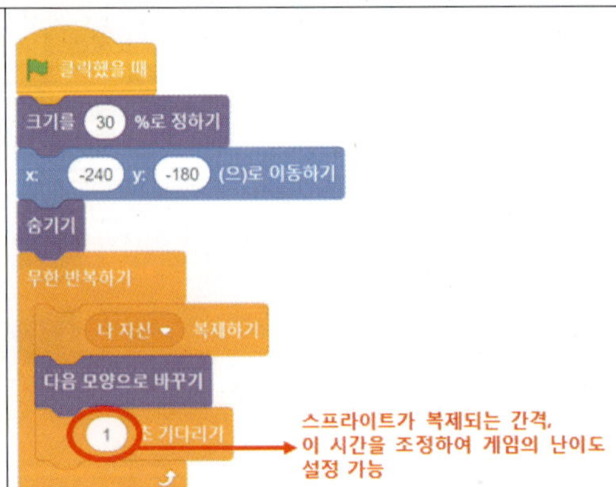

원본의 스크립트

① 원본의 스크립트

원본은 일정 시간 간격으로 "나 자신 복제하기"를 한다. 이때 기다리기 시간은 스프라이트가 복제되는 간격이다. 이 시간을 조정하여 게임의 난이도 설정이 가능하다. 기다리기 시간이 짧을수록 게임이 어려워진다. 또는 기다리기 시간을 난수로 설정하면 다양한 시간 간격마다 복제본이 생성되게 할 수 있다.

② 복제본의 스크립트

복제본이 사방에서 무작위로 등장해야만 한다. 그러기 위해 위치 변수를 만들고 이 위치 변수를 1~4의 난수 중에서 배정받도록 한다. 위치 변수의 값에 따라 복제본이 나타나고 바라보는 방향은 아래와 같다.

위치 변수	복제본이 나타나는 곳	복제본이 바라보는(이동할) 방향
1	아래쪽	위쪽
2	위쪽	아래쪽
3	왼쪽	오른쪽
4	오른쪽	왼쪽

복제본이 나타날 위치와 바라보는 방향이 위치 변수에 따라 정해지면, 바라보는 방향으로 벽에 닿을 때까지 이동하고, 벽에 닿으면 복제본은 삭제된다. 이동속도는 움직이기 블록의 값으로 조정 가능하며, 속도 조절로 게임의 난이도 설정이 가능하다. 이 값을 난수로 설정하면 복제본들의 이동속도가 다양하게 된다.

※ 

블록의 x좌표 범위가 -240~240이 아니고, y좌표 180이 아니고 더 작은 수치를 이용한 이유는 복제본이 벽에 닿으면 삭제되는 스크립트인데, 좌표를 무대의 끝값을 배정받게 되면 복제본이 생성되자마자 벽에 닿아 삭제되어 나타나지 않게 되기 때문이다. x좌표는 -240~240보다 작은 값(-210~210), y좌표도 -180~180보다 작은 값(-160~160)을 사용하였다. 만약 이 스크립트로 복제본이 나타나지 않는다면 스프라이트의 크기를 줄이고, x, y좌표 범위도 조금 더 줄여주면 제대로 나타나게 된다.

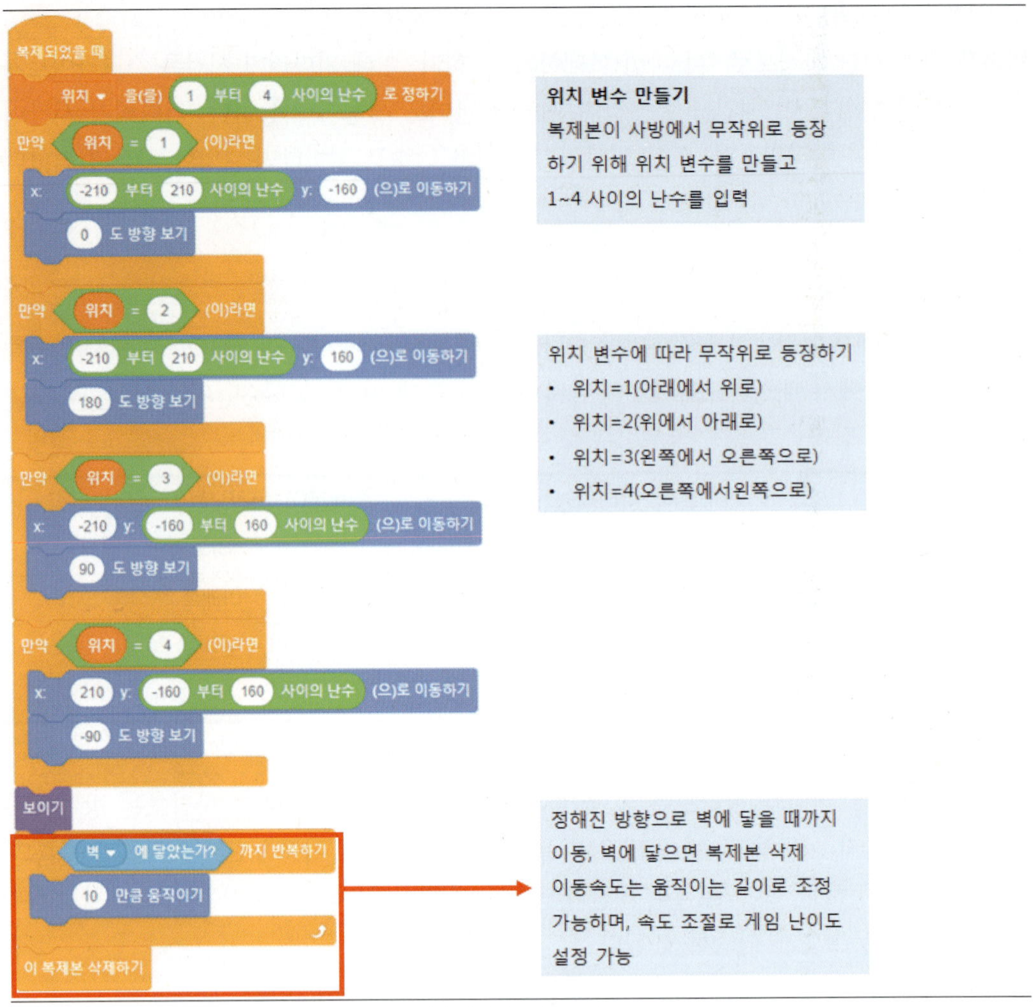

복제본의 스크립트

【2】 스프라이트를 랜덤하게 등장시키기

-220 부터 200 사이의 난수 블록을 이용하여 스프라이트가 무작위 위치에서 나타나도록 할 수 있다.

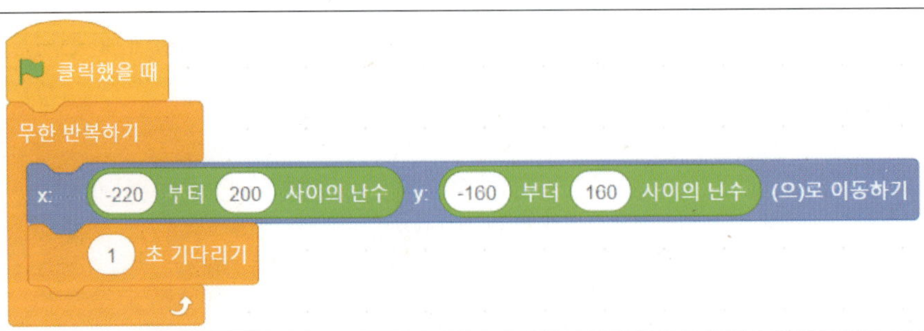

13.2 키보드 조작 게임

13.2.1 미로 게임

【1】 프로그램 개요

① 깃발을 클릭하면 미로 배경이 나타난다.
② Ladybug1 스프라이트는 미로의 입구에서 시작하여, 키보드를 오른쪽/왼쪽/위/아래 화살표 키를 누르면 움직인다. Ladybug1이 미로 벽 색에 닿으면 -2만큼 움직인다. Ladybug1 스프라이트는 미로를 통과하여 미로의 출구에 있는 Heart 스프라이트에 닿으면 미로를 탈출하게 된다. Ladybug1 스프라이트가 Rooster에 닿으면 목숨변수를 1 감소시킨다. 목숨변수는 2로 초기화하고, 0이 되면 프로그램을 종료한다.
③ Rooster 스프라이트는 장애물의 역할을 한다. 깃발을 클릭하면 2개의 복제본이 위의 그림 위치에 나타난다. 복제본은 보이기 숨기기를 3초 간격으로 반복한다.
④ Heart 스프라이트는 깃발을 클릭하면 미로의 출구에 위치하고, Ladybug1 스프라이트에 닿으면 박수 효과음을 내고 "미로 탈출"이라는 말풍선을 보여준 후 종료한다.

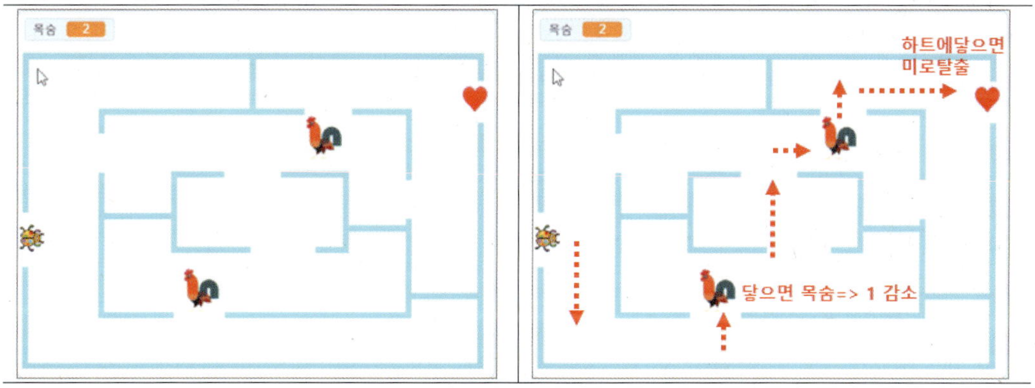

Ladybug1 스프라이트는 키보드를 조작하여 상하좌우 움직이게 된다. 미로를 통과하는 스프라이트이다. 미로에 닿으면 -2만큼 움직여 미로 벽을 넘어가지 못한다.

장애물의 역할을 하는 스프라이트이다. 복제본을 두 개 생성하고, 이 복제본은 미로의 중간에 위치하며 보이기 숨기기를 반복한다. Ladybug1이 미로를 통과하려면 이 복제본이 안 보이는 순간 이동해야 한다. Ladybug1이 Rooster에 닿으면 목숨변수가 1씩 줄어든다. 목숨변수가 0이 되면 프로그램은 종료된다.

Heart 스프라이트는 미로의 출구에 위치한다. Ladybug1 스프라이트가 Heart에 닿으면 박수 효과음을 내고 프로그램을 종료한다.

【2】 스프라이트와 변수 추가하기

사용할 스프라이트는 Ladybug1, Rooster, Heart 세 개의 스프라이트이다. 스프라이트 영역에서 [스프라이트 고르기]를 이용해 스프라이트를 추가한다. 변수는 목숨이라는 이름으로 추가한다.

【3】 미로 배경 만들기

① 미로의 벽이 되는 사각형 그리기

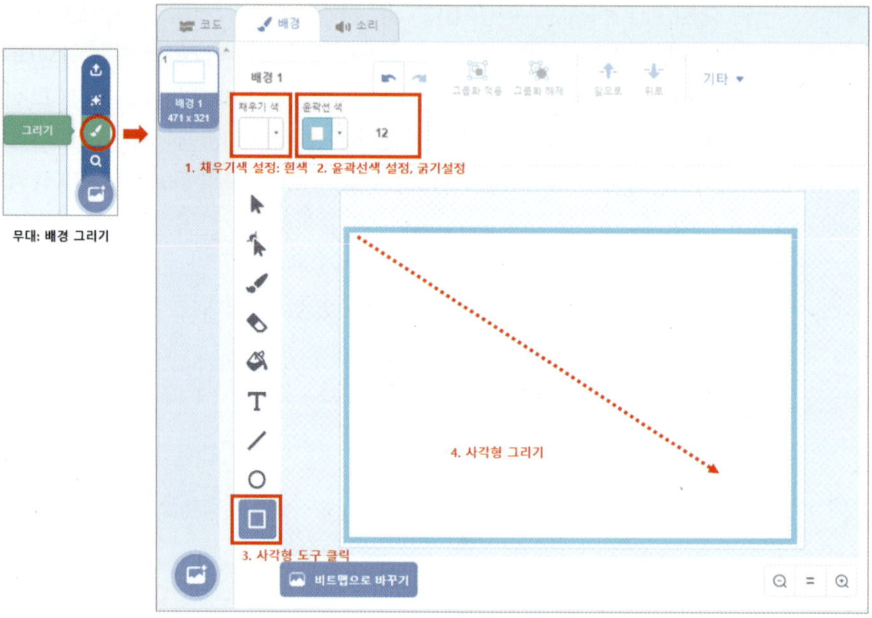

① 스프라이트 영역의 무대 썸네일에서 배경 그리기 클릭
② 채우기 색은 흰색, 윤곽선 색은 주황색, 윤곽선 굵기는 8을 선택하고 사각형 도구 클릭
③ 그리기 영역에 큰 사각형을 그린다.
④ 안쪽으로 여러 개의 사각형을 아래의 그림처럼 더 그린다.

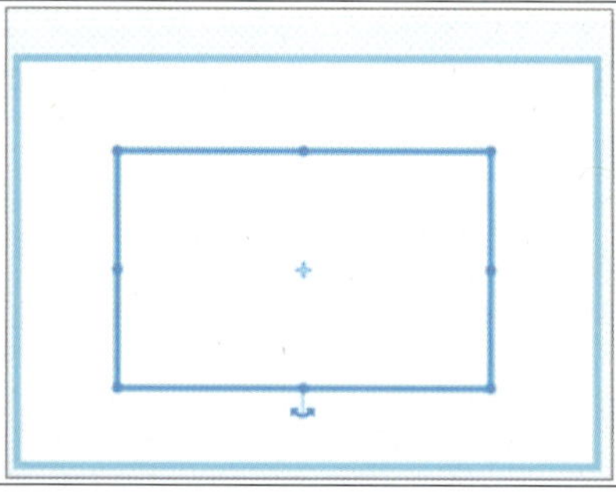

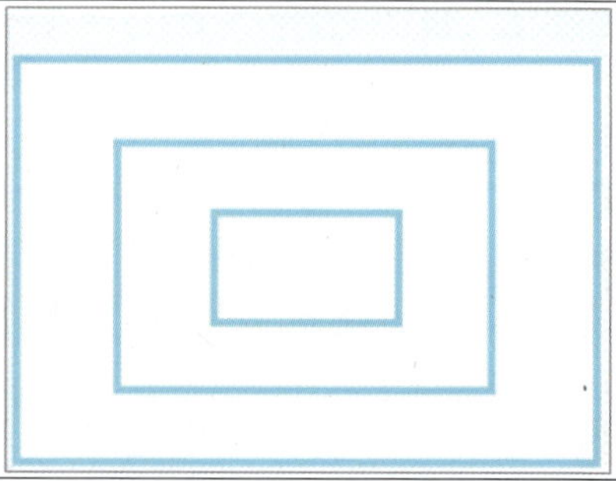

② 선 도구를 이용해 미로의 필요한 위치에 아래 그림처럼 선을 그려준다.

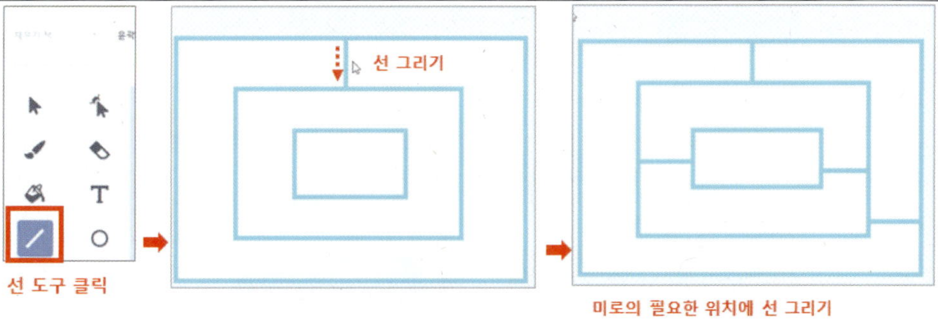

③ 통과할 수 있게 미로 벽 부분을 사각형을 그려 뚫어준다. 이때 사각형의 색은 흰색, 윤곽선은 투명으로 설정한다.

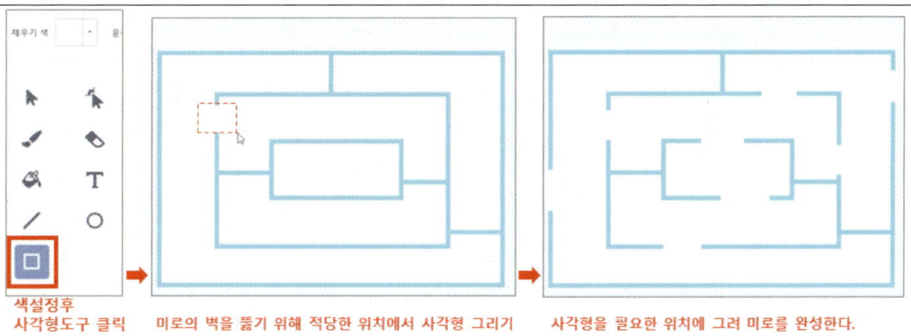

【4】 중요 스크립트

① Rooster는 장애물의 역할을 하는데 깃발을 클릭하면 복제본이 두 개 복제된다.
② 복제본은 보이기 숨기기를 3초 간격으로 반복한다.

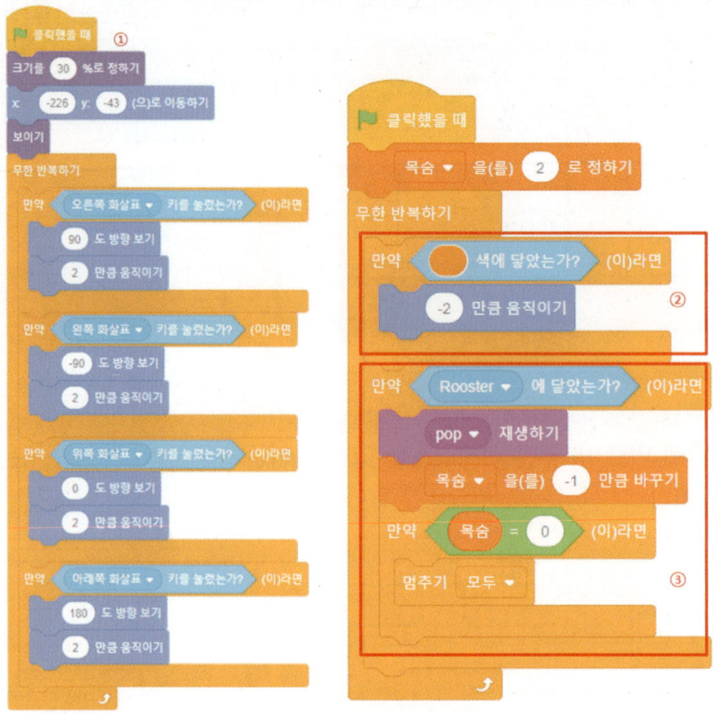

① Ladybug1 스프라이트는 미로의 입구에서 시작하여, 키보드를 오른쪽/왼쪽/위/아래 화살표 키를 누르면 움직인다.

② Ladybug1가 미로 벽색에 닿으면 -2만큼 움직인다. 미로 벽을 넘어가지 못하게 한다.

③ Ladybug1 스프라이트가 Rooster에 닿으면 목숨변수를 1 감소시킨다. 목숨 변수는 2로 초기화하고, 0이 되면 프로그램을 종료한다.

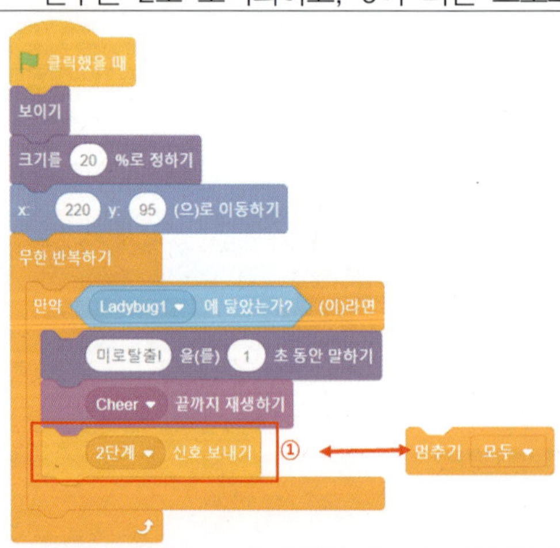

Heart 스프라이트는 미로의 출구에 위치한다. Ladybug1 스프라이트가 Heart에 닿으면 "미로탈출" 말풍선을 보여주고, 박수 효과음을 낸 후 2단계로 넘어간다.

① 2단계로 넘어가지 않고 프로그램을 종료할 경우  블록을 이용하면 된다.

13.2.2 미로 게임 확장하기

【1】 2단계 프로그램 실행결과

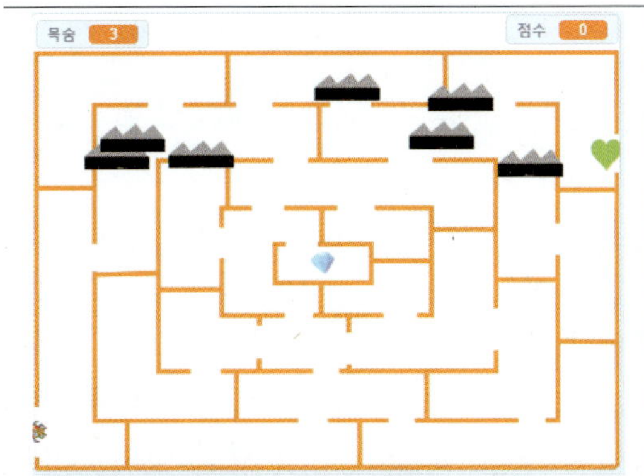

2단계 신호를 받았을 때

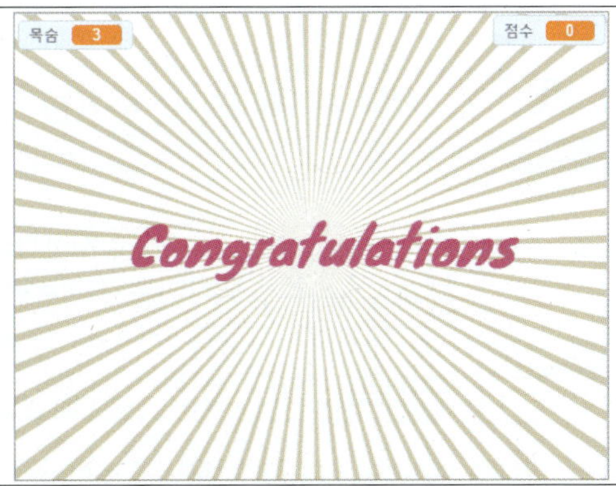

끝 신호를 받았을 때

【2】 2단계 프로그램 개요

① 2단계 신호를 받으면 두 번째 미로 배경이 나타난다.
② 2단계 신호를 받으면 Ladybug1 스프라이트는 미로의 입구에 위치한다. Ladybug1이 미로 벽 색에 닿으면 -2만큼 움직인다. Ladybug1 스프라이트는 미로를 통과하여 미로 중앙에 있는 Crystal을 먹고, 미로의 출구에 있는 Heart 스프라이트에 닿으면 미로를 탈출하게 된다. Ladybug1 스프라이트가 트랩에 닿으면 목숨 변수를 1 감소시킨다. 목숨 변수는 3으로 초기화하고, 0이 되면 프로그램을 종료한다.
③ 2단계 신호를 받으면 Rooster 스프라이트는 숨긴다.
④ 2단계 신호를 받으면 Crystal은 나타나고 점수 변수를 보이고 0으로 초기화한다. Crystal은 무대의 중앙에 위치하며 Ladybug1에 닿으면 점수 변수를 100 증가시킨다.
⑤ 트랩 스프라이트는 2단계 신호를 받으면 나타나며 장애물의 역할을 한다. 2단계 신호를 받으면 7개의 복제본이 랜덤한 위치에 나타난다. 복제본은 보이기 숨기기를 3초 간격으로 반복한다.
⑥ Heart 스프라이트는 2단계 신호를 받으면 새로운 미로의 출구에 위치하고, Ladybug1 스프라이트에 닿고, 점수 변수가 100 이상이면 박수 효과음을 내고 "미로 탈출"이라는 말풍선을 보여준 후 끝 신호를 보낸다. Heart 스프라이트와 Ladybug1 스프라이트가 닿았더라도 점수가 100이 되지 않을 경우 Ladybug1 스프라이트를 무대의 중앙 쪽으로 이동시킨다.
⑦ 끝 신호를 받으면 배경을 바꾸고, 다른 스프라이트는 모두 숨긴다. 끝 신호를 받으면 축하 스프라이트가 나타나서 크기가 점점 커지게 한다.

Ladybug1 스프라이트는 키보드를 조작하여 상하좌우 움직이게 된다. 미로를 통과하는 스프라이트이다. 미로에 닿으면 -2만큼 움직여 미로 벽을 넘어가지 못한다.

2단계 신호를 받으면 숨기고 Rooster 스프라이트의 다른 스크립트는 종료한다.

2단계 신호를 받으면 Heart 스프라이트는 새로운 미로의 출구에 위치한다. Ladybug1 스프라이트가 Heart에 닿고 점수 변수가 100 이상이면 박수 효과음을 내고 끝 신호를 보낸다. 점수 변수가 100 미만이면 Ladybug1 스프라이트를 무대의 중앙 위치로 이동시킨다.

2단계 신호를 받으면 Crystal은 나타나고 점수 변수를 보이고 0으로 초기화한다. Crystal은 무대의 중앙에 위치하며 Ladybug1에 닿으면 점수 변수를 100 증가시킨다. Crystal을 먹어서 점수가 100이 넘어야만 미로를 탈출할 수 있다.

트랩 스프라이트는 스프라이트 그리기로 그려준다. 2단계 신호를 받으면 나타나며 장애물의 역할을 한다. 2단계 신호를 받으면 7개의 복제본이 랜덤한 위치에 나타난다. 복제본은 보이기 숨기기를 3초 간격으로 반복한다.

축하 스프라이트는 스프라이트 그리기로 글씨를 써준다. 끝 신호를 받으면 무대 중앙에 나타나서 크기가 점점 커지게 한다.

【3】 스프라이트와 변수 추가하기

2단계에서는 1단계에서 사용하던 Ladybug1, Heart 스프라이트에, Crystal, 축하, 트랩 3개의 스프라이트를 더 추가한다. Crystal은 스프라이트 영역에서 [스프라이트 고르기]를 이용해 스프라이트를 추가하고, 축하, 트랩 스프라이트는 스프라이트 그리기를 통해 만들어 준다. 점수 변수를 추가한다.

【4】 배경 만들기

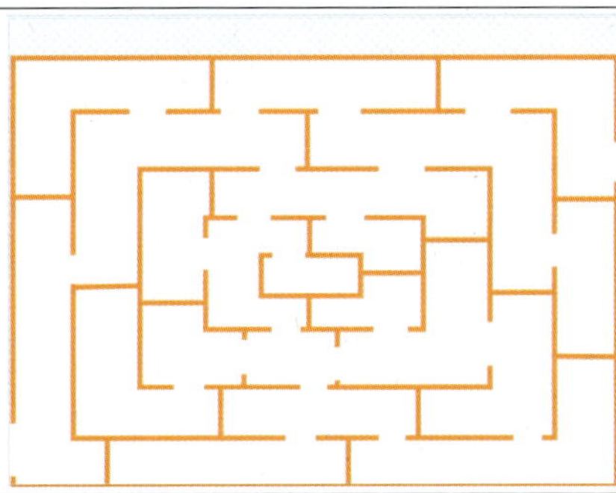	
2단계 신호를 받았을 때 배경 : 배경 그리기로 미로를 그린다.	끝 신호를 받았을 때 배경 : 배경 고르기를 이용하여 Rays를 선택한다.

【5】 중요 스크립트

앞의 예제에서 작성한 스크립트에 추가되는 스크립트들이다.

2단계에서 추가한 스크립트

	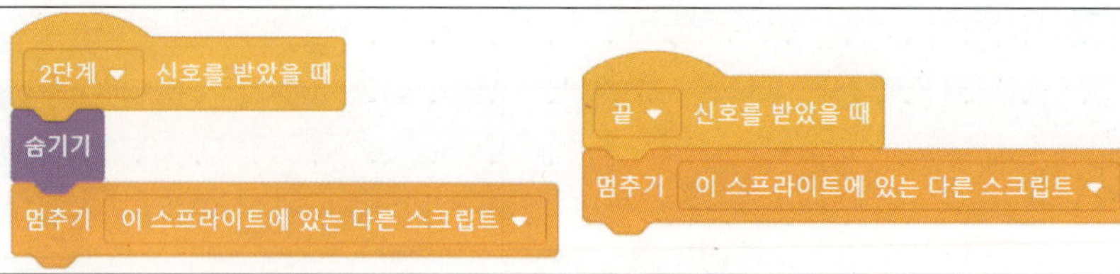
	2단계에서 추가한 스크립트, 2단계에서는 숨기기를 한다.

	2단계에서 추가한 스크립트

Ladybug1에 닿고, 점수도 99보다 크면 미로탈출 말풍선과 효과음 실행 후 [끝]신호 보낸다.
만약 Ladybug1에 닿았지만 점수가 99보다 크지 않으면 Ladybug1에게 무대 중앙 부분으로 이동하도록 신호를 보낸다

	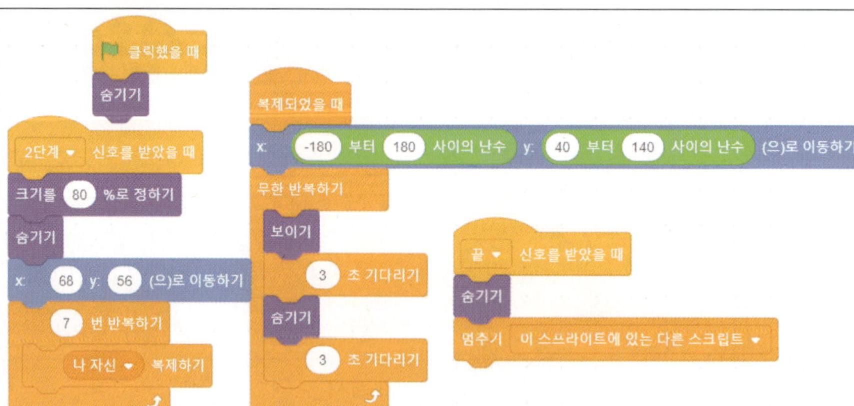
	2단계에서 작성한 스크립트

2단계에서 작성한 스크립트

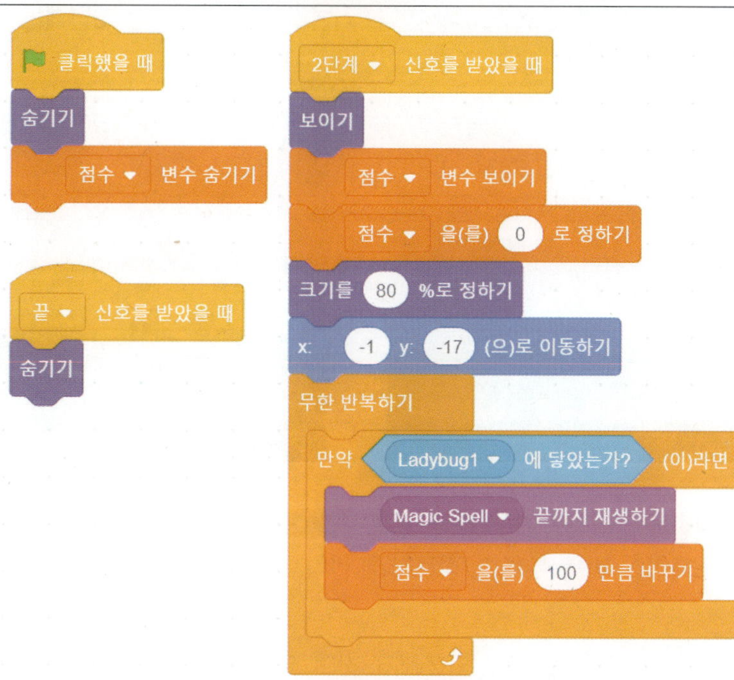

2단계에서 작성한 스크립트

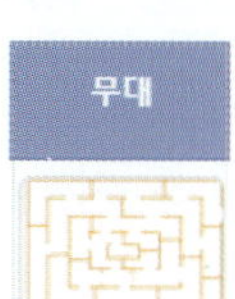

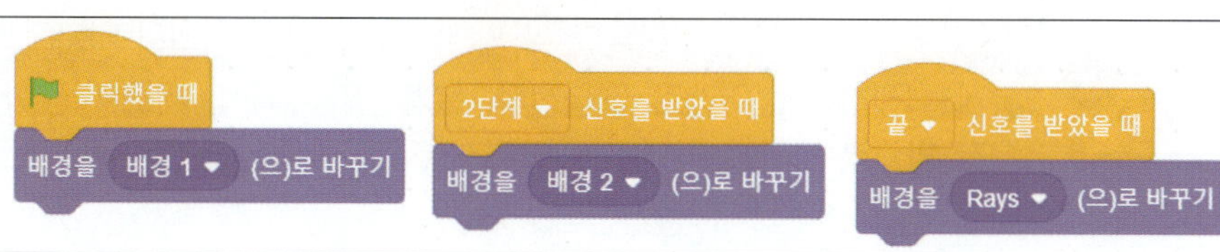

무대의 스크립트

13.2.3 점프하여 받기 게임

【1】 프로그램 개요

위에서 떨어지는 사과를 점프하여 바구니로 받는 게임이다.
① 게임 시작 시 Ben은 무대 중앙의 아래쪽(x : 0, y : -125)에 위치하도록 한다.
② Ben은 좌우 방향키로 이동하고, 스페이스 바를 누르면 점프하게 한다.
③ 타이머를 두어 시간이 20초가 경과하면 게임 오버를 나타낸 후 종료한다.
④ Bowl은 Ben의 머리 위쪽에서 같이 움직인다.
⑤ Apple은 복제본을 5개 만든다. 복제본은 무대 상단 임의의 위치에서 나타나 자유롭게 회전하면서 아래로 떨어진다. 복제본이 무대의 세로 중간까지 오면(y좌표가 0보다 작으면) 처음 시작 위치로 돌아가서 다시 떨어지게 한다.
⑥ Apple이 Bowl에 닿으면 효과음을 내고 점수 변수를 1 증가시킨 후, 복제본은 삭제한다.
⑦ 점수가 5점이면 2단계 신호 보내기 한다. 다른 과일이 떨어지는 2단계는 다음 예제에서 구현한다.

깃발을 클릭하면 Ben은 무대 중앙의 아래쪽에 있다가 좌우 방향키로 이동하고, 스페이스 바를 누르면 점프하게 한다.

Bowl은 Ben의 머리 위쪽에서 같이 움직인다.

Apple은 복제본을 5개 만든다. 복제본은 무대 상단 임의의 위치에서 나타나 자유롭게 회전하면서 아래로 떨어진다. 복제본이 무대의 세로 중간까지 오면 처음 시작 위치로 돌아가서 다시 떨어지게 한다. Apple이 Bowl에 닿으면 효과음을 내고 점수 변수가 1 증가한다.

【2】 스프라이트와 변수 추가하기

사용할 스프라이트는 Ben, Bowl, Apple 세 개의 스프라이트이다. 스프라이트 영역에서 [스프라이트 고르기]를 이용해 스프라이트를 추가한다. 변수는 점수라는 이름으로 추가한다.

【3】 배경 만들기

배경은 [배경 고르기]를 이용하여 적당히 선택한다.

【4】 중요 스크립트

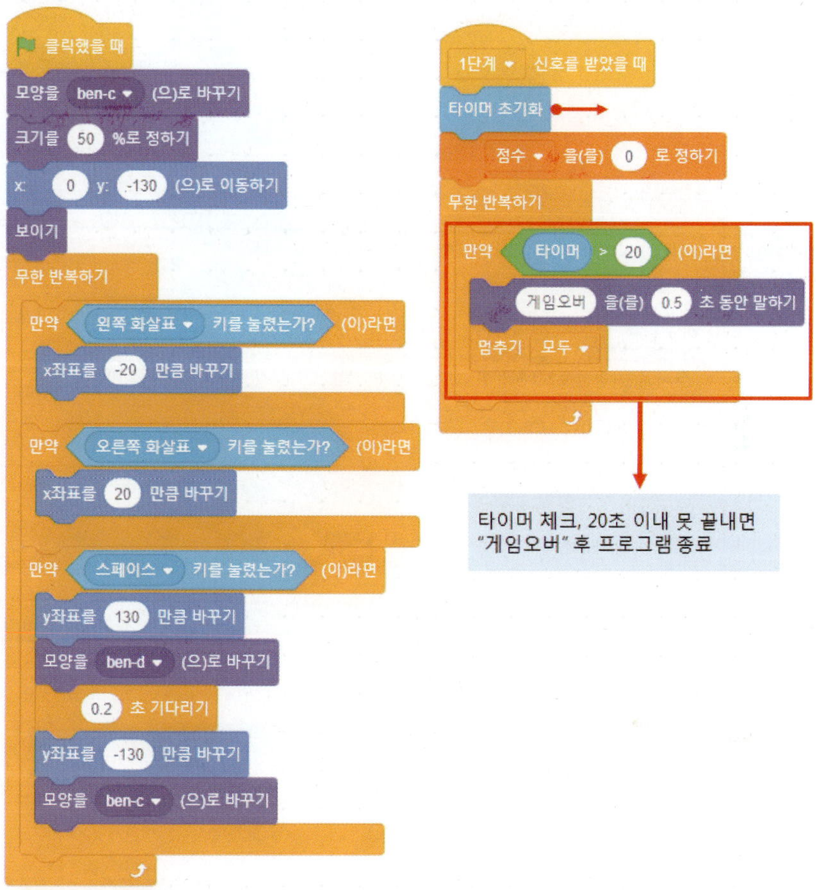

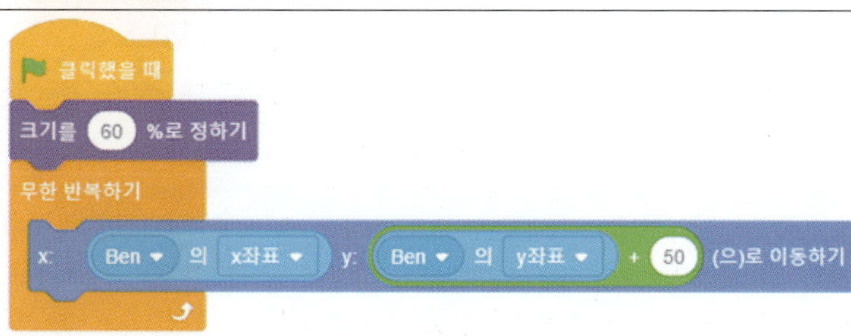

Apple	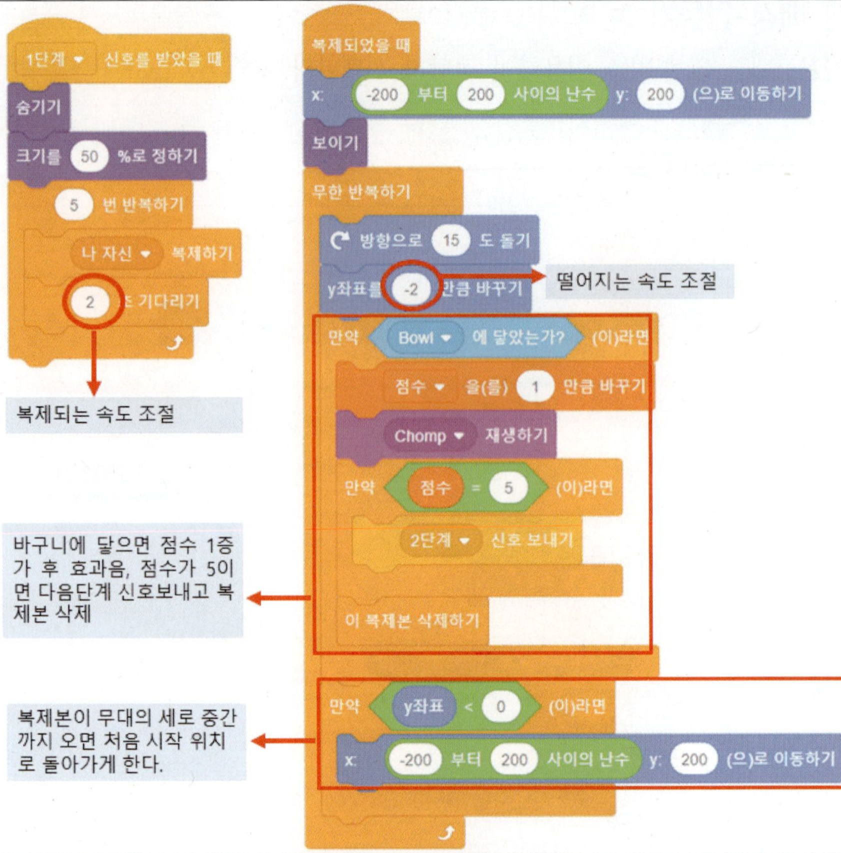1단계 신호를 받았을 때 숨기기 크기를 50 %로 정하기 5 번 반복하기 나 자신 복제하기 2 초 기다리기 복제되는 속도 조절 복제되었을 때 x: -200 부터 200 사이의 난수 y: 200 (으)로 이동하기 보이기 무한 반복하기 방향으로 15 도 돌기 y좌표를 -2 만큼 바꾸기 떨어지는 속도 조절 만약 Bowl 에 닿았는가? (이)라면 점수 을(를) 1 만큼 바꾸기 Chomp 재생하기 만약 점수 = 5 (이)라면 2단계 신호 보내기 이 복제본 삭제하기 바구니에 닿으면 점수 1증가 후 효과음, 점수가 5이면 다음단계 신호보내고 복제본 삭제 만약 y좌표 < 0 (이)라면 x: -200 부터 200 사이의 난수 y: 200 (으)로 이동하기 복제본이 무대의 세로 중간까지 오면 처음 시작 위치로 돌아가게 한다.
무대 	클릭했을 때 1단계 신호 보내기 1단계 신호를 받았을 때 배경을 Blue Sky (으)로 바꾸기 멈추기 이 스프라이트에 있는 다른 스크립트 무한 반복하기 Dance Sitar 끝까지 재생하기

13.2.4 점프하여 받기 게임 확장하기

【1】 프로그램 설명

2단계에서는 배경이 바뀌고 위에서 떨어지는 수박을 점프하여 바구니로 받도록 추가한다.

① 2단계 신호를 받았을 때 Ben에서 타이머를 초기화한다. 타이머의 시간이 15초가 경과하면 게임 오버를 나타낸 후 종료한다.

② 2단계에서 Bowl은 Ben의 머리 위쪽에서 같이 움직인다. 추가할 스크립트는 없다.

③ 2단계에서 Apple은 나타나지 않는다.

④ 2단계에서 Watermelon은 복제본을 10개 만든다. 복제본은 무대 상단 임의의 위치에서 나타나 자유롭게 회전하면서 아래로 떨어진다. 복제본이 무대의 세로 중간까지 오면(y좌표가 0보다 작으면) 처음 시작 위치로 돌아가서 다시 떨어지게 한다.

⑤ Watermelon이 Bowl에 닿으면 효과음을 내고 점수 변수를 1 증가시킨 후, 복제본은 삭제한다.

⑥ 점수가 10점이면 끝장면 신호를 보내기한다. 끝장면은 각자 알맞게 꾸며준다.

2단계 신호를 받았을 때

끝장면 신호를 받았을 때

2단계 신호를 받았을 때 Ben에서 타이머를 초기화한다. 타이머의 시간이 15초가 경과 하면 게임 오버를 나타낸 후 종료한다.

Bowl은 Ben의 머리 위쪽에서 같이 움직인다. 추가할 스크립트는 없다.

2단계에서 Apple은 나타나지 않는다.

2단계에서 Watermelon은 복제본을 10개 만든다. 복제본은 무대 상단 임의의 위치에서 나타나 자유롭게 회전하면서 아래로 떨어진다. 복제본이 무대의 세로 중간까지 오면, 처음 시작 위치로 돌아가서 다시 떨어지게 한다. Watermelon이 Bowl에 닿으면 효과음을 내고 점수 변수를 1 증가시킨 후, 복제본은 삭제한다.

【2】 스프라이트와 변수 추가하기

2단계에서는 사용할 Watermelon을 추가한다. 스프라이트 영역에서 [스프라이트 고르기]를 이용해 스프라이트를 추가한다. 변수는 점수라는 이름으로 추가한다.

【3】 배경 만들기

배경은 [배경 고르기]를 이용하여 적당히 선택한다.

【4】 2단계에서 추가되는 스크립트

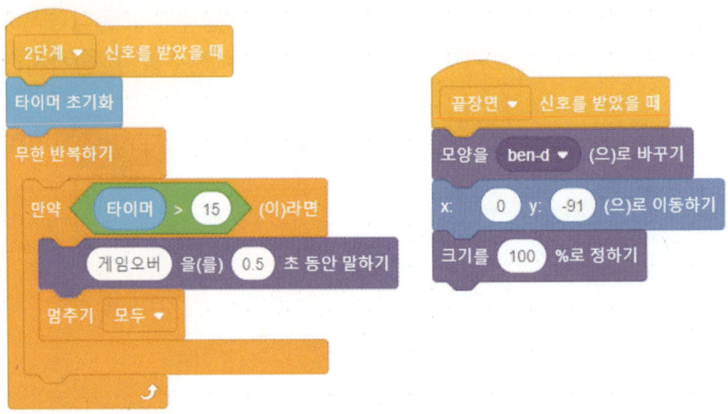

1단계의 스크립트와 유사할 경우 복사 후 수정해서 사용하면 편리하다.

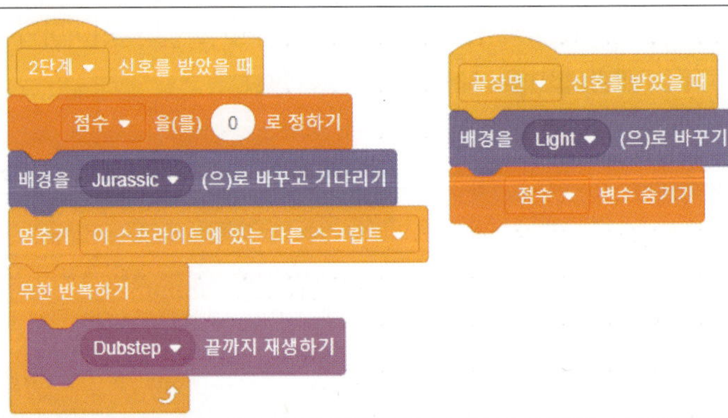

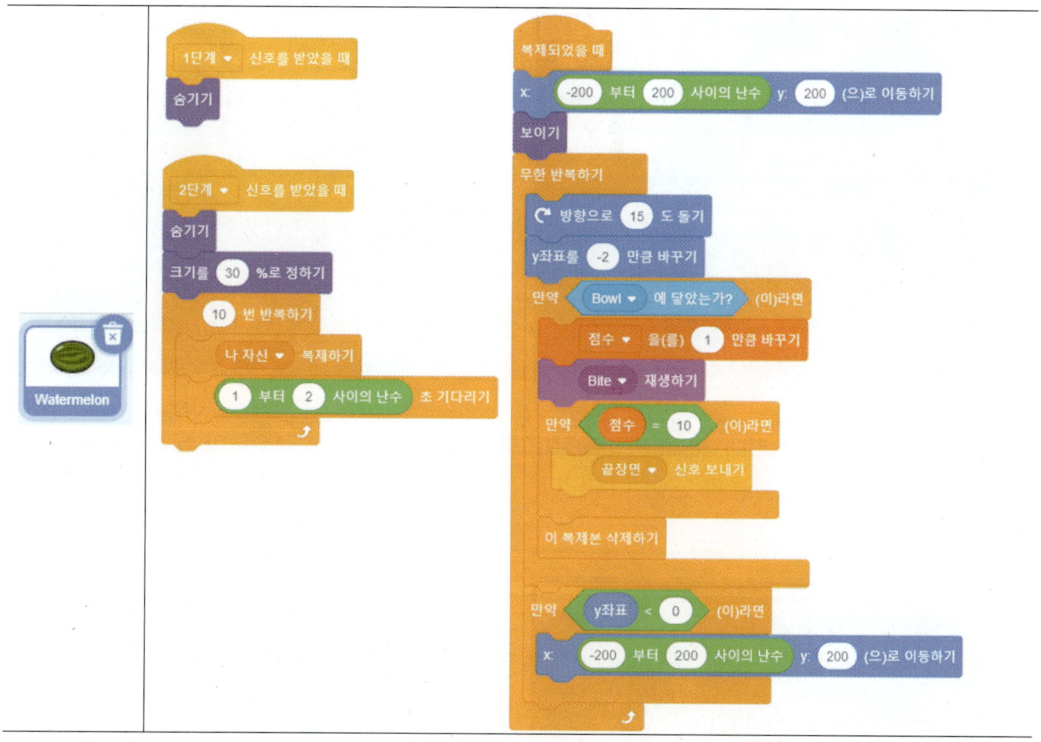

13.3 마우스 조작 게임

13.3.1 벽돌 깨기 게임

【1】 프로그램 개요

① 깃발을 클릭하면 무대 위쪽에 Button3(벽돌), 초록색 Paddle과 Ball, 생명 스프라이트가 아래 그림처럼 나타난다.
② Button3(벽돌) 스프라이트는 7개씩 4줄 나타나고(복제본으로 생성), Ball과 부딪히면 복제본이 사라지고 점수 변수를 1점 증가시키고, Ball은 다시 튕겨준다.
③ Paddle은 마우스를 이용해 조작하며 왼쪽 오른쪽으로만 움직이고 y좌표는 -140으로 고정해 놓는다.
④ Ball은 바라보는 방향으로 움직이고 Paddle이나 Button3(벽돌)에 닿으면 방향을 조금 바꿔 튕긴다.
⑤ 생명 스프라이트는 5개의 원으로 구성되어 있는데, Ball이 Paddle에 맞지 않고 Paddle의 y좌표인 -140보다 아래로 내려가면 원이 하나씩 줄어들게 한다. 생명 스프라이트의 원이 없어지면 Game over 스프라이트를 보여주고 종료한다.
⑥ 점수가 10점이 되면 You win 스프라이트를 보여주고 종료한다.

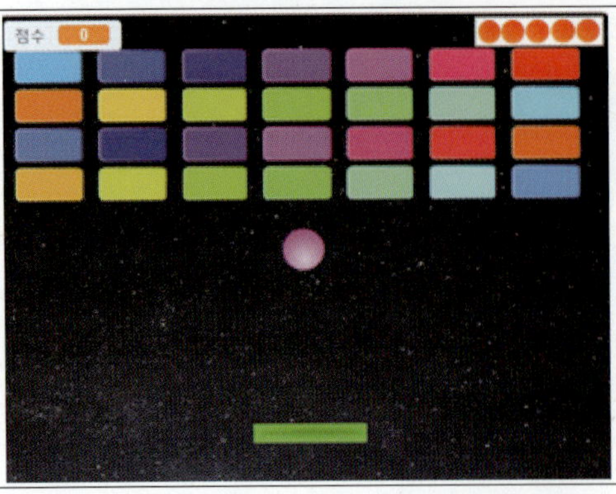

프로그램이 실행되면 무대 위쪽에 벽돌들이 7개씩 4줄 나타나고, 패들과 공이 나타난다.

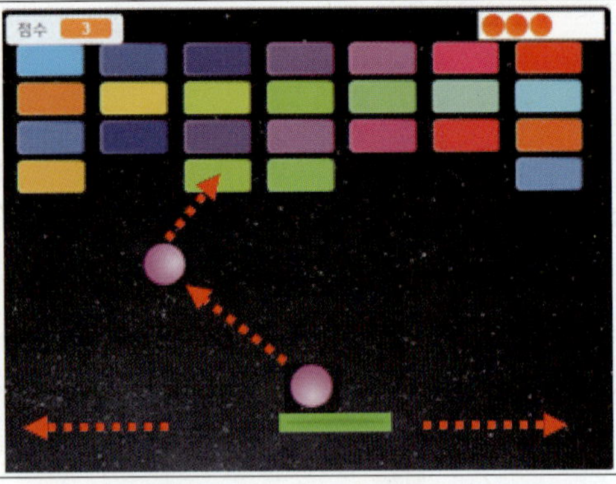

초록색 패들은 마우스를 이용해 조작하며 왼쪽, 오른쪽으로만 움직이고 공은 패들에 닿으면 튕겨서 위로 올라가 벽돌에 부딪히면 벽돌이 사라지고 점수가 올라간다.

생명 스프라이트의 원이 모두 없어지면 게임오버가 보이고, 잠시 후 프로그램이 종료한다.

점수 변수가 10이 되면 무대 중앙에 You win이 나타나고 잠시 후 프로그램이 종료한다.

Ball은 바라보는 방향으로 움직이고 Paddle이나 Button3(벽돌)에 닿으면 방향을 조금 바꿔 튕긴다.

Button3 스프라이트는 복제본을 생성해 벽돌 7개씩 4줄 나타내주고, Ball이 부딪히면 점수 변수를 1점 증가시키고, 복제본은 사라지며, Ball은 튕겨준다.

Paddle 스프라이트는 마우스를 이용해 조작하며 왼쪽 오른쪽으로만 움직인다. Ball이 부딪히면 방향을 조정해 튕겨준다.

생명 스프라이트는 5개의 원으로 구성되어 있는데, Ball이 Paddle에 맞지 않고 Paddle의 y좌표인 -140보다 아래로 내려가면 원이 하나씩 줄어들게 한다.

You win 스프라이트는 점수가 10점이 되면 무대 중앙에 나타나고 잠시 후 프로그램이 종료한다.

Game over 스프라이트 생명 스프라이트의 원이 모두 없어지면 보이고, 잠시 후 프로그램이 종료한다.

【2】 스프라이트와 변수 추가하기

사용할 스프라이트는 Ball, Paddle, Button3는 스프라이트 영역에서 [스프라이트 고르기]를 이용해 스프라이트를 추가한다. 생명, You win, Game over 스프라이트는 [스프라이트 그리기]를 이용해 만들어 준다. 스프라이트 그리기로 만든 후 스프라이트의 이름을 각각 변경해 준다. 변수는 점수라는 이름으로 추가한다.

① 생명 스프라이트 만들기

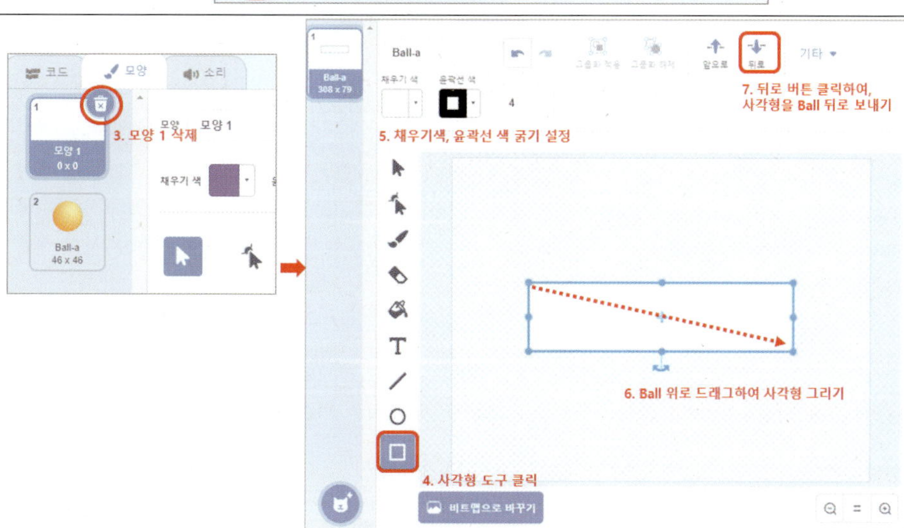

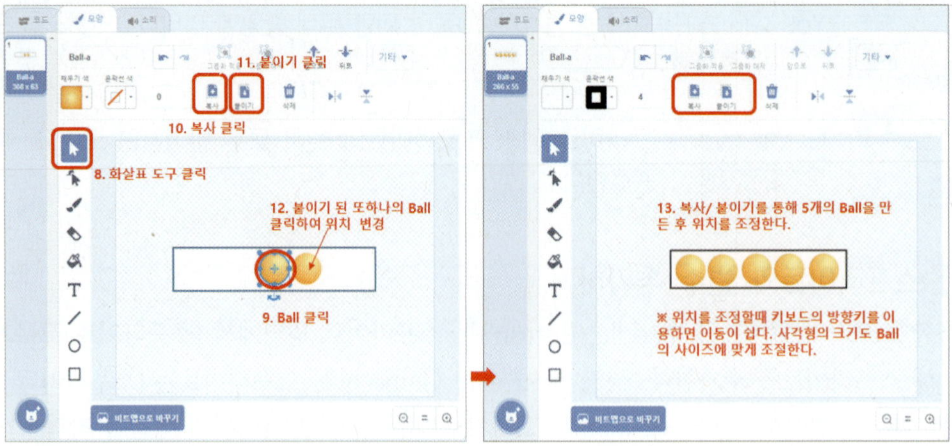

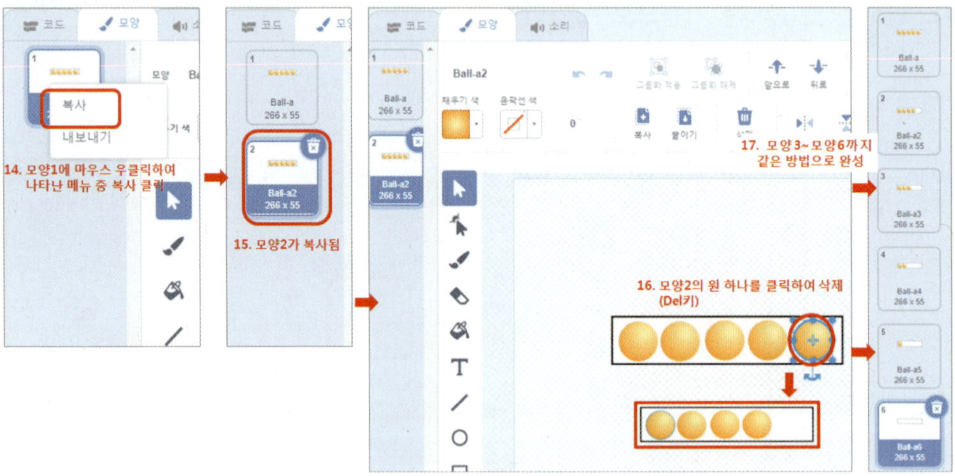

【3】 배경 만들기

배경은 [배경 고르기]를 이용하여 적당히 선택한다.

【4】 중요 스크립트

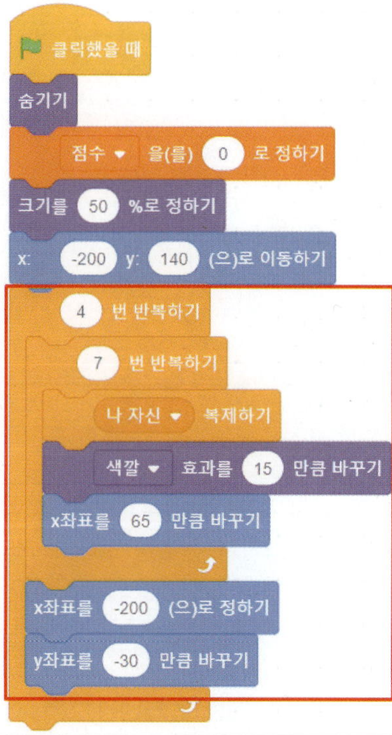

4번 반복은 줄의 수, 7번 반복은 칸의 수
1줄에 7개씩 4줄의 복제본을 만든다.
각 복제본마다 색깔효과를 준다.
좌표를 계산하여 복제본들의 열을 맞춘다.

① Button3의 복제본이 Ball에 닿으면 효과음을 내고, 튕기기 신호를 보낸다. 그리고 점수를 1 증가시킨 후, 복제본을 삭제한다.

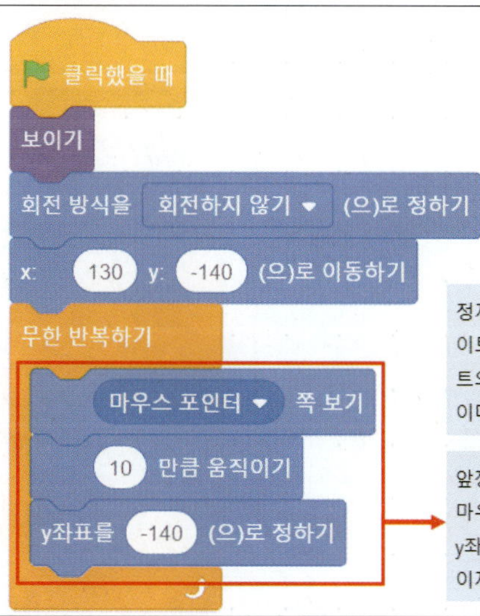

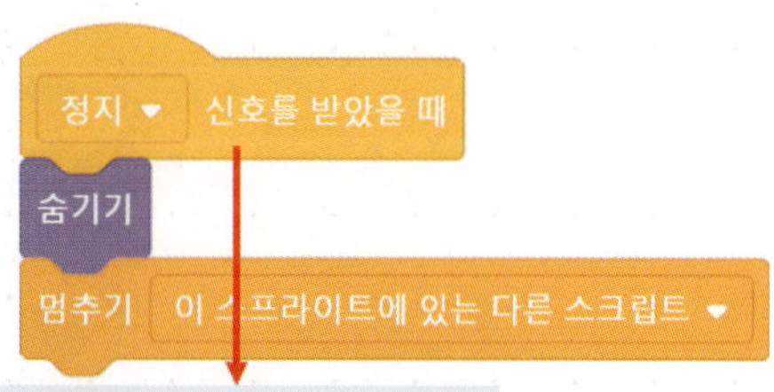

정지신호는 Youwin이나 Gameover 스프라이트 글씨를 보여주기 위해 다른 스프라이트의 동작을 끝내게 하기 위해 보내는 신호이다.

앞장에서 살펴본 스크립트로, 스프라이트가 마우스를 따라 왼쪽 오른쪽으로 움직이지만 y좌표는 -140으로 고정되어 상하로는 움직이지 않는다

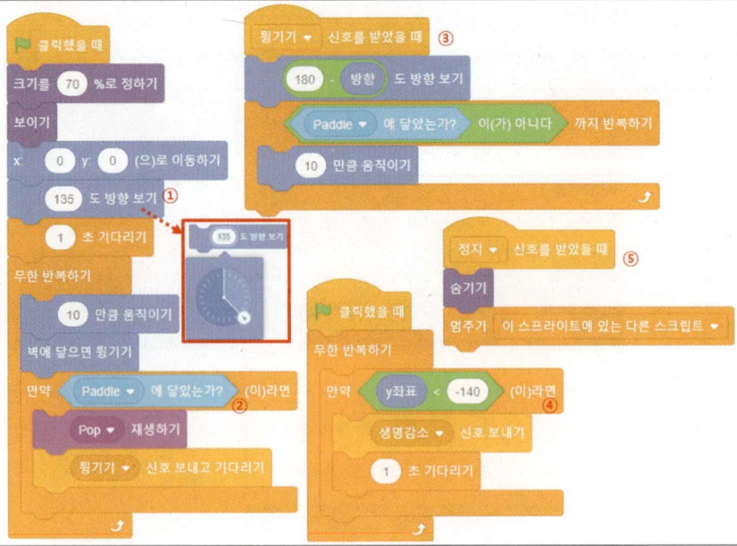

① Ball의 시작 위치와 시작 방향 설정, 시작 방향은 135도로 위 그림과 같다.
② Paddle에 닿았다면 효과음을 내고 튕기기 신호를 보내고 기다린다.
③ 튕기기 신호를 받았을 때는 180에서 현재의 방향을 뺀 값만큼의 방향을 바라보고 Paddle에 닿지 않을 동안은 계속 바라보는 방향으로 움직인다.
④ Ball의 y좌표가 -140보다 작다면, 즉 Paddle에 맞지 않고 아래로 빠졌을 경우, 생명 스프라이트를 감소시킨 생명감소 신호를 보낸다.
⑤ 정지 신호는 Youwin이나 Gameover 스프라이트 글씨를 보여주기 위해 다른 스프라이트의 동작을 끝내게 하기 위해 보내는 신호이다.

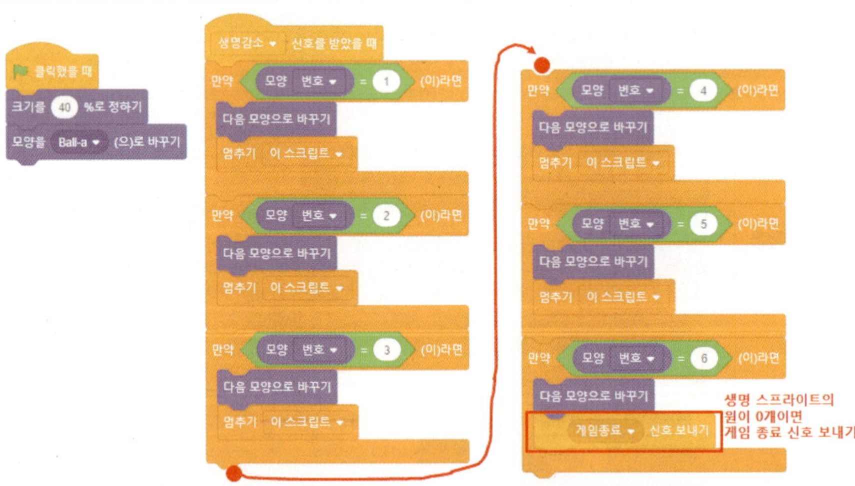

	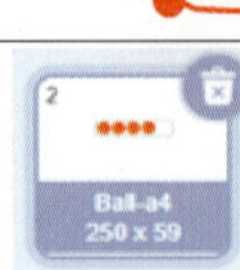	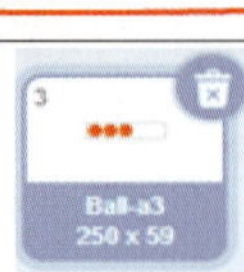	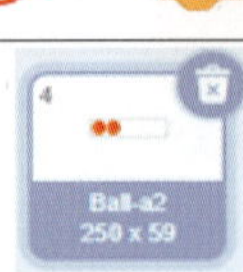	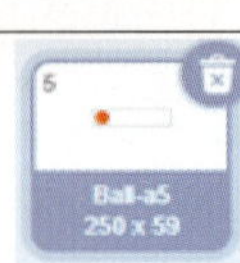	
모양 번호 =1	모양 번호 =2	모양 번호 =3	모양 번호 =4	모양 번호 =5	모양 번호 =6

점수 변수의 값이 10이 되면 효과음 재생하고, 다른 스프라이트에게 정지 신호를 보낸다.

You win 스프라이트를 점점 커지게 보여준 후 프로그램을 종료한다.

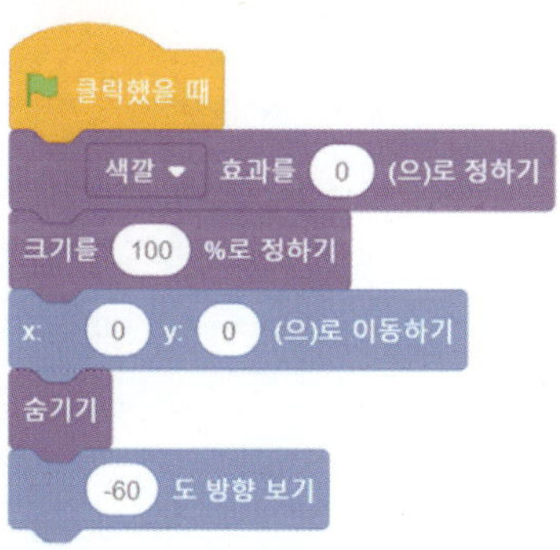

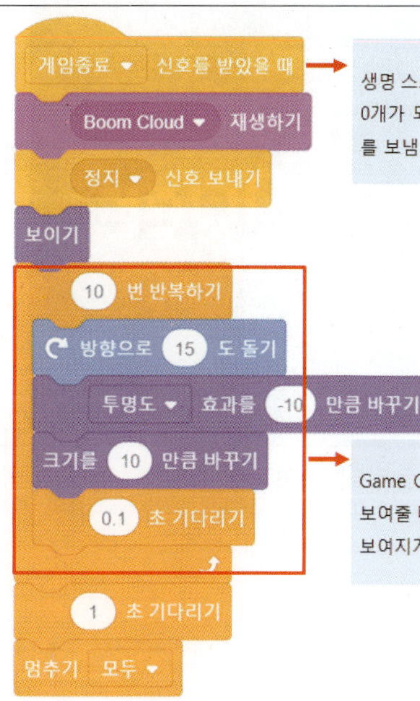

생명 스프라이트의 원이 0개가 되면 게임종료 신호를 보냄

Game Over 스프라이트를 보여줄 때 회전하며 보여지게 함

13.3.2 메뚜기 공격 게임

[1] 프로그램 개요

<table>
<tr><th>깃발을 클릭했을 때</th><th>게임시작 신호를 받았을 때</th></tr>
<tr><td>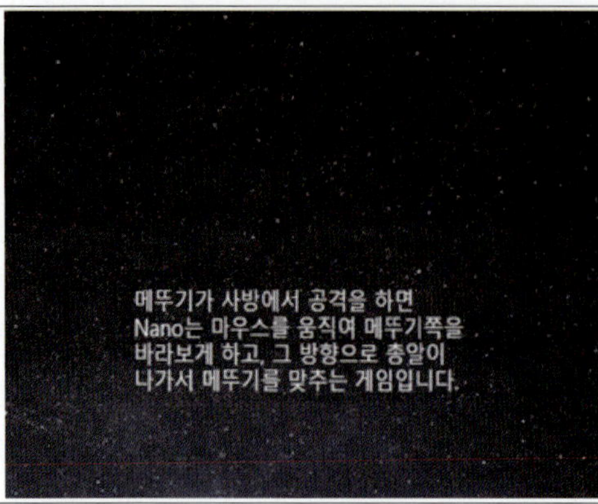
</td><td>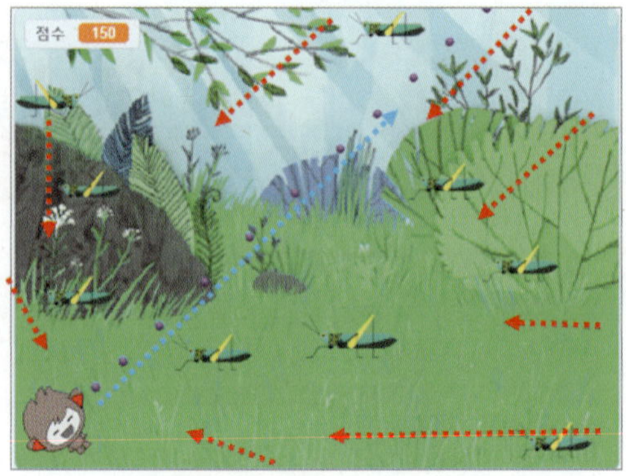
</td></tr>
<tr><td>[설명] 스프라이트를 무대 아래에서 중간으로 나타내준 후 [게임시작] 신호 보내기</td><td>Nano, Grasshopper, Ball 스프라이트가 나타나 게임이 진행된 후, 점수가 500이면 [게임끝_축하] 신호 보내고, Nano가 Grasshopper에 닿으면 [게임끝_게임오버] 신호 보내기</td></tr>
</table>

<table>
<tr><th>게임끝_게임오버 신호를 받았을 때</th><th>게임끝_축하 신호를 받았을 때</th></tr>
<tr><td>
</td><td>
</td></tr>
<tr><td>다른 스프라이트의 스크립트는 모두 멈추고, 등장 스프라이트는 없이 [게임끝] 배경을 보여준다.</td><td>다른 스프라이트의 스크립트는 모두 멈추고, 등장 스프라이트는 없이 [게임축하] 배경을 보여준다.</td></tr>
</table>

[게임시작] 신호를 받았을 때

① [게임시작] 신호를 받았을 때 무대 왼쪽 하단의 구석에 Nano 스프라이트가 위치하고, Ball 스프라이트는 Nano 스프라이트와 같은 좌표에 위치한다. Grasshopper 스프라이트는 무대의 사방에서 랜덤한 위치에서 나타나 Nano 스프라이트를 향해 온다.

② Nano 스프라이트는 마우스 포인터 쪽을 보며, 사용자는 Grasshopper 스프라이트가 오는 방향으로 마우스를 조작하면 된다. Grasshopper 스프라이트에 닿으면 효과음을 내고 [게임끝_게임오버] 신호를 보낸다.

③ Ball 스프라이트 원본의 시작 위치는 Nano 스프라이트와 같은 좌표이며, 복제본을 무한 반복하여 생성한다. 복제본은 Nano 스프라이트와 같은 방향을 바라보며 그 방향으로 이동하며, 벽에 닿으면 복제본이 삭제된다.

④ Grasshopper 스프라이트는 복제본을 무한 반복하여 생성한다. 복제본은 Nano 스프라이트의 위치를 제외한 무대의 사방에서 랜덤하게 나타나며 Nano 스프라이트 쪽을 보며 움직인다. 만약 Ball 스프라이트에 닿으면 점수 변수를 10점 증가시키고, 점수가 500이면 [게임끝_축하] 신호를 보내고 복제본은 삭제된다.

⑤ Nano, Grasshopper, Ball 스프라이트는 모두 [게임끝_축하], [게임끝_게임오버] 신호를 받으면 숨기기 하고 이 스프라이트의 다른 스크립트는 멈춘다.

Nano 스프라이트는 사용자가 조작하는 마우스 포인터의 방향으로 바라본다.

Grasshopper 스프라이트는 복제본을 복제하고, 복제본은 무대의 사방에서 랜덤하게 등장해서 Nano 스프라이트를 향해 이동한다. Ball 스프라이트가 닿으면 복제본은 사라진다.

Ball 스프라이트는 Nano 스프라이트의 위치에서 복제본을 복제하고 그 복제본은 Nano 스프라이트가 바라보는 방향으로 총알처럼 나가게 된다.

설명 스프라이트는 이 프로그램에 대한 설명을 내용으로 구성한 스프라이트이다.

【2】 스프라이트와 변수 추가하기

Nano, Grasshopper, Ball 스프라이트는 스프라이트 영역에서 [스프라이트 고르기]를 이용해 스프라이트를 추가한다. 설명 스프라이트는 [스프라이트 그리기]를 이용해 만들어 준다. 변수는 점수라는 이름으로 추가한다.

① 설명 스프라이트는 아래와 같이 만들 수 있다. 스프라이트 그리기로 만든 후 스프라이트의 이름을 설명이라고 변경해 준다.

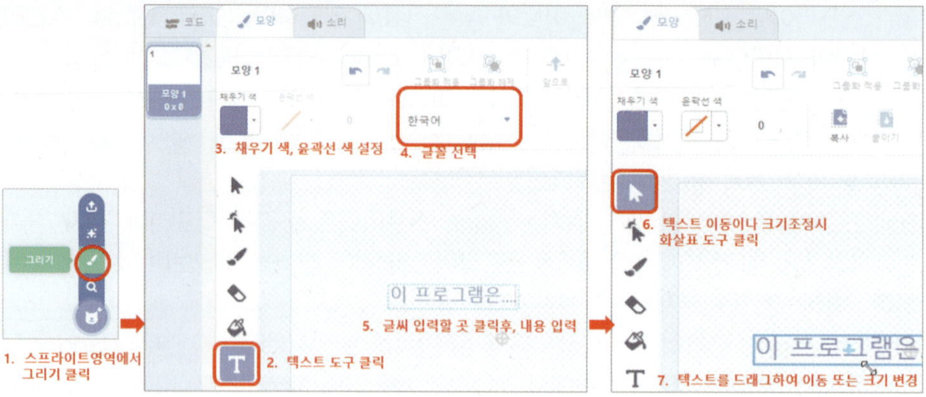

【3】 배경 추가하기

첫 장면, 게임 장면, 게임 오버 장면, 게임 축하 장면 등 네 개의 배경이 필요하다. 첫 장면과 게임 장면은 [배경 고르기]를 이용하여 선택해 준다. 게임 오버 장면과 게임 축하 장면은 [배경 그리기]를 이용하여 배경 색을 넣고 글씨를 넣어준다.

① 게임 오버 장면의 배경은 다음 그림과 같은 순서로 만들 수 있다. 글씨 입력 후 화살표 도구를 이용하여 글씨의 크기와 위치를 변경해 준다. 배경의 이름은 게임 오버라고 변경해 준다.

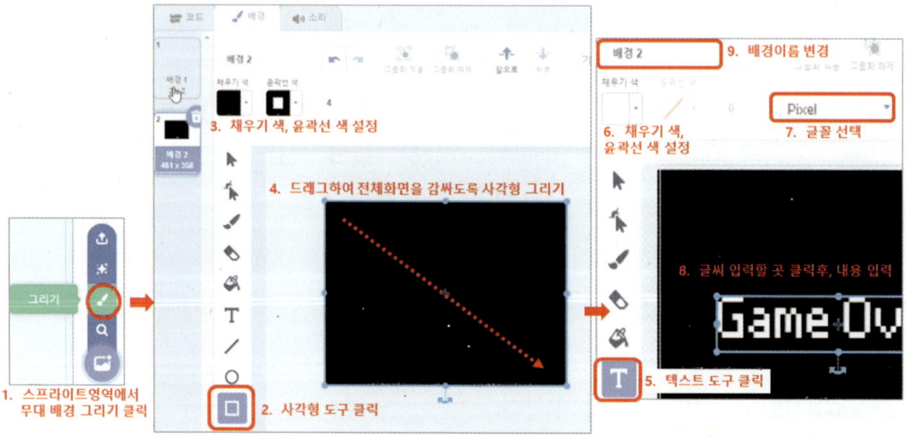

【4】 스크립트

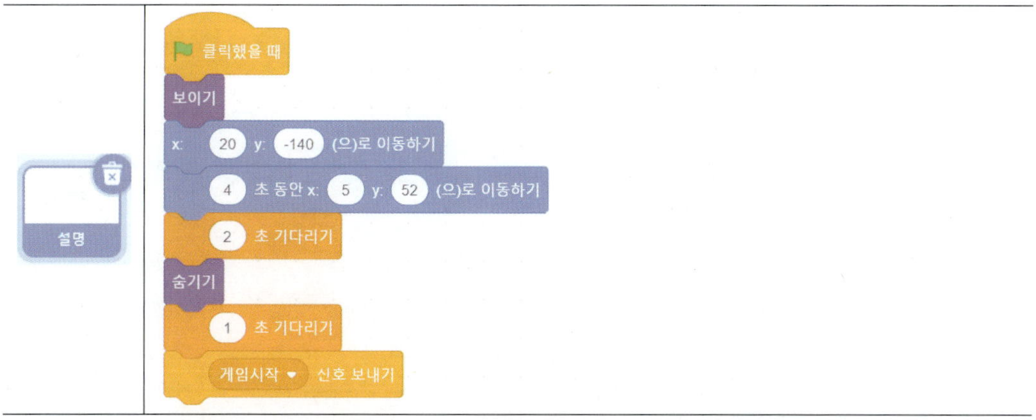
설명
클릭했을 때
보이기
x: 20 y: -140 (으)로 이동하기
4 초 동안 x: 5 y: 52 (으)로 이동하기
2 초 기다리기
숨기기
1 초 기다리기
게임시작 신호 보내기

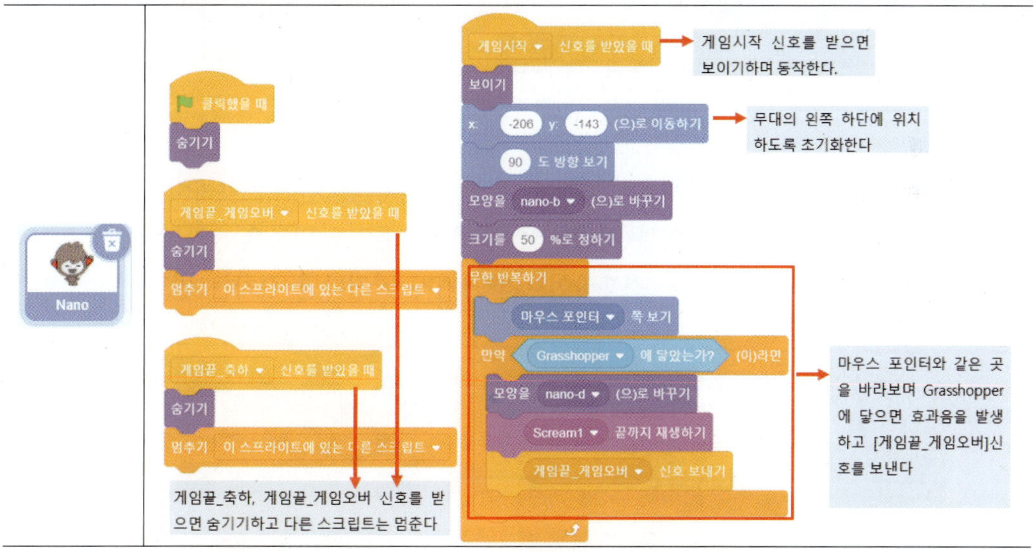
Nano
클릭했을 때
숨기기
게임끝_게임오버 신호를 받았을 때
숨기기
멈추기 이 스프라이트에 있는 다른 스크립트
게임끝_축하 신호를 받았을 때
숨기기
멈추기 이 스프라이트에 있는 다른 스크립트
게임끝_축하, 게임끝_게임오버 신호를 받으면 숨기기하고 다른 스크립트는 멈춘다
게임시작 신호를 받았을 때
게임시작 신호를 받으면 보이기하며 동작한다.
보이기
x: -206 y: -143 (으)로 이동하기
무대의 왼쪽 하단에 위치하도록 초기화한다
90 도 방향 보기
모양을 nano-b (으)로 바꾸기
크기를 50 %로 정하기
무한 반복하기
마우스 포인터 쪽 보기
만약 Grasshopper 에 닿았는가? (이)라면
모양을 nano-d (으)로 바꾸기
Scream1 끝까지 재생하기
게임끝_게임오버 신호 보내기
마우스 포인터와 같은 곳을 바라보며 Grasshopper에 닿으면 효과음을 발생하고 [게임끝_게임오버]신호를 보낸다

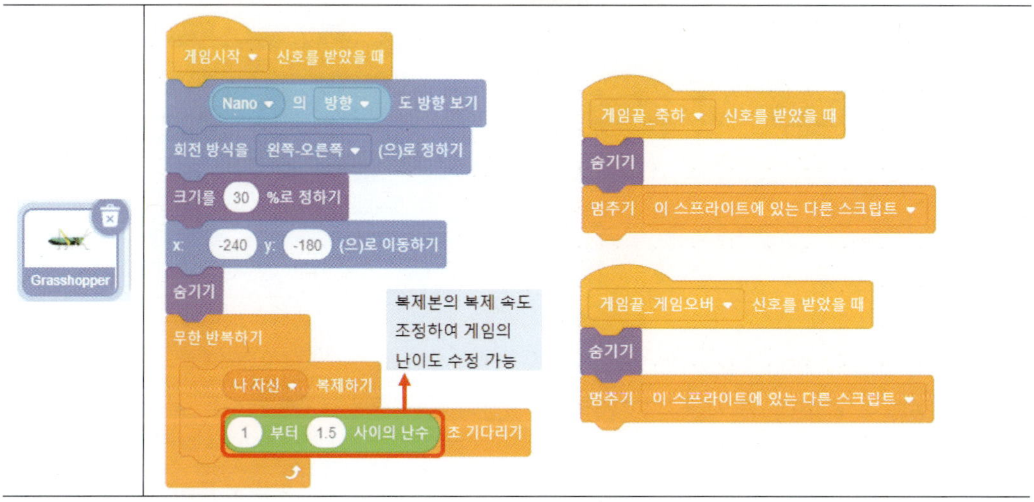
Grasshopper
게임시작 신호를 받았을 때
Nano 의 방향 도 방향 보기
회전 방식을 왼쪽-오른쪽 (으)로 정하기
크기를 30 %로 정하기
x: -240 y: -180 (으)로 이동하기
숨기기
무한 반복하기
나 자신 복제하기
1 부터 1.5 사이의 난수 초 기다리기
복제본의 복제 속도 조정하여 게임의 난이도 수정 가능
게임끝_축하 신호를 받았을 때
숨기기
멈추기 이 스프라이트에 있는 다른 스크립트
게임끝_게임오버 신호를 받았을 때
숨기기
멈추기 이 스프라이트에 있는 다른 스크립트

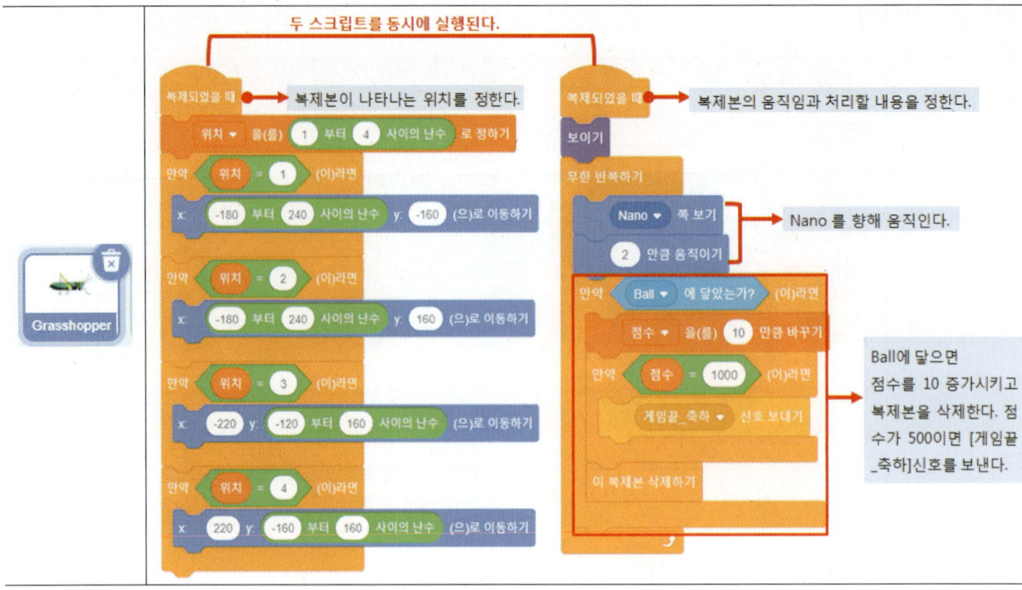

Grasshopper 스프라이트의 복제본이 나타날 수 있는 위치는 Nano 스프라이트가 없는 곳이어야 하므로 다음 그림처럼 위치를 지정할 수 있다. 아래쪽과 왼쪽은 Nano 스프라이트를 피하는 위치로 지정되어야 한다. 스프라이트의 크기가 커진다면 수치는 변경되어야 한다.

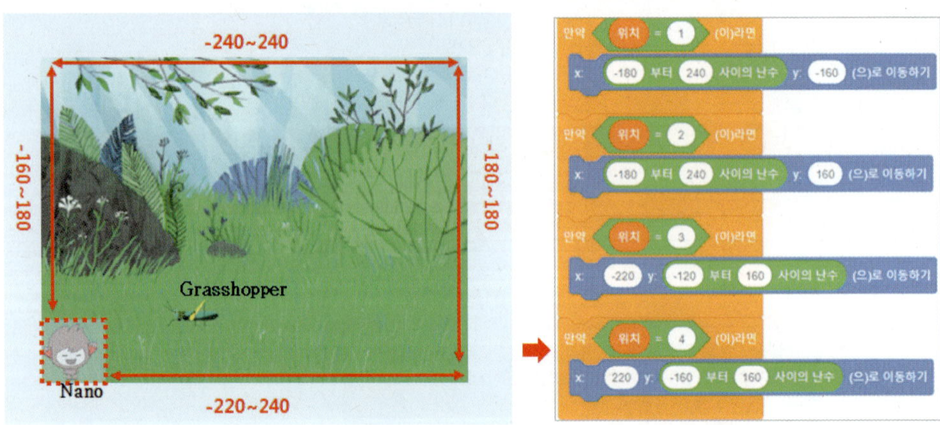

Ball

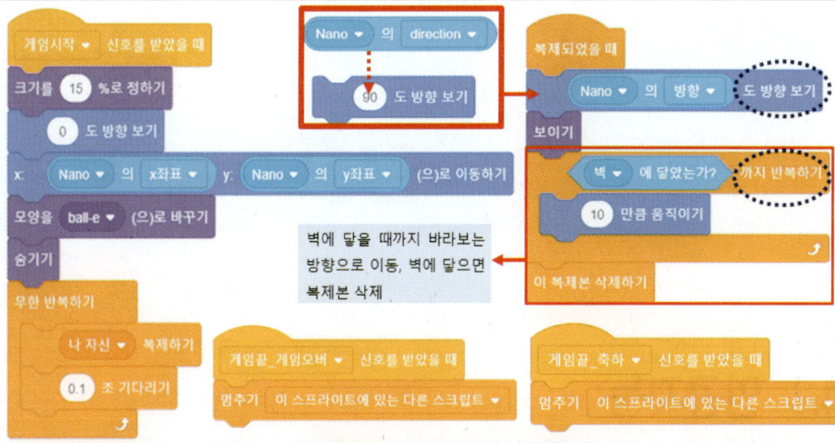
게임시작 ▾ 신호를 받았을 때
크기를 15 %로 정하기
0 도 방향 보기
x: Nano ▾ 의 x좌표 ▾ y: Nano ▾ 의 y좌표 ▾ (으)로 이동하기
모양을 ball-e ▾ (으)로 바꾸기
숨기기
무한 반복하기
나 자신 ▾ 복제하기
0.1 초 기다리기
Nano ▾ 의 direction ▾
90 도 방향 보기
복제되었을 때
Nano ▾ 의 방향 ▾ 도 방향 보기
보이기
벽 ▾ 에 닿았는가? 까지 반복하기
10 만큼 움직이기
이 복제본 삭제하기
벽에 닿을 때까지 바라보는 방향으로 이동, 벽에 닿으면 복제본 삭제
게임끝_게임오버 ▾ 신호를 받았을 때
멈추기 이 스프라이트에 있는 다른 스크립트 ▾
게임끝_축하 ▾ 신호를 받았을 때
멈추기 이 스프라이트에 있는 다른 스크립트 ▾

무대

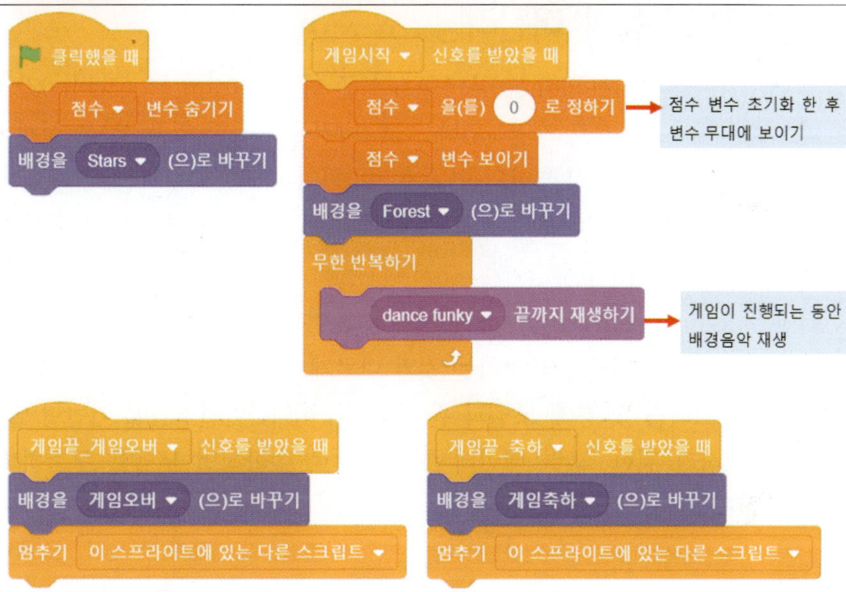
클릭했을 때
점수 ▾ 변수 숨기기
배경을 Stars ▾ (으)로 바꾸기
게임시작 ▾ 신호를 받았을 때
점수 ▾ 을(를) 0 로 정하기
점수 변수 초기화 한 후 변수 무대에 보이기
점수 ▾ 변수 보이기
배경을 Forest ▾ (으)로 바꾸기
무한 반복하기
dance funky ▾ 끝까지 재생하기
게임이 진행되는 동안 배경음악 재생
게임끝_게임오버 ▾ 신호를 받았을 때
배경을 게임오버 ▾ (으)로 바꾸기
멈추기 이 스프라이트에 있는 다른 스크립트 ▾
게임끝_축하 ▾ 신호를 받았을 때
배경을 게임축하 ▾ (으)로 바꾸기
멈추기 이 스프라이트에 있는 다른 스크립트 ▾

CHAPTER 14 / 인공지능 프로젝트

14.1 인공지능

14.1.1 인공지능과 머신러닝

인공지능(Artificial Intelligence)은 1956년 존 매카시(John McCarthy)가 영국에서 열린 다트머스 회의에서 처음으로 제안하였다. 이후 발전을 거듭한 인공지능은 현재 빅데이터, 머신러닝, 딥러닝, 패턴인식 등의 분야의 연구에 기반하여 사회학, 의학 등 다양한 분야에서 활용되고 있다. 인공지능에 대한 다양한 정의가 존재하지만, 일반적으로는 인간의 사고능력을 모방한 기술로 정의되고 있다.

머신러닝(Machine Learning)은 인공지능의 분야의 하나로서 기존 컴퓨터 시스템이 미리 정해놓은 알고리즘에 따라서 작동하는 것과 다르게 기계 스스로 패턴 및 추론을 거쳐 작업을 할 수 있는 알고리즘 및 통계 모델과 관련한 연구이다. 머신러닝에 기반한 알고리즘은 예측 또는 결정을 하기 위한 '훈련 데이터'를 기반으로 수학적인 모델을 구축하며 이러한 점은 기존의 일반적인 프로그래밍과 구별되는 점이다.

14.1.2 머신러닝의 학습 방법

머신러닝의 학습 방법은 지도학습(Supervised learning), 비지도학습(Unsupervised learning) 그리고 강화학습(Reinforcement learning)으로 구분하여 살펴볼 수 있다.

① **지도학습** : 입·출력 데이터가 있고 이를 모델화시켜 새로운 데이터에 대한 정확한 출력을 예측하도록 하는 알고리즘이다. 사전에 정답 데이터를 제공한 후, 제공된 데이터에서 규칙과 패턴을 스스로 학습하는 방법이다. 사람이 미리 분류(label)한 고양이와 개의 사진을 미리 기계에 학습시킨 다음 새로운 사진을 제시하면 기계가 그 사진을 판단하는 것이다.

② **비지도학습** : 주어진 데이터에 대해 정답(레이블)을 제공하지 않고 학습시키는 방식을 의미한다. 인공지능이 스스로 데이터 간의 패턴을 찾아 분류 기준을 찾고 비슷한 유형의 데이터끼리 묶는 방법이다.

③ **강화학습** : 주어진 입력에 대한 출력, 즉 정답 행동이 주어지지 않는다. 대신 일련의 행동의

결과에 대해 보상(Reward)이 주어지게 되며, 시스템은 이러한 보상을 이용해 학습을 실행, AI와 관련된 게임이나 자율주행 자동차 분야 등에서 활용한다.

14.1.3 머신러닝과 일반적인 프로그래밍의 차이

① **일반적인 프로그래밍** : 입력값에 따라 원하는 결과가 어떻게 나올지 프로그래머가 내부 동작을 작성해주고 프로그램을 실행한 후 입력값을 넣었을 때 컴퓨터는 프로그래머가 이미 작성해 놓은 내부 동작에 의해 입력값에 대한 출력값을 계산한다.
② **머신러닝** : 사람이 입력값과 결과 값을 충분히 제공해주면, 컴퓨터가 스스로 입력값과 결과값의 관계를 만족시키는 내부 동작을 찾아낸다. 사람이 새로운 입력값을 넣었을 때 컴퓨터는 이전에 찾아낸 내부 동작에 의해 입력값에 맞는 결과값을 예측한다. 이때 내부 동작을 만들 때 사용한 입력값과 결과값을 학습 데이터 또는 훈련 데이터라고 한다.
고양이와 개의 사진을 입력하면 개인지 고양이인지 판별하는 프로그램을 작성하는 경우에 일반적인 프로그래밍 방식을 이용한다면, 모든 존재하는 개와 고양이의 사진을 다 저장하고 있어야 한다. 프로그램상에 저장되어 있지 않은 새로운 사진이 입력될 경우 그것이 개인지 고양이인지 판별할 수 없다. 이처럼 답이 애매하거나 명확한 구분 기준을 찾기 힘들 때 머신러닝을 활용하기 좋다.

14.1.4 Machine learning for kids

Machine learning for kids는 학생들에게 인공지능의 개념과 그 사용법을 알려주기 위해 개발한 교육적인 서비스이다. 이름에 Kids가 붙어 있어서 어린이를 위해 만들어졌다고 생각할 수 있으나 여기서 kids는 인공지능 초보자를 통칭한다고 보면 된다. 초보자들도 누구나 쉽게 인공지능 모델을 만들고, 그 모델을 이용하여 본인이 생각하는 프로그램을 만들 수 있다. 이때 머신러닝의 지도학습 방법을 통해 학습시킨다. 또한 텍스트, 이미지, 숫자, 소리를 훈련시킬 수 있으며, 초급·중급·상급 난이도를 제공한다. 학습자는 인식 API를 연결하여 학습시키고 결과를 스크래치, 앱인벤터, 파이선과 같은 코딩 언어와 연계해 프로그래밍할 수 있다.

14.2 인공지능 프로젝트를 위한 Machine learning for kids 실행 환경 설정

14.2.1 Machine learning for kids 계정 생성하여 사용하기

Machine learning for kids에서 인공지능 스크래치 프로젝트를 제작하기 위해 Machine learning for kids 사이트의 계정과 IBM 왓슨의 API를 사용한다. 프로젝트 제작을 위해

Machine learning for kids 사이트에서 계정을 만들고, IBM 클라우드 사이트에서도 계정을 만들고 API 키를 발급받아야 한다. 그리고 IBM에서 발급받은 API 키를 Machine learning for kids에 등록해야 한다.

[Machine learning for kids 사용을 위한 계정 생성 및 API 등록 절차]

① Machine learning for kids 사이트 계정 만들기
② IBM 클라우드 웹사이트 계정 작성
③ IBM 클라우드 왓슨 API 키 발급
④ Machine learning for kids 로그인하여 API 키 등록

※ 이 과정은 출판사 홈페이지에서 부록 파일로 제공함

14.2.2 계정 없이 사용하기

① Machine learning for kids 사이트 접속하기
크롬 브라우저로 웹사이트(https://machinelearningforkids.co.uk)에 접속한다. 첫 화면에서 "시작해봅시다"를 클릭한다.

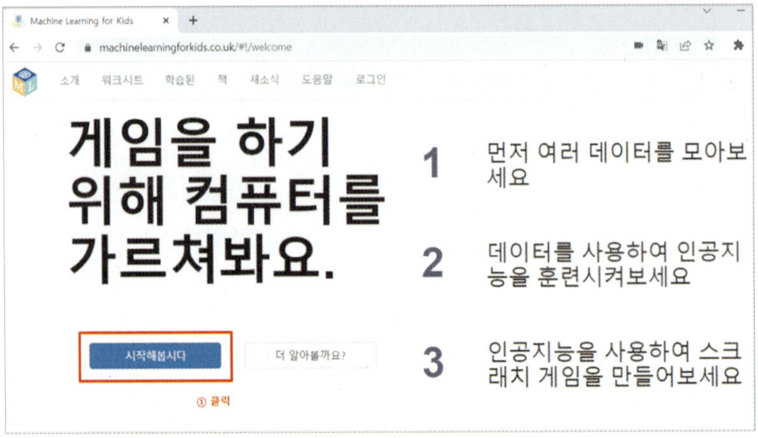

② "지금 실행해보기" 클릭하여 실행하기
Machine Learning for Kids 사이트는 계정을 만들지 않고도 사용할 수 있다. IBM 클라우드에서 회원가입을 위해 신용카드 정보를 입력해야만 하고, 신용카드 정보를 입력하는 과정에서 오류가 자주 나오기 때문에 간단하게 프로젝트를 구성할 때는 계정을 작성하지 않고 "지금 실행해보기"를 이용해도 된다.

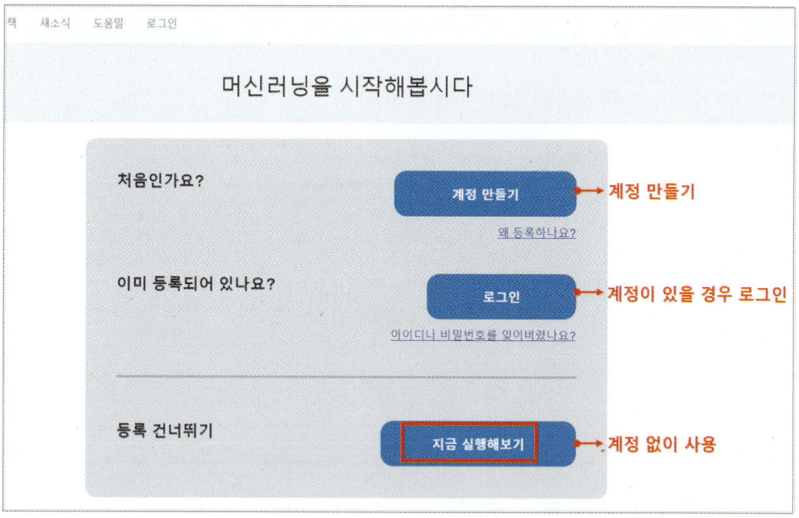

14.3 인공지능 프로젝트

14.3.1 텍스트 인식 프로젝트

【1】 머신러닝 모델 학습시키기

① Machine learning for kids 웹사이트(https://machinelearningforkids.co.uk)에 접속한다.

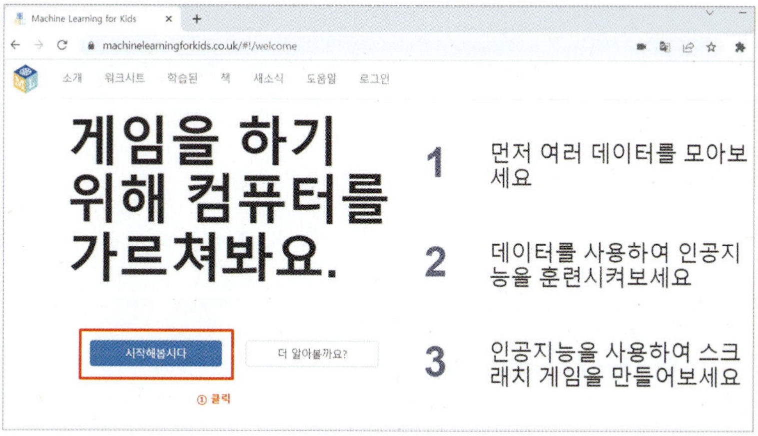

② 계정이 있을 경우에는 [로그인]을 클릭하고, 아닌 경우에는 [지금 실행해보기]를 클릭한다.

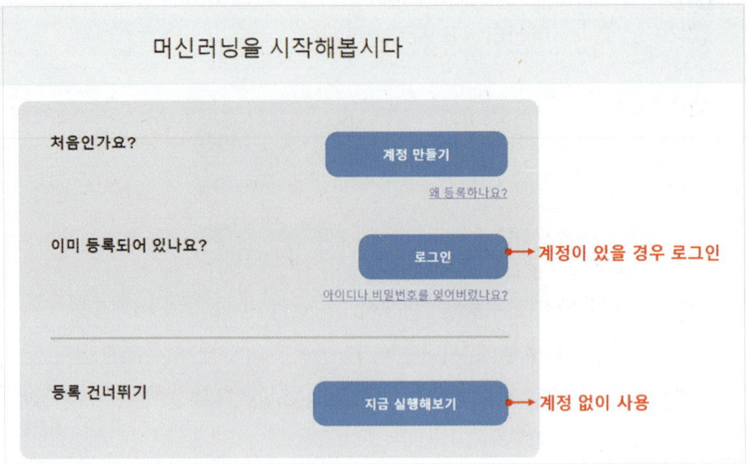

③ [프로젝트 추가]를 클릭한다.

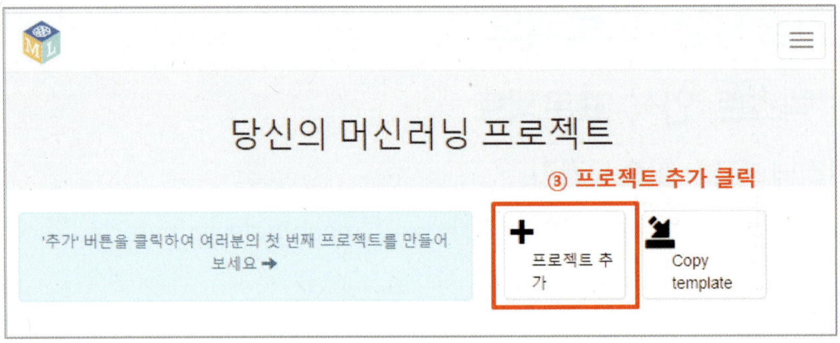

④ 프로젝트 이름, 인식 방법, 언어를 각각 입력한 다음, 만들기를 클릭한다.

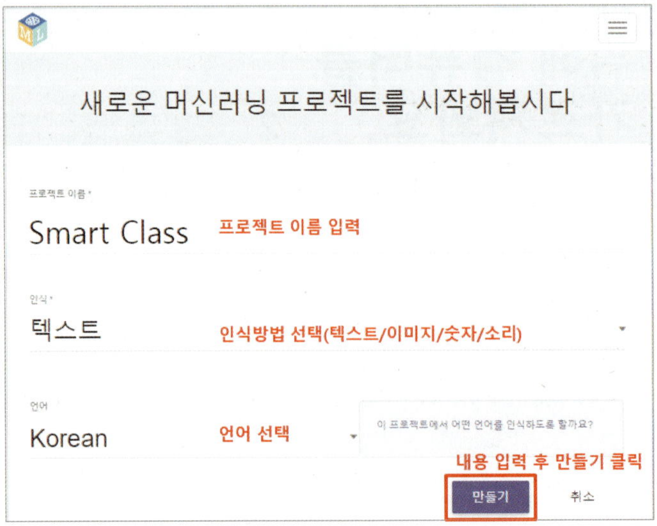

⑤ 프로젝트 이름을 클릭한다.

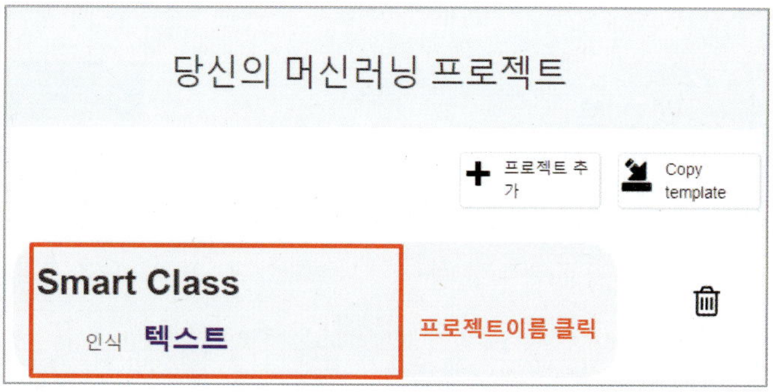

※ Machine learning for kids에서 프로젝트 진행 절차는 다음 그림과 같다. 먼저 학습데이터를 입력해주고 학습시킨다. 학습시킨 후 머신러닝 모델의 결과를 평가한다. 평가 결과가 만족스러우면 스크래치 코딩 절차로 가고, 평가 결과가 정확하지 않을 경우에는 학습데이터를 더 추가해 주고 학습시킨다.

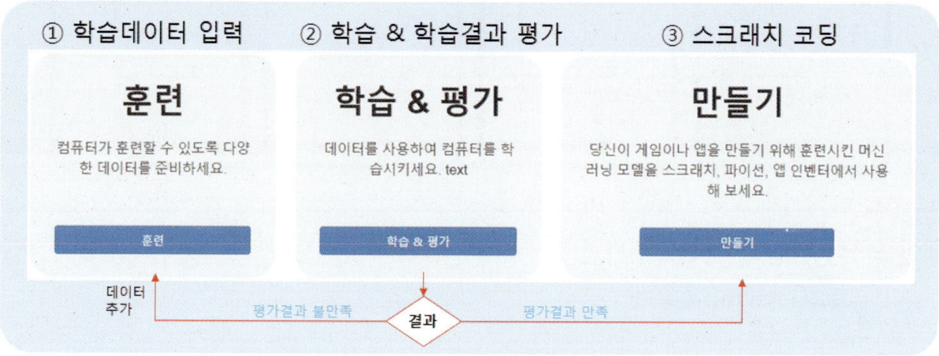

⑥ 훈련 단계(학습데이터 입력)

나타난 화면에서 [훈련]을 클릭한다.

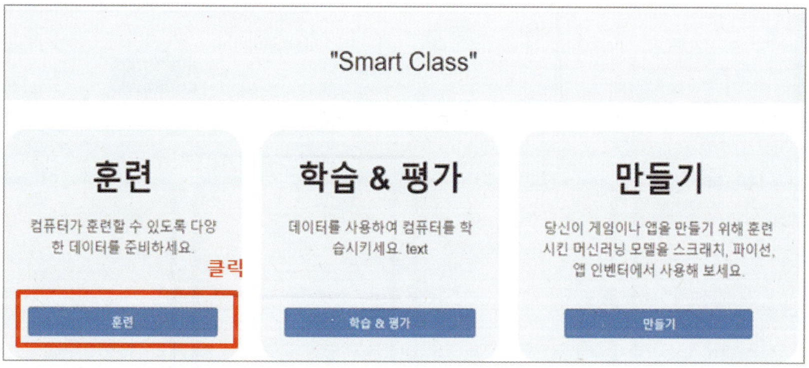

[새로운 레이블 추가]를 클릭하여 레이블을 만든다. 레이블은 머신러닝의 결과값에 해당하는 것이다.

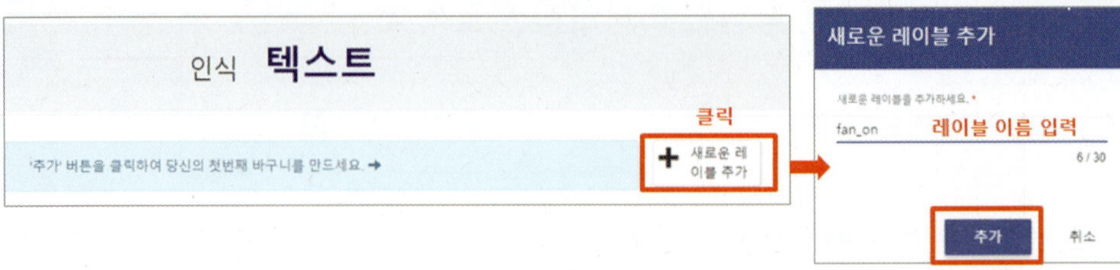

fan_on, fan_off, lamp_on, lamp_off 네 개의 레이블을 만든다.

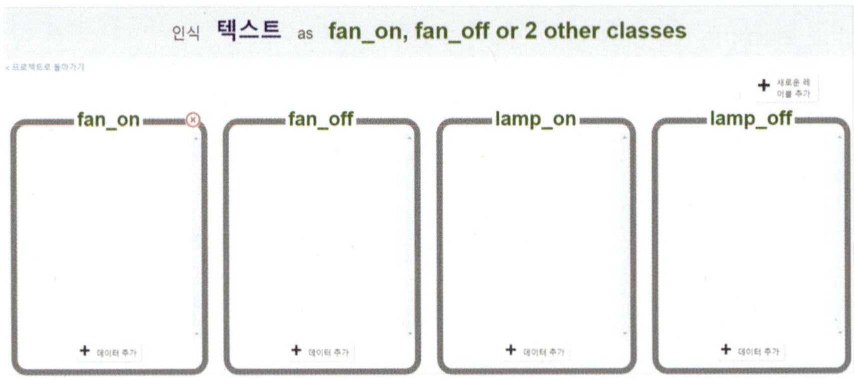

각 레이블마다 학습데이터를 추가한다. 데이터 입력 후 [프로젝트로 돌아가기]를 클릭한다.

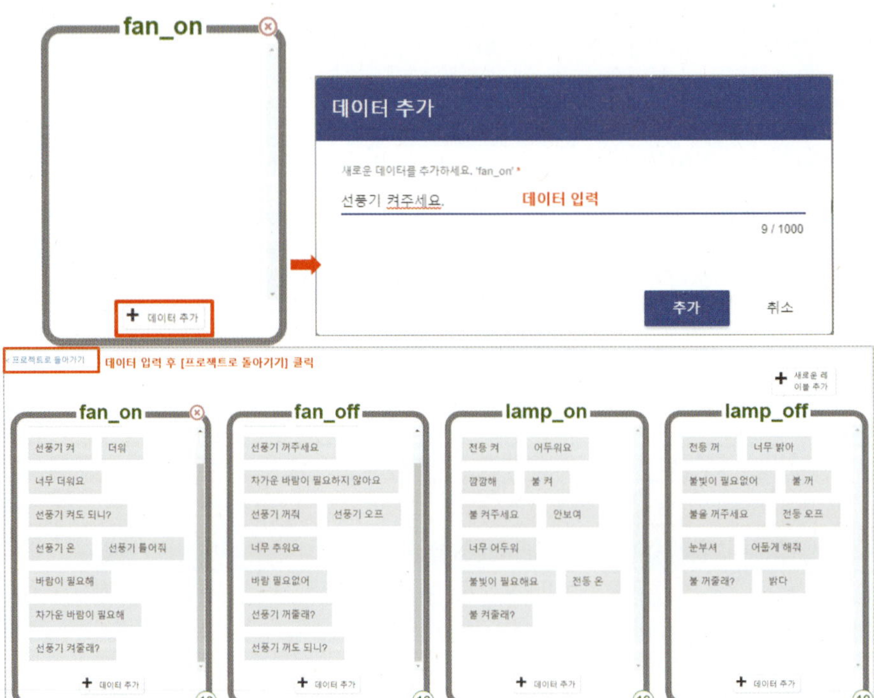

⑦ 학습 & 평가 단계

나타난 화면에서 [학습 & 평가]를 클릭한다.

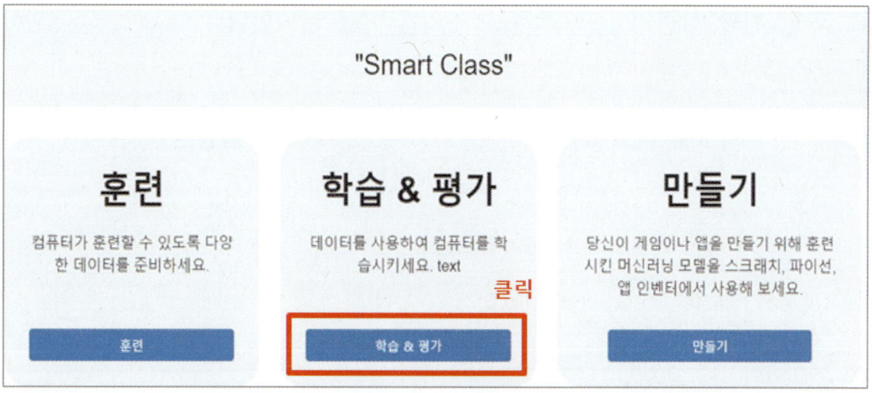

입력된 학습데이터를 학습시키기 위해 [새로운 머신 러닝 모델을 훈련시켜보세요]를 클릭한다.

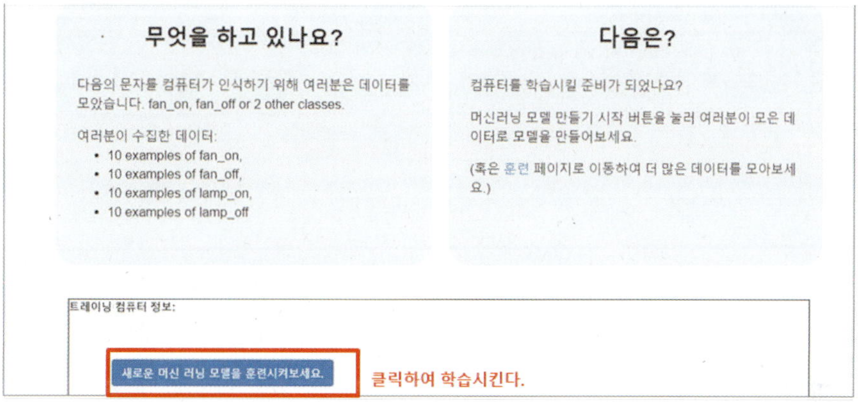

학습이 완료되면 다음 그림처럼 나타난다. 입력된 학습데이터의 양이 많으면 학습시간이 오래 걸린다. 이미지 데이터는 텍스트 데이터보다 학습에 걸리는 시간이 오래 걸린다.

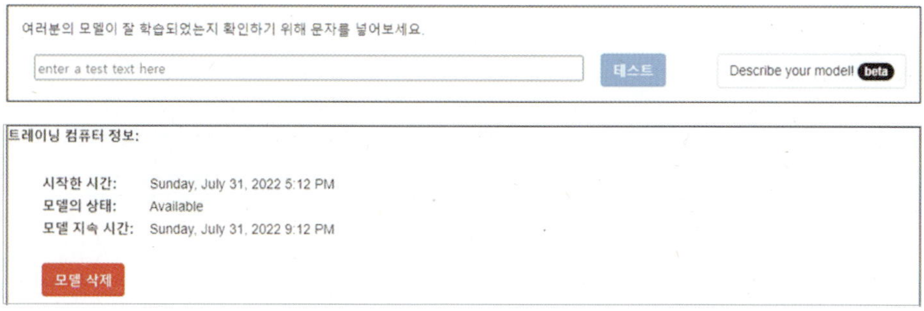

학습된 머신러닝 모델 평가하기 : 학습데이터와 다른 내용의 테스트할 데이터를 입력하고 테스트를 클릭한다. 테스트 결과가 어떤 레이블로 나타나는지 확인한다. 제대로 인식되는지 확인하고, 화면 왼쪽 상단의 [프로젝트로 돌아가기]를 클릭한다.

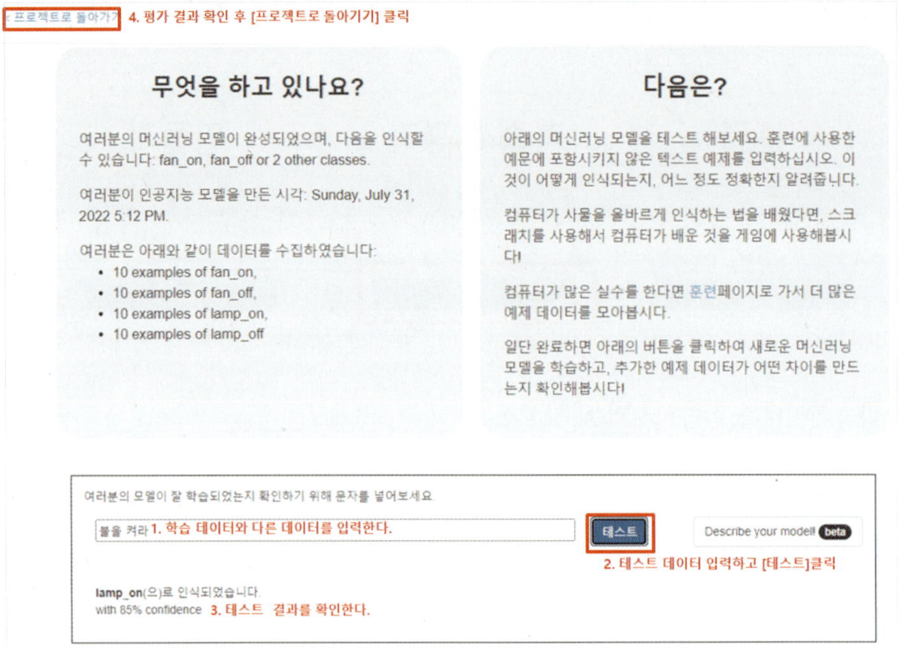

⑧ 만들기 단계(스크래치 코딩)

인식 결과가 불만족스럽다면 [훈련] 단계로 돌아가 학습데이터를 더 입력해주고, 인식 결과가 만족스럽다면 [만들기] 단계를 실행한다.

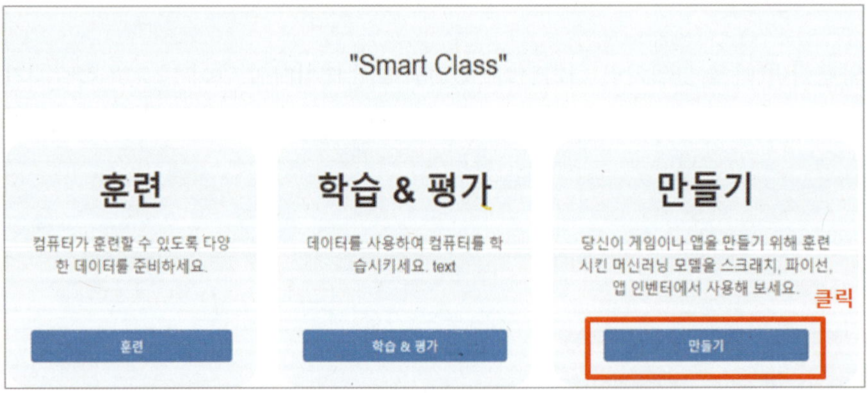

사용할 프로그래밍 언어(스크래치 3)를 클릭한다.

스크래치 3에서 제공하는 머신러닝 블록을 확인하고, [스크래치 3 열기]를 클릭한다.

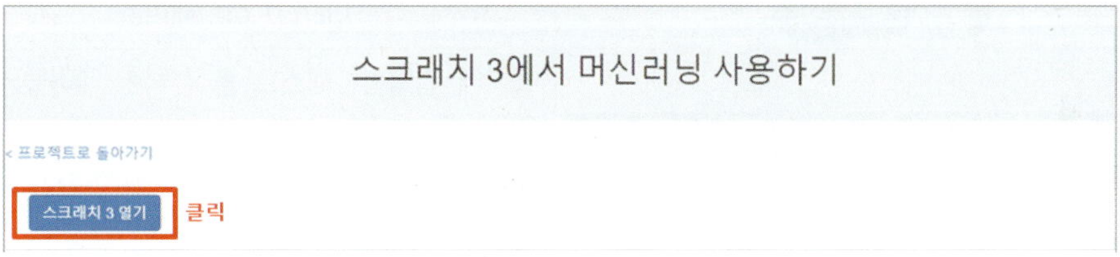

스크래치 3.0 에디터가 나타난다. 이 에디터는 Machine learning for kids 사이트에서 연동 제공되는 사이트로 머신러닝 모델을 사용하기 위해서는 이것을 사용해야 한다. 아래 그림처럼 머신러닝 모델을 사용할 수 있는 블록을 제공해 준다.

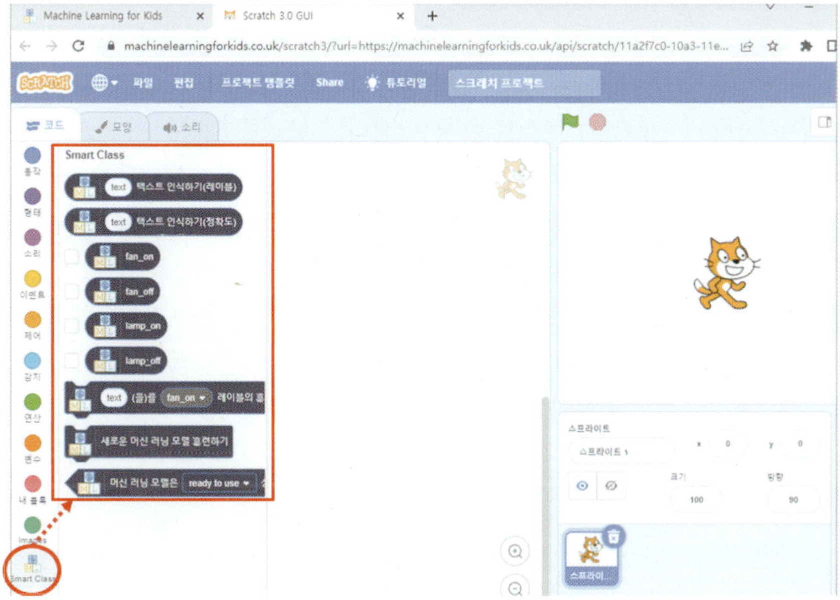

【2】 텍스트 분류 머신러닝 모델을 활용하여 코딩하기

스크래치 에디터의 블록 영역을 보면 [Smart Class]라는 블록 팔레트가 보일 것이다. [Smart Class]를 클릭하면 블록 영역에 해당 블록들이 나타난다. 블록들은 아래와 같다.

[Smart Class] 머신러닝 활용 블록	특징
text 텍스트 인식하기(레이블)	블록에 입력한 "텍스트"가 속한 레이블
text 텍스트 인식하기(정확도)	블록에 입력한 "텍스트"를 인식한 정확도
fan_on	fan_on 레이블
fan_off	fan_off 레이블
lamp_on	lamp_on 레이블
lamp_off	lamp_off 레이블
text (을)를 fan_on ▾ 레이블의 훈련 데이터로 추가	블록에 입력한 "텍스트"를 선택한 레이블의 훈련 데이터로 추가한다. (Machine learning for kids로 가지 않고 프로그램 상에서 학습데이터 입력이 가능하다.)
새로운 머신 러닝 모델 훈련하기	새로운 머신러닝 모델을 학습시킨다. (Machine learning for kids로 가지 않고 프로그램 상에서 학습이 가능하다.)
머신 러닝 모델은 ready to use ▾ 상태인가요?	머신러닝 모델이 선택한 상태(ready to use/still training/ ERROR 상태)인지 확인한다. 결과는 참거짓

이제 프로젝트 [Smart Class]의 텍스트 분류 머신러닝 모델을 활용하여 스크래치로 코딩해 보자. Machine learning for kids에서는 머신러닝 모델을 위한 [스크래치 템플릿]을 몇 개 제공해준다. 이번 예제에서는 [스크래치 템플릿]을 사용하여 여기에서 제공해주는 스프라이트와 기본 스크립트들을 사용하도록 한다.

만약 자유롭게 코딩해 보려면 [스크래치 템플릿]을 사용하지 않고 스프라이트를 직접 입력하고 스크립트도 직접 작성해 주면 된다.

① 스크래치 에디터의 메뉴 중 [프로젝트 템플릿]을 클릭한다.

② [프로젝트 템플릿] 중에서 [스마트 교실 (easy)]을 클릭한다.

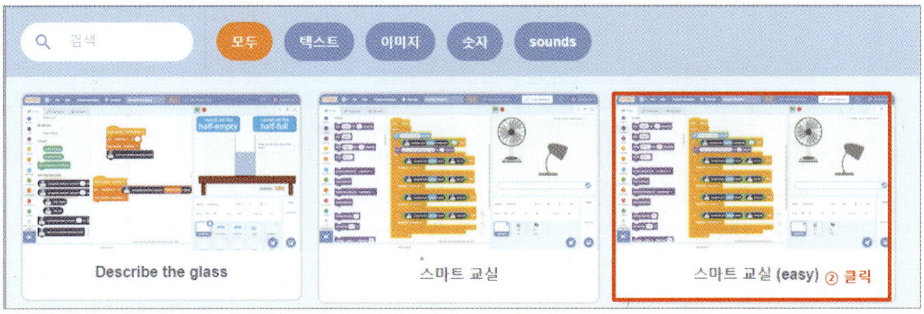

③ classroom, fan, lamp 세 개의 스프라이트가 있고, 간단한 스크립트가 들어있는 것을 확인할 수 있다. 제공되는 스프라이트와 스크립트는 다음과 같다.

	turn-fan-off 신호를 받으면 on변수를 no로 정하고, turn-fan-on 신호를 받으면 on변수를 yes로 정하고 스프라이트의 모양을 다음 모양으로 바꾼다.
	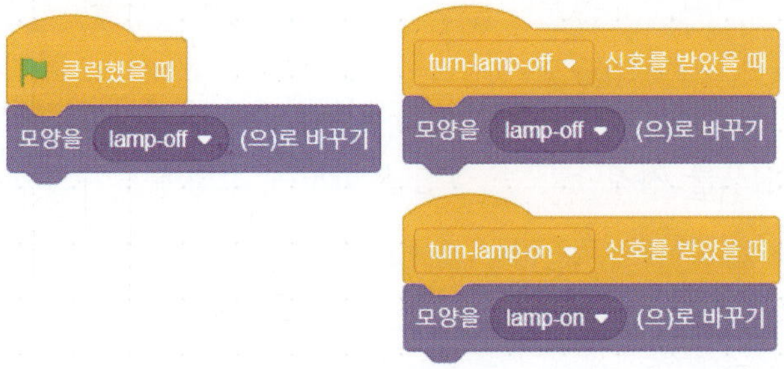
	turn-lamp-off 신호를 받으면 스프라이트의 모양을 lamp-off로 바꾸고, turn-lamp-on 신호를 받으면 스프라이트의 모양을 lamp-on으로 바꾼다.

명령을 입력받고, 입력받은 대답에 따라 다음과 같이 신호를 보낸다.

입력받은 대답	신호 보내기
Turn on the fan	turn-fan-on
Turn off the fan	turn-fan-off
Turn on the lamp	turn-lamp-on
Turn off the lamp	turn-lamp-off

④ 깃발을 클릭하여 실행해 본다. “Turn on the fan”라고 입력해 본다. 선풍기가 돌아가는 것을 확인할 수 있다. 이번에는 “선풍기를 켜”라고 입력해 본다. 실행해보면 변화가 없음을 알 수 있다. 이 스크립트는 일반적인 프로그래밍 방법으로 코딩한 것이다. 즉 “Turn on the fan” 이외의 말만 선풍기를 켜게 된다. 만약 다른 말을 입력해도 선풍기를 켜게 하고 싶다면, 모든 문장들을 다 만약에 블록 안에 코딩해야 한다.

우리가 학습시킨 텍스트 분류 머신러닝 모델을 이용하면 일반적인 프로그래밍 방법과 다른 결과를 볼 수 있을 것이다. 이제 classroom 스프라이트의 스크립트를 머신러닝을 이용하여 코딩해보도록 수정하자. 작업 후 [파일] 메뉴-[컴퓨터에 저장하기]로 저장한다.

⑤ classroom 스프라이트에 사용자로부터 명령을 입력받아 사용자가 입력한 말에 따라 선풍기를 켜거나 끄고, 램프를 켜거나 끄는 작업을 하도록 코딩해 준다. 제공되는 머신러닝 블록을 활용해본다.

- 입력한 대답이 어느 레이블에 속하는지 인식하고, 인식된 레이블과 fan_on 레이블을 비교하여 같으면 turn-fan-on 신호를 보낸다. 즉 선풍기가 켜지게 된다.
- 입력한 대답이 어느 레이블에 속하는지 인식하고, 인식된 레이블과 fan_off 레이블을 비교하여 같으면 turn-fan-off 신호를 보낸다. 즉 선풍기가 꺼지게 된다.
- 입력한 대답이 어느 레이블에 속하는지 인식하고, 인식된 레이블과 lamp_on 레이블을 비교하여 같으면 turn-lamp-on 신호를 보낸다. 즉 전등이 켜지게 된다.
- 입력한 대답이 어느 레이블에 속하는지 인식하고, 인식된 레이블과 lamp_off 레이블을 비교하여 같으면 turn-lamp-off 신호를 보낸다. 즉 전등이 꺼지게 된다.

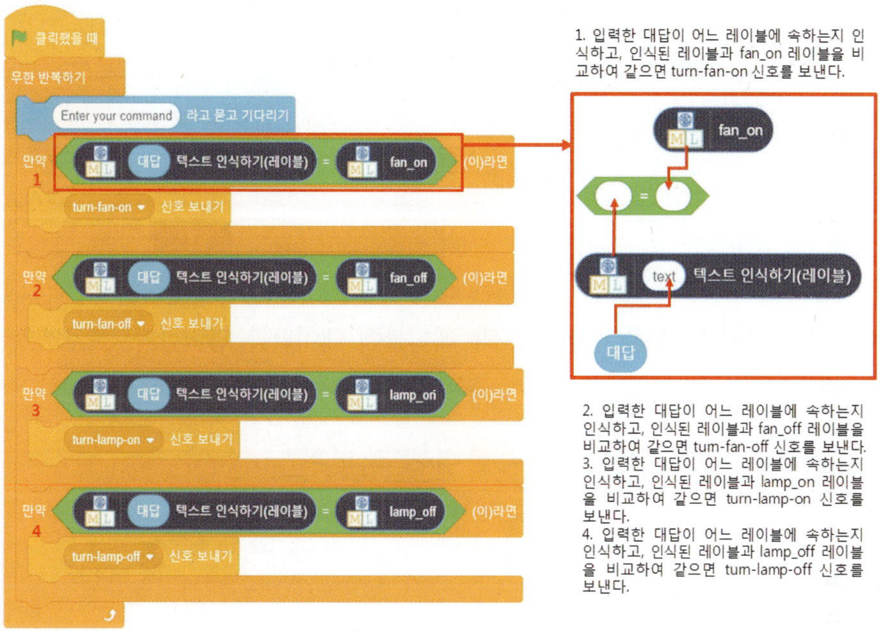

⑥ 대답을 다양하게 입력하여 프로그램 실행결과를 확인해 본다.

먼저 "전등 켜줘"라고 입력해 본다. 실행결과를 확인한다. 다양한 대답을 입력하여 결과를 확인한다.

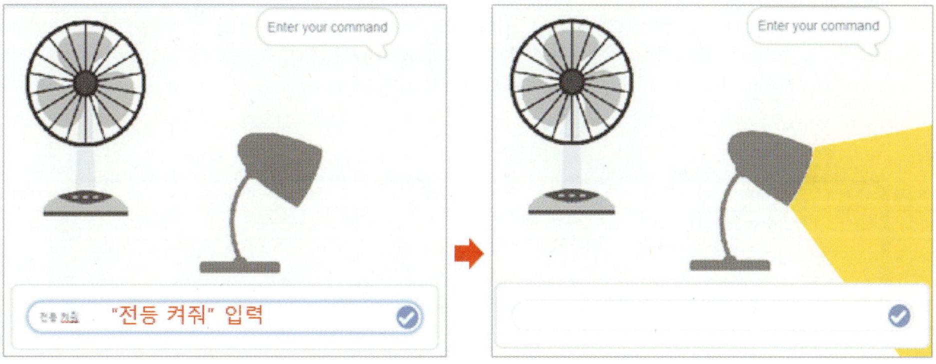

14.3.2 이미지 인식 프로젝트

【1】 머신러닝 모델 학습데이터 추가하기

① Machine learning for kids 웹사이트(https://machinelearningforkids.co.uk)에 접속하여 프로젝트를 생성한다.

② [훈련] 단계에서 레이블을 생성하고 각 레이블에 데이터를 입력한다. 프로젝트 이름을 클릭한다.

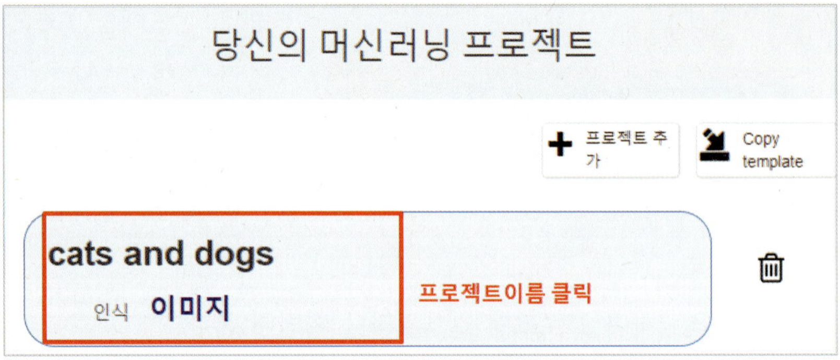

[훈련]을 클릭한 후, 다음과 같이 Cat과 Dog 레이블을 생성한다.

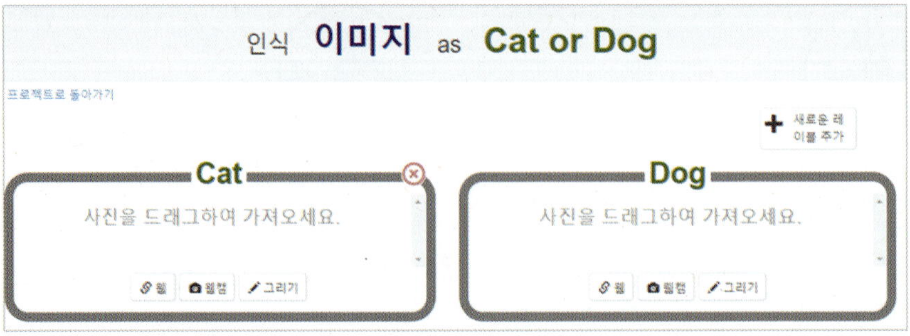

학습 데이터를 입력하기 위해 새 창을 띄워 구글에 접속하여 cat 검색어를 입력한다. [이미지]를 클릭하여 검색 결과가 이미지만 나타나도록 한다. Machine learning for kids 웹사이트 창과 나란히 배치시킨다.

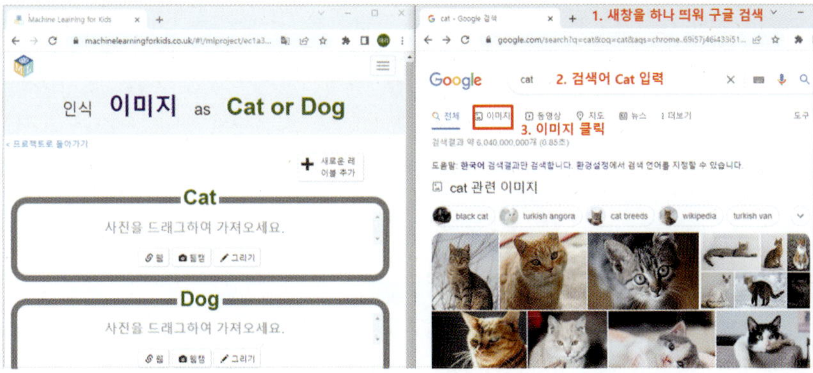

구글의 검색 결과 중 하나를 클릭, 드래그하여 Machine learning for kids 웹사이트의 [Cat] 레이블 상자로 끌고 와서 드롭 한다. 10~20개 정도의 고양이 사진을 가져온다. 단, 지원하는 그림 형식이 아닌 경우 가져올 수 없다.

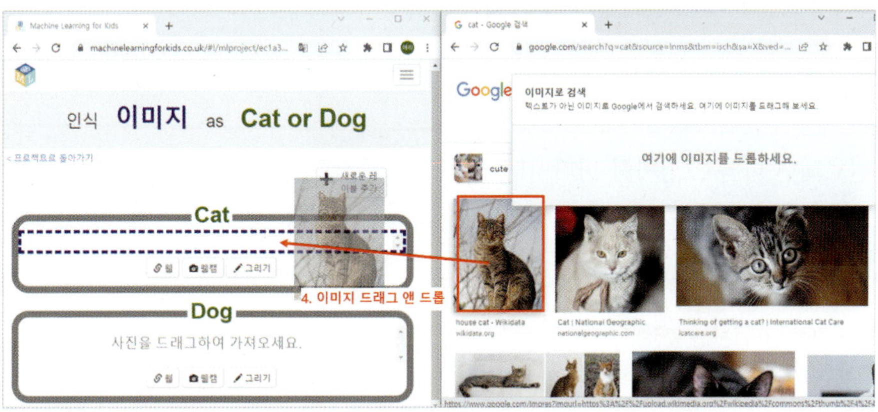

[Dog] 레이블을 같은 방법으로 10~20개의 학습데이터를 추가한다.

【2】 머신러닝 모델 학습시키기

데이터 입력 후 화면 왼쪽 상단의 [프로젝트로 돌아가기]를 클릭한다. 머신러닝 모델을 학습시키기 위해 [학습 & 평가]를 클릭한다.

입력된 학습데이터를 학습시키기 위해 [새로운 머신 러닝 모델을 훈련시켜보세요]를 클릭한다.

학습이 완료되면 다음 그림처럼 나타난다. 입력된 학습데이터의 양이 많으면 학습시간이 오래 걸린다. 이미지 데이터는 텍스트 데이터보다 학습에 걸리는 시간이 오래 걸린다.

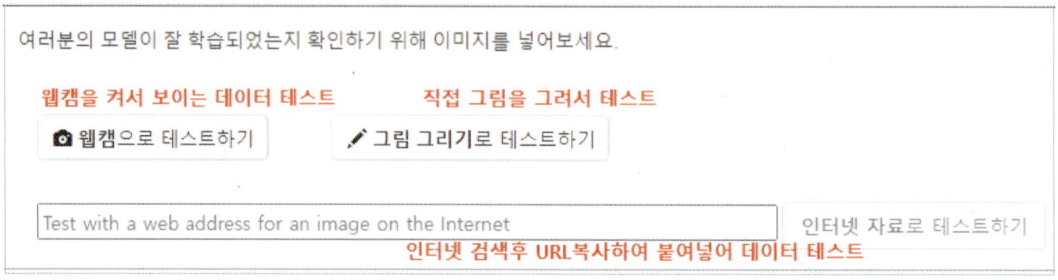

학습된 머신러닝 모델 평가하기 : 이미지의 경우는 텍스트와 다르게, 웹캠으로 테스트하기, 그림 그리기로 테스트하기, 인터넷 자료로 테스트하기 중에서 선택하여 테스트할 수 있다. 인터넷상의 그림을 검색한 후 URL을 복사하여 붙여넣기를 한 후 테스트해보자. 테스트 결과가 어떤 레이블로 나타나는지 확인한다. 제대로 인식되는지 확인하고, 화면 왼쪽 상단의 [프로젝트로 돌아가기]를 클릭한다.

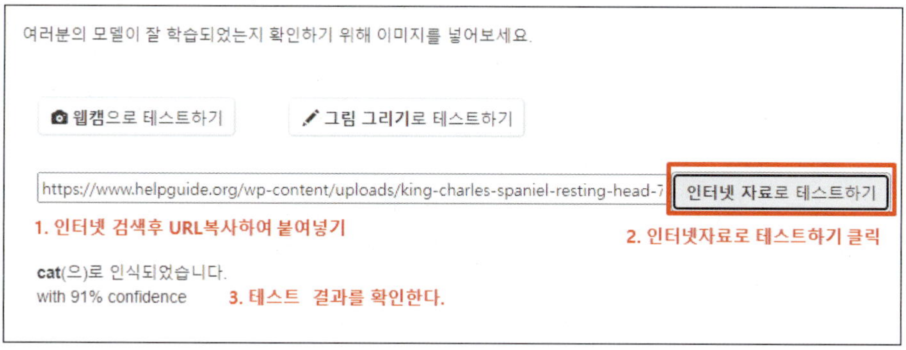

인식 결과가 불만족스럽다면 [훈련] 단계로 돌아가 학습 데이터를 더 입력해주고, 인식 결과가 만족스럽다면 [만들기] 단계를 실행한다.

【3】 스크래치로 코딩하기

① 화면 왼쪽 상단의 [프로젝트로 돌아가기]를 클릭하면 나타난 메뉴 중 [만들기]를 클릭한다. 사용할 프로그래밍 언어(스크래치 3)를 클릭한다.

스크래치 3에서 제공하는 머신러닝 블록을 확인하고, [스크래치 3 열기]를 클릭한다.

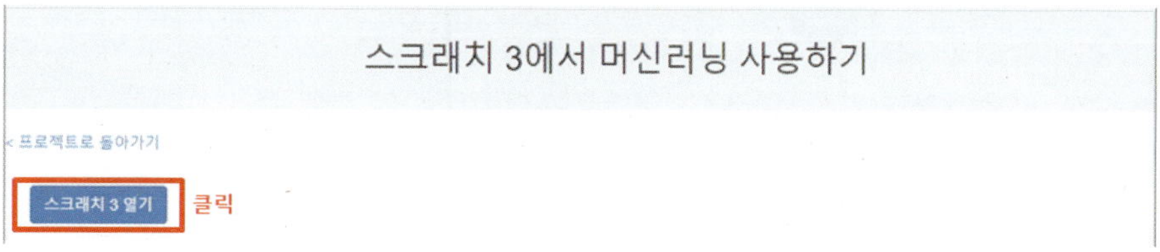

② 사용할 스프라이트와 배경을 만든다. 이때 모양으로 가져올 사진은 개인지 고양이인지 판별할 사진들이다.

① 스프라이트 영역에서 새로운 스프라이트 그리기를 클릭한다.
② 모양 탭에서 모양 업로드하기 클릭한다.
③ 나타난 탐색기에서 모양으로 가져올 파일들을 선택한다. 이때 모양으로 가져올 사진은 개인지 고양이인지 판별할 사진들이다. 다중선택할 때는 shift키나 ctrl키를 함께 사용하여 선택한다.
④ 파일 선택이 다 되었으면 열기를 클릭한다.

스프라이트의 모양2, 모양3으로 파일들이 나타나는 것을 확인할 수 있다.

배경 만들기 : 스프라이트 영역의 배경에서 그리기를 클릭하여 아래 그림처럼 배경을 그린다.

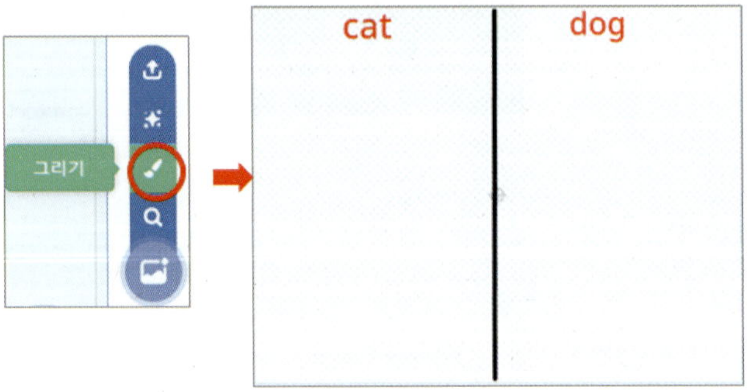

③ 실행결과

사진이 나타나면 사진을 판별하여 고양이로 판별되면 야옹 소리를 낸 후 "고양이입니다" 말풍선 보이고 무대의 왼쪽 cat 글씨 아래로 간다. 개로 판별되면 멍 소리를 낸 후 "개입니다" 말풍선 보이고 무대의 오른쪽 dog 글씨 아래로 간다.

④ 스크립트 작성하기

스크래치 에디터의 블록 영역을 보면 [Cats and Dogs]라는 블록 팔레트가 보일 것이다. [Cats and Dogs]를 클릭하면 블록 영역에 해당 블록들이 나타난다. 블록들은 아래와 같다.

[Cats and Dogs] 머신러닝 활용 블록	특징
ML image 이미지 인식하기(레이블)	블록에 입력한 "이미지"가 속한 레이블
ML image 이미지 인식하기(정확도)	블록에 입력한 "이미지"를 인식한 정확도
ML cat	cat 레이블
ML dog	dog 레이블
ML image (을)를 cat ▾ 레이블의 훈련 데이터로 추가	블록에 입력한 "이미지"를 선택한 레이블의 훈련 데이터로 추가한다.
ML 머신 러닝 모델은 ready to use ▾ 상태인가요?	머신러닝 모델이 선택한 상태인지 확인한다. 결과는 참거짓

텍스트 분류 머신러닝 모델은 키보드를 통해 텍스트 데이터를 입력할 수 있지만, 이미지 분류 머신러닝 모델은 이미지를 쉽게 입력할 수 없다. 이때 [Cats and Dogs] 머신러닝 블록과 함께 제공되는 [Images] 블록을 사용하면 된다.

[Images] 블록	특징
costume image	스프라이트의 현재 모양 이미지
backdrop image	스프라이트의 현재 모양 이미지와 이미지 영역의 배경
save screenshot to costume	실행 화면의 스크린 샷을 모양 탭에 추가하기

스크립트 작성하기

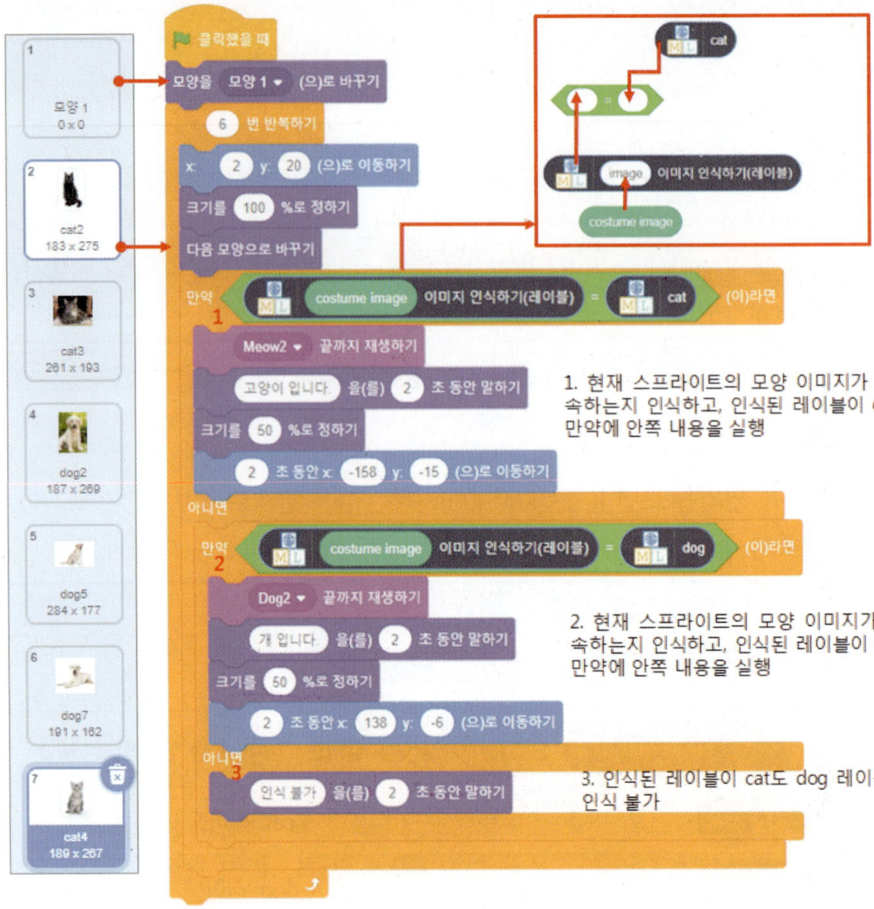

1. 현재 스프라이트의 모양 이미지가 어느 레이블에 속하는지 인식하고, 인식된 레이블이 cat 레이블이면 만약에 안쪽 내용을 실행

2. 현재 스프라이트의 모양 이미지가 어느 레이블에 속하는지 인식하고, 인식된 레이블이 dog 레이블이면 만약에 안쪽 내용을 실행

3. 인식된 레이블이 cat도 dog 레이블도 아닐 경우 인식 불가

인식 정확도가 40 이상인 경우만 실행하고, 인식 정확도가 떨어지는 경우 현재 모양을 학습데이터에 추가하기

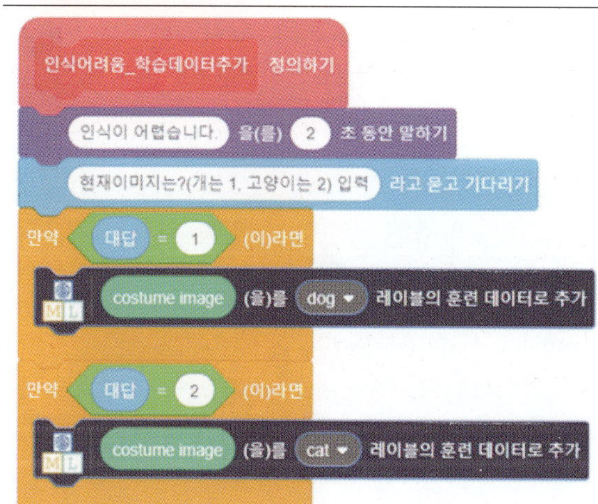

학습데이터 추가 프로시저

이미지 분류 머신러닝 모델은 텍스트 분류 머신러닝 모델과 달리 

블록을 제공하지 않는다.

을 이용해 머신러닝 모델에 학습 데이터를 추가하도록 코딩할 수 있지만 학습시킬 수는 없다. 이미지 분류 머신러닝 모델의 경우 Machine learning for kids 사이트의 프로젝트로 돌아가서 [학습 & 평가] 단계에서 학습시켜야 한다.

14.3.3 인공지능 가위바위보 게임

【1】 머신러닝 모델 학습데이터 추가하기

① Machine learning for kids 웹사이트(https://machinelearningforkids.co.uk)에 접속하여 프로젝트를 생성한다.

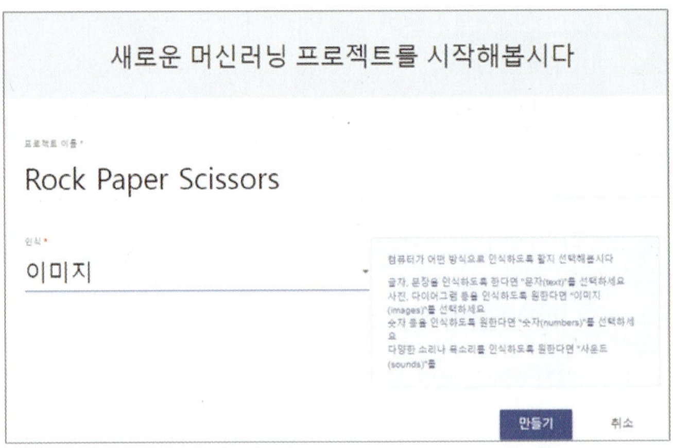

② [훈련] 단계에서 레이블을 생성하고 각 레이블에 데이터를 입력한다. 프로젝트 이름 [Rock Paper Scissors]을 클릭한다.

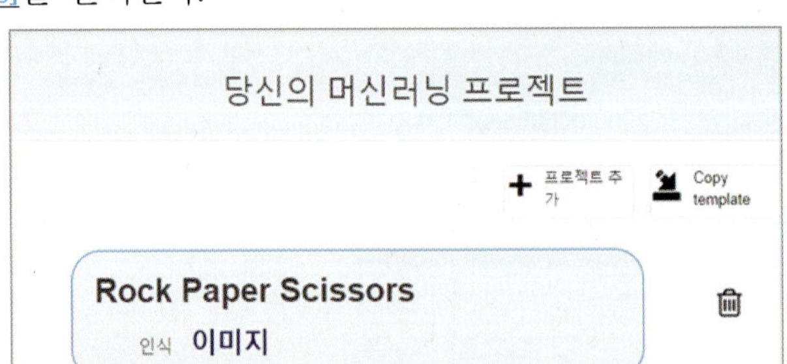

[훈련]을 클릭한 후, 다음과 같이 Rock, Paper, Scissors 3개의 레이블을 생성한다.

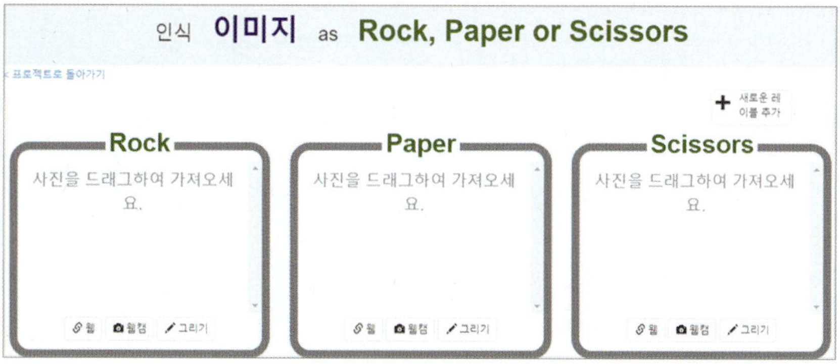

[Cats and Dogs]에서처럼 학습 데이터를 입력하기 위해 새 창을 띄워 구글에 접속하여 "가위 바위보 가위" 검색어를 입력한다. [이미지]를 클릭하여 검색 결과가 이미지만 나타나도록 한다. Machine learning for kids 웹사이트 창과 나란히 배치시킨다.
구글의 검색 결과 중 하나를 클릭, 드래그하여 Machine learning for kids 웹사이트의 [Rock] 레이블 상자로 끌고 와서 드롭한다. 10~20개 정도의 가위 사진을 가져오는데, 지원하는 그림 형식이 아닌 경우 가져올 수 없다. [Paper], [Scissors] 레이블도 동일한 방법으로 검색하여 학습데이터를 추가한다.

※ 웹캠으로 이미지 데이터 가져오기

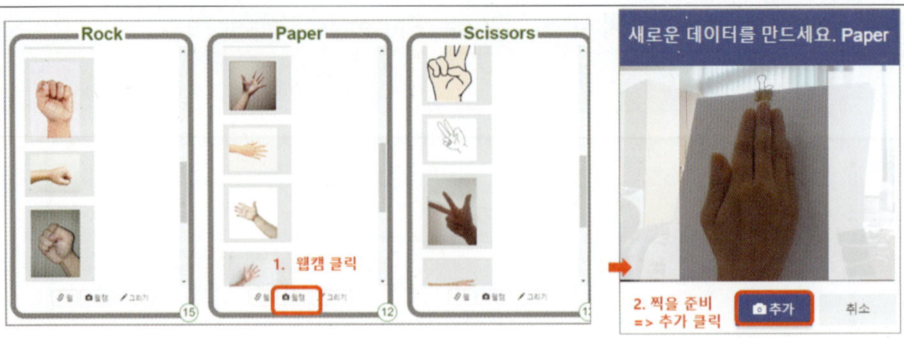

① 추가하려는 레이블의 [웹캠] 클릭
② 웹캠이 켜지면 추가하려는 레이블에 해당하는 모습을 찍을 준비하고 추가 클릭하면 데이터가 추가됨

【2】 머신러닝 모델 학습시키기

데이터 입력 후 화면 왼쪽 상단의 [프로젝트로 돌아가기]를 클릭한다. 머신러닝 모델을 학습시키기 위해 [학습 & 평가]를 클릭한다.

입력된 학습 데이터를 학습시키기 위해 [새로운 머신 러닝 모델을 훈련시켜보세요]를 클릭한다.

학습이 완료되면 다음 그림처럼 나타난다. 입력된 학습데이터의 양이 많으면 학습시간이 오래 걸린다. 이미지 데이터는 텍스트 데이터보다 학습에 걸리는 시간이 오래 걸린다.

학습된 머신러닝 모델 평가하기 : 이미지의 경우는 텍스트와 다르게, 웹캠으로 테스트하기 / 그림 그리기로 테스트하기 / 인터넷 자료로 테스트하기 중에서 선택하여 테스트할 수 있다. 웹캠으로 테스트하기를 클릭한 후, 웹캠이 켜지면 가위바위보 중 하나를 찍을 준비하고 추가 클릭하여 테스트해보자. 테스트 결과가 어떤 레이블로 나타나는지 확인한다.

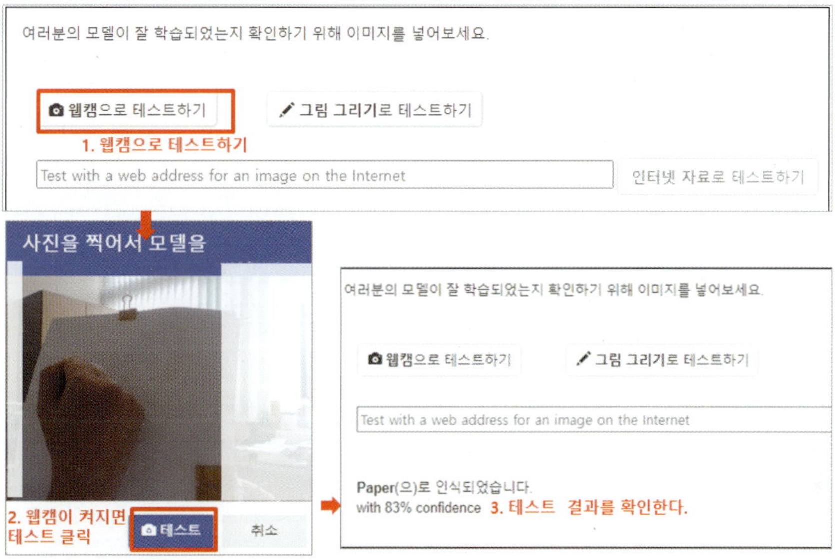

인식 결과가 불만족스럽다면 [훈련] 단계로 돌아가 학습데이터를 더 입력해주고, 인식 결과가 만족스럽다면 [만들기] 단계를 실행한다. 주먹을 찍었는데 paper로 인식되어 인식 결과가 좋지 않아 [훈련] 단계로 돌아가 데이터를 더 입력하고 학습해주었다.
제대로 인식되는지 확인하고, 화면 왼쪽 상단의 [프로젝트로 돌아가기]를 클릭한다.

【3】 스크래치로 코딩하기

① 화면 왼쪽 상단의 [프로젝트로 돌아가기]를 클릭하면 나타난 메뉴 중 [만들기]를 클릭한다. 사용할 프로그래밍 언어(스크래치 3)를 클릭한다.

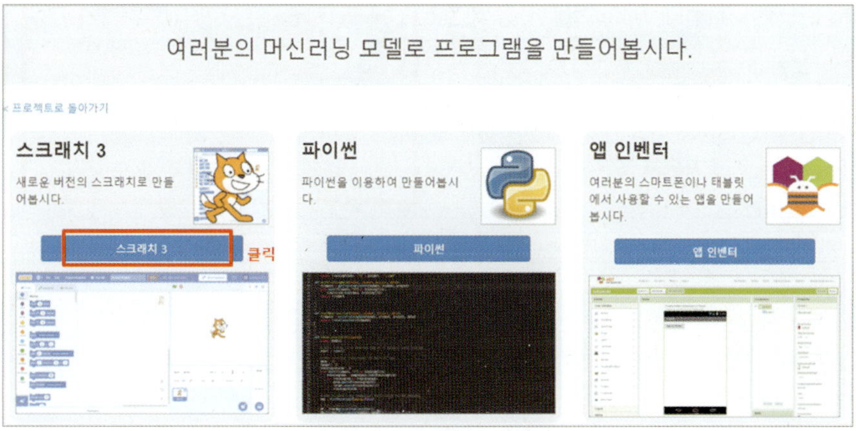

스크래치 3에서 제공하는 머신러닝 블록을 확인하고, [스크래치 3 열기]를 클릭한다.

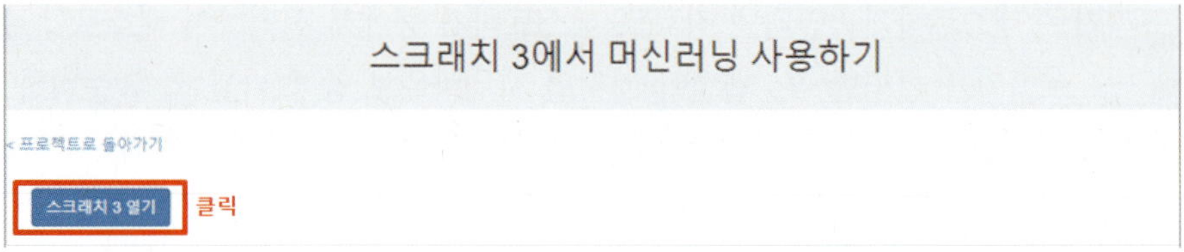

이제 프로젝트 [Rock Paper Scissors]의 이미지분류 머신러닝 모델을 활용하여 스크래치로 코딩해 보자. Machine learning for kids에서는 머신러닝 모델을 위한 [스크래치 템플릿]을 몇 개 제공해준다. 이번 예제에서는 [스크래치 템플릿]을 사용하여 여기에서 제공해주는 스프라이트와 기본 스크립트들을 사용하도록 한다. 만약 자유롭게 코딩해 보려면 [스크래치 템플릿]을 사용하지 않고 스프라이트를 직접 입력하고 스크립트도 직접 작성해 주면 된다.

① 스크래치 에디터의 메뉴 중 [프로젝트 템플릿]을 클릭한다.

② [프로젝트 템플릿] 중에서 [가위바위보]를 클릭한다.

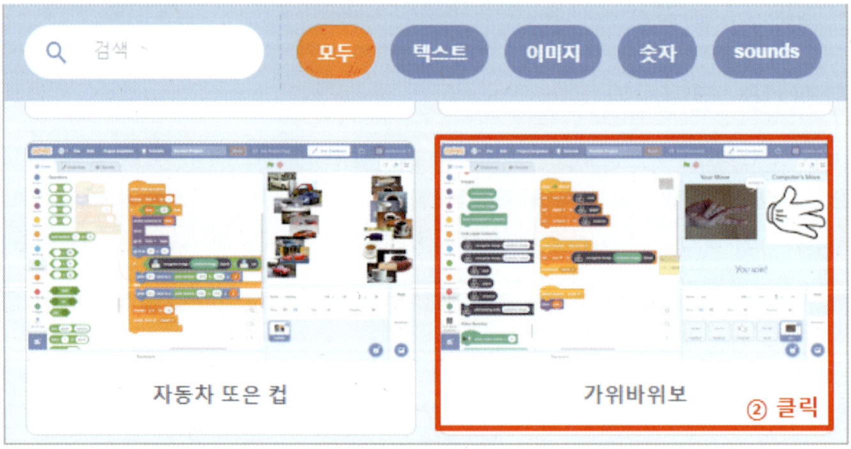

③ heading1, heading2, computer, result, you 다섯 개의 스프라이트가 있고, 간단한 스크립트가 들어있는 것을 확인할 수 있다.

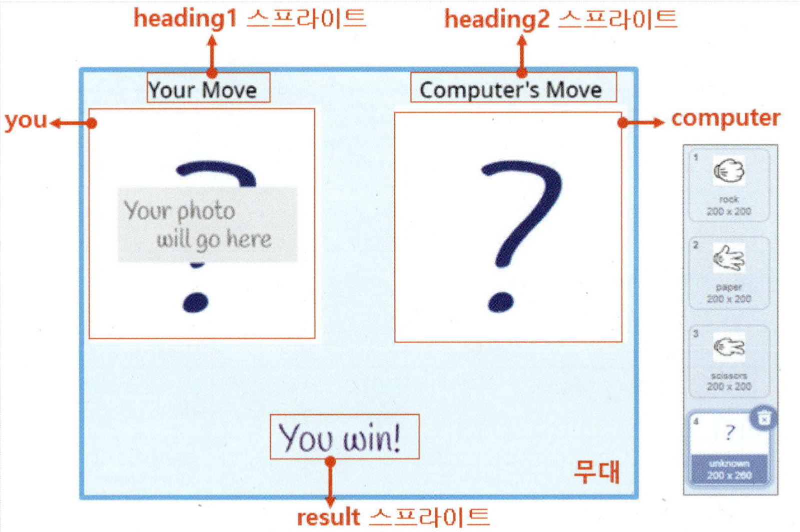

모양1	모양2	모양3	모양4
It's a draw	You win!	Computer wins	thinking...

제공되는 스프라이트의 스크립트는 다음과 같다.

<table>
<tr><td rowspan="2">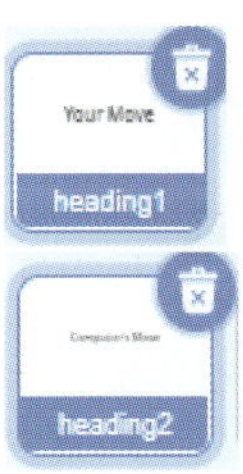</td><td></td></tr>
<tr><td>
무대에 위 그림처럼 보이는 스프라이트이다. taking-a-picture 신호를 받았을 때는 숨기고, finished-taking-a-picture 신호를 받았을 때는 보이게 한다.</td></tr>
</table>

computer 스프라이트의 모양을 난수를 생성해서, 생성된 난수가 1이면 가위, 2이면 바위, 3이면 보 모양으로 보여준다.

you 스프라이트와 computer 스프라이트의 가위바위보 게임을 실행하여 결과를 모양으로 보여주는 스크립트이다.
(예 : win-모양2 → You win, lose-모양3 → Computer wins)
여기서 you 변수는 you 스프라이트에서 머신러닝 블록에 의해 인식되어 계산된다.

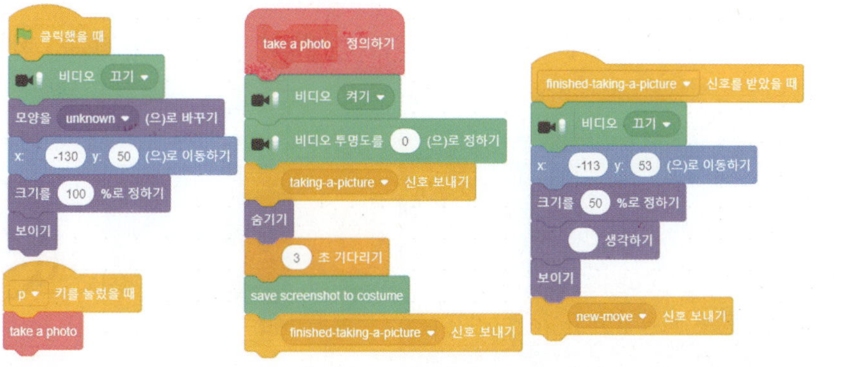

[확장]기능의 [비디오감지] 기능을 통해 웹캠을 켜서 가위바위보를 촬영할 수 있게 해주는 스크립트이다. [p] 키보드를 누르면 웹캠이 동작하여 촬영된다.

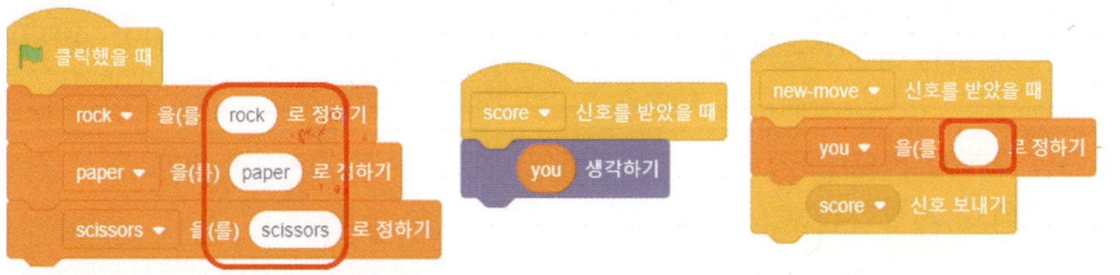

학습된 머신러닝 모델을 이용하여 가위바위보를 할 수 있도록, [Rock Paper Scissors] 머신러닝 블록을 통해 입력받은 이미지를 인식하여 가위/바위/보로 예측하도록 하는 스크립트이다. 이 스크립트는 머신러닝 블록을 이용하여 수정해야 한다.

④ [you] 스프라이트의 스크립트를 수정하여 입력한 이미지가 가위/바위/보 중 무엇인지 예측하도록 한다.

학습된 머신러닝 모델을 이용하여 가위바위보를 할 수 있도록 [Rock Paper Scissors] 머신러닝 블록과 [Images] 블록을 이용하여 입력받은 이미지를 인식하여 레이블 명을 you 변수에 저장하였다.

⑤ 프로그램 실행하기

먼저 [p] 키를 누른다. 웹캠이 실행되면 가위/바위/보 중 하나를 웹캠에 내고 촬영한다.

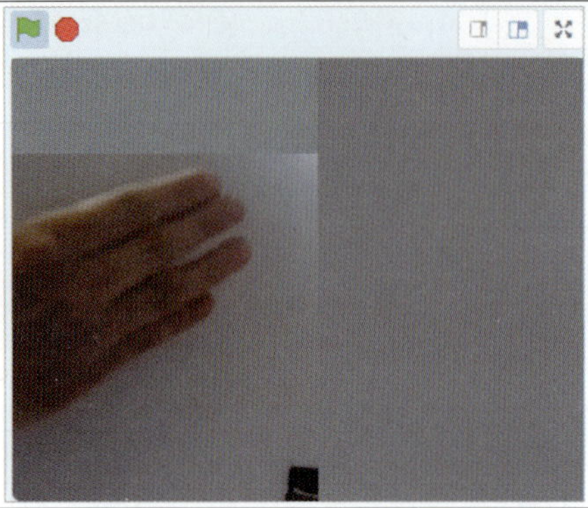

① [p] 키를 누르면 무대에 웹캠 활성 → 가위 / 바위 / 보 중 하나를 낸다.

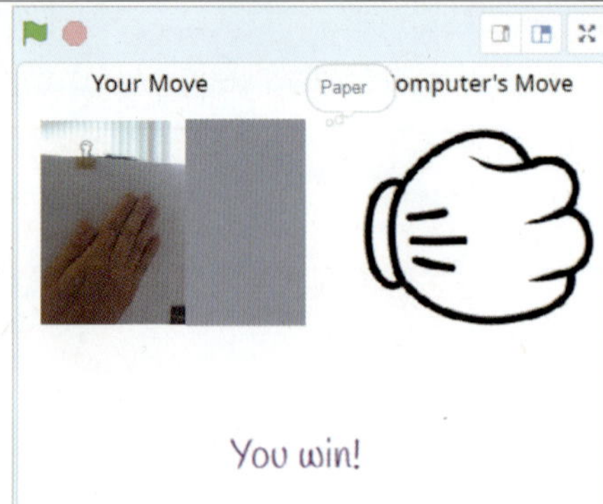

② 무대에 사용자에 의해 찍힌 이미지와 컴퓨터가 선택한 이미지를 보여주고 누가 이겼는지 아래에 표시해준다.

⑥ 프로젝트 저장하기

메뉴표시줄에 프로젝트 이름을 "가위바위보"로 입력한다. [파일] 메뉴-[컴퓨터에 저장하기]를 클릭하여 저장한다. 이 프로젝트를 다시 열고 싶을 때는 Machine learning for kids에서 연동된 스크래치 에디터에서 [파일] 메뉴-[Load from your computer]를 이용하여 불러오기 한다.

⑦ [비디오 감지] 블록을 사용할 경우

아래와 같이 확장기능 추가에서 선택하면 된다. 위 예제는 [프로젝트 템플릿]을 이용하였기 때문에 추가되어 있었으나, 우리가 스크래치에서 웹캠을 이용할 경우는 확장기능 추가를 이용하면 된다.

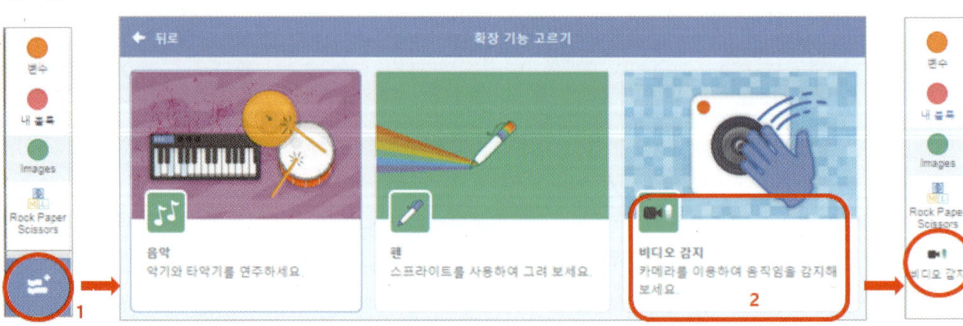

⑧ 확장해 보기

- [Smart Class]와 같은 텍스트 분류 모델을 생성하여 악성 댓글을 필터링하는 프로그램을 작성해 보자.
- [Cats and Dogs]를 토대로 이미지 분류 모델을 생성하여 과일을 분류하는 프로그램을 작성해 보자.
- [Rock Paper Scissors]를 토대로 이미지 분류 모델을 생성하여 마스크를 써야만 실내 출입을 시켜주는 마스크 출입 프로젝트를 만들어보자.

CHAPTER 15 정렬 알고리즘

정렬 알고리즘(Sorting algorithm)은 순서 없이 나열된 데이터들을 오름차순(예 : 1, 2, 3, ..., 10)이나 내림차순(예 : 10, 9, 8, ..., 1)으로 재배치하는 방법을 말한다. 데이터들을 순서에 맞게 정렬을 해 놓으면 원하는 자료를 쉽고 빠르게 찾을 수 있다는 장점이 있다. 이번 장에서는 정렬 알고리즘에 대하여 알아보고 간단한 응용 프로젝트를 작성해보자.

15.1 정렬 알고리즘 소개

많은 정렬 알고리즘들이 소개되어 있는데 보통 정렬할 데이터양이 작은 경우에는 단순한 삽입 정렬이나 선택 정렬이 많이 사용되고, 데이터 집합이 큰 경우에는 힙 정렬, 합병 정렬, 퀵 정렬 등이 사용된다. 이 밖에도 다양한 정렬 알고리즘들이 컴퓨터에서 데이터 처리를 위해 사용되고 있다.

【1】 삽입 정렬(Insertion Sort)

두 번째 숫자부터 자신보다 작은 수가 나올 때까지 앞의 숫자를 뒤를 밀고 앞으로 삽입하면서 정렬하는 방법이다. 정렬되지 않은 데이터 셋 {37, 21, 58, 2, 43}이 있을 경우, 다음과 같이 정렬이 진행된다.

37	21	58	2	43

① 37 〉 21이므로 37 앞으로 21 이동

21	37	58	2	43

② 37 〈 58이므로 이동 없음

③ 58 〉 2이므로 58 앞으로 2 이동, 37 〉 2이므로 37 앞으로 2 이동, 21 〉 2이므로 21 앞으로 2 이동

21	37	58	2	43

21	37	2	58	43

21	2	37	58	43

2	21	37	58	43

④ 58 〉 43이므로 58 앞으로 43 이동

2	21	37	43	58

【2】 선택 정렬(Selection Sort)

정렬할 숫자 중 정렬 기준에 따라 가장 작은 숫자나 가장 큰 숫자를 찾아 맨 왼쪽으로 옮기면서 정렬해 가는 방법이다. 선택 정렬 방법은 정렬해야 할 데이터만큼 반복수행을 한다.
다음은 오름차순 정렬을 할 경우의 처리 순서이다.

① 저장된 데이터 중 최소값을 찾는다.
② 최소값과 데이터 셋 중 맨 앞의 값과 바꾼다.
③ 정렬된 첫 번째 데이터를 제외하고 두 번째 데이터부터 다시 최소값을 찾는다.
④ 데이터가 모두 정렬될 때까지 ②~③을 반복한다.

정렬되지 않은 데이터 셋 {17, 83, 61, 2, 58}이 있을 경우, 다음과 같이 정렬이 진행된다. 매 단계에서 기준위치의 값과 오른쪽에 있는 값들 중 최소값을 찾아 위치를 바꾼다. 한 단계가 마무리될 때마다 기준위치 왼쪽으로 숫자가 1개씩 정렬되어가는 것을 볼 수 있다.

【3】 버블 정렬(Bubble Sort)

버블 정렬은 인접한 두 개의 데이터 값을 비교하여 정렬되어 있지 않으면 서로 교환하는 과정을 반복하면서 정렬하는 방법이다. 전체 데이터에 대하여 비교 과정을 한 번 수행하면 가장 큰 숫자가 가장 오른쪽에 위치하게 된다. 만약 오름차순 정렬이라면, 데이터 셋에서 1번째와 2번째 데이터를 비교하여 큰 수를 뒤로 정렬, 다시 2번째와 3번째 데이터를 비교하여 큰 수를 뒤로 정렬하는 방법으로 진행한다. 정렬시간이 오래 걸려 많이 사용하지 않는다.
정렬되지 않은 데이터 셋 {37, 21, 58, 2, 43}이 있을 경우, 다음과 같이 정렬이 진행된다.

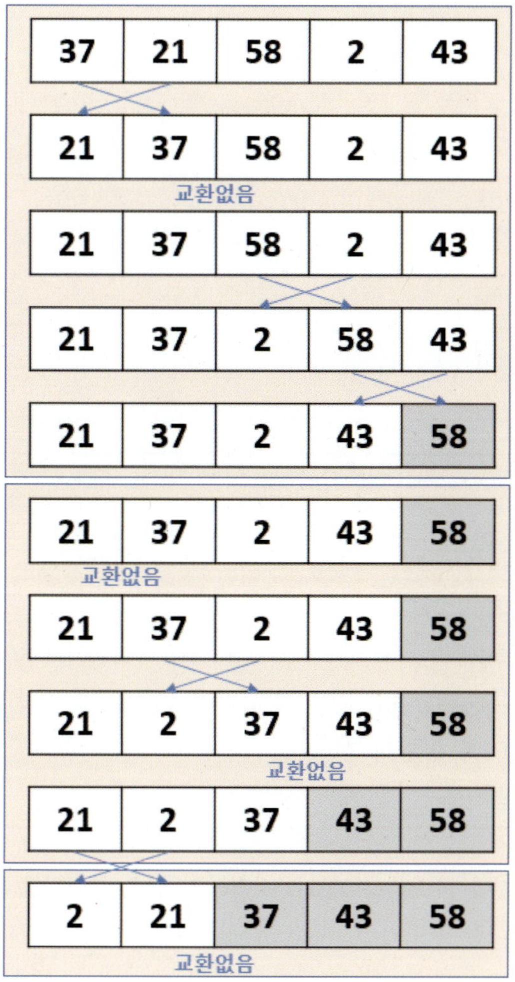

15.2 정렬 알고리즘 활용하기

선택 정렬 알고리즘을 사용하여 1부터 100까지의 숫자 중 10개를 임의로 산출한 후, 오름차순으로 정렬하여 새로운 리스트에 저장하는 프로젝트를 작성해보자.

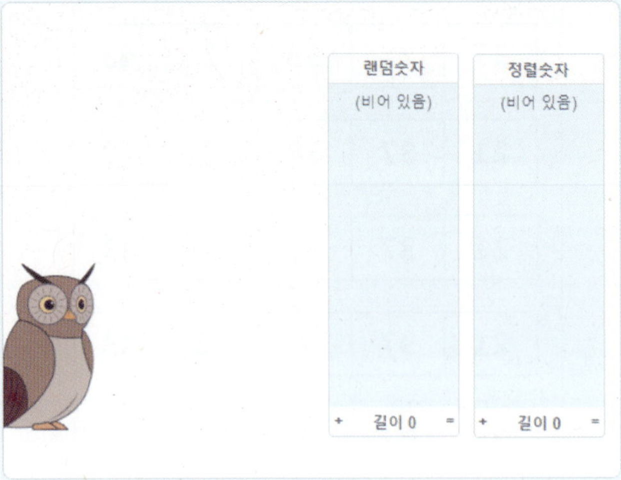

[알고리즘]

① 프로젝트 시작 메시지 말하기
② 변수와 리스트 생성하기
③ 1부터 100까지 숫자 중 10개의 난수 생성하여 리스트에 저장하기
④ 리스트에 저장된 데이터 정렬하기
⑤ 정렬 완료 메시지 말하기

전체 스크립트는 [시작 깃발 클릭했을 때]와 [정렬하기 신호를 받았을 때] 두 개의 블록 묶음으로 작성한다.

【1】 시작 깃발 클릭했을 때

사용자에게 프로젝트 설명 메시지 말하기, 정렬을 위한 숫자 산출하기 그리고 정렬이 마무리되면 정렬 완료 메시지 보내기로 구성된다.

[단계1] 시작 메시지 말하기

Owl 스프라이트를 추가하고 프로젝트 시작 메시지로 "1부터 100까지 숫자 중 10개를 임의로 산출합니다."를 2초 동안 말한다. 말할 때 스프라이트의 모양을 변경하기 위해 모양을 owl-b로 바꾸고 말하기가 끝나면 owl-a로 변경한다.

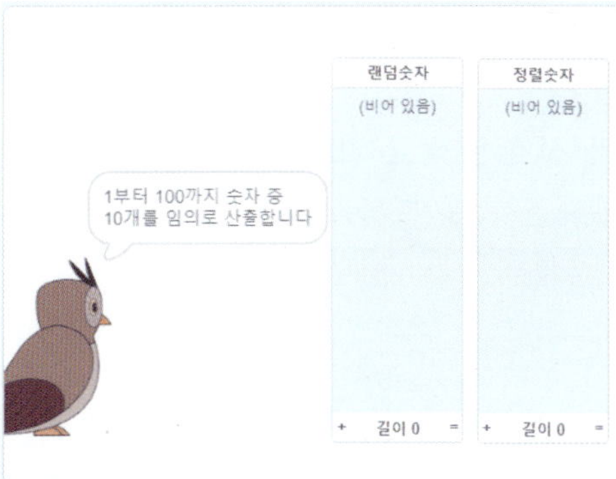

[단계2] 변수와 리스트 생성하기

① '랜덤숫자' 리스트 : 10개의 난수를 생성하여 저장한다. 정렬 알고리즘이 실행된 후 '정렬숫자' 리스트의 데이터와 비교하기 위해 사용한다.

② '정렬숫자' 리스트 : '랜덤숫자' 리스트와 동일하게 난수를 저장한 후, 정렬 과정에서 정렬된 숫자를 저장한다. 리스트는 무대에 보이도록 왼쪽 체크 박스를 클릭한다.

③ '숫자' 변수 : 생성된 난수를 두 개의 리스트에 저장하기 위해 사용한다.

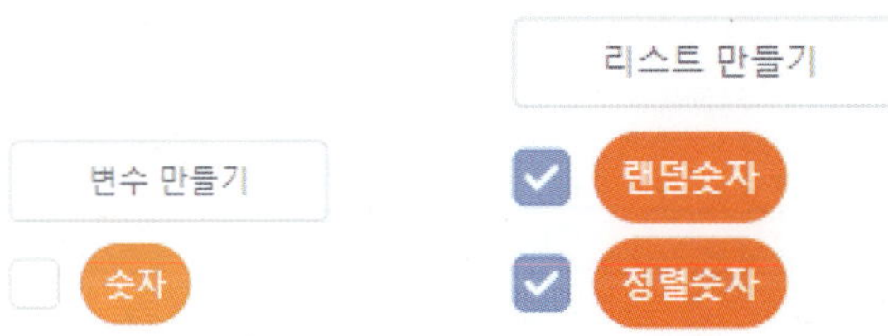

[단계3] 정렬에 사용할 10개의 난수 생성하기

10개의 난수를 생성해야 하므로 [10번 반복하기] 블록을 사용한다. 1부터 100 사이의 난수를 생성하여 숫자 변수에 저장하고, 숫자에 저장된 값을 '랜덤숫자' 리스트와 '정렬숫자' 리스트에 추가하여 리스트에 저장한다.

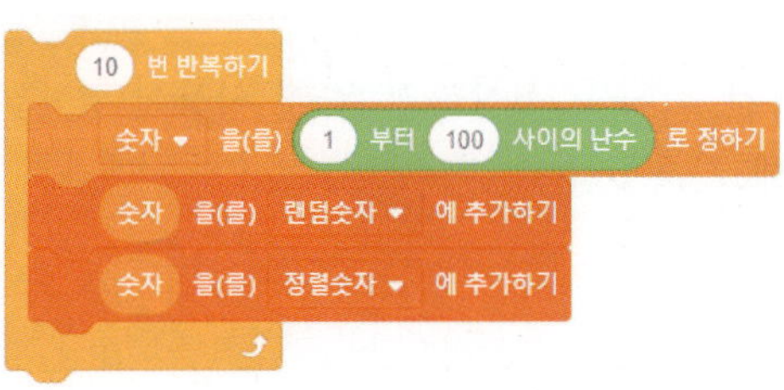

[단계4] '정렬하기' 신호 보내기

리스트에 난수가 저장되면 '정렬하기' 신호를 보내 정렬을 실행한다. 정렬 블록이 모두 실행되면 정렬 완료 메시지를 말하기 위해서 [정렬하기 신호 보내고 기다리기] 블록을 사용한다.

[단계5] 정렬 완료 메시지 말하기

'정렬숫자' 리스트에 모든 숫자가 정렬되면 "정렬을 완료하였습니다."를 2초 동안 말한다.

【2】 정렬하기 신호를 받았을 때

선택 정렬 방법을 사용하여 '정렬숫자' 리스트의 숫자들을 오름차순으로 정렬한다.

[단계1] 정렬에 사용할 변수 생성하기

① '최소값 위치' 변수 : 정렬을 위해 최소값 탐색 시 '정렬숫자' 리스트에서 최소값이 있는 위치를 저장하기 위해 사용한다.
② 'a' 변수, 'b' 변수 : 리스트에서 숫자가 저장된 위치를 저장하기 위해 사용한다.
③ 'temp' 변수 : 두 변수의 데이터 교환을 위해 사용한다.

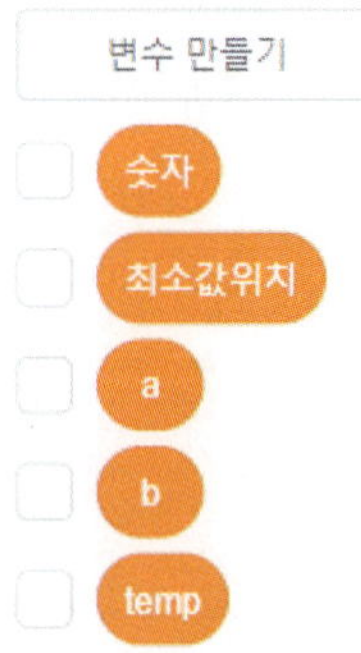

[단계2] 제어구문 만들기

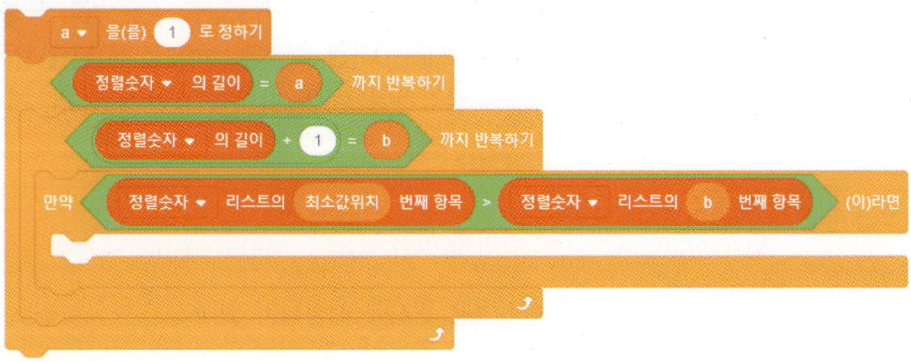

① 첫 번째 반복문

선택 정렬방법은 정렬되지 않은 숫자 중 가장 왼쪽 숫자를 나머지 오른쪽에 있는 숫자들 중 최소값을 찾아 위치를 바꿔야 한다. 아래 그림에서 37을 기준위치로 하고 나머지 오른쪽 숫자들 중 최소값인 2를 찾고, 37과 2의 위치를 바꾼다.

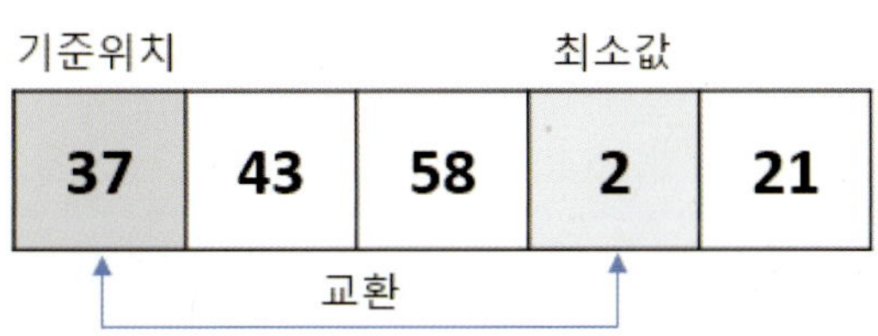

반복문 시작 전에 최소값과 위치를 바꿀 데이터의 위치값(기준위치)을 가지는 'a' 변수의 값을 1로 정한다. 'a' 변수는 리스트의 첫 번째부터 마지막-1까지의 위치값을 가지고 있어야 하므로 첫 번째 반복문은 'a' 변수의 값이 리스트의 길이와 같아질 때까지 반복한다. 'a'가 10이면 반복을 종료하므로 9번째와 10번째 데이터의 비교까지 수행하면 반복문을 종료한다.
두 번째 반복문에 들어가기 전에 '최소값 위치' 변수와 'b' 변수의 시작값을 설정한다. '최소값 위치' 변수는 'a' 변수의 값으로 초기값을 정한다.

'b' 변수의 값은 ('a' 변수의 값 + 1)로 정한다. 'a' 변수는 데이터 중 정렬되지 않은 가장 왼쪽 데이터의 위치이고 'b' 변수는 그 다음에 저장된 데이터의 위치이다. 예를 들어 10개 중 2개가 정렬되었다면 'a' 변수의 값은 3이 되고, 'b' 변수의 값은 4부터 시작해서 10까지 증가하면서 리스트에 정렬되지 않고 남은 데이터 중 최소값을 찾는다.

② 두 번째 반복문

정렬되지 않은 가장 왼쪽 데이터를 제외하고 나머지 값들 중 최소값을 찾기 위한 구문이다. 'b' 변수의 값은 '정렬숫자' 리스트 내의 위치값으로 10까지 증가해야 하므로 두 번째 반복문에서는 'b' 변수의 값이 11이 되면 반복문을 종료하기 위해 (리스트의 길이 + 1)로 정한다.

③ 만약 ~ 라면(조건문)

만약 현재 최소값 위치에 있는 값이 'b' 위치에 있는 값보다 크다면 최소값 위치를 변경한다.

오른쪽 그림에서 최소값은 리스트에서 5번째 위치에 저장되어 있다. 그러면 '최소값위치' 변수의 값은 5, 'a' 변수 값은 1, 'b' 변수의 값은 2가 된다.

현재 

블록은 리스트의 5번째 위치의 값 2

④ 데이터 교환하기

위의 제어구조를 통해 최소값이 있는 위치를 찾으면 '정렬숫자' 리스트에서 'a' 변수에 저장된 위치의 데이터와 최소값을 바꾸는 과정을 수행한다.

아래 그림과 같이 리스트에 데이터가 저장된 경우 'a'변수에는 1, '최소값위치' 변수에는 5가 저장되어있다. 첫 번째 데이터를 제외한 나머지 9개의 숫자 중 최소값을 찾고, 최소값이 저장된 위치를 '최소값위치' 변수에 저장한 것이다. 리스트의 첫 번째 데이터와 다섯 번째 데이터를 바꾸기 위해서는 9.3.2에서 다루었던 '변수의 값 바꾸기'를 활용한다.

'temp' 변수를 이용하여 리스트 상의 두 데이터를 교환한다. 이때 각 단계마다 [~초 기다리기] 블록을 사용하면 리스트에서 데이터가 정렬되어가는 과정을 확인할 수 있다.

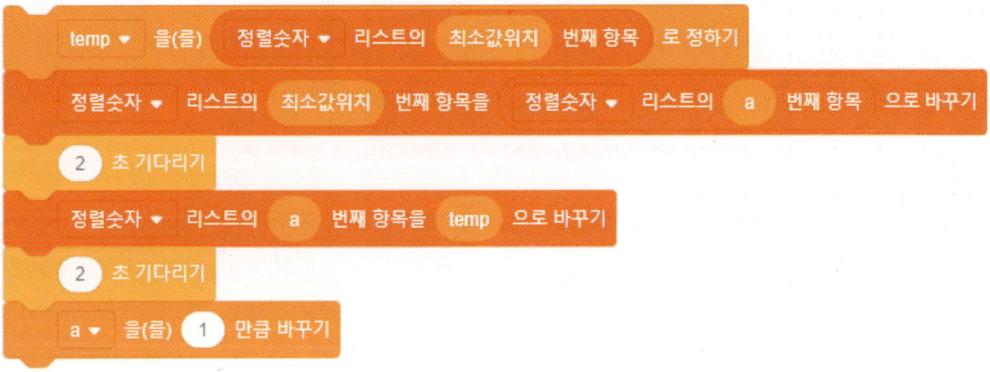

다음 그림은 왼쪽의 '랜덤숫자' 리스트의 숫자들이 '정렬숫자' 리스트에서처럼 오름차순으로 정렬되어가는 과정을 보여준다.

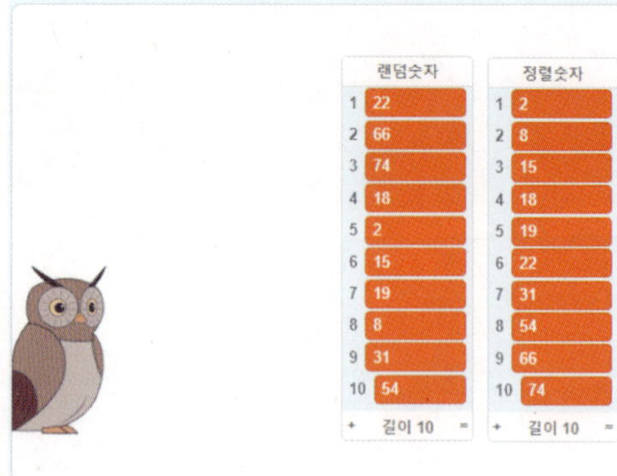

[단계3] 정렬 완료 메시지 말하기

정렬이 완료되면 "정렬을 완료하였습니다." 메시지를 2초 동안 말한다.

전체 스크립트는 다음과 같다.

〈시작 깃발 클릭했을 때〉

프로젝트를 시작하기 전에 리스트에 저장되어 있던 데이터를 삭제하기 위해 두 개의 리스트에 대해 [~의 항목을 모두 삭제하기]를 추가하였다.

〈정렬하기 신호를 받았을 때〉

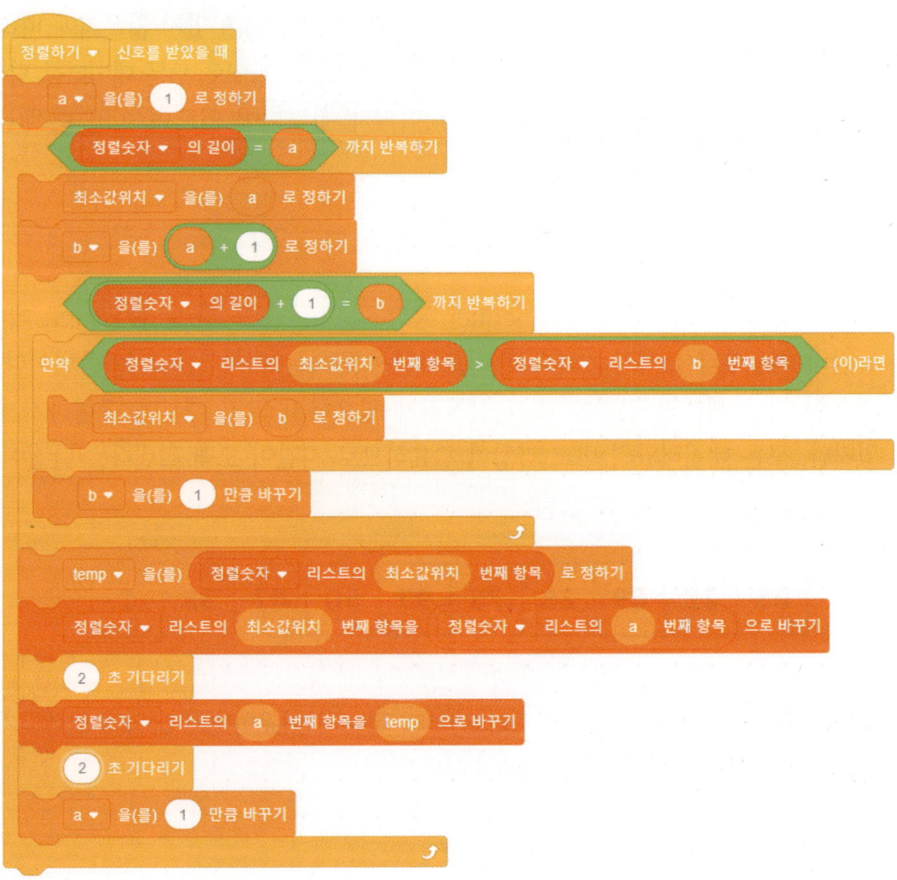

CHAPTER 16
탐색 알고리즘

탐색은 많은 양의 데이터 중에서 조건에 만족하는 데이터를 찾는 것이다. 컴퓨터에는 많은 양의 자료들이 저장되어 있고, 이 자료들 중 원하는 자료를 빨리 찾을 수 있도록 하기 위해 탐색 알고리즘(Search algorithm)을 사용한다. 이번 장에서는 다양한 탐색 알고리즘에 대해서 알아보자.

16.1 탐색 알고리즘 소개

탐색은 탐색 공간이 되는 데이터 집합이 정렬되어 있는지, 정렬되어 있지 않은지에 따라 다른 탐색 방법을 사용할 수 있다. 데이터가 정렬되어 있지 않으면 순서대로 모든 데이터를 탐색하는 선형 탐색(linear search) 방법을 사용하고, 데이터가 정렬되어 있으면 이진 탐색(binary search) 방법을 사용할 수 있다.

【1】 선형 탐색

선형 탐색(linear search)은 순차 탐색(Sequential search)라고도 하며, 말 그대로 데이터가 저장된 공간의 처음부터 끝까지 차례대로 비교하면서 원하는 데이터를 찾는 방법이다. 순차 탐색을 이용할 경우 데이터 집합에 대한 전처리가 필요하지 않기 때문에 구현하기 쉽다는 장점도 있지만, 모든 데이터와의 비교 과정이 필요하므로 시간이 오래 걸린다는 단점이 있다.

왼쪽부터 순서대로 탐색

85	22	69	28	78	95	50	47	38	1

만약 탐색하는 숫자가 1이라면 가장 왼쪽의 85부터 하나씩 비교하면서 탐색이 진행되기 때문에 1을 찾기 위해서는 10번의 비교가 필요하다.

【2】 이진 탐색

이진 탐색(binary search)은 탐색 공간을 둘로 나뉘어 탐색을 진행하는 방법이다. 이진 탐색을 위해서는 탐색할 데이터 집합이 순서대로 정렬되어 있어야 한다. 정렬된 데이터 집합에서 한 번 비교를 할 때마다 탐색할 데이터 범위를 반으로 줄이게 된다. 예를 들어 탐색할 데이터가 다음과 같이 정렬되어 있다고 하고 1을 탐색하는 과정을 살펴보자.

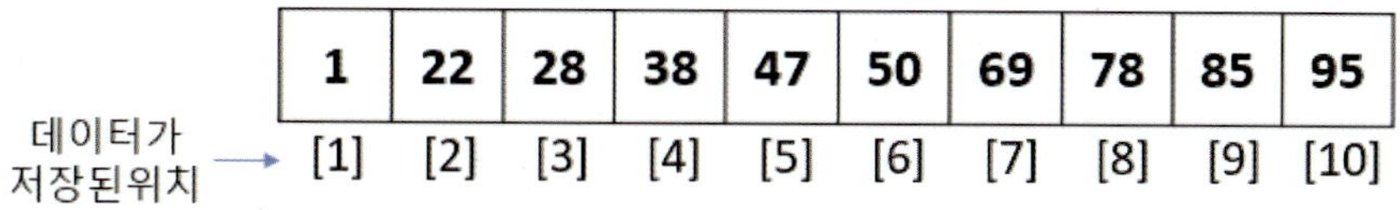

전체 데이터 중 가운데에 위치한 데이터를 찾는다. 데이터가 저장된 위치값을 이용하여 탐색할 데이터를 찾는다. (1+10)/2 = 5.5인데 위치값은 소수점을 가질 수 없으므로 반올림하면 6의 위치를 계산할 수 있다. 데이터 집합 중 6번째 데이터인 50이 1과 같은지 비교한다.

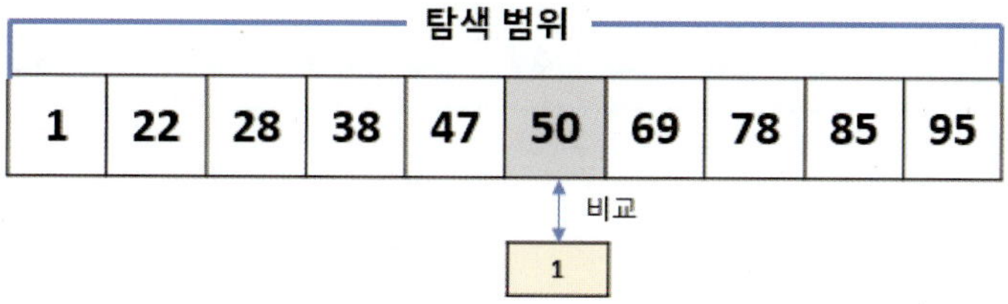

전체 데이터 중 가운데에 위치한 데이터인 50보다 찾는 데이터인 1이 더 작으므로 50 오른쪽에 있는 데이터들은 탐색 범위에서 제외된다. 50 왼쪽에 있는 데이터들에 대해 다음 탐색을 진행한다. 탐색 범위의 데이터 중 가운데 위치한 데이터((1+5)/2 = 3)는 28이므로 28과 1이 같은지 비교한다.

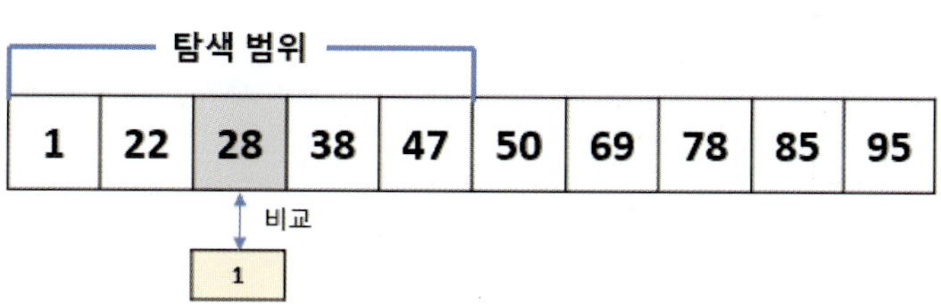

28보다 1이 더 작으므로 28의 오른쪽 데이터들은 탐색 범위에서 제외하고 왼쪽 데이터에서 탐색을 진행한다. 탐색 범위의 데이터 중 중간에 위치한 데이터((1+2)/2 = 1.5)는 계산된 위치 값을 반올림하여 2번째 위치한 22와 탐색하려는 숫자 1과 비교한다.

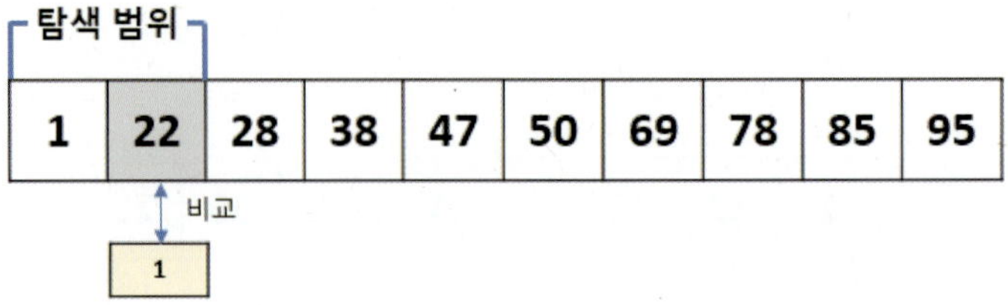

22는 1보다 크므로 22이 왼쪽으로 탐색 범위가 줄어들고 1과 탐색을 원하는 숫자 1과 비교하면 같은 값이므로 탐색을 종료하게 된다.

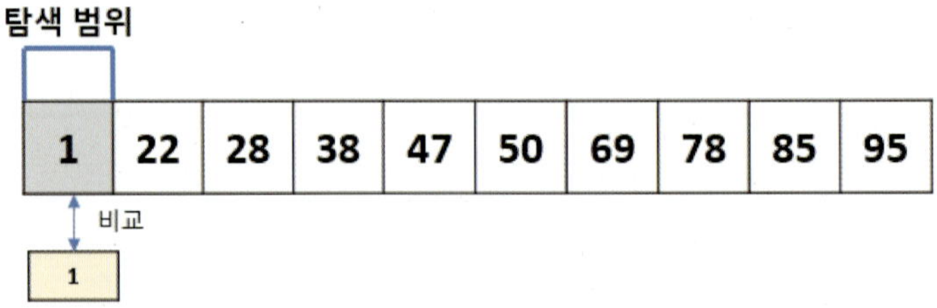

이 밖에도 트리 탐색 알고리즘으로 깊이우선탐색(DFS), 너비우선(BFS)탐색, A*와 같은 알고리즘들이 사용되고 있다. 특별히 어떤 알고리즘이 좋다고 평가할 수는 없고 데이터가 저장된 상태에 따라 좋은 탐색 결과를 낼 수 있는 알고리즘을 사용하면 된다.

16.2 탐색 알고리즘 활용하기

1부터 100까지 숫자 중 원하는 수만큼 당첨번호를 산출하고 사용자가 본인의 번호를 입력하면 이진 탐색 알고리즘을 이용하여 당첨 여부를 알려주는 프로젝트를 작성해보자.

[알고리즘]

① 1부터 100까지 숫자 중 원하는 수만큼 당첨번호를 산출한다.
② 난수로 산출된 당첨번호를 오름차순으로 정렬한다.
③ 당첨 여부 확인을 원하는 번호를 입력받는다.
④ 이진 탐색 알고리즘을 이용하여 당첨번호를 검색한다.

⑤ 당첨 여부에 따라 메시지를 말한다.

[단계1] 당첨번호 산출하기

① Pico 스프라이트를 추가한다.
② 프로젝트 설명 메시지 "당첨번호와 당첨 여부 확인 프로그램"을 2초 동안 말한다.
③ 당첨번호를 저장할 '당첨번호' 리스트를 생성하고 화면에 보이도록 설정한다.
④ 스프라이트 모양을 pico-b로 바꾸고 산출을 원하는 당첨번호 개수를 입력받는다.

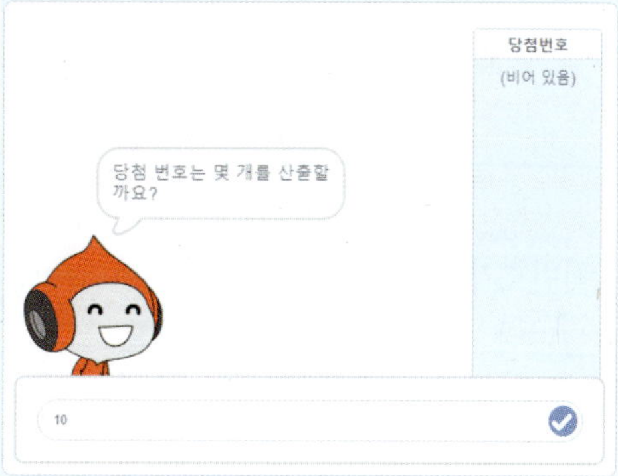

⑤ 스프라이트 모양을 pico-a로 변경한다.
⑥ 입력받은 수만큼 반복하면서 1부터 100 사이의 난수를 산출하여 '당첨번호' 리스트에 저장한다. 당첨을 원하는 개수로 10을 입력하면 10개, 20을 입력하면 20개의 숫자를 산출한다. 이때, 같은 번호가 리스트에 저장되지 않도록 한다. 사용되는 변수는 다음과 같다.

▸ '숫자' 변수 : 난수 블록을 이용하여 생성된 숫자를 저장한다.
'숫자' 변수에 있는 값이 '당첨번호' 리스트에 있는지 확인한다. 만약 리스트에 이미 같은 숫자가 있다면 저장하지 않고 다시 난수를 생성한다.

▸ '개수' 변수 : '당첨번호' 리스트에 저장되는 숫자의 개수를 저장한다.
리스트에 입력받은 개수만큼 숫자가 채워져야 난수 산출을 중지할 수 있기 때문에 입력받은 생성을 원하는 당첨번호의 수와 '개수' 변수의 값을 비교하여 두 값이 같아질 때까지 난수 산출을 반복한다.

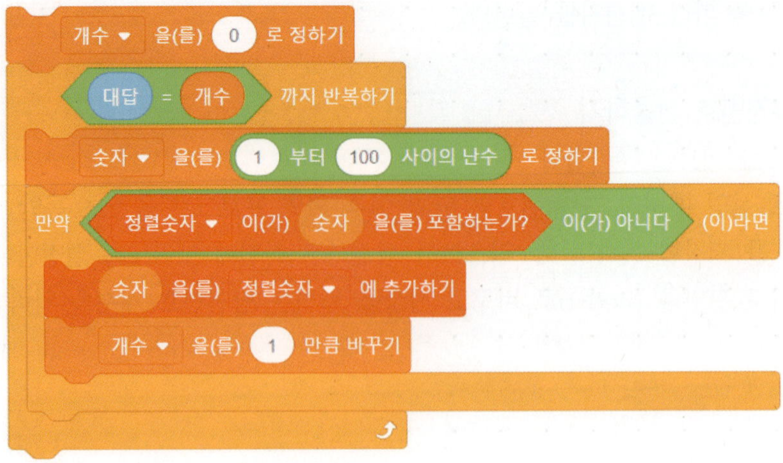

⑦ 당첨번호가 모두 리스트에 저장되면 입력한 당첨번호 개수와 함께 "당첨번호 ○개가 산출되었습니다."라고 2초 동안 말한다.

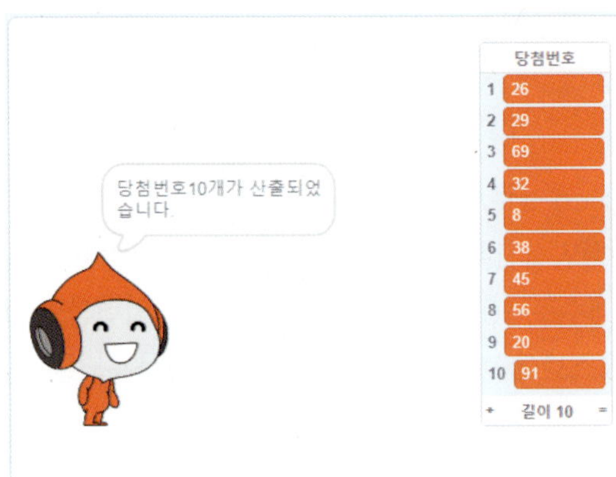

⑧ 이진 탐색 알고리즘을 사용하여 탐색하기 위해서는 '당첨번호' 리스트에 저장된 숫자들을 탐색하기 전에 정렬해야 한다. [신호보내기] 블록을 이용하여 정렬 수행 블록을 실행한다.

[단계2] '당첨번호' 리스트의 숫자 정렬하기

① 이진 탐색을 위해서는 데이터가 순서대로 저장되어 있어야 한다. '당첨번호' 리스트에 저장된 숫자를 오름차순으로 정렬한다. 오름차순 정렬방법은 15.2를 참고하여 작성한다.
② 데이터 정렬되면 "정렬을 완료하였습니다." 메시지를 2초 동안 말한다.
③ 탐색을 진행하기 위해 '탐색하기' 블록에 신호 보내기를 한다.

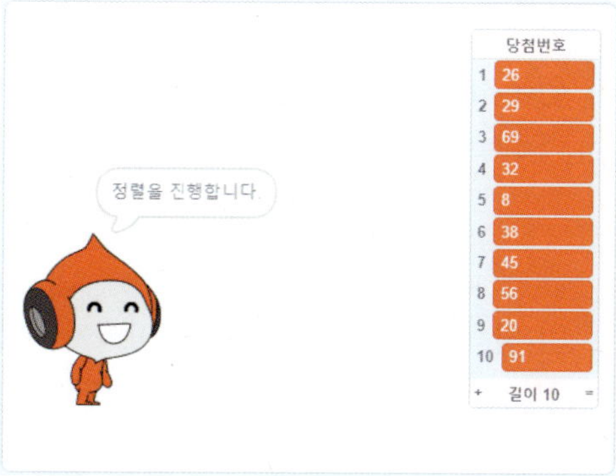

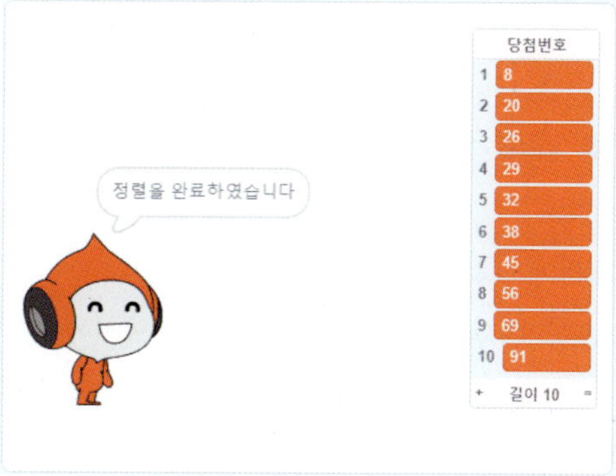

[단계3] 당첨번호 입력받기

① 탐색이 진행됨을 알리기 위해 "탐색 알고리즘을 진행합니다." 메시지를 2초 동안 말한다.

② 당첨을 원하는 숫자를 입력받는다.

③ 숫자를 입력받고 확인 버튼 을 클릭함과 동시에 당첨확인 메시지가 보이기 때문에 약간의 검색 중인 느낌을 주기 위해 "확인중입니다~"라고 2초 동안 말하기를 한다.

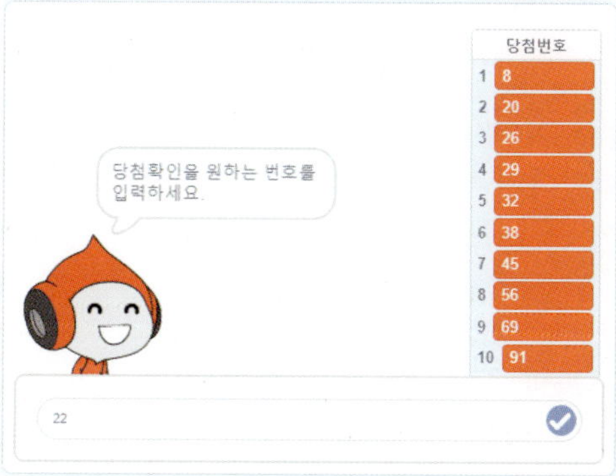

[단계4] 당첨번호 탐색하기

'당첨번호' 리스트에 당첨 확인을 원하는 번호가 있는지 탐색해야 한다. 탐색 방법은 이진 탐색을 이용한다.

① 탐색에 사용할 변수를 생성한다.

▸ 'low' 변수 : 탐색 과정에서 '당첨번호' 리스트의 탐색 범위 중 첫 번째 데이터가 저장된 위치의 번호를 입력한다. 처음 탐색을 시작할 때 'low' 변수의 값은 리스트의 첫 번째 데이터가 저장된 위치 값 1로 설정한다.

▸ 'high' 변수 : 탐색 과정에서 '당첨번호' 리스트의 탐색 범위 중 가장 마지막 데이터가 저장된 위치의 번호를 입력한다. 'high' 변수의 초기값은 리스트의 길이로 정한다. 만약 '당첨번호' 리스트에 숫자가 10개 저장되어 있다면 'high' 변수의 값은 마지막 데이터가 저장된 위치인 10으로 초기값이 설정된다.

▸ 'mid' 변수 : '당첨번호' 리스트에서 당첨을 확인하고 싶은 번호와 비교할 값이 저장된 위치의 번호이다. 리스트의 탐색 범위에서 가운데 위치를 계산하여 저장한다.
mid = (low+high)/2이고, 소수점이 나올 경우가 있으므로 반올림한다.
첫 번째 탐색할 때 mid = (1+10)/2 = 5.5이므로 반올림하여 mid = 6이 된다.

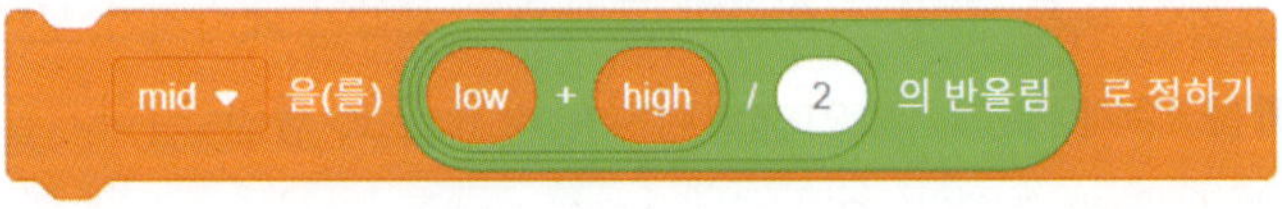

low, high, mid에 저장된 값은 리스트에 저장된 숫자가 아니라 숫자가 저장된 위치 값을 갖는다. 당첨 확인을 원하는 숫자로 56이 입력되었다면 'mid' 변수에 입력된 값을 이용하여 '당첨번호' 리스트의 6번째 숫자 38과 입력받은 숫자 56을 비교한다.

② 탐색은 'low' 변수의 값이 'high' 변수의 값보다 커질 때까지 반복한다.
탐색 과정에서 'low' 변수의 값은 증가하게 되고, 'high' 변수의 값은 감소하게 된다. 그런데 low 〉 high가 된다는 것은 '당첨번호' 리스트에 당첨 확인을 위해 입력된 값이 없다는 것을 의미한다.

이진 탐색을 위해 다음과 같은 제어구조가 사용된다.

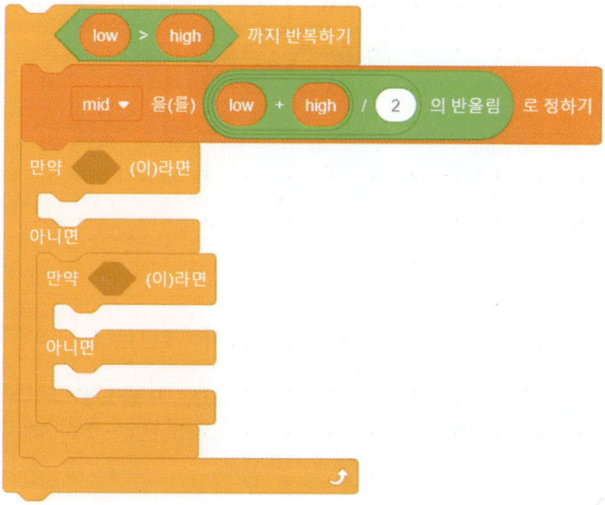

탐색 과정에서 탐색 범위가 변경됨에 따라 low와 high 값이 변경된다. 'mid' 변수의 값은 low와 high 변수에 따라 재계산된다.

③ mid 값에 따라 당첨 확인을 원하는 번호가 리스트 안에 있는지 검색한다.
'당첨번호' 리스트에서 'mid' 변수 값의 위치에 저장된 숫자와 사용자로부터 입력받은 당첨 여부 확인 숫자를 비교한다. 만약 두 숫자가 같다면 축하 메시지를 말하고 종료한다. 그렇지 않으면 'mid' 변수의 값을 재계산하고 다시 비교를 진행한다.

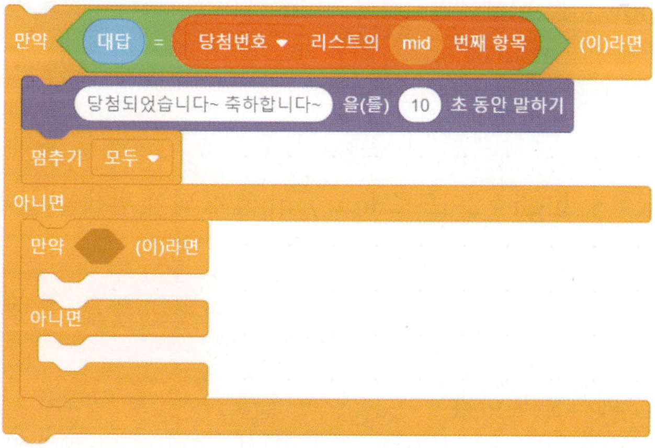

당첨 여부 확인을 위해 입력받은 값이 비교한 값보다 크면 'low' 변수의 값을 mid+1로 설정한다. 그렇지 않으면 'high' 변수 값을 mid-1로 설정하여 '당첨번호' 리스트에서 탐색 범위를 반으로 줄인다.

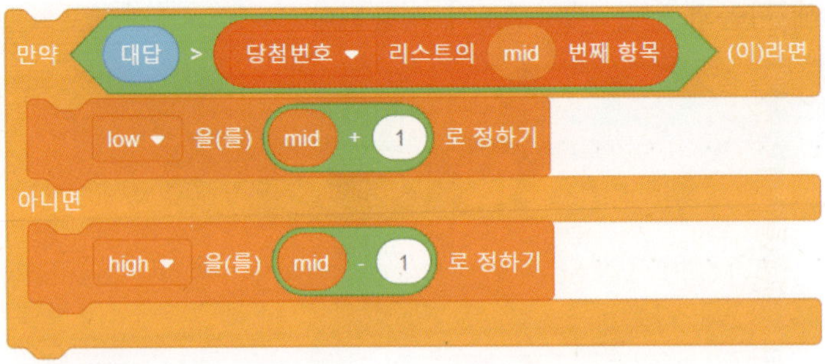

당첨 확인을 원하는 56은 mid = 6 위치의 값 38보다 크므로 low = 6+1 = 7로 변경된다. low = 6, high = 10이므로 mid = (6+10)/2 = 8이 된다. '당첨번호' 리스트의 8번째 위치의 값 56과 당첨 확인을 원하는 56을 비교한다. 두 값이 일치하므로 축하 메시지를 말하고 프로그램을 종료한다.

당첨 확인을 원하는 숫자가 22인 경우를 탐색 과정을 살펴보면 다음과 같다.

- 첫 번째 탐색 : low = 1, high = 10, mid = (1+10)/2 = 6이므로 6번째 저장된 38과 22 비교
  38 〉 22이므로 high = mid-1로 설정
- 두 번째 탐색 : low = 1, high = 6-1 = 5, mid = (1+5)/2 = 3이므로 3번째 저장된 26과 22 비교
  26 〉 22이므로 high = mid-1로 설정
- 세 번째 탐색 : low = 1, high = 3-1 = 2, mid = (1+2)/2 = 2이므로 2번째 저장된 20과 22 비교
  20 〈 22이므로 low = mid+1로 설정

두 번째 탐색 : low = 3, high = 2이므로 low 〉 high가 되어 탐색을 실패하고 반복문 종료

'당첨번호' 리스트에는 당첨 여부 확인을 원하는 22는 없음을 알 수 있다.

[단계5] 당첨 확인 메시지 말하기

'당첨번호' 리스트에서 당첨 여부 확인을 위해 입력된 숫자가 탐색되면 "당첨되었습니다~ 축하합니다~"를 말하고, '당첨번호' 리스트에 숫자가 없으면 "아쉽지만 당첨되지 않았습니다." 라고 2초 동안 말한다.

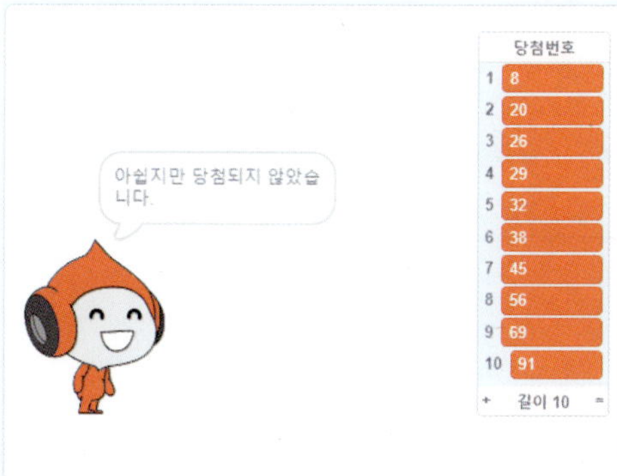

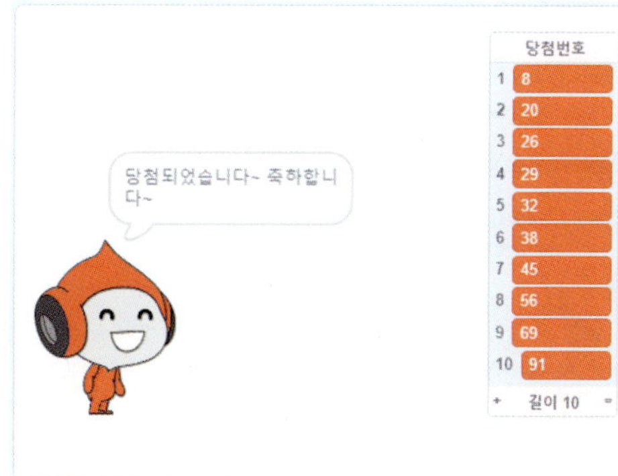

전체 스크립트는 다음과 같다.

〈시작 깃발 클릭했을 때〉

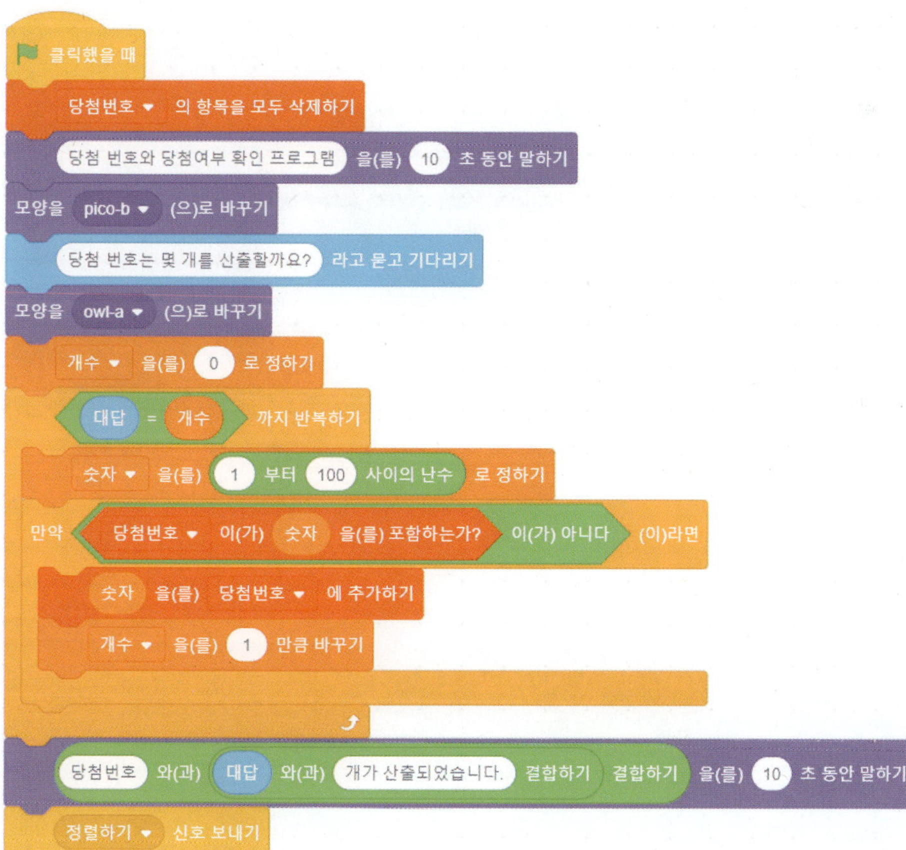

〈정렬하기 신호를 받았을 때〉

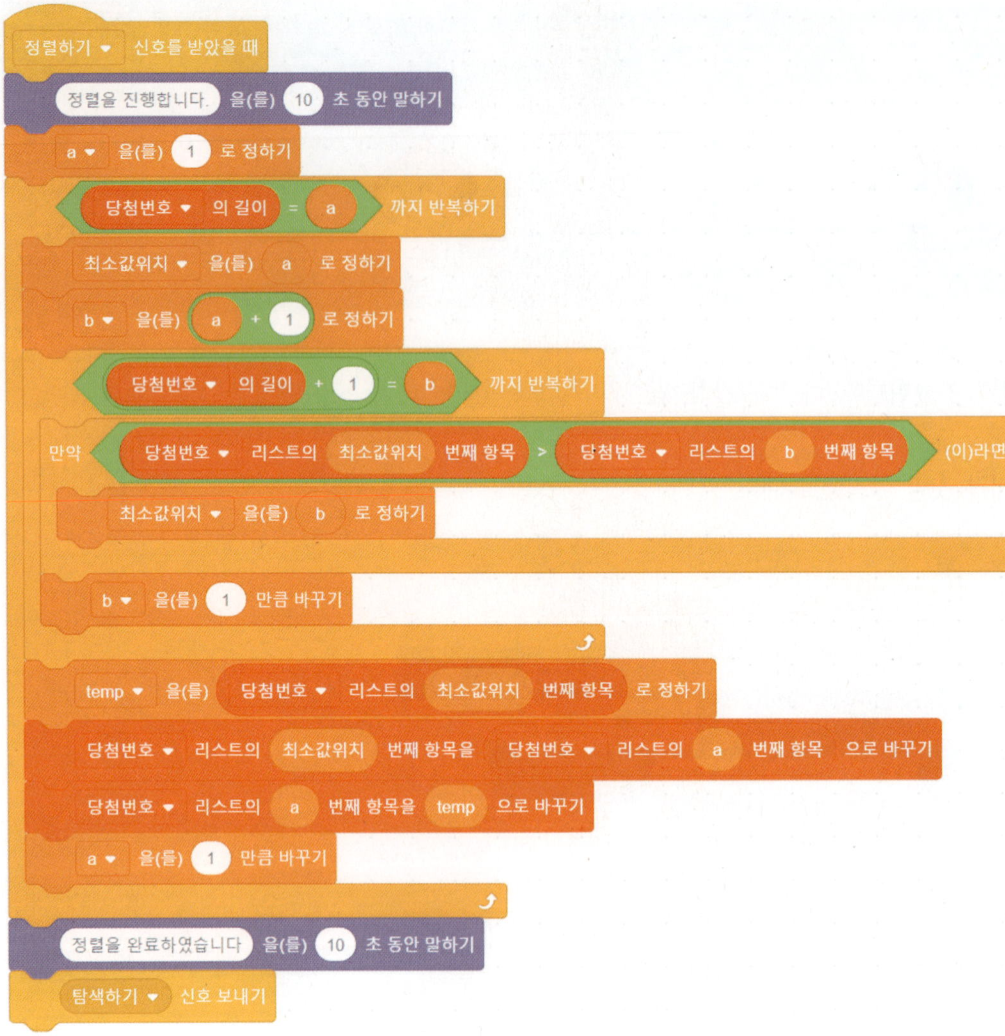

〈탐색하기 신호를 받았을 때〉

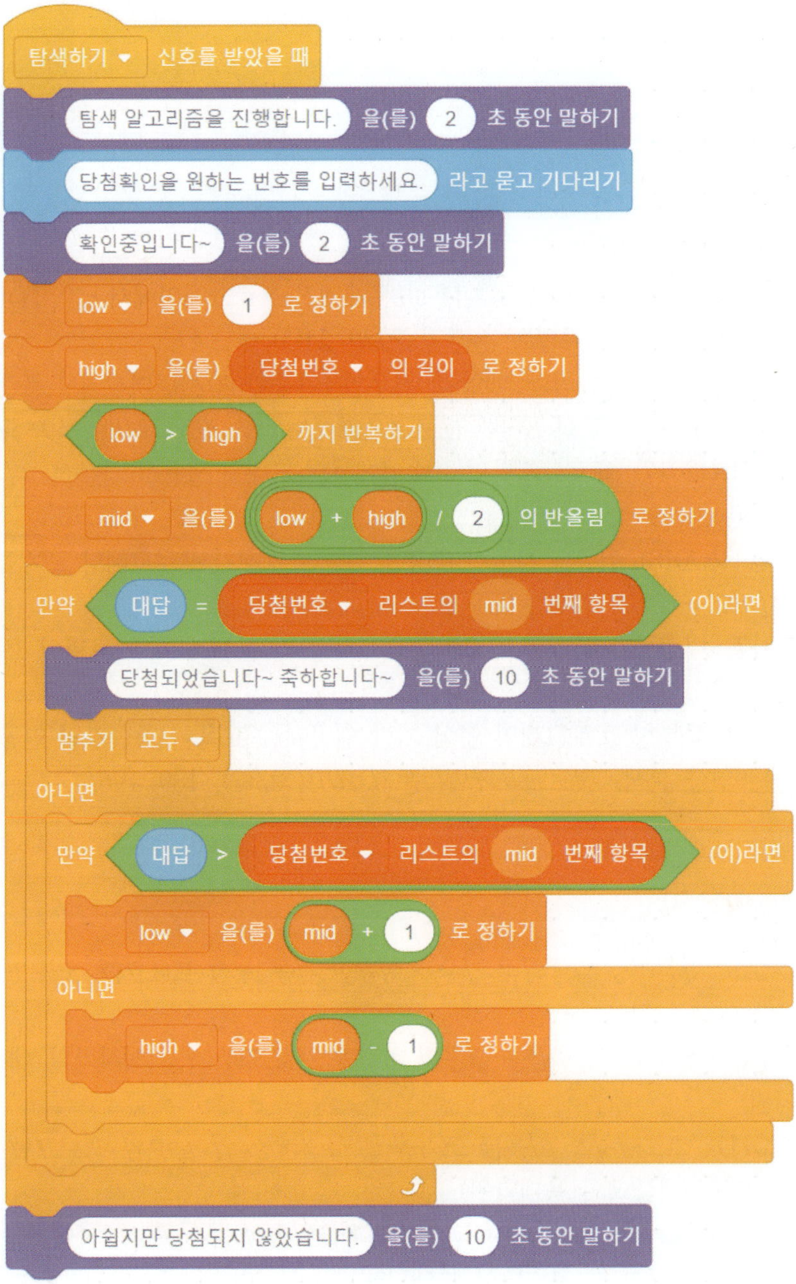

참고문헌

간행물

• 고광일(2018). SW 전공자 프로그래밍입문 수업의 스크래치 활용 수업 모형 연구. *융합보안논문지 2018*, 18(2), 59-67.

• 김영직&김성식(2020). 스크래치를 이용한 문제해결 프로그래밍에서 CT-TDPS 학습 모형의 효과성 연구. *컴퓨터교육학회 논문지 2020*, 23(3), 41-47.

• 박대륜, 유원진, 장준혁, 유인환, 배영권, 김우열&안중민(2020). 머신러닝 플랫폼을 활용한 소프트웨어 교수-학습 모형 개발. *정보교육학회논문지 2020*, 24(1), 49-57.

• 박정신&조석봉(2012). 프로그래밍입문 수업에서 스크래치 활용 효과분석. *디지털융복합연구 2012*, 10(9), 449-456.

• 오미자&김미량(2018). 컴퓨팅 사고력 향상을 위한 스크래치 프로그래밍 교육의 효과분석. *교육정보미디어연구 2018*, 24(2), 255-275.

• 이민정(2017). 비전공자 SW 프로그래밍 교육과정 및 콘텐츠 개발 모형의 효과성 탐색. *한국디지털콘텐츠학회 논문지 2017*, 18(7), 1313-1321.

• 이영호(2019). 블록형 프로그래밍 언어 기반 인공지능 교육이 학습자의 인공지능 기술 태도에 미치는 영향 분석. *정보교육학회논문지 2019*, 23(2), 189-196.

논문

• 우석준.(2020). *머신러닝 얼굴인식 기술을 이용한 자동 출석 프로그램 개발 및 적용*(석사학위, 서울교육대학교 교육대학원).

• 유원진.(2020). *머신러닝 플랫폼을 활용한 AI교육 프로그램 개발* (석사학위, 대구교육대학교 교육대학원)

• 이미현.(2011). *스크래치를 이용한 교육용 프로그래밍 언어 수업 프로그램 개발 연구*(석사학위, 서울교육대학교 교육대학원).

• 장윤재(2012). *프로그래밍 교육에서 학습자의 학습양식과 문제해결 수준이 프로젝트 완성도에 미치는 영향*(석사학위, 고려대학교 대학원).

도서

• 고광일.(2021). *「난생처음 인공지능 with 스크래치」*. 한빛미디어.

• 박해선.(2020). *「혼자 공부하는 머신러닝+딥러닝」*. 한빛미디어.

• 이재우.(2020). *「시간 순삭 인공지능 with 스크래치」*. 생능출판사.

스크래치와 함께 하는

창의적 사고와 코딩

1판 1쇄 2022년 9월 5일

저 자 이애리, 홍석미
발행인 송광헌
발행처 복두출판사
주 소 서울특별시 영등포구 경인로82길 3-4
센터플러스 807호
(우) 07371
전 화 02-2164-2580
FAX 02-2164-2584
등 록 1993. 11. 22. 제 10-902 호

정가 : 26,000원
ISBN : 979-11-6675-180-6 93000

한국과학기술출판협회 회원사